Peter-Ulrich Wendt
Lehrbuch Soziale Arbeit

## Studienmodule Soziale Arbeit

Herausgegeben von
Ralph-Christian Amthor I Ria Puhl I Regina Rätz I
Wolfgang Schröer I Titus Simon I Mechthild Wolff

Die Reihe „Studienmodule Soziale Arbeit" präsentiert Grundlagen-
texte und bietet eine Einführung in basale Themen der Sozialen
Arbeit. Sie orientiert sich sowohl konzeptionell als auch in Inhalt und
Aufbau der Einzelbände hochschulübergreifend an den jeweiligen
Studienmodulen.
Jeder Band bereitet den Stoff eines Semesters in Lehr- und Lern-
einheiten auf, ergänzt durch Übungsfragen, Vorschläge für das Selbst-
studium und weiterführende Literaturhinweise.

Peter-Ulrich Wendt

# Lehrbuch
# Soziale Arbeit

**BELTZ** JUVENTA

Der Autor

Peter-Ulrich Wendt, Dr. disc. pol., ist Professor für Grundlagen und Methoden der Sozialen Arbeit an der Hochschule Magdeburg/Stendal. Er war von 1983 bis 2009 beruflich in der Kinder- und Jugendhilfe tätig. Seine Arbeitsschwerpunkte sind Grundlagen und Methoden der Sozialen Arbeit (insbesondere Soziale Gruppenarbeit und Gemeinwesenarbeit/Community Organizing) sowie Kinder- und Jugendhilfe. Er ist Landesvorsitzender des PARITÄTISCHEN Sachsen-Anhalt.

Dieses Buch ist erhältlich als:
ISBN 978-3-7799-3084-6 Print
ISBN 978-3-7799-4551-2 E-Book (PDF)

1. Auflage 2018

© 2018 Beltz Juventa
in der Verlagsgruppe Beltz · Weinheim Basel
Werderstraße 10, 69469 Weinheim
Alle Rechte vorbehalten

Herstellung und Satz: Ulrike Poppel
Druck und Bindung: Beltz Bad Langensalza GmbH, Bad Langensalza
Printed in Germany

Weitere Informationen zu unseren Autor_innen und Titeln finden Sie unter:
www.beltz.de

# Vorwort

„Die Tafel versorgt jetzt 2.000 Personen" – so lautet am 3. Oktober 2017 die Überschrift des „Aufmachers" (des ersten Beitrags auf der Titelseite) der Northeimer Lokalzeitung. In der Kreisstadt im Süden Niedersachsen, leben rund 30.000 Menschen. Nicht alle, die sich über die „Northeimer Tafel" täglich mit Grundnahrungsmitteln versorgen (müssen), stammen aus der Stadt, sie kommen auch aus dem Umland und nehmen zum Teil aufwändige und komplizierte Wege in Kauf, um diese Unterstützung in Anspruch nehmen zu können. Es lässt sich fragen, ob es „in Ordnung" ist, dass Menschen auf Lebensmittel der Tafel angewiesen sind, die andere spenden oder die sonst vielleicht im Abfall landen würden.

Jedenfalls sind in Deutschland mehr als 1,5 Millionen Menschen Tag für Tag auf diese Unterstützung angewiesen, um „über die Runden" zu kommen. Kleiderkammern mit Second-Hand-Bekleidung, -Spielsachen und ähnlichem ergänzen die Unterstützung. Dabei sind die Tafeln und die Kleiderkammern nur Beispiele für das, was sozialer Ausschluss (oder Exklusion) genannt wird. Damit wird bezeichnet, dass ein Teil der Bevölkerung am gesellschaftlichen Rand leben muss: ein, wie einige meinen, gesellschaftlicher Skandal.

Dabei scheint es sich um einen Skandal zu handeln, der freilich längst nicht als solcher registriert wird. So bilanzierte zum Beispiel *Frank Bettinger*, dass Exklusion nicht mehr als ein gesellschaftliches Problem wahrgenommen wird, „sondern als selbstverschuldetes Schicksal, das im Grunde eine gerechte Strafe für Leistungsverweigerung oder die Unfähigkeit darstellt, sich bzw. seine Arbeitskraft auf dem Markt mit ausreichendem Erlös zu verkaufen" (Bettinger 2008: 421). „Die wahrhaft Benachteiligten werden schlicht nicht mehr gebraucht" (Beck 2005: 49), schrieb *Ulrich Beck. Richard Sennett* sprach vom „Gespenst der Nutzlosigkeit" (Sennett 2005), *Zygmunt Bauman* von der voranschreitenden „Produktion nutzloser Menschen" (Bauman 2005: 12), die, so *Lothar Böhnisch, Wolfgang Schröer und Hans Thiersch*, „von dem auf seine hoheitlichen Funktionen sozialer Kontrolle zurückgestutzten Sozialstaat lediglich verwaltet, kontrolliert und konsumfähig gehalten werden" sollen (Böhnisch/Schröer/Thiersch 2005: 237). Bettinger und die anderen holen uns damit ins Zentrum der Diskurse, was unter Sozialer Arbeit zu verstehen ist: Ist sozialer Ausschluss und der gesellschaftliche Skandal, der sich damit verbindet, ihr Thema – ist es vielleicht auch *Ihr* Thema, wenn Sie mit diesem Lehrbuch arbeiten?

Was also ist Soziale Arbeit? Wenn ich darüber mit Studentinnen und Studenten, die gerade an unserer Hochschule Magdeburg-Stendal das Studium der Sozialen Arbeit aufgenommen haben, in ein erstes Gespräch komme;

dann höre ich allerlei: Erzählungen aus (Kurzzeit-)Praktika in Kindertagesstätten, aus dem Freiwilligen Sozialen Jahr (FSJ), dem Bundesfreiwilligendienst (BFD) zum Beispiel. Gelegentlich kommt das Gespräch auch auf Auslandserfahrungen, etwa den Aufenthalt in einer australischen Einrichtung für Menschen mit Handicap oder ein Entwicklungshilfeprojekt in Afrika. Von der Mitarbeit in einer Tafel oder einer Kleiderkammer habe ich übrigens in über 20 Jahren noch nie gehört.

Ist das tatsächlich Soziale Arbeit? Ich nehme es vorweg: Ich kann es nicht sagen, und es soll – einstweilen (und aus didaktischen Gründen) – weiter unklar bleiben. Vielleicht wissen Sie nach der Lektüre dieses Buch etwas mehr? Ich will es Ihnen wünschen. Es ist ein so breites Feld, von dem wir sprechen, wenn wir sagen: das ist Soziale Arbeit.

Dieses Lehrbuch soll Sie also unterstützen, für sich erste Orientierungspunkte und -anker zu setzen. Die gesamte Breite der Sozialen Arbeit ist in einer Einführung nicht darzustellen. Dieses Lehrbuch soll Ihnen aber Appetit machen, zu schauen, was das ist: Soziale Arbeit? – und weiterzuarbeiten, tiefer einzutauchen. Ihren Fragen, die beim Lesen (hoffentlich) entstehen, sollen Sie selbst nachgehen. Denn so ist Soziale Arbeit auf jeden Fall: ein stets Offenes, immer wieder Neues, das nur durch die Bereitschaft, zu fragen und nach Antworten zu suchen, erschlossen werden kann.

Nichts an diesem Lehrbuch ist „wahr" (was noch zu erläutern sein wird). Es enthält keine „letzten Wahrheiten", und es vermittelt keine unumstößliche Gewissheit, was Soziale Arbeit ist oder zu sein hat; es handelt sich um eine Collage und damit ein Angebot, das anregen will, weiter zu fragen und Neues auch selbst zu erschließen. Die Aufgaben, die ich Ihnen nach jedem Kapitel (Lerneinheit) stelle, sollen Sie beim Prozess der Orientierung ein wenig unterstützen.

Dass sich dieses Lehrbuch wie in einem Slalomkurs allmählich entwickeln konnte, verdanke ich verschiedenen Menschen: Da ist vor allem *Elke Petersen-Wendt*, der ich für ihre Unterstützung, ihre (auf eine langjährige Praxis in der Kinder- und Jugendhilfe aufbauenden) Anregungen und ihre stets konstruktive Kritik sehr dankbar bin. Da sind viele Gespräche mit ungenannten Kolleginnen und Kollegen aus der beruflichen Praxis, die mich immer wieder inspirieren und überraschen, was alles in der Sozialen Arbeit geschieht, womit sie konfrontiert sind. Und da sind schließlich acht Gastautorinnen und -autoren, die aus unterschiedlichen Perspektiven etwas dazu beitragen, Soziale Arbeit verstehbarer zu machen: *Christian Bleck, Andreas Borchert, Gaby Girke, Gudrun Faller, Rahim Hajji, Cornelius Scheier, Simone Stüber* und *Alexander Nicolai Wendt* danke ich für ihre Bereitschaft, sich mit auf diesen Weg zu begeben. *Magdalena Herzog* danke ich für das aufmerksame Lektorat.

Zum Schluss noch eines: Ich bezeichne diejenigen, die beruflich in der Sozialen Arbeit tätig sind, als „Soziale" (und werde noch erläutern, warum). Wenn ich also von Sozialen spreche, dann fühlen Sie sich bitte angesprochen, auch *Sie* sind gemeint.

Northeim, im Dezember 2017

# Inhalt

## Erläuterungen zum Gebrauch

Beachten Sie bitte folgendes beim Gebrauch dieses Lehrbuches:

**Struktur eines Kapitels:** Jede *Lerneinheit* folgt einem einheitlichen Muster, d. h. zunächst wird kurz der Gegenstand bestimmt bzw. die Fragestellung der Lerneinheit formuliert, dann erfolgt eine vertiefende Problematisierung zentraler Konzepte, Begriffe oder Aufgabenstellungen, und abschließend finden Sie Reflexionsaufgaben zur Lerneinheit (d. h. Empfehlungen für die selbstorganisierte Weiterarbeit) und knappe Literaturhinweise.

**Genderregel:** Geschlecht ist, wie noch darzustellen sein wird (Kapitel 6.5), eine soziale Konstruktion. Es ist daher irrelevant, sich auf einen – semantischen – Vorschlag (in jeweiliger Form, z. B. „I" [SprecherInnen], „_" [Sprecher_innen], „/" [Sprecher/innen] oder „*" [Sprecher*innen]) festlegen zu wollen, wie damit umzugehen sei. Ich wähle eher willkürlich/zufällig unter den sich bietenden Möglichkeiten aus, um jedwede (zur Regel erklärte) Geschlechtskonstruktion zu vermeiden.

**Namen:** Gelegentlich wgerden Sie im Text Namen von Autor/inn/en, TheoretikerInnen und Praktiker_innen lesen (z. B. *Alice Salomon, Silvia Staub-Bernasconi* oder *Klaus Mollenhauer*). Diese hebe ich bewusst (und *kursiv* geschrieben) hervor, damit Sie so von Menschen lesen, die Wesentliches zur Herausbildung eines Verständnisses davon beigetragen haben, was Soziale Arbeit heute aus- und kennzeichnet.

**Beispiele:** Ich war fast 25 Jahre beruflich in der Kinder- und Jugendhilfe tätig (und bin es ehrenamtlich bald 40 Jahre). Sehen Sie mir daher bitte nach, dass ich immer wieder auf Beispiele aus diesem Arbeitsfeld der Sozialen Arbeit zu sprechen komme.

**Nutzung von Zeitungen:** Ich ziehe wiederholt Beiträge aus *Qualitätszeitungen* (z. B. „Die Zeit", „Frankfurter Allgemeine Zeitung") heran (in der Regel in der Online-Version). Meine Empfehlung: *Lesen Sie solche Zeitungen!* Sie stellen eine durchaus relevante Quelle dafür dar, einzuschätzen, unter welchen (sozialen, politischen, ökonomischen) Rahmenbedingungen und herrschenden Meinungen zu sozialen Themen und sozialpolitischen Fragestellungen Soziale Arbeit erbracht werden muss. Auch Ihre vor Ort erscheinende *Lokalzeitung* stellt eine wichtige Informationsquelle dar, zu verstehen, in welchem Umfeld Sie Soziale Arbeit in Ihrer Stadt oder Ihrem Landkreis leisten (müssen). Auch Nachrichtensendungen, wie z. B. die „Tagesschau"

(ARD) oder das „heute-journal" (ZDF), stellen Quellen dar, um – mit anderen Informationen – sozialpolitische Entwicklungen einschätzen zu können. Misstrauen Sie denen, die behaupten, auf die Medien sei kein Verlass mehr, aber seien Sie auch kritisch im Umgang mit allen Medien, die Ihnen zugänglich sind. Vergleichen Sie, wägen Sie die verschiedenen Quellen ab!

**Statistische Daten:** In diesem Buch wird mit statistischen Daten gearbeitet (z. B. dem Armutsbericht des Deutschen Paritätischen Wohlfahrtsverbandes/DPWV), die zum Zeitpunkt der Abfassung in der Regel tagaktuell waren, ihre Aktualität aber im Zeitablauf verlieren. Betrachten Sie solche Daten als Einladung, die jeweils für den Zeitpunkt (zu dem Sie dieses Buch lesen) aktuellen Werte selbst zu recherchieren (der Armutsbericht des DPWV wird, alles spricht dafür, auch in den kommenden Jahren jeweils im Frühjahr wieder mit neuen Daten erscheinen, und auch das Statistische Bundesamt stellt seine Arbeit nicht ein).

**Literaturverweise:** Der Text enthält eine Reihe von Verweisen („vgl. ..."), die auf Literatur aufmerksam machen, um das jeweilige Thema am Beispiel zu vertiefen – machen Sie davon Gebrauch, schauen Sie in die angegebene Literatur, vertiefen Sie Ihren Eindruck und Ihr Wissen!

**Glossar:** Ein „lebendes" (das heißt sich schrittweise ergänzendes) Glossar wichtiger Begriffe, mit denen auch in diesem Lehrbuch gearbeitet wird, finden Sie auf meiner Webseite: www.puwendt.de.

# Abkürzungsverzeichnis

| | |
|---|---|
| Abs. | Absatz |
| allg. | allgemein |
| Art. | Artikel (im Grundgesetz) |
| ausf. | ausführlich |
| BIP | Bruttoinlandsprodukt |
| BSP | Bruttosozialprodukt |
| ca. | circa |
| ebd. | ebenda (dort) |
| f. | folgende (diese und die nächste Seite) |
| ff. | fortfolgende (diese und die nächsten Seiten) |
| gem. | gemäß |
| GG | Grundgesetz |
| ggf. | gegebenenfalls |
| gr. | griechisch |
| Herv. i. O. | Hervorhebung im Original |
| Hg., hg. | Herausgeber/Herausgeberin, herausgegeben (von) |
| IASSW | International Association of Schools of Social Work |
| i. d. R. | in der Regel |
| IFSW | International Federation of Social Workers |
| insb. | insbesondere |
| insg. | insgesamt |
| lat. | lateinisch |
| LE | Lerneinheit (Kapitel) |
| mind. | mindestens |
| Mio. | Million/en |
| Mrd. | Milliarde/n |
| OECD | Organisation for Economic Cooperation and Development |
| rd. | rund |
| u. ä. | und ähnliches |
| u. a. | unter anderem |
| u. v. m. | und vieles mehr |
| v. a. | vor allem |
| vgl. | vergleiche |
| WHO | World Heath Organization |
| z. B. | zum Beispiel |
| z. T. | zum Teil |
| zit. ebd. | dort zitiert |
| zit. n. | zitiert nach |

# I    Grundlegungen

# 1 Was studiere ich da eigentlich: Soziale Arbeit?

Gegenstand der Lerneinheit: Wer mit einem Studium anfängt, verbindet (neben aller Erwartung auf die Qualifizierung für den künftigen Beruf) auch den Anspruch, Wissenschaft vermittele objektive Erkenntnis, Wissenschaft sei der Wahrheit verpflichtet. In der Tat suggerieren v. a. die Naturwissenschaften, sie seien im Stande, Erkenntnisse hervorzubringen, die sich in Naturgesetzen ausdrücken, die Gültigkeit besitzen, weil sie der Wirklichkeit entsprechen, also objektiv, wahr sind. Tatsächlich haben sich selbst solche Naturgesetze in der Vergangenheit immer wieder als überholt, begrenzt gültig oder widerlegt erwiesen. Bringt wenigstens Soziale Arbeit „Wahrheit" hervor?

## 1.1 Soziale Arbeit als Wissenschaft: Wissen und Wahrheit?

Erkennen, Begreifen und Erklären sind zentrale Funktionen jeder Wissenschaft. *Wissenschaft* bezeichnet „die für den Erwerb dieses Wissens methodisch-systematische Forschungs- und Erkenntnisarbeit hinsichtlich des Sammelns, Ordnens und Beschreibens ihres Materials sowie der Bildung von Hypothesen und Theorien, welche im organisatorisch-institutionellen Rahmen – in der Regel Universitäten und Hochschulen – durch Lehre und Publikationen der Öffentlichkeit zugänglich gemacht wird" (Birgmeier/Mührel 2011: 13). Im Unterschied zum bloßen Meinen oder Glauben stellt *Wissen* eine kognitive Leistung dar, die nachprüfbares Wissen hervorbringt.

Wissenschaft stellt regelgeleiteten Erkenntnisgewinn dar, wobei zwischen *reiner* und *angewandter* (praktischer) Wissenschaft (auch als Handlungswissenschaft oder Praxeologie bezeichnet) unterschieden wird. Reine Wissenschaft zielt auf Wissen und theoretische Erklärung allgemeiner Tatbestände (z. B. sozialer Ungleichheit), während die angewandte Wissenschaft spezielle Aspekte (insb. der beruflichen Praxis und der sich wandelnden Rahmenbedingungen und Praxisanforderungen) untersucht, „wobei die Verwertung des Wissens zur praktischen Lösung außerwissenschaftlicher Probleme Hauptmotiv ist" (Lüdtke 2007c: 733).

Reine wie angewandte Wissenschaft zu betreiben, bedeutet Fragen als Annahmen über die Wirklichkeit zu stellen, Antworten zu suchen, die diese

Annahmen stützen (was als *Verifikation* bezeichnet wird) bzw. Antworten zu finden, die sie widerlegen (*Falsifikation*). Wissenschaftlich zu argumentieren, bedeutet, dabei nachvollziehbare und überprüfbare Verfahren zu wählen und anzuwenden, d. h. Dritten die Qualität (*Güte*) der Antworten auf die Fragen transparent zu machen.

Wissenschaftlich gewonnene Erkenntnisse werden in einen Zusammenhang gebracht, um diese Erkenntnisse z. B. für die Erklärung sozialer Phänomene (z. B. abweichendes Verhalten) nutzbar zu machen. Dieser Zusammenhang wird als *Theorie* (gr., Anschauung, Erkenntnis) bezeichnet. Eine Theorie bezeichnet „wissenschaftslogisch ein System von Begriffen, Aussagen, definierten Verfahren und Daten bzw. Material, in denen und mit denen die als problematisch geltenden Themen und Sachverhalte der Erkenntnis und die Prozesse ihrer Erforschung möglichst umfassend und widerspruchsfrei so geordnet werden, dass der Erkenntnisanspruch objektiv prüfbar wird". Theorie ist die „Bezeichnung für ein systematisch geordnetes System von Annahmen, erklärenden Hypothesen und zugeordneten Beobachtungen der Wirklichkeit, das sowohl wissenschaftlich, etwa als klassifizierendes Ordnungssystem, als auch lebensweltlich, z. B. als subjektive, naive oder Alltagstheorie, zur Ordnung des Handelns vorliegt" (Tenorth/Tippelt 2007: 716; vgl. Birgmeier/Mührel 2011: 16). Theorien sind also Annahmen über die Wirklichkeit mit vorläufiger Gültigkeit (d. h. bis zum Beweis des Gegenteils), „die Erkenntnisse über einen Bereich von Sachverhalten zu ordnen, Tatbestände zu erklären und vorherzusagen" (Wienold 2007: 663).

Dabei wird zwischen (normalen) *wissenschaftlichen Theorien*, die unabhängig sind von konkreten praktischen Fragestellungen, und *Reflexionstheorien* unterschieden. Reflexionstheorien werden als „Theorien des Systems im System" (Dewe/Otto 2001: 1967) formuliert und dienen dazu, z. B. in der Sozialen Arbeit gegebene praktische Fragen zu klären. Wissenschaftliche Theorien der reinen Wissenschaft (z. B. der Soziologie) vermitteln dagegen Grundlagen aus einer Perspektive außerhalb des Systems der Praxis, während Theorien der angewandten Wissenschaft aus der Praxis heraus entwickelt werden, z. B. durch Wissenschaftler/innen, die aus der Praxis stammen oder in die Praxis selbst eingebunden sind.

Es stellt sich nun die Frage, ob wissenschaftliche Erkenntnis (z. B. in Form von Theorien) *Wahrheit* hervorbringt. Wahrheit (auch mit dem Begriff „Objektivität" verknüpft) wird umgangssprachlich als der „Zustand" verstanden, wenn Aussagen mit dem übereinstimmen, was „tatsächlich" ist oder geschieht. Damit wird ein für die Soziale Arbeit bestehendes Grundproblem angesprochen: Bildet das, was in der Sozialen Arbeit tätige Fachkräfte (die, wie im Vorwort schon erwähnt, hier als *Soziale* bezeichnet werden) wahrnehmen (erkennen), das ab, was in einer für sie bedeutsamen Situation „tatsächlich" vorhanden oder geschehen ist? Dazu ein Beispiel:

> „Kinder mit Billigkleidung in Plattenbauten: Bilder dieser Art werden oft als Symbolfotos für Armut verwendet. Doch sie sind inszeniert – und verzerren unsere Sicht auf echte Bedürftigkeit in Deutschland."

Es sind Bilder, die traurig und betroffen machen. Ein etwa sechs Jahre altes Mädchen steht inmitten einer Plattenbausiedlung, die Wände sind mit Graffiti beschmiert. Das Kind sieht niedergeschlagen aus, es hält eine Puppe im Arm, die zwei verschiedene Söckchen trägt. Auf einem der Fotos wühlt das Mädchen in einem Mülleimer. Vielleicht, weil es hungrig ist. Es gibt auch Bilder eines Jungen, er ist etwas jünger und wohnt offenbar im selben Viertel. Er sitzt nachdenklich herum, neben ihm liegt Müll, er würde gern Fußball spielen, aber der alte Lederball, den er unter dem Arm trägt, ist leider platt.

Die Aufnahmen stammen aus den Jahren 2008 und 2012, sie sind seitdem etliche Male von Zeitungen, Onlinemedien und TV-Sendern veröffentlicht worden […] Fast immer werden sie verwendet, um Nachrichten über Kinderarmut in Deutschland zu illustrieren. Diese Woche wurde eines dieser Bilder in der Tagesschau gezeigt. Denn die Linkspartei hatte Daten der Bundesagentur für Arbeit ausgewertet und festgestellt, dass die Zahl der unter 15-Jährigen Kinder, die auf Hartz IV angewiesen waren, im vergangenen Jahr um 33.700 auf 1,54 Millionen stieg.

Diese Entwicklung ist beschämend für Deutschland, und die Zuschauer und Leser können sich wohl vorstellen, dass arme Kinder so leben müssen wie das Mädchen und der Junge auf den Fotos. In trostlosen Trabantenstädten, mit Eltern, denen das Geld fehlt, ihnen genug zu essen zu kaufen.

Doch die Fotos erzählen eine Geschichte, die so nicht stimmt. Und sie tragen dazu bei, den Blick auf die reale Kinderarmut zu verstellen. Die beiden Kinder sind nicht arm. Sie wohnen nicht in einer Hochhaussiedlung, sondern in einem Häuschen im Grünen. Sie sind die Kinder des Fotografen, der für die Deutsche Presseagentur (dpa) arbeitet. Der verfrachtete seinen Sohn und seine Tochter an einen trostlosen Ort und trimmte sie mit Billigklamotten und kaputtem Spielzeug auf arm. […] Die verwahrlosten Plattenbauten auf den Fotos stammen übrigens aus DDR-Zeiten, sie standen im Stadtteil Neuberesinchen in Frankfurt (Oder) und wurden bereits abgerissen" (Kleinhubbert 2016).

Was zeigt das Beispiel? Zunächst sind wir gefangen von einem bildlichen Eindruck, der überzeugend zu dem zu passen scheint, was wir zu „wissen" glauben, weil wir davon (Kinderarmut, Armut in einer Plattensiedlung u. ä.) schon gehört haben. Wir erliegen aber einer Täuschung – in diesem Fall sogar einer bewussten Inszenierung, die auf unser vermeintliches „Wissen" abzielt. Über Kinderarmut sagen die Bilder nichts aus. Sie sind nicht wahr – könnten es aber sein, wenn Kinder aus einer Plattensiedlung tatsächlich abgebildet worden wären, die zu dem Fünftel an Kindern und Jugendlichen zu zählen sind, die aus Familien stammen, die als arm gelten (womit das nächste „Wahrheitsproblem" angesprochen wäre, denn eine sichere Bestimmung, wer als „arm" in Deutschland zu gelten hat, ist hochumstritten). Die Bilder jedenfalls sind nicht „wahr". Und selbst dann, wenn sie nicht inszeniert worden wären, sagten sie – unabhängig von der Frage, was Armut darstellt, nur etwas über den konkreten Einzelfall aus, nicht aber über Kinderarmut in Deutschland allgemein. Zu viele Aspekte (je nach Definition) der weit über 2 Mio. von Armut betroffenen Kinder und Jugendlichen bleiben ungesehen – und können nicht abgebildet werden. Eine „objektive" Aussage erscheint also unmöglich.

Unter Objektivität wird die „Darstellung eines Sachverhalts unter Ausschaltung individueller Vorurteile und Gefühle" verstanden (Reinhold 1997: 475). Sie gilt als „das Gegenteil von Subjektivität, die Unabhängigkeit von subjektiven Einflüssen, Sachlichkeit" und stellt „eine Eigenschaft von Urteilen, Aussagen" dar: ein Urteil gilt dann als objektiv, „soweit seine Geltung unabhängig von den subjektiven Eigenschaften des Urteilenden (seinen persönlichen Erfahrungen, Einstellungen, Wertvorstellungen, Wünschen usw.) begründet und somit – wenigstens prinzipiell – von anderen überprüft werden kann" (Klima 2007c: 465).

Ein objektives (wissenschaftliches) Urteil wäre in diesem Sinne („prinzipiell") möglich, sofern ein Vorgehen gewählt werden könnte, das andere zum gleichen Urteil kommen lassen würde, d. h. Menschen müssten im Einzelfall vollkommen von ihren (persönlichen/biografischen wie beruflichen) Erfahrungen abstrahieren können, um unabhängig voneinander im selben Fall zum gleichen Urteil zu gelangen. Nur dann wäre ein objektives Urteil *denkbar*.

Tatsächlich aber bleiben wir dem verhaftet, was wir an (v. a. vor-wissenschaftlich) gewonnenen persönlichen Wissensquellen erlangt haben, die aus drei Elementen bestehen können:

*Vorwissen* umfasst alle Wissensbestände, die zum Thema bereits vorhanden sind, sei es *insbesondere* als Gelesenes, Gehörtes, Besprochenes, Erlebtes, Erfahrenes, Erfahrungen (im Praxissystem), Aktenkundiges, Eindrücke, Einschätzungen etc. (wobei solches Vorwissen kann bereits wissenschaftlich erworben werden, z. B. durch das Studium einer anderen Disziplin);

*Vor-Urteil* stellt ein „Globalurteil, Pauschalurteil, ein verfestigtes, vorgefasstes, durch neue Erfahrungen oder Informationen schwer veränderbares Urteil" dar; es „ist emotional gefärbt und enthält meist positive (vor allem gegenüber der eigenen Person oder Gruppe) und negative (vor allem gegenüber Fremden und Fremdgruppen) moralische Wertungen" (Lilli 2007: 714). Es kann sich um durch Vor-Erfahrungen gestützte Einschätzungen handeln aufgrund langfristig angeeigneten, unreflektierten Denkens, etwas sei tatsächlich so, wie es lange Zeit gedacht wurde, es sei so. Vor-Urteile sind keinesfalls per se zwingend abwertende, pauschale Urteile; das mit Vor-Urteilen verbundene Problem sind aber die unreflektierten und unreflektiert bleibenden Fehleinschätzungen und Irrtümer.

*Subjektive Theorien*, die in die persönliche Beurteilung und Einschätzung von Sachverhalten (die Personen, Prozesse oder Bedingungen des Lebens betreffen) münden, gründen auf Vorurteilen. Es handelt sich um aus Vorurteilen (meist unbewusst) abgeleitete (persönliche) Erklärungen für etwas (auch Urteile und Bewertungen im Sinne von richtig/falsch, gut/schlecht u. ä.). Sie vermitteln als Gedanken, Motive und Intentionen subjektiven Sinn, der hilft, Handlungen und Situationen, in die ein Mensch eingebunden ist, zu erfassen und zu erklären. Als *praktischer Sinn* wird das „Wissen" von Menschen bezeichnet, das unterhalb umfassender Reflexion und oberhalb totaler Unbewusstheit angesiedelt ist und eine Wahrnehmungs- und Verhaltensweise hervorbringt, „die die Verfasstheit der sozialen Welt als ,normal' und unabänderlich anerkennt", z. B. durch die Fähigkeit, sich entsprechend der eigenen sozialen Stellung angemessen zu verhalten (vgl. Kraemer 2007: 594, zit. ebd., Sprondel 2007: 594f.).

Dazu ein Beispiel: 17- und 18-jährige Jugendliche fahren mit der Gruppe eines örtlichen Jugendverbandes nach Amsterdam; die Geschichte, erzählt in meiner Vorlesung, endet mit der Formulierung: „Na, die werden ihren Spaß haben!" Das Stichwort „Amsterdam" ermöglicht uns eine subjektive Theorie bzw. praktischen Sinn (der von fast allen Anwesenden spontan geteilt wird) – und zwar als Kette: 1. Amsterdam; 2. das sind *auch* die Coffeeshops dort, die die Verfügbarkeit über in Deutschland illegale („weiche") Drogen ermöglichen; 3. „das wird ein Spaß für die Jugendlichen", weil sie sich in den Besitz dieser Drogen bringen und sie „frei" konsumieren können; 4. das löst allgemeines Gelächter unter den Student/inn/en aus.

Die subjektive Theorie bzw. den praktischen Sinn konstruieren die StudentInnen aufgrund ihres Vorwissens und ihrer Vorurteile. Sie und subjektive Theorien sowie praktischen Sinn gilt es zu vergegenwärtigen. *Vergegenwärtigen* heißt, sich das bewusst Erfahrene und das in der Familie durch Erziehung, in der Gesellschaft/Kultur durch Sozialisation und Enkulturation und durch Bildungsprozesse (eher unbewusst) Angeeignete vor Augen zu führen und zum Ausdruck („zur Sprache") zu bringen, im Fall der Sozialen Arbeit z. B. in Form einer Wissenslandschaft (Mindmap) oder als Reflexion mit anderen Fachkräften (z. B. im eigenen Team). Es ist ein notwendiger erster Schritt wissenschaftlichen Arbeitens in der Sozialen Arbeit. Gemeinschaftliches (kollektives) Arbeiten *kann* die Fallen des Vorwissen, der Vor-Urteile und der subjektiven Theorien vergegenwärtigen und neutralisieren helfen (in der beruflichen Praxis z. B. durch Formen Kollegialer Beratung). Auch diese Form des Bewusstmachens kann nicht zu Wahrheit führen, aber zur Verdeutlichung der subjektiven Sichtweise beitragen. Es entsteht dadurch eine „wertgebundene Objektivität", die den (eigenen) Blick auf

- die Wahrnehmung, d. h.: Was nehme ich als das Problem wahr?
- das Verstehen: Was folgt für mich – als Folge des Wahrnehmens – daraus?
- das Handeln, d. h.: Was werde ich in der Konsequenz hieraus tun?

leitet. Wahrnehmen, Verstehen und Handeln stellen jeweils (im beruflichen Zusammenhang begründungsbedürftige) *Auswahlentscheidungen* dar, die an persönliche und fachliche Werte gebunden sind (z. B. persönlich: dass es gut ist, anderen zu helfen; z. B. fachlich: dass es um die Verwirklichung sozialer Gerechtigkeit geht). *Objektivität* ist zwar anstrebenswert, wird aber nicht zu erreichen sein, und Wahrheit ist (auch) in der (wissenschaftlichen) Sozialen Arbeit unmöglich.

Dies ist auch keine neue „Erkenntnis". In der Geschichte der Philosophie (die sich vielfältig mit der Frage befasst hat, was überhaupt erkannt werden kann und was Wahrheit darstellt) wurde immer wieder darauf hingewiesen, dass die persönliche Subjektivität eine objektive Erkenntnis praktisch unmöglich macht. Beispielsweise bezweifelten in unterschiedlichen Epochen z. B. *Nikolaus von Kues* („Die belehrte Unwissenheit", 1440), *Immanuel Kant* („Kritik der reinen Vernunft", 1781) und *Paul Feyerabend* („Wider den Methodenzwang", 1975) die Möglichkeit einer objektiven Erkenntnis.

Dies alles hat unmittelbar auch praktische Konsequenzen, denn modern und im Blick auf die Soziale Arbeit gesprochen heißt dies: Beobachten mehrere Menschen eine Situation, dann erkennen sie stets nur ihre „Wirklichkeit" und damit immer *mehrere* „Wahrheiten", die von ihnen konstruiert werden (was theoretisch unter dem Begriff *Konstruktivismus* gefasst wird [vgl. Lautmann 2007]). Konstruktivistisch argumentiert ist es unmöglich, eine Aussage darüber zu treffen, was wirklich (umgangssprachlich: „wahr") ist. Grundaussage ist, dass die menschliche Wahrnehmung unvollständig und fehlerhaft ist, z. B. weil vieles mehr oder weniger (aufgrund von Vorurteilen, Ideologien, Desinformation) bewusst ausgeblendet, umgedeutet oder verfälscht wiedergegeben wird. Ein Mensch kann die Realität immer nur auf die ihm eigene Weise erschließen und aufgrund der Erfahrungen, die er in und mit seiner Umwelt macht, sein Bild von der Realität konstruieren: Diese Welt- und Selbstsicht „ist ein Abbild der subjektiv wahrgenommenen und verarbeiteten Realität", der jeweils subjektiv konstruierten Realität: und damit „eine Konstruktion dessen, der diese Wirklichkeit erlebt" (vgl. Mutzeck 2005: 56 ff., zit. ebd. S. 56). Solche Konstruktionen sind individuell eingefärbt (z. B. durch die subjektiv bevorzugten Themen) und reduzieren in diesem Sinne die Komplexität der Wirklichkeit, die sonst leicht unübersichtlich werden und die Handlungsfähigkeit überfordern könnte.

So ist z. B. Arbeiten in der Sozialen Arbeit (abgesehen von rein ehrenamtlicher/freiwilliger Tätigkeit) Berufstätigkeit, also lohnabhängige Beschäftigung oder selbständige/freiberufliche Erwerbsarbeit. Wenn nun eine Studentin sagt, sie habe schon mit behinderten Menschen *gearbeitet*, und sich im Gespräch darüber herausstellt, dass es sich um ein dreiwöchiges Praktikum gehandelt hat, dann hat die Studentin im Sinne ihrer subjektiven Wirklichkeitskonstruktion selbstverständlich gearbeitet. In dieser Situation ist das fachliche Verständnis von Berufsarbeit, das in das Gespräch als Vorwissen eingebracht werden könnte, nicht relevant; zunächst ist nur die Konstruktion der Studentin von Bedeutung, was sie unter Arbeit versteht.

Ein Mensch wird solche Konstruktionen für „wahr" halten, die für sein persönliches Wohlbefinden oder die Kooperation mit anderen dienlich sind, wobei er darauf bestehen wird, dass nur *dieses* (sein) Bild von der Welt die Wirklichkeit auch tatsächlich trifft. Diese subjektive Expertenschaft führt auch dazu, dass er (zunächst) am besten beurteilen kann, welche Konstruktionen *nützlich* (und welche eben *nicht nützlich*) sind (vgl. Bamberger 2001: 7ff., von Spiegel 2013a: 255).

Von *Dorothy S. Thomas* und *William I. Thomas* stammt die grundlegende Einschätzung, dass für das Handeln von Menschen deren Definition der Situation und nicht die „objektive" Situation entscheidend ist, das heißt, menschliches Handeln erklärt sich, wenn man die Bedeutung begreift, die diese objektiven Bedingungen für sie haben (sog. Thomas-Theorem [Thomas 1923]). Die Situationsdefinition ist dabei keine rein individuelle Angelegenheit, sondern zum großen Teil sozial (z. B. schichtspezifisch) normiert. ‚Fakten' besitzen keine einheitliche Existenz, unabhängig von den Personen, die sie beobachten und deuten. Vielmehr sind die ‚realen Tatsachen die Art und Weise, in der verschiedene Leute in Situationen gelangen und diese definieren" (Karlsen 2003: 105). Das heißt: Wenn Menschen Situationen als real definieren, so sind diese real in ihren Konsequenzen (vgl. Merton 1948: 193, Thomas/Thomas 1928: 572).

Damit ist gesagt, dass jedes menschliche Handeln reale Konsequenzen zur Folge hat, ganz gleich wie irreal die Situationsdefinition war, die zu der entsprechenden Handlung geführt hat. Die Definition der Situation wird zum Schlüsselfaktor bei der Einhaltung des sich selbst erfüllenden Prozesses, der aus der Prophezeiung resultiert (*self fulfilling prophecy*). Die meisten Menschen konstruieren ihre eigene soziale Realität und handeln auf der Grundlage, wie sie die Situation einschätzen. Wenn z. B. eine Schülerin überzeugt ist, dass es nun am wichtigsten ist, eine Klausur zu bestehen, dann wird diese Überzeugung die Situation bestimmen und ihr Handeln begründen. Sie wird viel investieren, um die Klausur zu bestehen. Das ist auch dann der Fall, wenn sie die Situation falsch einschätzt, besorgt ist und im Gedanken, bei der Klausur durchzufallen, nervös wird und mit ihren Klausurvorbereitungen nicht „klarkommt". So erreicht sie ihr Ziel nicht, und die Prophezeiung wird erfüllt (vgl. Merton 1957: 421–436). Damit wird die Logik vieler Alltagsepisoden beschrieben, in denen die „Realität" subjektiver Natur und sozial strukturiert ist: „Die Folgen werden reale, wenn die Situation als real eingeschätzt wird" (Karlsen 2003: 109). Konflikte mit anderen, die ihre eigene Deutung der Situation haben, sind damit unvermeidbar.

## 1.2   Soziale Arbeit: Disziplin und Profession?

Etwa seit dem 16. Jahrhundert hat sich ein Verständnis entwickelt, dass jede (Einzel-)Wissenschaft für sich mit voneinander getrennten und verschiedenen Methoden arbeitet, da sie dem Wesen nach unterschiedliche Gegenstände (Objekte, Themen und Fragestellungen) bearbeiten und untersuchen (vgl. Kern 2007: 157). Als Begriff einer Einzelwissenschaft hat sich die Bezeichnung *Disziplin* durchgesetzt. In diesem Sinne ist (zunächst und sehr allgemein) das Soziale Gegenstand der Disziplin Sozialer Arbeit.

Davon abgegrenzt wird die *Profession*: Seit dem Mittelalter wurden die Möglichkeiten für einen Beruf, eine Profession zu werden, eng begrenzt und waren zunächst auf Theologie bzw. Philosophie (Wahrheitsfindung), Medizin (Therapieleistung) und Recht (Konsensfindung) beschränkt. Diese klassischen Professionen sind seitdem auch durch institutionelle Arrangements gesichert. Die Arztpraxis, das Krankenhaus oder das Gesundheitsamt grenzen sich durch ihren Status und den Habitus ihrer Akteure (sich z. B. äußernd in fachlicher Terminologie, nicht zuletzt im „weißen Kittel") von anderen Berufen ab und stellen so „Exklusivität" her (vgl. Herrmann 2013: 240).

Neuere Modelle sehen dagegen eine Profession durch
* eine *kodifizierte Berufsausbildung* (z. B. durch das Bachelorstudium der Disziplin „Soziale Arbeit" an Hochschulen angewandter Wissenschaft),

- eine gesetzlich garantierte Kontrolle über den Berufszugang (z. B. durch eine staatliche Anerkennung als Sozialabeiter/in),
- die Kontrolle der fachlichen Standards durch wissenschaftliche Fachkultur, berufsständische Normen und Organisationen (z. B. den Deutschen Berufsverband für Soziale Arbeit/DBSH),
- einen *Berufskodex* (d. h. den Standards des beruflichen Umgangs mit Menschen im Rahmen einer Ethik der Sozialen Arbeit) und
- die *wissenschaftliche Begründungspflicht* (Beurteilungen, Diagnosen oder Entscheidungen sind im Rückgriff auf wissenschaftliches *Wissen* und unter Anwendung wissenschaftlicher *Verfahren* nachweispflichtig)
- gekennzeichnet (vgl. Müller/BK 2002: 728f.). Das künstliche Modell professioneller „Exklusivität" wird damit überwunden.

Soziale Arbeit *als Wissenschaft* vereint auf sehr spezifische Weise Disziplin wie Profession: Einerseits greift sie auf die (reinen) wissenschaftlichen Erkenntnisse anderer Disziplinen (sog. *Referenzdisziplinen*) zurück (z. B. die Soziologie), andererseits bringt sie selbst (als *Wissenschaft der Sozialen Arbeit* [LE 13.3]) eigenes Wissen hervor, das sich auf praktische Fragestellungen der Profession Soziale Arbeit bezieht und versucht, die Profession selbst in den Prozess der Erkenntnisgewinnung einzubeziehen.

Die Referenzdisziplinen – insb. Soziologie, Erziehungswissenschaft, Politikwissenschaft, Psychologie und Rechtswissenschaft (daneben auch Medizin, Wirtschafts-, Kommunikations-, Wirtschaft und Gesundheitswissenschaften, Biologie) – werden auch als „Bezugswissenschaften" bezeichnet. Sie stellen als reine Wissenschaft der Sozialen Arbeit Erkenntnisse insb. zum menschlichen Verhalten bereit, die z. B. helfen, die Handlungsweisen und Reaktionen von Menschen in für die Soziale Arbeit relevanten Zusammenhängen zu verstehen:

- die *Psychologie* als Wissenschaft von den Formen und Gesetzmäßigkeiten des inneren Erlebens und äußeren Verhaltens, bezogen auf Individuen und Personengruppen (sowie auch Tieren),
- die *Soziologie* als Wissenschaft, die die Bedingungen und Formen menschlichen Zusammenlebens, die komplexen Struktur- und Funktionszusammenhänge der Gesellschaft und ihrer Institutionen untersucht und beschreibt, und
- die *Erziehungswissenschaft* (Pädagogik) als Wissenschaft der Formen von Erziehung, Bildung und Lernen und der hierbei relevanten Institutionen.

Die Relevanz der Referenzdisziplinen für die Soziale Arbeit soll aber nicht verdecken, dass die Soziale Arbeit das dort produzierte (angesammelte) Wissen weder als Grundlage benötigt, noch sich darauf ausschließlich bezieht (was den Begriff „Bezugswissenschaft" angemessen erscheinen lassen könnte). Vielmehr generiert Soziale Arbeit sowohl eigenständig Wissen (durch eigene Forschung), und sie transformiert auch das Wissen Dritter für ihre eigene Zwecke und auf eigenständige Weise, indem sie es für sich nutzbar macht. Soziale Arbeit ist somit „von allem etwas", aber eben keine „reine" Psychologie, Soziologie oder Pädagogik. Sie lässt sich damit zusammenfassend als Handlungswissenschaft beschreiben, die „auf die *Anforderungen, Aufgaben und gesellschaftlichen Funktionen der praktischen Sozialen Arbeit* ausgelegt ist und damit einen *bestimmten Ausschnitt gesellschaftlicher Praxis* bzw. *gesellschaftlicher Wirklichkeit"* bearbeitet. Sie soll (im Gegensatz zu den Referenzdisziplinen) „soziale Probleme […] bearbeiten und *lösen"* (Birgmeier/Mührel 2011: 109; Herv. i. O.).

Soziale Arbeit ist damit – das lässt sich hier bereits sagen – als *Integrationswissenschaft* zu verstehen, die Erkenntnisse, Wissen und Material anderer Disziplinen (*Referenzdisziplinen*) auf ihren Gegenstand (ihr „Thema") – *das Soziale (soziale Probleme) als der Notwendigkeit zur Unterstützung von Menschen bei ihrer (ggf. erschwerten, belasteten) Lebensbewältigung* – anwendet und für ihre Zwecke (insb. Beratung, Hilfe, Unterstützung) umformt (näher LE 10).

## 1.3   Anregung zur Weiterarbeit

Eine Sozialarbeiterin sagt über ihre Gründe, sich 1997 für das Berufsfeld Soziale Arbeit entschieden zu haben:

> „In der Ausbildungszeit war ich gewerkschaftlich aktiv und habe mich in der Jugend- und Auszubildenden-Vertretung in einen großen Betrieb für die Interessen der Auszubildenden eingesetzt. Während dieser Zeit nahm ich an vielen Veranstaltungen und Seminaren teil. Darüber hinaus betreute ich Kinder in Ferienfreizeiten. In der Elternzeit habe ich verschiedene Institutionen und Behörden (Sozialamt, Wohngeldstelle, Jugendamt – Unterhaltsvorschuss) kennengelernt und nicht immer eine gute Behandlung erfahren … Menschen begleiten, unterstützen, Veränderungen anzustoßen, Lösungen zu entwickeln und gerade auch die Zusammenarbeit mit Kindern hat mit viel Freude bereitet und somit stand die Aufnahme des Studiums nach der Elternzeit fest."

Was sind Ihre Gründe, das Studium der Sozialen Arbeit aufzunehmen? Vergegenwärtigen Sie sich bitte, was Sie selbst zu diesem Studium gebracht hat! Sie können dazu z. B. einen „Brief an sich selbst" verfassen, in dem Sie Ihre

Motive und Gründe (und die Erwartungen an das Studium und den späteren Beruf) festhalten. Wenn Sie schließlich in die Praxis gehen: *Öffnen Sie Ihren Brief!*

## 1.4 Literaturempfehlung

Einige Hinweise sollen helfen, sich einen ersten Zugang zu Literatur zu verschaffen, um die Gegenstände dieses Lehrbuches zu vertiefen:

Neben diesem Lehrbuch liegen weitere Einführungen in die Soziale Arbeit vor, z. B.:
- *Ulrich Deller und Roland Brake: Soziale Arbeit. Grundlagen für Theorie und Praxis*, Opladen und Toronto: Verlag Barbara Budrich, 2014
- *Peter Löcherbach und Ria Puhl: Einladung zur Sozialen Arbeit. Studium, Beruf und Alltag einer jungen Disziplin*, Baden-Baden: Nomos, 2016
- *Johannes Schilling und Sebastian Klus: Soziale Arbeit. Geschichte – Theorie – Profession*, 6. Aufl. München: Ernst Reinhardt Verlag, 2015.

Grundlagen der Referenzdisziplinen vermitteln z. B. aus der Perspektive
- der Soziologie: *Lothar Böhnisch Heide Funk: Soziologie – eine Einführung für die Soziale Arbeit*, Weinheim und Basel: Beltz Juventa, 2013,
- der Politikwissenschaft/Sozialpolitik: *Martin Bellermann: Sozialpolitik. Eine Einführung für soziale Berufe*, Freiburg/Brsg.: Lambertus, 2011,
- der Pädagogik: *Jürgen Raithel, Bernd Dollinger und Georg Hörmann: Einführung Pädagogik*, 2. Aufl. Wiesbaden: VS Verlag für Sozialwissenschaften, 2007,
- der Psychologie: *Franz J. Schermer und Arno Drinkmann: Grundlagen der Psychologie*, 3. Aufl. Stuttgart: Kohlhammer, 2011, und
- der Rechtswissenschaft: *Winfried Kievel, Peter Knösel und Ansgar Marx: Recht für soziale Berufe*, 6. Aufl. Neuwied: Luchterhand, 2010, oder *Reinhard J. Wabnitz: Grundkurs Recht für die Soziale Arbeit*, München: Ernst Reinhardt Verlag, 2014.

# 2 Wie studiere ich Soziale Arbeit?

Gegenstand der Lerneinheit: Mit einem Studium wird seitens der Student*innen in aller Regel der Anspruch verbunden, Wissen und grundlegende Kenntnisse vermittelt zu bekommen. Ist das im Fall der Sozialen Arbeit anders? Was also kennzeichnet das Studium der Sozialen Arbeit?

## 2.1 Eine Annäherung an ein neues Lernen

Als allgemeines Ziel des Studiums der Sozialen Arbeit kann die Entwicklung einer kritischen Persönlichkeit bezeichnet werden, die *sich selbst* in die Lage versetzt, erstens soziale Sachverhalte unter Anwendung angemessener fachlicher Methoden und wissenschaftlicher Verfahren einzuschätzen, hieraus zweitens Schlussfolgerungen abzuleiten und drittens Entscheidungen (z. B. bei der Bewältigung komplexer Problemlagen) in der Zusammenarbeit mit den Menschen, die ihre Unterstützung benötigen i. d. R. gemeinsam vorzubereiten und zu verwirklichen. Das setzt eine spezifische Kompetenz voraus, die (beginnend mit dem Studium) schrittweise entwickelt wird.

Als *Kompetenzen* werden verfügbare und erlernbare Fähigkeiten und Fertigkeiten verstanden, um bestimmte Probleme zu bewältigen. Es geht dabei auch um Wissen, das im Studium einerseits in Form von Generalistenwissen und andererseits fachspezifischem Spezialistenwissen vermittelt wird, vor allem aber geht es um die Kultivierung von *Schlüsselkompetenzen*(-qualifikationen), die das gesamte Spektrum fachübergreifender bzw. -unspezifischer Qualifikationen umfassen und die Fähigkeit zum Ausdruck bringen, situativ angemessen kompetent zu handeln (vgl. Richter 1995: 33f.). Es geht dabei um
- *Sach- und Systemkompetenz*, d. h. Wissen über gesellschaftliche bzw. rechtliche Rahmenbedingungen, arbeitsfeldspezifisches Fachwissen (z. B. über die Bedingungen des Aufwachsen, die Entwicklungsaufgaben im Erwachsenenalter, Gruppendynamik), Organisationswissen (z. B. sicherer Umgang mit Verwaltungen, Anträgen und Formularen) u. ä., und *Methoden- und Verfahrenskompetenz*, d. h. die Fähigkeit zur Planung und Reflexion des eigenen professionellen Handelns im Hinblick auf die Zuordnung und Anwendung gewählter Methoden" (Strohe/Wardelmann 2014: 168), z. B. über Netzwerkarbeit, Gemeinwesenarbeit.

- *Sozialkompetenz*, d. h. Kontaktfähigkeit und Authentizität (z. B. zuhören können, fokussiert und konzentriert sein, aufmerksam/achtsam sein, differenziert wahrnehmen können, neugierig und respektvoll sein), verständigungsorientiert handeln zu können (z. B. von eigenen Wert- und Normvorstellungen Abstand nehmen und andere Lebensvorstellungen akzeptieren zu können), aktive wie passive Kritik- und Konfliktfähigkeit (z. B. in der Auseinandersetzungen mit Behörden und dort tätigen Sachbearbeiterinnen, um Rechte von Ratsuchenden durchzusetzen). Hierzu sind Empathie (d. h. die Fähigkeit, sich in neue Beziehungen einfühlen zu können) und Rollendistanz (die Fähigkeit, sich nicht völlig von einer Rollenzuschreibung festlegen zu lassen) notwendig. Soziale Kompetenz bedeutet auch die Reflexion der eigenen beruflichen Praxis als Bestandteil gesellschaftlicher Strukturen und Prozesse, da z. B. die berufliche Praxis „maßgeblich durch die sozialen Folgen politischer und ökonomischer Entscheidungen gesteuert" wird (vgl. Geißler/Hege 2001: 232ff.).
- Als *Selbstkompetenz* wird der „kompetente Umgang mit sich selbst" bezeichnet, d. h. die Fähigkeit, eigene Motive, das eigene Verständnis von der Welt, des eigenen Wertehorizontes und Menschenbildes, aber auch die eigene Belastbarkeit reflektieren und sich selbst weiterentwickeln zu können. Selbstkompetenz ermöglicht, „über den Tellerrand zu blicken": „Festgefahrene, verkrustete Strukturen können nur durch Persönlichkeiten aufgebrochen werden, die sich selbst einschätzen können und in der Lage sind, neue Visionen zu entwickeln. Nur so ist Weiterentwicklung möglich – im gesellschaftlichen Kontext genauso, wie im individuellen" (Richter 1995: 36f.).

Im Begriff der *Handlungskompetenz* kommen drei Kompetenzen zum Ausdruck: Handlungskompetenz „entwickelt sich aus dem synergetischen Zusammenwirken von Sozial-, Selbst- und Methodenkompetenz. Wie ausgeprägt dabei welcher Kompetenzbereich ist, ist individuell verschieden" (ebd.: 38). Schlüsselqualifikationen beschreiben dabei den idealen Zustand, über alle drei Kompetenzbereiche vollständig zu verfügen.

Vor diesem Hintergrund wird verständlich, dass das grundständige (Bachelor-)Studium der Sozialen Arbeit generalistisch angelegt ist, d. h. es qualifiziert nicht für ein bestimmtes Aufgaben- oder Praxisgebiet. Es soll auf Praxis vorbereiten, indem der persönliche Horizont (z. B. vorliegende [erste] Erfahrungen mit Sozialer Arbeit) für die Praxis anschlussfähig „gemacht" wird. Die Absolvent/inn/en des Studienganges sollen befähigt sein, zunächst in allen Praxisfeldern anzufangen; sie gelten dann als *berufsfähig* (als wirklich *berufsfertig* werden sie i. d. R. nach einer mehrjährigen beruflichen Einstiegsphase (Noviziat) in einem Handlungsfeld der Praxis bezeichnet).

Die Frage nach den Kenntnissen, die für die Berufsfähigkeit erforderlich sind, kann abschließend nicht beantwortet werden, wandeln sich doch Praxisanforderungen und Rahmenbedingungen, unter denen Soziale Arbeit zu leisten ist, sehr schnell. Dies stellt auch keine wirkliche Schwierigkeit dar, denn Soziale Arbeit ist eine wissenschaftsgestützte Profession, die diese sich wandelnden Rahmenbedingungen und Praxisanforderungen systematisch erfasst und in die Entwicklung ihrer eigenen Theorie und Praxis einbezieht.

## 2.2 Soziale Arbeit studieren

Studium verstehen neu immatrikulierte Student/inn/en in der Regel zunächst als Lernen und damit „als eine zielgerichtete Tätigkeit, die auf den Erwerb von Kenntnissen und Fertigkeiten gerichtet ist und je nach Art der angestrebten Lernziele unterschiedliche Einzelaktivitäten umfasst". Es handelt sich um einen „zumeist subbewusst ablaufende(n) Prozess, der auf Erfahrung beruht und zu dauerhaften Veränderungen im Verhalten oder im Verhaltenspotenzial führt". Dabei stellt die akademische Lehre an einer Hochschule „nur einen schmalen Ausschnitt aus der Gesamtheit aller Erfahrungen und Einflüsse (dar), die im Laufe des Lebens zu nachhaltigem Lernen und Weiterentwicklung der Persönlichkeit führen" (Tenorth/Tippelt 2007: 455f.).

Das Lernen Erwachsener wird dadurch gekennzeichnet, dass sie wissen möchten, warum sie etwas wie lernen, und eigene Entscheidungen treffen, d. h. selbstgesteuert lernen wollen. Vorerfahrungen (Vorwissen, Vorurteile) sollen als Ressourcen genutzt werden, die Lernbereitschaft ist lebensbezogen und nutzenorientiert. Lernen soll von (konkreten) Problemen ausgehen und Zusammenhänge beachten (vgl. Nolda 2008: 85f.). Vier Lernstile kennzeichnen diesen aktiven Aneignungsprozess:

- Beim *divergierenden Stil* dominieren konkretes Erfahren und reflektierendes Beobachten. Seine Stärke liegt darin, konkrete Situationen aus den unterschiedlichsten Blickwinkeln zu betrachten und zu einem Ganzen zusammenzufügen.
- Beim *konvergierenden Stil* sind abstrakte Begriffsbildung und aktives Experimentieren bestimmend. Die Stärken liegen im Lösen von Problemen und der praktischen Umsetzung von Ideen.
- Den *assimilierenden Stil* kennzeichnen abstrakte Begriffsbildung und reflektierendes Beobachten. Seine Stärke liegt in der Entwicklung theoretischer Modelle.
- Konkretes Erfahren und aktives Experimentieren charakterisieren den *akkommodierenden Stil*. Seine Stärken liegen im Handeln, im Umsetzen

von Plänen und in der Bereitschaft, sich auf neue Erfahrungen einzulassen (vgl. Kolb 1984: 77f.).

Auch wenn es den einen Lernstil schlechthin nicht geben wird, lassen sich aber durchaus Aneignungsformen im Lernen (Lerntypen) differenzieren:

- Lesen und Beobachten (insb. bei Anwendung von Grafiken, Diagrammen und filmischen Beiträgen) unterstützen den *visuellen Lerntyp*, sich neue Inhalte anzueignen und Zusammenhänge zu begreifen.
- Mündliche Erläuterungen (Vorträge, reduzierte Präsentationen, die nur Grafiken und Diagramme nutzen) kommen dem *auditiven Lerntyp* entgegen; er nimmt neue Inhalte nur durch Zuhören am besten wahr, ohne dass er eine weitere visuelle Präsentation (PowerPoint-Präsentation u. ä.) benötigt.
- Der *kommunikative Lerntyp* verarbeitet Informationen am intensivsten in der Gruppe; wenn er dazu angeregt wird, Meinungen auszutauschen und zu diskutieren, Fragen zu stellen und auch beantworten zu können.
- Den *motorischen Lerntyp* kennzeichnet, dass er im „learning by doing" (z. B. Rollenspiele, Moderation vor der Seminargruppe mit selbst gewählten Arbeitsformen) neue Inhalte besonders gut aufnehmen kann.

Lernen ist an Lehren gekoppelt und damit an die Settings und Lernorte (die diesen Lerntypen sehr unterschiedlich entgegenkommen): insb. den schulischen Unterricht, die Unterweisung und das Training sowie die akademischen Formen, d. h. Lehrveranstaltungen in Form verschiedener Lehr- und Lernformate, v. a.

- die *Vorlesung*, die in zusammenhängender und systematischer Darstellung grundlegende Sach-, Theorie- und Methodenkenntnisse vermittelt;
- das *Seminar*, das der wissenschaftlichen Aufarbeitung theoretischer und praxisbezogener Fragestellungen im Zusammenwirken (Lehrgespräch) von Lehrenden und Lernenden dient (was in wechselnden Arbeitsformen – z. B. Referaten, Thesenberatung und Diskussion – und in Gruppen erfolgen kann);
- die *Übung*, die der Aneignung grundlegender Methoden, Fähigkeiten und Fertigkeiten dient; und
- das *Projekt*, das zur Entwicklung von Fähigkeiten zur eigenständigen wissenschaftlichen Arbeit und der praxisorientierten Lösung ganzheitlicher Probleme konzipiert und in Gruppen durchgeführt wird.

Jedenfalls handelt es sich um eine absichtsvolle Tätigkeit, deren primäres Ziel darin besteht, Wissen zu vermitteln. Die früher ausschließlich übliche Form einer Lehrveranstaltung als direkter Kommunikation zwischen Lehrenden und Lernenden (z. B. im Lehrgespräch eines Seminars) wird zunehmend auch durch virtuelle Settings (E-Learning, dem Vortrag der Vorlesung als jederzeit und überall ab- und aufrufbarer Stream) ergänzt und auch ersetzt.

Akademisches Lernen als aktiver Aneignungsprozess verfolgt im Kern zwei Ziele: Einerseits dient es der Vermittlung von *Grundlagenwissen*, das in der professionellen (beruflichen) Anwendungssituation Erklärungsmöglichkeiten (z. B. für das gewaltbereite Auftreten eines Menschen) erschließen helfen soll. Andererseits geht es um die Vermittlung von *Kenntnissen*, sich Wissen selbst zu erschließen, d. h. Erkenntnisse, die in der beruflichen Anwendungssituation benötigt werden, durch eigenes Recherchieren und Forschen (d. h. *wissenschaftliches Arbeiten*) zu erlangen.

Die verschiedenen Lehr- und Lernformate tragen diesen sehr unterschiedlichen Lerntypen und Aneignungsformen z. T. nur eingeschränkt Rechnung. So kommen dem auditiven Lerntyp Vorlesungen entgehen, nicht aber zwingend interaktive Projekte. Das stellt nur auf den ersten Blick ein Problem dar, denn die Übung, sich auf die verschiedenen Lehrformate einzustellen, hilft zugleich ganz praktisch dabei, sich auch auf die sehr unterschiedlichen Formen menschlicher Kommunikation (LE 3.3) einzulassen, die in den praktischen Handlungssituationen der Sozialen Arbeit (künftig) gegeben sein werden: einerseits (auch ausdauernd) zuhören zu können, andererseits (auch ausführlich) erläutern zu müssen, abstrahieren (und damit theoretisch formulieren) zu können und ausdrücklich komplexe Sachverhalte verdichten und „übersetzen" zu müssen.

In jedem Fall begünstigt aktives Zuhören während einer Lehrveranstaltung (z. B. indem zum Mitschreiben stellt eine grundlegende Form des *wissenschaftlichen Arbeitens* dar, das es durch das Studium als zentrale Form des professionellen Handelns zu kultivieren gilt (auch in der beruflichen Praxis werden Sie vielfältig mitschreiben müssen, um z. B. die Details einer Fallerzählung zu erfassen, Vereinbarungen mit anderen Einrichtungen absichern oder Dienstberatungen protokollieren zu können). Student_innen der Sozialen Arbeit fragen bereits zu Beginn ihres Studiums danach, was wissenschaftliches Arbeiten darstellt und wie wissenschaftliches Arbeiten zu erfolgen habe. Dabei spielen mehr oder minder diffuse Formen schulisch mitgeteilten „Vor-Wissens" eine Rolle, die im Kern so interpretiert werden, wissenschaftliches Arbeiten sei eine bloße Technik korrekten Zitierens gelesener Texte und im Kern gehe es nur darum, akademische Abschlussarbeiten (eine Bachelor- oder Masterthesis) formulieren zu lernen.

Gehörten und Gesehenen unmittelbar Fragen oder Gedanken formuliert und anschließend aufgearbeitet werden) den Lern- und Verstehensprozess. Dabei kommt dem Mitschreiben eine zentrale Bedeutung zu (siehe Kasten, S. 36).

**Mitschreiben**

*Chirico* und *Selders* fragen, worauf beim Mitschreiben zu achten sei, und raten u. a. dazu,

- „nicht, alles wörtlich mitzuschreiben, sondern sich auf das Wesentliche zu konzentrieren. Das können die Schwerpunkte der Vorlesung sein oder Inhalte, die sprachlich oft durch Formulierungen wie: ,Das sollten Sie sich merken' eingeführt werden.
- Wenn Sie etwas für wichtig erachten, es aber nicht verstehen, dann stellen Sie ruhig eine Frage. Meistens gibt es dazu am Ende der Vorlesung die Gelegenheit. Manche DozentInnen sammeln auch Fragezettel ein und beantworten diese beim nächsten Mal. DozentInnen freuen sich über zuhörende StudentInnen und ihre aktive Teilnahme!
- Gewöhnen Sie sich an, nicht nur das Gehörte wiederzugeben, sondern es auch mit Ihren eigenen Gedanken, Fragen und kritischen Bemerkungen zu versehen. So setzen Sie sich aktiv mit dem neuen Stoff auseinander, was die beste Form ist, neues Wissen zu verfestigen!" (Chirico/Selders 2010: 103).

Tatsächlich ist wissenschaftliches Arbeiten (auch und gerade in der Sozialen Arbeit) weitaus mehr: es geht in erster Linie um die Entwicklung einer (nachhaltigen) fragenden und forschenden Haltung, die sich im Interesse an neuen Erkenntnissen äußert (begleitet von einer Offenheit für Neues) und in einer Prozessabfolge wissenschaftlichen Arbeitens abbildet:

1. Gegenstandsbestimmung (d. h. was ist das Thema?)
2. Klärung des Erkenntnisinteresses (warum verfolge ich dieses Thema und was will ich wissen? was brauche ich in der/für die Praxis?)
3. Entwicklung von (konkreten) forschungsleitenden Fragestellungen (was muss ich wissen, was muss ich klären, um Wissenslücken zu schließen?)
4. Recherche und Rezeption wissenschaftlicher Wissensquellen (wie komme ich an Wissensquellen und wie verwerte ich sie?)
5. Erarbeitung eigener Wissensgrundlagen (was muss ich wie tun, um neues Wissen zu erlangen?)
6. Vermittlung wissenschaftlicher Erkenntnis (i. d. R. in Form von Text, aber auch als Vortrag oder Präsentation).

Die Struktur der einzelnen Lerneinheiten dieses Lehrbuches folgt diesen Schritten: Zunächst finden Sie (als Frage formuliert) den Gegenstand und das Erkenntnisinteresse vorgestellt (Lerneinheit 1. bis 3.); die Rezeption der Wissensquellen entspricht dem Text der Lerneinheit 4. bis 6. Hierbei kommen drei Kriterien des wissenschaftlichen Arbeitens im Praxisvollzug zum Tragen:

1. Informiertheit: Ermittlung des aktuellen fachlichen Status' als Referenz-
   rahmen (d. h. Kenntnis des Standes der Fachdiskussion in Disziplin und
   Profession);
2. Nachvollziehbarkeit: Abwägung der empirischen und fachlichen Argu-
   mente in Form von Text (z. B. in Form einer Empfehlung, eines Ver-
   merks u. ä.); und (daher)
3. Überprüfbarkeit: Dokumentation der in der Argumentation hergestell-
   ten Zusammenhänge.

Am Beispiel dieses Lehrbuches heißt das: Abgebildet wird der für eine
Einführung meines Erachtens relevante Kenntnisstand (Informiertheit), der
sich aus unterschiedlichen Wissensquellen speist: *Quellen* (z. B. Dokumente), *Literatur* und *empirische Materialien* (z. B. [auch eigene] Untersuchungen, Studien u. ä.); das bedeutet auch, dass sich aus der Bearbeitung
dieses Kenntnisstandes Fragen und Anregungen ergeben, die in der Tiefe in
einer Einführung nicht behandelt, aber durch eigene Recherche beantwortet
werden können. In Form des Textes einer Lerneinheit werden die jeweils für
die Argumentation bedeutsamen Kenntnisse dargestellt (Nachvollziehbarkeit) und die erforderlichen Nachweise zur Literatur beigefügt (Dokumentation).

*Literatur* spielt dabei eine herausgehobene Rolle (wie auch dieses Lehrbuch zeigt) und wird wie folgt unterschieden: Eine *Monografie* ist ein Buch,
das von einer Autorin oder einem Autor allein veröffentlicht wurde. Bei einem *Sammelband* handelt es sich dagegen um ein Buch, das Beiträge verschiedener Autorinnen und Autoren vereint, die eine Herausgeberin oder
ein Herausgeber veröffentlicht hat. *Beiträge* werden als Fachaufsätze auch in
Zeitschriften publiziert. Daneben steht sog. „graue Literatur" zur Verfügung,
d. h. Prospekte, Flyer, Jahresschriften u. ä., die v. a. von Akteuren der Sozialen Arbeit (z. B. Einrichtungen, Vereinen oder Verbänden) ohne Anbindung
an einen Verlag oder eine Zeitschrift (im sog. Eigen- oder Selbstverlag) herausgegeben und in der Regel auch im Internet zugänglich gemacht werden.
   Die umfassende Verfügbarkeit von *Internet-Links* und Webseiten birgt
freilich auch beträchtliche Risiken: Suchmaschinen (Google u. a.) ermöglichen schnelle Suchergebnisse, allerdings garantieren die im Hintergrund des
Suchprozesses ablaufenden Algorithmen kein zuverlässiges und gründliches
Suchergebnis. Eine sorgfältige Analyse der Suchergebnisse wird dadurch
nicht erspart. Gleiches gilt auch für die open-source-Datenbank Wikipedia,
auf die eine Vielzahl von AutorInnen Schreibrecht hat, ohne dass die Qualität der Texte (d. h. die wissenschaftliche Absicherung der Darstellungen)
gewährleistet wird. Auf den ersten Plätzen gelistete Einträge einer teilweise
zehntausende Ergebnisse liefernden Suchabfrage oder ein Wikipedia-Ein-

trag sagen über deren Qualität überhaupt nichts aus und müssen immer aufmerksam *abgewogen* werden.

## 2.3   Ein Grundstock: Orientierungshilfen im Studium der Sozialen Arbeit

Die nachfolgenden Hinweise dienen der ersten Orientierung; sie sind keinesfalls umfassend oder vollständig, können aber helfen, den Zugang zum Studium der Sozialen Arbeit zu erleichtern:

### 2.3.1 Literaturempfehlung

Wenn Sie
- eine schnelle Erklärung alltäglicher Begriffe aus der Sozialen Arbeit suchen: *Werner Thole, Davina Höblich und Sarina Ahmed (Hg.): Taschenwörterbuch Soziale Arbeit*, 2. Aufl. Bad Heilbrunn: utb, 2014,
- eine eher kurze Erklärung zu einem Fachbegriff der Sozialen Arbeit suchen: *Deutscher Verein für öffentliche und private Fürsorge (Hg.): Fachlexikon der Sozialen Arbeit*, 8. Aufl. Baden-Baden: Nomos, 2017,
- etwas mehr Informationen zu einem Fachbegriff der Sozialen Arbeit suchen: *Dieter Kreft und Ingrid Mielenz (Hg.): Wörterbuch Soziale Arbeit. Aufgaben, Praxisfelder, Begriffe und Methoden der Sozialarbeit und Sozialpädagogik*, 8. Aufl. Weinheim und Basel: Beltz Juventa, 2017;
- einen ausführlichen Beitrag zu zentralen Themen der Sozialen Arbeit suchen: *Hans-Ulrich Otto und Hans Thiersch (Hg.): Handbuch Soziale Arbeit. Grundlagen der Sozialarbeit und Sozialpädagogik*, 5. Aufl. München: Reinhardt-Verlag, 2015; oder: *Werner Thole (Hg.): Grundriss Soziale Arbeit. Ein einführendes Handbuch*, 4. Aufl. Wiesbaden: VS Verlag für Sozialwissenschaften, 2012.

### 2.3.2 Fachzeitschriften

Es sind drei Fachzeitschriften, die Soziale Arbeit eher aus dem Blickwinkel der Praxis beleuchten:
- *Sozial Extra* („SE") erscheint sechs Mal pro Jahr und berichtet kritisch über Themen, Hintergründe und Entwicklungen in der Sozialen Arbeit. Jede Ausgabe hat zwei Schwerpunktthemen: in Rubrik „Durchblick" eher theoretisch, in der Rubrik „Praxis aktuell" eher praktisch ausgerichtet.

- *Sozialmagazin* („SozMag"), erscheint ebenfalls sechs Mal pro Jahr und versteht sich als unabhängiges Organ der Sozialen Arbeit, da es an keine Institution angebunden ist. Jede Ausgabe widmet sich einem Themenschwerpunkt und beleuchtet diesen aus Wissenschaft und Praxis in eher kurz gehaltenen Fachartikeln, die bebildert sind. Ergänzend zu jeder Ausgabe erscheint ein Newsletter, der über Entwicklungen in der Sozialpolitik, Veranstaltungen, aktuelle Publikationen aus der Praxis informiert und Literaturempfehlungen gibt.
- *FORUM Sozial* ist die Fachzeitschrift (und Mitgliederzeitung) des Deutschen Berufsverbandes für Soziale Arbeit e.V. (DBSH), erscheint viermal im Jahr und bringt kurze Artikel zu einem thematischen Schwerpunkt, Nachrichten, Veranstaltungs- und andere praxisrelevante Hinweise.

Eine Fachzeitschrift betrachtet die Soziale Arbeit eher aus dem Blickwinkel der Träger: Der *Nachrichtendienst des Deutschen Vereins* (NDV) ist Fachzeitschrift (und Informationsorgan für die Mitglieder des Deutschen Vereins); in Abhandlungen und Berichten aus der Praxis, Gutachten, Informationen und Buchbesprechungen findet sich das ganze Spektrum aktueller Entwicklungen und Diskussionen in der sozialen Arbeit.

Neue Forschungsergebnisse und aktuelle Fragestellungen von Disziplin und Profession werden in drei weiteren Fachzeitschriften diskutiert:
- *neue praxis* (np) informiert (nach eigener Darstellung) in Form wissenschaftlicher Beiträge und Praxisberichte über Erkenntnisse und Entwicklungen in den Sozial-, Erziehungs- und Therapiewissenschaften. Diskussionen zur Weiterentwicklung der professionellen Praxis, Berichte über Forschungsprojekte und Modellvorhaben sowie Hinweise zur Fort- und Weiterbildung kennzeichnen die Zeitschrift.
- *Soziale Arbeit* (SozArb) bezeichnet sich *als Fachzeitschrift für aktuelle Entwicklungen im Bereich Sozialarbeit und Sozialpädagogik.* Mit Berichten aus der Praxis und Beiträgen aus der Grundlagenforschung schafft sie eine Plattform für den Wissens- und Erfahrungsaustausch zwischen Theorie und Praxis.
- *Theorie und Praxis der Sozialen Arbeit* (TuP) als Fachzeitschrift für Soziale Arbeit und Sozialpolitik fragt nach, informiert, regt an, vermittelt und diskutiert aktuelle Themen der Sozialen Arbeit in den Bereichen Kinder- und Jugendhilfe, Armut und Sozialhilfe, Arbeitslosigkeit, Jugendberufshilfe, Migrantenarbeit, Behindertenhilfe, Krankheit, Drogen- und Suchthilfe, Altenhilfe und pflegerische Dienstleistungen.

### 2.3.3 Nachrichten aus der Sozialen Arbeit

*Sozial.de* (https://sozial.de/) liefert ständig aktualisierte Nachrichten in den Rubriken Sozialpolitik, Soziale Arbeit, Sozialmanagement, Gesundheitswesen, Altenhilfe, Behindertenhilfe sowie Kinder- und Jugendhilfe. Es finden sich hier Hinweise auf aktuelle Veranstaltungen, und sozial.de ist mit dem Rezensionsdienst Socialnet.de verknüpft. Durch die Installation von RSS-Feeds lassen sich tagaktuell Nachrichten zu speziellen Themenstellungen abrufen; außerdem bestehen Recherchemöglichkeiten durch die Archivierung aller Nachrichten. Die (verbands- und firmenunabhängige) Plattform richtet sich v. a. an Fachkräfte der Sozialen Arbeit, an Träger sozialer Dienste sowie Politik und Verwaltung und stellt damit die zentrale Informationsplattform zur Sozialen Arbeit dar; sie kann deshalb auch für Student*innen (z. B. bei Recherchen für Haus- oder Abschlussarbeiten) von Nutzen sein.

### 2.3.4 Rezensionen

Es wird schon früh wichtig, im Studium ein Gefühl für die Literaturlage zu bekommen, also zu wissen, was sich hinter einem aktuellen Titel verbirgt und wo sich interessante Materialien (und Quellen) zeigen, die in der örtlichen Bibliothek vielleicht nicht zu finden sind: *socialnet Rezensionen* (www.socialnet.de/rezensionen/) bietet mit bald 20.000 frei zugänglichen Fachbuchbesprechungen einen guten Überblick über die Entwicklungen in der Sozialen Arbeit. Als *socialnet Materialien* (www.socialnet.de/materialien/) werden dort Qualifikationsarbeiten und Fachbeiträge aus allen Feldern Sozialer Arbeit nach dem Open Access Grundsatz veröffentlicht.

### 2.3.5 Verlage der Sozialen Arbeit

Folgende Verlage publizieren regelmäßig und im Schwerpunkt Bücher und Fachzeitschriften zur Sozialen Arbeit:
- Beltz Juventa (Weinheim und Basel)
- Ernst Reinhardt Verlag (München)
- Haupt Verlag (Bern/Schweiz)
- Julius Klinkhardt (Bad Heilbrunn)
- Lambertus (Freiburg/Brsg.)
- Nomos (Baden Baden)
- Kohlhammer (Stuttgart)
- Wochenschau-Verlag (Bad Schwalbach)

- Barbara Budrich (Opladen)
- VS Verlag für Sozialwissenschaften (Wiesbaden)

Natürlich muss diese Übersicht selektiv und unvollständig sein (und sie kann – siehe oben! – auch nicht „objektiv" sein), sondern sie stellt eine subjektive Auswahl aufgrund langjähriger Erfahrungen dar. Eine ganze Reihe weiterer Verlage hat sich auf Themen der Sozialen Arbeit spezialisiert. Die Auswahl soll Ihnen lediglich den Zugang etwas erleichtern. Es lohnt, schon bald in den (online verfügbaren) Verlagsverzeichnissen zu stöbern, um sich einen Überblick zu den Schwerpunkten dieser Verlage zu verschaffen. Durch die so erkennbaren Themenbereiche erschließt sich auch eine sinnvolle, internetgestützte Recherche, die Ihnen weitere Verlage, Autor/inn/en und Titel zugänglich machen wird.

## Gastbeitrag – Christian Bleck[1]: Ein Extra – socialnet Studium

### Ein Studienführer und -begleiter als Beitrag zur Förderung professioneller Identität

Studieninteressierter und Studierender Sozialer Arbeit sind bei ihrer Studienwahl und in ihrem Studium aus verschiedenen Gründen mit Vielfalt, Komplexität und Offenheit konfrontiert, die potenziell verunsichern können. Ein Online-Portal, das sie in unterschiedlichen Phasen des Studiums mit fachlich relevanten Informationen, Materialien und Links unterstützt, vermittelt nicht nur Studienorientierung, sondern – so die Idee von socialnet Studium – kann auch einen Beitrag zur Ausbildung einer professionellen Identität leisten.[2]

---

1   *Dr. Christian Bleck*, Dipl.-Sozialarbeiter, Professor für die Wissenschaft Soziale Arbeit am Fachbereich Sozial- und Kulturwissenschaften der Hochschule Düsseldorf, Chefredakteur socialnet Studium. Schwerpunkte u. a. Sozialraum- und Evaluationsforschung. Kontakt: christian.bleck@hs-duesseldorf.de.

2   Für eine ausführliche Diskussion der verschiedenen theoretischen Zugänge, Positionen und Definitionsversuche zum Begriffskomplex der professionellen Identität in der Sozialen Arbeit sowie alternative und angrenzende Begriffe – wie professionelles Selbstverständnis oder professioneller Habitus – soll auf Becker-Lenz/Müller 2009, Harmsen 2013 sowie die Beiträge in Thiersch/Treptow 2011 verwiesen sein. Hier soll berufliche Identität im weiten Sinne mit Karges und Lehner (2005: 450) als das Gefühl der Zugehörigkeit zu und die Einigkeit mit einer bestimmten Berufsgruppe verstanden werden, „als das Bewusstsein des eigenen berufsspezifischen Könnens, das Wissen um die Fähigkeit zur Bewältigung berufsspezifischer Anforderungen sowie berufsbezogener Überlegungen".

## 1. Ausgangslage

Der so genannte Bologna-Prozess hat in den letzten zehn Jahren zu gravierenden Veränderungen im europäischen Hochschulbereich geführt, wovon hier vor allem die Einführung von Bachelor- und Master-Studiengängen eine Rolle spielt. In Folge dessen haben auch an sozialen Fakultäten und Fachbereichen etliche Reformen stattgefunden, die zu einer kaum mehr überschaubaren Ausdifferenzierung in der Studienlandschaft führten. So wurden aus den früheren Diplomstudiengängen unterschiedliche Bachelor- und Master-Studiengänge mit spezifischen Profilen und Schwerpunkten. Dabei gab es „jede Menge Erfindungen neuer beruflicher Zweige und Spezialisierungen" (Buttner/Katzenmayer 2006: 47), die auch durch die zunehmende Akademisierung von Sozial-, Pflege- und Bildungsberufen vorangetrieben wurde. Doch den Studieninteressierten wird damit ein Angebot an sozialen Studiengängen offeriert, die nicht nur den Vorteil einer breiten Auswahl, sondern ebenso den Nachteil einer deutlich erschwerten Orientierung impliziert. Es ist heute also nicht leicht, das Angebot sozialer Studiengänge zu durchblicken und ein Studienführer, der sich – verbunden mit fachlichen Informationen – auf den sozialen Studienbereich spezialisiert, kann hier besondere Zugänge und Orientierung vermitteln.

Neben diesen in Teilen auch für andere Studienbereiche geltenden Ausdifferenzierungen sind für das Studium Sozialer Arbeit aber noch einige andere – wohlbekannte – Merkmale zu berücksichtigen, die als fachliche ‚Studienhürde' wirken können. So muss sich die Soziale Arbeit – und mit ihr ebenso das Studium Sozialer Arbeit – etwa mit den Vorurteilen eines unattraktiven Berufsfeldes auseinandersetzen, in dem man die eigene Person in der Unterstützung anderer bei geringer Entlohnung verausgabt (Schoneville/ Kruse/Thole 2010: 32). Ebenso begegnet man immer noch den Fragen, ob bzw. warum man für die Ausübung sozialer Arbeit überhaupt studieren müsse (Mergner 2011: 4)[3]. Doch selbst wenn man sich für das Studium Sozialer Arbeit entschieden hat, ist die Orientierung in Bezug auf das professionelle Selbstverständnis keineswegs klar gezeichnet: „Wenn jemand Soziale Arbeit studiert, begibt er sich zudem, ohne es in der Regel zu wissen, bezüglich potenzieller Identitätsbildung auf ein unsicheres, risikoreiches Terrain" (Becker-Lenz u. a. 2012: 19). Dabei scheint v.a. die Multidisziplinarität im Studium Sozialer Arbeit zunächst verwirrend, obwohl sie eigentlich ein großer Gewinn gegenüber anderen Studiengängen ist. Für viele Studierende sind es über die ersten Semester, für manche bis zum Abschluss ihres Studiums aber zu zahlreiche und kurz angegangene Wege im „Dschungel unterschiedlicher wissenschaftlicher und berufspraktischer Bezugspunkte" (Schoneville/Kruse/Thole 2010: 32). So bleiben dabei oftmals auch die konkreten Bezüge zur Sozialen Arbeit als Profession und Disziplin im Unklaren. Um diese vielfarbigen Bausteine aber sinnvoll zusammenzufügen und dabei die Figur der Sozialen Arbeit als Profession und Disziplin noch stimmig im Gesamtmosaik erkennen zu können, helfen primär vermittelnde Hinweise und Diskussionen im Studium – ein spezifisches Informationsangebot im Internet bietet hierzu aber maßgebliche Möglichkeiten der fach-

---

3   Darauf dass hier zudem langjährig und immer noch kontroverse wissenschafts- und professionstheoretische Diskurse in der Sozialen Arbeit existieren, kann an dieser Stelle nur hingewiesen werden (vgl. z. B. Motzke 2014, Engelke/Borrmann/Spatscheck/ 2009).

lichen Ergänzung und Vertiefung. Wenn zudem die Internetnutzung heute zu einem selbstverständlichen Bestandteil des Studienalltags geworden ist, sollten auch studienfachbezogene Portale vorhanden sein, die Inhalte und Hinweise für das Studium aus fachlicher Perspektive zusammenstellen. Diese Hintergründe verdeutlichen also die Relevanz eines Studienführers und -begleiters für Studieninteressierte und Studierende Sozialer Arbeit, so wie er im Rahmen der Online-Plattform socialnet geschaffen wurde.

## 2. Die Online-Plattform socialnet

socialnet wurde im Jahr 1999 gegründet und ist eine deutschsprachige Plattform für Fachinformationen aus der Sozialwirtschaft und dem Nonprofit-Management sowie ein Dienstleistungsanbieter für Leistungen rund um Wissensmanagement und das Internet. Das Angebot von socialnet richtet sich an Fach- und Führungskräfte aus sozialen Praxisfeldern und wird ebenfalls von Wissenschaftler*innen und Studierenden im sozialen Bereich genutzt. Für Studierende Sozialer Arbeit sind insbesondere die ‚Rezensionen' mit bislang rund 15.000 Fachbuchbesprechungen, die ‚Materialien' mit Abschlussarbeiten, Artikeln und Forschungsberichten sowie das ‚Branchenbuch' mit einem Überblick zu Einrichtungen, Behörden und Dienstleister im sozialen Bereich von Interesse.

## 3. Ziele und Inhalte von socialnet Studium

socialnet Studium ist ein Teilangebot von socialnet. Es existiert seit Ende 2014 und bietet Informationen rund um Studiengänge im sozialen Bereich, wobei der Schwerpunkt zunächst bei dem Studium Soziale Arbeit liegt. Das Angebot möchte Studierende und Studieninteressierte in verschiedenen Stadien und Bereichen des Studiums mit nützlichen Informationen und Materialien sowie relevanten Links begleiten und unterstützen. Hierfür nutzt socialnet Studium v.a. auch die Ressourcen der anderen Angebote von socialnet (z. B. Rezensionen, Branchenbuch), die nun den Studienphasen und -bereichen zugeordnet wurden und als ausgewählte Informationen zur Verfügung stehen.

Mit dem *Schwerpunkt Soziale Arbeit* unterteilt sich das Angebot von socialnet Studium derzeit in folgenden Rubriken:

- *Studiengänge und Berufsausbildungen* (Unterkategorien: Studiengänge, Fachschulische und berufliche Ausbildungen, Informationen für die Berufs- und Studienwahl),
- *Zugangsvoraussetzungen Studiengänge Sozialer Arbeit* (Allgemeines zu Studiengängen Sozialer Arbeit, Hochschulzugangsberechtigung, Vorpraktikum, Studienbeginn und Bewerbung, Informationen über die Hochschulen),
- *Fachinformationen und -literatur* (Aktuelle Nachrichten, Internationale Definition Sozialer Arbeit, Fachbücher Sozialer Arbeit, Fachzeitschriften, Newsletter und Blogs, Themenfeldspezifische Informationen),
- *Wissenschaftliches Arbeiten und empirische Sozialforschung* (Literatur- und Internetrecherche, Reader und Arbeitshilfen zum wissenschaftlichen Arbeiten, Fachbücher zu wissenschaftlichem Arbeiten und empirischer Sozialforschung, Wissenschaftliche Gesellschaften, Forschungsinstitute und -organisationen),
- *Praxisanteile und Auslandsaufenthalte* (Praxisanteile, Verbände, Träger, Behörden etc., Auslandsaufenthalte),

- *Studienfinanzierung und Wohnen* (Ausbildungsförderung und Stipendien, Arbeiten neben dem Studium, Krankenversicherung, Studentisches Wohnen),
- *Hochschulpolitik* (Hochschulpolitische Akteure – Soziale Arbeit, Hochschulpolitische Akteure – Allgemein, Fachbücher zum Thema Hochschulpolitik),
- *Studienabschluss und Berufseinstieg* (Fachbücher zu Bewerbung und Berufseinstig in der Sozialen Arbeit, Stellensuche, Arbeitgeber, Interessenvertretung, Selbstständigkeit, Fort- und Weiterbildung, Master- und Aufbaustudiengänge, Promotion).

### 4. Fazit und Ausblick

Die Hochschule ist und bleibt der zentrale Ort, an dem „disziplinäres und professionelles Wissen als auch professionelle Kompetenz vermittelt werden" (Becker Lenz u. a. 2009: 22). Doch zu den hochschulischen Bildungs- und Lernprozessen kann socialnet Studium als Online-Portal einen ergänzenden Beitrag zur Ausbildung der professionellen Identität leisten, indem es für zentrale Studienbereiche relevante Hinweise zusammenstellt, die sich speziell auf die Soziale Arbeit beziehen. Dies geschieht etwa, wenn Studierende neben den Informationen zu Fachliteratur in der Sozialen Arbeit auch auf die Internationale Definition Sozialer Arbeit stoßen. Oder es wird gefördert, wenn sie nach den Hinweisen auf spezifische Fachbücher zur empirischen Sozialforschung in der Sozialen Arbeit auch sehen, welche wissenschaftlichen Fachgesellschaften in ihrem Bereich existieren. Socialnet Studium möchte also fachlich gerahmt einerseits ein strukturiertes Angebot zur Vertiefung von Studieninhalten bieten sowie andererseits das Kennenlernen professioneller und disziplinärer Perspektiven und Orte Sozialer Arbeit ermöglichen, die auch außerhalb bzw. nach dem Studium relevant sind. Langfristig hat socialnet Studium das Ziel, sein Angebot auf weitere soziale Studiengänge wie Pflege und Gesundheitswissenschaften sowie Erziehungs- und Bildungswissenschaften zu erweitern. Doch zunächst wird sich socialnet Studium auf Soziale Arbeit konzentrieren und sein Angebot hierfür ausbauen, indem etwa differenziertere Informationen über die einzelnen Studiengänge Sozialer Arbeit und weitere Fachinformationen zu Studieninhalte bereitgestellt werden.

## 2.4  Einladung zur Teamarbeit: In der Lerngemeinschaft studieren

*Lerngruppen* (zwei bis sieben Student*innen) stellen zum Beginn des Studiums eine einfache Möglichkeit dar, andere Student_innen kennenzulernen, die in der gleichen Situation der (Neu-)Orientierung sind, um sich gemeinsam den Einstieg ins Studium zu erleichtern. Gemeinsames Bearbeiten offener Fragen und noch unklarer Aspekte unterstützt dabei, zu klären, ob etwas verstanden wurde und was offen geblieben ist. In der Lerngruppe können Missverständnisse aufgedeckt und im Dialog geklärt werden. Dieser Austausch fördert das Verständnis und das Erinnern des Lernstoffs (vgl. Selders 2010: 109). Meine Empfehlung lautet daher: *Bilden Sie mit anderen Student-*

*Innen eine „Bezugsgruppe"* (d. h. eine kontinuierlich in dieser Zusammensetzung arbeitende Lerngemeinschaft), in der Sie die Inhalte eines Kapitels bearbeiten, gemeinsam ihre Arbeitsergebnisse kritisch reflektieren und (untereinander abwechselnd) ihre Arbeitsergebnisse festhalten/protokollieren (wodurch Sie sich zugleich das Abfassen solcher Texte üben).

## 2.5  Anregung zur Weiterarbeit

Wissenschaftliche Arbeiten beginnen mit der *Konzeptentwicklung*, d. h. der Abfassung eines *Exposés*, das eine kurze Ausarbeitung zu Erkenntnisinteresse und Fragestellungen, zum recherchierten Literatur- und Forschungsstand und das vorläufige Inhaltsverzeichnis sowie eine vorläufige Zeitplanung erhält. Dazu zählt auch die grundsätzliche Klärung, ob es sich um eine empirische Untersuchung (durch Erhebung sog. „Daten", z. B. aus Befragungen oder Interviews) oder eine Literaturarbeit (durch Zusammenstellung in der Literatur auffindbarer Positionen) handelt. Aufgabe eines Exposés ist es, „das Projekt so zu skizzieren, dass es a) notwendig, sinnvoll und nachvollziehbar erscheint und b) seine Umsetzung als realistisch eingeschätzt werden kann. Das Exposé muss deshalb Auskunft über zentrale inhaltliche, formale und strategische Aspekte des noch in Planung befindlichen Projekts geben", d. h. auch zum methodischen Vorgehen (welche Forschungsverfahren sollen eingesetzt werden, wie sollen die dabei gewonnenen Daten ausgewertet werden?), zu den Ressourcen (welche Unterstützung durch Dritte wird benötigt? welche Mittel stehen zur Verfügung?) und zu möglichen Problemen (vgl. May 2010: 23 f., zit. ebd.).

In diesem Sinne gefragt: Wie sieht eigentlich die Konzeptentwicklung für Ihr Studium aus?

- Was ist Ihr Kenntnisstand über die Soziale Arbeit, was wissen Sie bereits?
- Welche Fragen haben Sie? Wo liegt Ihr Interesse?
- Welche Ressourcen bringen Sie ein?
- Wie wollen Sie künftig vorgehen?

Sicher hilft es Ihnen, wenn Sie sich dazu ein erstes Mal in Ihrer neuen Bezugsgruppe austauschen!

## 2.6   Literaturempfehlung

Eine generelle Literaturempfehlung zum Studium der Sozialen Arbeit fällt
schwer, zu *Rudolf Bieker: Soziale Arbeit studieren. Leitfaden für wissenschaftliches Arbeit und Studienorganisation*, 2. Aufl. Stuttgart: Kohlhammer, 2014,
aber ist zu raten; eine Rezension zu dieser Einführung ist bei socialnet.de erschienen: www.socialnet.de/rezensionen/11543.php (5. Juni 2017). Dabei
sind zu Studiumsbeginn die Abschnitte „Lernen im Studium" (S. 31–45) und
„Wissenschaftliches Arbeiten" (S. 46–64) zu empfehlen.

Generell möchte ich Ihnen raten, die hier empfohlene Literatur (zu allen
Lerneinheiten) darauf zu prüfen, ob eine Rezension (z. B. bei socialnet.de)
vorliegt, die Ihnen hilft, einzuschätzen, ob der jeweils vorgeschlagene Titel
Ihnen Unterstützung geben wird.

# 3 Worum geht es, wenn von „Sozialer Arbeit" die Rede ist?

Gegenstand der Lerneinheit: In Sinne des vorgestellten Verständnisses von Sozialer Arbeit als Wissenschaft (LE 1) geht es nun darum, einige Begriffe zu klären, die für die Soziale Arbeit (und die Darstellung in diesem Lehrbuch) von grundlegender Bedeutung sind.

## 3.1 Einige Grundbegriffe

### 3.1.1 Systeme

In der Sozialen Arbeit hat sich eine Sichtweise durchgesetzt, die als *systemisch* bezeichnet wird, wonach „alle Personen, Dinge und ihre Zusammenhänge untereinander als System beschrieben werden können" (Lindemann 2008: 6). Systemisch gesehen ist alles, was existiert, entweder ein System oder Teil eines Systems (vgl. Obrecht 2004: 270ff., ausf. Wendt, P.-U. 2004: 82ff.). Unter einem (Teil-)*System* wird eine Zusammenstellung (Kollektion) von Elementen verstanden, die miteinander in Wechselwirkung stehen, um z. B. Aufgaben zu bewältigen, und die sich dadurch von ihrer Umwelt abheben. Die Art und Weise, wie die Elemente zueinander in Beziehung stehen und das System erhalten, wird als Struktur bezeichnet. Artverwandte Strukturen (z. B. ökonomischer Art) bilden Subsysteme (in diesem Fall: das Wirtschaftssystem). Das umfassendste soziale System stellt die Gesellschaft dar; ihre Subsysteme (Recht, Politik, Wirtschaft u. a.) stehen in einer bestimmten Struktur zueinander in Beziehung (was z. B. die Bedeutung des Subsystems Wirtschaft im Verhältnis zu den Subsystemen Recht und Politik bestimmt und Aussagen ermöglicht, inwieweit politische und rechtliche Aspekte von wirtschaftlichen Aspekten dominiert werden).

Damit gehören alle Menschen Systemen an; als Mitglieder sozialer Systeme teilen sie in unterschiedlichem Maße die im System entwickelten Vorstellungen, d. h. Menschen-, Gesellschafts- oder Weltbilder, Theorien oder Wertsysteme, Erklärungen und Bewertungen. Für die Soziale Arbeit sind als Systeme v. a. die Familie (Familiensystem), soziale Gruppen (z. B. die Gruppe Gleichaltriger/Peergroup), Organisationen (z. B. Wohlfahrtsverbände als Träger der Sozialen Arbeit) und Institutionen (Schule, Justizwesen

und Polizei, Stadt- und Gemeindeverwaltungen, Gesundheitswesen u. a.)
von Bedeutung.

Alle Menschen eines Systems sind irgendwie mit- und untereinander
verbunden (z. B. durch Kommunikation, die gemeinsam geteilten Vorstellungen oder Handlungsweisen verkoppelt). Systemisch gedacht wird es
dadurch möglich, Veränderungen in Systemen herbeizuführen: Da Menschen mit- und untereinander verkoppelt sind, kann in einem System etwas
in Bewegung gebracht werden (z. B. ein Problem gelöst werden), indem
nicht an der „Problemstelle" angesetzt wird, sondern ein ganz anderes Ele-
ment des System gewählt wird, das Einfluss auf die „Problemstelle" hat. Bei
dieser Vorgehensweise ist es aber (soweit es um Menschen in Systemen geht)
ausgeschlossen, eine Art „Bedienungsanleitung" zu formulieren, die auf die
immer gleiche Art und Weise eine gezielte Beeinflussung erlauben würde;
vielmehr bedarf es jeweils individueller Lösungen (vgl. Lindemann 2008: 6f.,
53).

### 3.1.2 Soziales Handeln

Handeln stellt eine Schlüsselkategorie der Sozialen Arbeit dar, die von Verhalten zu unterscheiden ist. Unter *Verhalten* wird – im Unterschied zum (somit bewussten) Handeln – die Reaktion auf Reize ohne Einschaltung des Bewusstseins verstanden; Verhalten wird durch spezifische Motivationen
bestimmt, z. B. die Befriedigung biologischer Grundbedürfnisse (z. B. Hunger, Schlaf) und psychischer Bedürfnisse (z. B. Selbstwertgefühl, Zuneigung).

Unter einem *Bedarf* wird das verstanden, was ein Mensch zur angemessenen Deckung seines Lebens beanspruchen kann, während ein *Bedürfnis*
der Wunsch (das Verlangen) darstellt, einem subjektiv empfundenen oder
tatsächlichen Mangel Abhilfe zu schaffen. Grundannahme ist die Auffassung, dass Menschen Bedürfnisse haben und befriedigen wollen, d. h., aktiv
(also bewusst) dazu tendieren, „in bestimmten Zuständen" zu sein, den Werten des Systems zu entsprechen. Bedürfnisse sind (neben physischen Grund-
bedürfnissen) z. B. emotionale Zuwendung, Sinn (bzw. Motivation aufgrund
selbst gewählter Ziele und deren erfolgreicher Verwirklichung bzw. der Erwartung hierauf), Freiheit oder relative Autonomie (Handlungsspielräume),
soziale Zugehörigkeit (Mitgliedschaft) oder Anerkennung (Rang). Sie sind
unterschiedlich dringlich, können sich gegenseitig bedingen und in Bezug
auf ihre Legitimität differenziert sein, z. B. dann, wenn ihre Befriedigung zu
Lasten anderer erfolgt.

Bedürfnisbefriedigung in diesem Sinne ist von den Ressourcen eines
Menschen und seinen Fähigkeiten abhängig, die ihm gegebenen Möglich-

keiten zu nutzen bzw. sich neue zu (ver-)schaffen. Ressourcen sind das, was Menschen (im Sinne ihrer Ausstattung) zur Verfügung haben oder sich beschaffen, erschließen oder herstellen können (vgl. Staub-Bernasconi 1998: 109). Dazu zählen z. B. die sozio-ökonomische Ausstattung (d. h. die individuelle Verfügung über Bildung, Beschäftigung und Einkommen) und die sozialökologische Ausstattung (d. h. die Wohnsituation, die Infrastruktur der Wohnumgebung, der Arbeits- und der Bildungsplatz).

Reines Handeln zur Bedürfnisbefriedigung hat zunächst kein (menschliches) Gegenüber. Gehandelt wird z. B., wenn ein Apfel gepflückt wird und das Bedürfnis, den Hunger zu stillen, befriedigt wird. Handlungen resultieren auf Defiziten, d. h. dem Auftreten eines praktischen Problems als bewusster Diskrepanz von Ist- und Sollzustand bzw. von Zielen und Mitteln (vgl. Kruse/Barrelmeyer 2012: 89), und es geht damit grundsätzlich immer um ein *Problemlösen* (vgl. den Gastbeitrag von *Alexander N. Wendt*).

Menschen stehen besonderen Problemen bei der Bedürfnisbefriedigung (bzw. der Problemlösung) gegenüber, wenn sie – systemisch gesehen – dazu andere Menschen brauchen (das Handeln sich also nicht mehr auf ein einfaches Apfelpflücken beschränkt, sondern dazu die Hilfe anderer benötigt wird, z. B. weil die Früchte auf hohen Bäumen hängen, die alleine nicht zu erreichen sind); sie lernen, im Kontext des sozialen Systems, im Rahmen der im System gültigen Vorstellungen (z. B., wie mit anderen Menschen umzugehen ist) und in Kooperation oder Konflikt (Kommunikation) mit anderen Menschen zu handeln, d. h. Lösungen für das Problem der Bedürfnisbefriedigung zu finden (vgl. ebd.: 35).

Begrifflich wird reines (einfaches) Handeln dann zu *sozialem Handeln* (womit bezeichnet ist, dass es dazu auch anderer Menschen [„Andere"] bedarf); es ist sinnhaft z. B. an anderen oder auf andere (Einzelne und Kollektive, z. B. Gruppen, Arbeitsteams) orientiert und stellt sich als eine durch Beziehungen zu den Anderen geregelte Kette von Handlungen dar. Es erfolgt zielgerichtet und kann in Formen *zweckrationalen Handelns* (das Zwecke, Mittel und Nebenfolgen z. B. im Umgang mit Anderen abwägt), *wertrationalen Handelns* (das sich im Umgang mit den Anderen an bestimmten religiösen, ethischen Werten orientiert), *affektuellen Handelns* (das durch aktuelle Gefühlslagen bestimmt ist) und *traditionalen Handelns* (das durch Gewohnheiten im Umgang mit Anderen bestimmt wird) unterschieden werden. Tatsächlich erfolgt soziales Handeln nur selten ausschließlich im Sinne einer dieser Formen. Heiraten z. B. Menschen, dann können affektuelle Motive (Liebe), zweckrationale Erwägungen (Versorgungssicherheit, berufliche Vorteile), Tradition (es war immer selbstverständlich zu heiraten) oder religiöse Überzeugungen eine Rolle spielen (vgl. Lüdtke 2007a: 25, Lüdtke 2007b: 261, Kruse/Barrelmeyer 2012: 89, 92).

Dieses Verständnis von sozialem Handeln als Lösung z. B. eines Soll-Ist-Defizits in Systemen bezieht sich auch auf das Verständnis von *Deutungsmustern*, welche Konstruktionen (vgl. LE 2) auf der Grundlage von Lern- bzw. Erkenntnisprozessen darstellen, wie ein Mensch wahrnimmt, was ihn umgibt und womit er alltäglich konfrontiert ist. Solche Deutungsmuster sind *Bilder* (als Beschreibungen vergangener oder aktueller Erfahrungen), *(Alltags-)Theorien* oder *Codes* (als Erklärungen über die Entstehung eines Sachverhaltes bzw. Problems), *Werte und Ziele* (als Beschreibungen erwünschter, angestrebter Sachverhalte und Zustände), *Pläne* (als Aussagen über Absichten [Willensäußerungen] und den zur Verwirklichung notwendigen [vorhandenen oder zu beschaffenden] Ressourcen) sowie Denk- und Handlungsanweisungen (vgl. Staub-Bernasconi 1998: 116f.). Deutungsmuster steuern das Handeln von Menschen; auch soziales Handeln stellt dann eine zielgerichtete, zeitlich in sich geschlossene, willentlich gesteuerte Tätigkeit aufgrund von Deutungsmustern dar (z. B., dass es – aufgrund erlebter oder berichteter Erfahrungen – sinnvoll ist, Äpfel an hohen Bäumen zusammen mit anderen zu ernten, weil sich so die Gefahren des Erntens durch gegenseitige Unterstützung vermindern lassen können).

Dabei ist (auch für die Soziale Arbeit) das Konzept des *Austauschs* von Bedeutung, worunter der Kontakt zwischen Menschen, ihre sozialen Beziehungen und ihre Mitgliedschaft in sozialen Systemen verstanden wird. Menschen können nicht ohne soziale Beziehungen zu anderen Mitmenschen und Mitgliedschaften in sozialen Systemen existieren (das macht in modernen Gesellschaften schon die Befriedigung ihrer Grundbedürfnisse erforderlich), unabhängig davon, ob es sich dabei um unfreiwillige Mitgliedschaften (z. B. Eltern-Kind-Beziehungen) oder freiwillig gewählte Beziehungen (z. B. Freundschaften) handelt (vgl. ebd.: 119f.). Menschen sind deshalb zur Befriedigung ihrer Bedürfnisse auf andere Menschen und damit auf *Austauschbeziehungen* angewiesen sind, und diese Austauschbeziehungen werden damit zum integralen Aspekt des sozialen Handelns (z. B. in Form der Kalkulation, was Menschen dafür erhalten, wenn sie Anderen dabei helfen, Äpfel auf hohen Bäumen zu ernten). Zum „Tauschmedium" werden dabei ihre Ausstattung (z. B. biologische Ressourcen, sozioökonomische Güter, Wissen) und soziale Beziehungen. Kooperation, Solidarität und Konflikt haben beispielsweise ihre Quelle im Austausch (vgl. ebd.: 20f.). Der „Austausch von Erkenntniskompetenzen" (u. a. das gemeinsame Erlernen eines Umgangs mit Problemen, z. B. die Motivation zu erhalten oder wieder aufzubauen, wenn das Ernten von Äpfeln auf hohen Bäumen unter sengender Sonne besonders schwer fällt), die „Kommunikation als Austausch von Bedeutungssystemen" (z. B. gegenseitige Selbst- und Fremdbilder, etwa, dass Zusammenarbeit bei der Ernte sinnvoll ist) oder der „Austausch von Handlungskompetenzen" (u. a. das gemeinsame Erlernen des auf Routinen gestützten Verhaltens, z. B. wie sich Äpfel auf hohen Bäumen besonders schnell und gefahrlos ernten lassen) zählen zu diesen Austauschmedien (vgl. ebd.: 22, zit. ebd.).

*Soziale Beziehungen* als Austauschbeziehungen stellen somit ein wechselseitiges soziales Handeln von wenigstens zwei Menschen dar, das tendenziell auf Dauer angelegt ist. Formen solcher sozialer Beziehungen sind die *Vergemeinschaftung*, die auf subjektiv gefühlter (z. B. emotionaler) Zusammengehörigkeit beruht (z. B. eine Freundschaftsbeziehung oder eine Familie) und die *Vergesellschaftung*, die auf gemeinsamen Interessen beruht und zweckrational oder wertrational motiviert ist, z. B. ein Wirtschaftsunternehmen (vgl. Kruse/Barrelmeyer 2012: 96).

### 3.1.3 Soziale

In der Sozialen Arbeit beruflich tätige Fachkräfte sind Personen, die im Unterschied zu ehrenamtlich Engagierten und sonstigen MitarbeiterInnen über eine einschlägige Ausbildung verfügen, d. h.

- im *engeren Sinne* akademisch, d. h. an Hochschulen angewandter Wissenschaft oder an Universitäten ausgebildete (Dipl.- oder BA-)Sozialarbeiterinnen und Sozialpädagogen (Studiengänge Soziale Arbeit bzw. social work und Sozialpädagogik),
- im *weiteren Sinne* (staatlich anerkannte) Erzieher, Soziologen (Magister-/ Diplom-/BA-Studiengänge), Erziehungswissenschaftler bzw. Pädagogen (Magister-/Diplom-/BA-Studiengänge), Psychologen (Magister-/Diplom-/BA-Studiengänge) und
- unter *bestimmten Voraussetzungen* andere Sozialwissenschaftler (z. B. Politikwissenschaftler) mit einschlägigen Ausbildungsschwerpunkten in Bezug auf die Soziale Arbeit, Rechtswissenschaftler (Juristen) mit Schwerpunkt im Sozial(leistungs)recht, Mediziner mit Schwerpunkt Sozialmedizin.

Sie alle werden hier als *Soziale* (männlich wie weiblich) bezeichnet. Es gibt kaum Arbeitsfelder des zwischenmenschlichen Kontakts, in denen keine Sozialen tätig sind; allerdings gibt es auch kaum Tätigkeitsfelder, in denen ausschließlich Soziale zuständig sind. Außerdem haben sie es in vielen Bereichen auch mit *Laien* (Ehrenamtlichen, Freiwilligen) zu tun, was den Status Sozialer als Angehörige einer selbstständigen Profession (gekennzeichnet z. B. durch eine kodifizierte Berufsausbildung, Zuständigkeit und Fachkompetenz) infrage stellen kann, wenn (scheinbar) auch Laien diese Arbeit verrichten können.

### 3.1.4 Subjekte

Der *einzelne Mensch* steht im Mittelpunkt der Sozialen Arbeit. Dieser einzelne Mensch entwickelt sehr eigene und individuelle Vorstellungen davon, was gut für ihn ist, was sein „Wohlbefinden" kennzeichnet, wofür es lohnt, sich einzusetzen. Sie entwickeln dabei *Eigensinn*, in dem sich als Gestalter_innen ihres eigenen Lebens und als KonstrukteurInnen ihrer Welt (vgl. Keupp 2013b: 75ff.) verwirklichen, und nicht als *Objekte* fremder Vorstellungen (zu den sie freilich im Fall des Zwangs und der Kontrolle dann werden *können*, wenn sie zu sehr von gesellschaftlichen Normvorstellungen abweichen sollten).

In der Sozialen Arbeit existieren (v. a. im alltäglichen Gespräch unter PraktikerInnen) unterschiedliche Begriffe, die kennzeichnen sollen, mit wem sie es zu tun hat, wer also die Menschen sind, um die es in professionellen Zusammenhängen geht, z. B.:

- *Adressat* wird ein Mensch genannt, dessen „Lebenssituation, Verhalten und Handlungsweisen aus bestimmten Gründen […] zum Gegenstand intentionalen professionellen Veränderungshandelns geworden" ist (Oelerich/Schaarschuch 2012: 11). Es geht um die Person, an die bestimmte Angebote und Leistungen gerichtet („adressiert") sind und die zu deren Empfänger/in wird.
- *Individuum* (lat., das Unteilbare, das Ungeteilte, das Einzelne): Es handelt sich um eine (philosophisch wie soziologisch bestimmte) Grundfigur, um wen es als Person geht, d. h. als einen Menschen, insofern er einzeln ist und sich von anderen Menschen unterscheidet.
- *Klient/in* bzw. Klientel (1. lat. *cliens* = Anhänger, Schützling, Höriger; 2. engl. *client* = Kunde): Der Begriff folgt einem älteren (psychotherapeutisch inspirierten) Verständnis von Sozialarbeit, das (in den 1970er Jahren geprägt) in den 1980er Jahren vorrangig war und das die Person als Schützling versteht, dem zu helfen ist.
- *Kunde/Kundin* (früh-neuhochdeutsch: Wirtschaftsgast, seit dem 16. Jh. „der in einem Geschäft Kaufende"): Der Begriff findet in einem eher dienstleistungsorientierten Verständnis von Sozialer Arbeit Anwendung, das eine Person als unter verschiedenen Angeboten und Leistungen auch der Sozialen Arbeit auswählend versteht, worauf sie auch einen Anspruch hat (der sich z. B. in Geld – etwa der Bezahlung für die Leistung – ausdrücken lässt).

- *Objekt* (d. h. allg. eine Sache oder ein Gegenstand): Die Bezeichnung kommt (wenn überhaupt) nur im Rahmen eines strikt instrumentellen Verständnisses von Sozialer Arbeit zur Anwendung (z. B. im Rahmen von Kriminalprävention, wenn mögliche Tätergruppen bezeichnet werden).
- *Patient/in* (1. lat.: *patiens*, aushaltend, fähig zu ertragen; 2. lat. *passio*, das Leiden, derjenige, der etwas erträgt): Es handelt sich um eine in der Krankenhilfe (und Krankenhaussozialarbeit) gebräuchliche Bezeichnung.
- *Proband/in* (lat. *probare*, prüfen eines Prüflings): Dieser Begriff ist die in der Bewährungshilfe gängige Bezeichnung, wo u. a. die Umsetzung richterlicher Weisungen überprüft wird.
- *Zielgruppe* (d. h. 1. jede Art von Anspruchsgruppe; 2. im Marketing eine bestimmte Menge von Marktteilnehmer/inne/n, die auf kommunikationspolitische Maßnahmen homogener reagieren als der Gesamtmarkt): Der Begriff findet vor allem in Konzepten Sozialer Arbeit Verwendung, die sich an (durch spezifische Merkmale ausgezeichnete) Personengruppen richten (z. B. Drogenkonsument*innen, junge alleinerziehende Frauen), für die spezielle Angebote entwickelt wurden

Hier wird der Begriff *Subjekt* (lat.: *subiectum*. „das einer Aussage Zugrundeliegende") bevorzugt, der (im philosophischen Gespräch) einen Menschen als handelndes Ich und Träger unveräußerlicher (Menschen-)Rechte kennzeichnet.

Der Begriff Subjekt grenzt sich zunächst von dem weitverbreiteten Begriff des „Klienten" ab (wie er in therapeutischen und juristischen Kontexten seine Berechtigung haben mag), der latent, insb. auch weil unreflektiert verwendet, immer auch eine Abhängigkeit meint. Und er grenzt sich weiter von dem immer noch im Versuch der sprachlichen Durchsetzung befindlichen Begriff des „Kunden" ab (der auf ein Dienstleistungsverhältnis abstellt, innerhalb dessen Soziale Arbeit gegenüber Menschen mit Hilfe- und Unterstützungsbedarf Leistungen erbringt). Hier wird von Menschen die Rede sein, die mit Sozialer Arbeit zu tun haben, z. B. als *Beratene, Unterstützte, Hilfesuchende*. Sie haben eigene Rechte, zu deren Verwirklichung Soziale Arbeit beitragen soll.

Der Subjektbegriff schließt an die Überlegungen von *Janusz Korczak* an, der bis 1910 als Kinderarzt in einem Arbeiterviertel-Krankenhaus Warschaus tätig war und 1911 (mit Stefania Wilczynska) das „Dom Sierot" gründete, ein Waisenhaus für Kinder der jüdischen Armutsbevölkerung (vgl. Giesecke 1997: 143–172). Seine Erfahrungen und Reflexionen zur Arbeit mit diesen Kindern hat Korczak umfassend dokumentiert: Pädagogik begreift er als immerwährendes Experiment, wobei er sich ganz auf „seine" Kinder einlässt und seine eigene Existenz mit ihnen (bis in den gemeinsamen Tod in der Gaskammer in Auschwitz) verband (vgl. ebd.: 170, 150, und Ungermann 2006). Korczak schildert Kindheit als eine Phase der Rechtlosigkeit, der Ungerechtigkeiten und der Abhängigkeiten. Er fordert das „Recht des Kindes auf Achtung" (1928) und damit grundsätzliche Rechte für das Kind und die Anerkennung der Kindheit als vollwertigen Lebensabschnitt: Es gelte Achtung vor der Unwissenheit des Kindes, dessen Wissbegierde, vor den Misserfolgen und Tränen des Kindes und dessen Eigentum zu entwickeln – es sei das Recht des Kindes, so zu sein, wie es ist. Dazu formulierte er (1918) „drei Grundrechte" (ein sog. „Grundgesetz für das Kind"): „1. Das Recht des Kindes auf seinen Tod, 2. das Recht des Kindes auf den heutigen Tag, 3. das Recht des Kindes, so zu sein wie es ist". Um diese drei Grundrechte „gruppieren sich die weiteren Rechte [...]: z. B. das Recht darauf, daß sein Sprechen ernst genommen wird; daß seine Bemühungen, die Welt zu entdecken, nicht verlacht werden; daß seine Gefühle: Trauer, Schmerz, Freude, Enttäuschung, die erste zaghafte Liebe, unbedingte Achtung finden". Korczak bezeichnet diese Grundrechte als „dieselben Rechte, die auch ein Erwachsener für sich beanspruchen würde" (Giesecke 1997: 149).

Korczaks konsequente Wendung zum Subjekt (das schon als Kind eigene, nicht in Frage zu stellende Rechte hat) markiert seine Aktualität für die Soziale Arbeit. Sein radikaler Subjektbegriff – schon die Kinder in ihren eigenen Rechten zu sehen und Kindheit als eigenständigen Lebensabschnitt zu verstehen – wird damit für die Soziale Arbeit (mit) prägend. Subjekte in diesem Sinne sind Menschen mit unhintergehbaren (Menschen-)Rechten, die die Wirklichkeit (in der sie leben und [sozial] handeln) auf ihre eigene Art und Weise konstruieren und in ihrem eigenen Sin (*eigensinnig*) leben. Soziale Arbeit ist damit durch *Subjektorientierung* gekennzeichnet. Zu dieser Grundorientierung zählt auch, dass ein Subjekt immer das Recht hat, wie *Carel B. Germain* und *Alex Gitterman* (1999: 45) sagen, bevormundungsfrei „zu entscheiden, wann e(s) Hilfe braucht, welche Art von Hilfe nützlich ist und wann sie nicht mehr gebraucht wird".

### 3.1.5 Anlässe

Von *Hans Thiersch* stammt die Einschätzung, Soziale Arbeit sei im Sozialstaat „zuständig für spezifische Aufgaben – für Aufgaben der Unterstützung und Hilfe in Problemen der Entwicklung von und des Lernens für Lebenskompetenzen, für die ‚Kunst des Lebens' (Alice Salomon), für Aufgaben im Ziel einer Hilfe zur Selbsthilfe, für Aufgaben". Sie sei „engagiert in Problemen, die Menschen in sich und mit sich selbst haben, also in ihren Entwicklungs-, Lern- und Bewältigungsaufgaben" (Thiersch 2002a: 34). Unabhängig davon, dass noch näher zu klären ist, was z. B. Entwicklungs-, Lern- und Bewältigungsaufgaben darstellen (vgl. LE 11), so wird doch deutlich, dass damit stets ein „Problem" – oder besser: eine *Schwierigkeit* – in den Mittelpunkt rückt. Soziale Arbeit ist durch ihre Nähe zu den Alltagsproblemen ihrer Zielgruppen gekennzeichnet (vgl. Galuske/Müller 2010: 592).

Unter dem Begriff des Problems ist in der Sozialen Arbeit die (alltagssprachliche) Beschreibung eines lösungsbedürftigen Bedürfnisses zu verstehen, z. B. eines „Erziehungsproblems" (dem Wunsch, Schwierigkeiten in der Erziehung eines Kindes bewältigen zu können). Damit kommt ein Mensch selbst nicht mehr „klar", weshalb er sich um die Hilfe anderer – hier: der Sozialen – bemüht, um sein Problem bewältigen zu können. Insgesamt schwingt mit dem Begriff des Problems aber immer auch negativer Tonfall mit (mit dem Erschwernis, Belastung oder auch Ausweglosigkeit verbunden sein kann), weshalb hier davon abgesehen wird, weiter vom Problem zu sprechen. Zudem wird dieser Begriff nicht jedem Gegenstand (d. h. jedem Thema), mit dem Soziale Arbeit befasst ist, gerecht, und er verstellt womöglich den Blick auf die Chancen, die auch mit einer Schwierigkeit verbunden sind. Stattdessen wird hier vom *Anlass* gesprochen. Anlässe sind die an beruflich erbrachte Soziale Arbeit herangetragenen und durch sie zu bearbeitenden Aufgaben, die sich als *Anliegen* oder *Notlagen* zeigen können (und sich als Schwierigkeiten der alltäglichen Lebensführung darstellen):

- Menschen haben *Anliegen* (Bedürfnisse und Wünsche, Sorgen und Probleme), die mit Aktuellem und Künftigem verbunden sind (z. B. den „klassischen" Fall der erbetenen Hilfe),
- oder sie befinden sich in einer *Notlage* (sie sind gezwungen, etwas zu tun), d. h. den Fall der Kontrolle (z. B. Kindeswohlgefährdung) und des (z. B. gesetzlichen) Zwangs (z. B. durch einen Richter ausgesprochene Bewährungsauflagen).

Im Fall des Anliegens sind der Beratungsbedarf und -zeitpunkt selbstbestimmt (Freiwilligkeit). Beispiele sind die Sozialberatung (z. B. zur Klärung gesetzlicher Leistungsansprüche u. a. bei Armut), die Ehe- und Konfliktberatung (v. a. im Fall einer Trennung), aber auch das Leben in öffentlichen Raum (das durch Straßensozialarbeit begleitet werden kann), drohende Obdachlosigkeit (Wohnungslosenhilfe) oder die selbstbestimmte Lebensführung bei Behinderung (z. B. durch Formen der Begleitung/Assistenz).

Im Fall der Notlage liegt ein Interventionsbedarf v. a. aufgrund eines verletzten (oder von Verletzung bedrohten) Rechts, aufgrund richterlicher oder behördlicher Entscheidung oder aufgrund des Umstandes vor, dass ein

Mensch selbst nicht (z. B. aufgrund einer gesundheitlichen Beeinträchtigung) in der Lage ist, selbstbestimmt zu handeln. Beispiele sind die Bewährungshilfe (der sich aufgrund einer richterlichen Entscheidung ein zu einer Bewährungsstrafe Verurteilter zu unterziehen hat), die Straffälligkeit Minderjähriger und Heranwachsender (Jugendgerichtshilfe bzw. Jugendhilfe im Strafverfahren), richterliche Entscheidung (z. B. gesetzliche Betreuung Erwachsener/Berufsbetreuung) oder die Arbeit mit geistig behinderten Menschen.

Solche Anlässe werden z. B. an Familienangehörige, Freundinnen, das soziale Umfeld (etwa die Nachbarn), Polizei, Justiz und Soziale Arbeit adressiert, und zwar im Modus des an jemanden gerichteten Gesprochenen (verbal), des Gehandelten (Tun) oder des (bloß) Angedeuteten (nonverbal). Primärform dieser *Interaktionen* ist die Dyade (Interaktionen zwischen zweien, Zweierbeziehung) als reziproke Interaktionen (sie sind aufeinander bezogen). In diese Dyade sind vielfältige anlassbezogene Handlungsformen eingeschlossen. Soziale Arbeit wird damit zum „Klammerbegriff" für diese Handlungen, der sich in Begriffen ausdrückt wie aktivieren, anleiten, ausgrenzen, austauschen, befrieden, belehren, beraten, bevormunden, deuten, disziplinieren, emanzipieren, entwickeln, ermutigen, erziehen, fordern fördern, fürsprechen, helfen, kontrollieren, leiten, normalisieren, resozialisieren, unterstützen, vermitteln, versorgen, verstehen oder verwahren (vgl. Engelke 1998: 10).

### 3.1.6 Fall

Ganz selbstverständlich sprechen Student_innen der Sozialen Arbeit bereits in den ersten Tagen davon, dass sie es beruflich mit „Fällen" zu haben werden. Ganz offenbar herrscht ein allgemeines Vor-Wissen darüber, dass ein „Fall" eine Person sei, der in geeigneter Art und Weise zu behandeln (zu beraten, zu unterstützen, dem auf die „rechte Bahn" zu helfen) sei. Fall meint aber im Zusammenhang mit den Anlässen nicht die Person, die als Subjekt (z. B. durch sein wahrnehmbares Verhalten und Handeln) in Erscheinung tritt, sondern den Sachverhalt (die im Handeln als Kommunikation eingeschlossene Nachricht), der für sie von Bedeutung ist.

Ein *Anlass*, der zum Fall wird, muss durch Soziale, unabhängig von der Form, Art und Weise, wie er eingebracht wird, *verstanden* werden: Dabei ist es unerheblich, ob es sich um einen Kinderschutzfall im Allgemeinen Sozialen Dienst (ASD) handelt (der dort aufgrund der Meldung von Nachbarn Einzelfallarbeit zur Folge haben kann). Es kann auch ein persönliches Thekengespräch im offenen Bereich eines Jugendhauses sein (das über die Probleme eines jugendlichen Besuchers mit dessen Freundin zu einer Form von Lebensberatung führt).

Professionell wird das Handeln Sozialer erst *dann*, wenn es um die *Deutung* des Falles geht. Die hierfür erforderliche Klärung erfolgt in zwei Richtungen: zum einen als Exploration des Anlasses, der zum Fall führte, zum anderen als Prüfung der Zuständigkeit, ob der Fall (hier) zu bearbeiten ist: Die Klärung der *Zuständigkeit* geht der intensiven Exploration voraus. Im Fall des Thekengesprächs im Jugendhaus ist dies noch recht einfach: Der Jugendliche ist vor Ort und nimmt ein informelles Gesprächsangebot wahr, das zu nichts weiter verpflichtet (§ 11 SGB VIII bestimmt, dass die Teilnahme an Angeboten der Jugendarbeit stets freiwillig ist). Alles Weitere liegt in der Hand der Sozialen, z. B. die Weiterverweisung an andere Stellen (Fachdienste, Beratungsstellen, Leistungsanbieter), wenn dies erforderlich werden sollte. Anders wird dies sein, wenn z. B. die Mutter eines fünfjährigen Kindes eine erzieherische Hilfe (§§ 27ff. SGB VIII) in Anspruch nehmen möchte: Interne Regelungen eines Jugendamtes (im Rahmen z. B. einen Geschäftsverteilungsplanes) werden die Zuständigkeit konkretisieren. So kann z. B. die Zuständigkeit einzelner Sozialer für bestimmte Stadtteile, Quartiere oder Straßenzüge bzw. nach Namen geregelt sein. Die Organisationsstruktur eines Amtes führt außerdem zur Herausbildung spezifischer Dienste (z. B. des Allgemeinen Sozialdienstes/ASD, des Pflegekinderdienstes/PKD), womit weitere Klärungen der Zuständigkeit verbunden sind. Wer den Fall also tatsächlich bearbeitet, wird sich vor diesem Hintergrund einer Zuständigkeitserklärung erst noch ergeben.

Eine *Exploration* „dient der Analyse des aktuellen Problemstandes (psychische, soziale, somatische Störungen)", um sich der persönlichen Situation im subjektiven Lebensraum und ggf. mit weiteren Beteiligten (Familie, soziales Umfeld usw.) vertraut zu machen (vgl. Northoff 2012: 29). Dabei nähert sich der Soziale dem Fall mit (ersten) Annahmen über den Fall (z. B. zum gegebenen Anliegen oder der Notlage), die sich erst noch bestätigen müssen.

Diese ersten (oft zudem widersprüchlichen) Eindrücke verweisen auf das grundlegende Problem, dass nicht zu erkennen ist, *was wirklich ist* (LE 1.1). Soziale erleben ratsuchende Subjekte nur selten unmittelbar, also dann, wenn sich ein *Anlass* ergibt. Sie sind darauf angewiesen, dass ihnen dazu etwas mitgeteilt wird. Sie erfahren also subjektive Geschichten über Geschehenes, die i. d. R. mit den persönlichen Deutungen, Hoffnungen und Wünschen des Erzählenden verwoben sein werden. Es ist unmöglich, als Soziale eine Aussage darüber zu treffen, was wirklich gewesen ist. Ein Subjekt kann seine *Realität* immer nur auf die ihm eigene Weise erschließen und aufgrund der Erfahrungen, die er in und mit seiner Umwelt macht, sein Bild von der Realität *konstruieren*.

Auch wenn nicht umfassend („wahr") rekonstruiert werden kann, was „wirklich" gewesen ist, so muss es Sozialen darum gehen, doch zu verstehen, was ein Subjekt erlebt und für sich daraus gemacht (konstruiert) hat und wo möglicherweise Konflikte bestehen, wenn es dazu abweichende Konstruktionen anderer am Fall Beteiligter gibt. Daraus kann zweierlei abgeleitet werden: Die Deutung des Falls muss 1. zu einem Dialog zwischen Sozialer und Adressat führen und 2. als stets vorläufig angesehen werden, denn im weiteren Dialog können sich immer wieder neue Aspekte ergeben, die die subjektive Konstruktion in einem neuen Licht erscheinen lassen. Jedenfalls wird eine systematische Exploration erforderlich, um einerseits die Oberflächenstruktur (Prozess der *Anamnese*) und andererseits die Tiefenstruktur (*Deutung* [oft auch als Diagnose bezeichnet]) des Falles aufklären zu können. Solches Fallverstehen (gelegentlich auch als *Kasuistik* bezeichnet) hat „die Aufgabe, Welten zu erschließen, indem ein Fall aus den alltäglichen Routinen und Zwängen herausgelöst" wird (Hörster 2010: 679). Es ist ein aufmerksamer Umgang mit Nichtwissen erforderlich und eine Art Fremdheitshaltung einzunehmen: Die Soziale, die Subjekte und andere am Fall Beteiligte sind sich fremd, denn sie kommen in der Regel aus unterschiedlichen sozialen Welten. Der Soziale weiß zunächst nichts von dem, was die Adressatin als Anlass betrachtet, mit ihm zu tun haben zu wollen oder zu müssen.

## Gastbeitrag – Alexander N. Wendt[4]: Was ist Problemlösen?

Menschliches Handeln als problemlösend zu beschreiben, scheint eine hohe augenscheinliche Validität zu haben. So konstatierte bereits Popper (1996): „Alles Leben ist Problemlösen". Abgesehen von diesem Optimismus kann jedoch erst eine Differenzierung des Begriffs zeigen, worum es sich bei einem Problem und seinem Lösen wesentlich handelt, und wie sich durch die Verwendung des Begriffs ein Gewinn für die Güte der Beschreibung erreichen lässt. Der Ort für die Beschreibung menschlichen Verhaltens und Erlebens ist dabei die Psychologie.

Die klassische Psychologie des Problemlösens beschreibt Probleme durch ihre Ausrichtung an ihren Lösungen. So sagt Duncker: „Ein ‚Problem' entsteht z. B. dann, wenn ein Lebewesen ein Ziel hat und nicht ‚weiß', wie es dieses Ziel erreichen soll" (1974). Problemlösendes Verhalten wird somit als teleologisch, d. h. auf ein Ziel gerichtet, erfasst. Er schreibt weiter: „Wo immer der gegebene Zustand sich nicht durch bloßes Han-

---

4   *Alexander Nicolai Wendt*, MSc., studierte Psychologie und Philosophie an der Universität Heidelberg. Dort arbeitet er an seiner Dissertation zur „Phänomenologie des Problems" bei Joachim Funke und Thomas Fuchs. Seine Forschungs- und Arbeitsschwerpunkte sind Theoretische Psychologie, Problemlösungsforschung und Medienpsychologie. Kontakt: alexander@puwendt.de.

deln (Ausführen selbstverständlicher Operationen) in den erstrebten Zustand überführen lässt, wird das Denken auf den Plan gerufen. Ihm liegt es ob, ein vermittelndes Handeln allererst zu konzipieren" (ebd.). Die Vermittlung zwischen einem *Ausgangszustand* und einem *Zielzustand*, welche nicht ohne die Überwindung von *Barrieren* möglich ist, wird somit zum Konzept des Problemlösens, das in der kognitiven Psychologie am häufigsten verwendet wird.

Die Komplexität dieses einfachen Schemas wird an der Vielfalt von empirischen Fällen problemlösenden Verhaltens gewonnen. Unterschiedliche Ausgangs- und Zielzustände sowie Barrieren gestatten die Abgrenzung diverser Problemtypen. Getzels (1982) unterscheidet *dargebotene* (presented), *entdeckte* (discovered) und *erschaffene* (created) Probleme, die sich durch die Verfügbarkeit der Lösungsmethodik voneinander scheiden lassen. Während dargebotene Probleme in ihrer vorgegebenen Form bereits den Lösungsweg nahelegen, zeichnen sich erschaffene Probleme dadurch aus, dass die problemlösende Situation diesen Lösungsweg erst hervorruft. Eine Mathematikaufgabe in der Schule ist also in der Regel für den Schüler ein dargebotenes Problem, denn der Ausgangszustand ist transparent und enthält bereits eine Definition des Lösungsweges. Eine Erkrankung, die ihm am Morgen vor der Prüfung auffällt, ist hingegen ein entdecktes Problem, weil der Ausgangszustand nicht präsentiert wurde, aber einen klaren Lösungsweg impliziert, also die Krankheit zu kurieren. Nicht an der Klausur teilzunehmen, ist zuletzt ein erschaffenes Problem, denn der Ausgangszustand determiniert noch nicht den Lösungsweg -- schließlich könnte der Schüler auch krank zur Prüfung erscheinen.

Die Differenzierung des Problemmaterials erfolgt in den beiden Kategorien *klar definierter* (well-defined) und *unklar definierter* (ill-defined) Probleme (Frederiksen 1984, Simon 1971). Sie unterscheiden sich zunächst in ihrer informativen Verfügbarkeit. Klar definierte Probleme zeichnen sich durch die Zugänglichkeit ihrer Struktur aus, d. h. keiner Komponente des Problems fehlt ein möglicher Zugang für den Problemlösenden. Unklare Probleme dagegen bestehen sowohl aus epistemisch verfügbarem als auch aus unzugänglichem Material. Gesellschaftsspiele sind idealtypische klar definierte Probleme, weil ihre Regeln alle Eventualitäten abdecken. Politische Konflikte sind hingegen in der Regel unklar definierte Probleme, zumal die Gründe und Ursachen von Ereignissen in den seltensten Fällen abzusehen sind.

Die psychologische Abgrenzung unterschiedlicher Problemformen betrifft allerdings nicht nur die Verfügbarkeit von Lösungsmethodik oder Informationen, sondern auch den praktischen Prozess des Lösens, zu dessen Beschreibung in der Regel Phasenmodelle zur Anwendung kommen. So etwa Pólyas Ansatz (1945): Problemverständnis (understand the problem), *Planung* (make a plan), *Umsetzung* (carry out the plan) und *Validierung* (look back at your work). Hinsichtlich dieser typischen Verlaufsform des problemlösenden Verhaltens lassen sich empirische Einzelfälle dadurch voneinander abgrenzen, in welchem Stadium sich das konkrete Verhalten befindet. Zu bemerken, dass das Mehl nicht für den Kuchen reicht, ist Problemverständnis (es wird als *entdecktes, klar definiertes* Problem erkannt). Die Öffnungszeiten des nächsten Supermarktes zu überprüfen, gehört zur Planung. Dorthin zu gehen und mehr Mehl zu besorgen, ist die Umsetzung. Sich vorzunehmen, künftig genügend Mehl auf Vorrat zu halten, ist Validierung.

Ein wesentlicher Beitrag zum Verständnis problemlösenden Verhaltens wurde von

Newell und Simon (1972) geleistet. Sie beschrieben das Verhalten nicht nur global als ganzheitliche Einheit des Problems und seiner Lösung oder in Phasen, sondern boten mit dem Begriff des *Problemraums* eine Möglichkeit, die inhaltlichen Elemente einer Situation des Problemlösens zu analysieren. Im Geiste der starken Computermetapher der 1970er Jahre entwarfen sie die „rationale Handlung, in der Menschen Probleme lösen" als Funktion von vier Elementen: Eine Reihe von *Wissenszuständen* (set of states of knowledge), *Operatoren*, um einen Zustand in einen anderen zu überführen (operators for changing one state into another), *Beschränkungen* für die Anwendung der Operatoren (constraints on applying operators), *Kontrollwissen*, um über den nächsten Operator zu entscheiden (control knowledge for deciding which operator to apply next). Aus diesen vier Komponenten ergibt sich der Problemraum, der eine Metapher für das problemlösende Verhalten darstellt, in dem Operatoren Schritt für Schritt zwischen Zuständen vermitteln.

Die wesentliche Errungenschaft der jüngsten Problemlösungsforschung ist die Differenzierung von *einfachen* und *komplexen* Problemen (Dörner 1980, Frensch/Funke 1995). Mit Funke (2012) lassen sich vier Eigenschaften komplexer Probleme benennen: Erstens, *Komplexität* (complexity) beschreibt die schrittweise Grenze, die für den subjektiven Träger des Problems gilt, jenseits derer die Menge an Elementen im Problemraum nicht mehr vollständig repräsentiert werden kann. Konnektivität (connectivity) vermittelt die Grenze der Komplexität als ebenfalls gradueller Unterschied der Gesamtzahl zu berücksichtigender Relationen zwischen den beteiligten Elementen. In diesem Sinne lässt sich Konnektivität, als Summe der Interaktionsmöglichkeiten (interaction possibilities), neben dem Inhaltsgebiet (content domain) als Quelle der Komplexität (Schmid u. a. 2011) bezeichnen. Zweitens, die *Dynamik* (dynamics) ist grundsätzlich von der Statik einfacher Probleme zu unterscheiden und insofern eine Bedingung, die vor aller Repräsentation im Problemmaterial bestehen muss. Drittens, *Intransparenz* (intransparency) kann im Verhältnis zur Transparenz eines Problems gleichfalls grundsätzlich als eine Eigenschaft stets verborgener Bedingungen des Problemraums verstanden werden, wie teilweise als eine zeitliche Eigenschaft derjenigen Elemente des Problemraums, die es vor dem Erreichen des Zielzustandes noch für den Problemlösenden zu repräsentieren gilt (acquisition of information). Viertens, *Polytelie* (polytely) zuletzt relativiert den Begriff des Zielzustands in entscheidendem Maße und muss somit als wesentliche Erweiterung des ursprünglichen Schemas vom Zielzustand verstanden werden. Der Begriff drückt aus, dass entweder das Problemmaterial mehrere Zielzustände zulässt oder dass der Problemlösende mehrere Zielzustände aus dem Problemraum gewinnen kann. Das komplexe Problem, ein Unternehmen vor dem Bankrott zu retten, ist also durch die Produktionsstruktur *komplex*, durch die Marktdynamik *dynamisch*, durch die Unübersichtlichkeit der Wirtschaft *intransparent* und durch die diversen Interessen der Beteiligten *polytelisch*.

Mit diesen psychologischen Konzepten zur Beschreibung von problemlösendem Verhalten ist eine Beschreibung gewonnen, um Situationen, in denen – mit Duncker – ein Lebewesen ein Ziel hat, zu beschreiben und voneinander zu unterscheiden. Strategien problemlösenden Verhaltens, dessen Erfolg und die Wirkung auf die psychische Verfassung der Beteiligten beobachten zu können, ist ein Resultat dieser psychologischen

Modelle. Generell lässt sich jedes menschliche Handeln in diesen Kategorien analysieren, die empirische Psychologie greift in der Regel allerdings auf analoge oder digitale Simulationen zurück, wie die Türme von Hanoi (Shallice 1982) oder das Computerprogramm Lohhausen (Dörner u. a. 1983).

Jenseits dieses formellen teleologischen Verständnisses des Problems und seiner Lösung, das sich eher aus der Psychologie als Wissenschaft des Verhaltens denn des Erlebens entwickelt hat, lässt sich das Problem auch als Situation begreifen, die durch mehr als ein Ziel und eine Ausrichtung zur Lösung gekennzeichnet ist. Die Phänomenologie des Problems erlaubt zu beschreiben, dass, wer ein Problem hat, durch es geprägt wird. Das Problem ist keine bloß formelle Relation zwischen Zuständen. Ein Problem ist es jedoch nur insofern, als das Subjekt eine problematische Einstellung gegenüber ihm entwickelt. Schon die Begriffe Ausgangszustand, Operatoren und Zielzustand setzen diese problematische Einstellung voraus. Es stehen sich nur dann formell Zustände und Handlungen gegenüber, wenn mit dem Formalismus des teleologischen Problembegriffs von Ausgangszustand, Barrieren und Zielzustand (bzw. Polytelie) argumentiert wird. Die Entstehung eines erlebten Problems wird erst dann für die wissenschaftliche Beobachtung zugänglich, wenn dieser phänomenalen Grundschicht des Problematisierens Rechnung getragen wird. Ein phänomenologischer Ansatz, um diese Erlebnisperspektive zugänglich zu machen, ist die Situation in ihrer subjektiven Verfassung darzustellen, etwa durch die Konzepte der *Lösbarkeit*, des *Problemdrucks* und des *Problemhorizonts* (Wendt/AN 2014).

Hier wird deutlich, dass sich nicht nur Ausgangs- und Zielzustand zueinander verhalten, sondern auch der Problemlösende durch das Erlebnis eines Problems existenziell geprägt wird. So kann jede Situation, die zwar in ihrer gegenständlichen Verfassung eine Lösung hat, selbst eine einfachste Lage des Alltags, als unlösbar erscheinen, sodass sie gar nicht als Problem, sondern als *Verhängnis* erlebt wird. Erscheint sie demgegenüber als lösbar, wird aber nicht mit Problemdruck erlebt, handelt es sich vielmehr um eine *Herausforderung*. Erweitert sich in der Situation der Problemhorizont, ist es bisweilen eher eine *Gelegenheit* als ein Problem. Diese Formen des Erlebens von Situationen können klar in der phänomenalen Beschreibung von Problemen abgegrenzt werden, denn Probleme werden nicht nur durch formale Komponenten bestimmt, sondern maßgeblich vom Erleben der Subjekte. So lässt sich letztlich Popper widersprechen: Nicht alles Leben ist Problemlösen!

## 3.2    Soziale Arbeit – eine Gegenstandsbestimmung

Als Vorschläge zur Bestimmung dessen, was der *Gegenstand* der Sozialen Arbeit in Deutschland sein könnte, wurden in den zurückliegenden Jahrzehnten z. B. soziale Bedingungen der Bildung, individuelle und gesellschaftliche Schwierigkeiten des Kindes, Generationsprobleme, Armut, das Verhalten von Menschen in der Umwelt, der Alltag und die darin enthaltenen Lebensprobleme, soziale Probleme und Antworten darauf oder Lebensbe-

wältigung genannt (vgl. Birgmeier/Mührel 2011: 93). Dass die Gegenstandsbestimmung, was Soziale Arbeit ist, einem Wandel unterliegt, zeigt schnell
ein Blick in ältere Literatur (und damit ist Literatur gemeint, die 25 oder 30
Jahre alt ist): So waren z. B. in einem Wörterbuch zur Sozialarbeit/Sozialpä-
dagogik (Schwendte 1977) die heute hochaktuellen Stichworte „Individualisierung", „Desintegration", „Exklusion" oder „Inklusion" (noch) unbekannt;
relevant waren dagegen Begriffe wie „Sozialökologie" oder „Soziale Integration", die heute in der damals gebrauchten Form nur noch eine Rolle am
Rande spielen. Die als relevant verstandenen Begriffe aber prägen das Verständnis davon, was als Soziale Arbeit verstanden werden kann.

Es war daher hilfreich, dass eine Klärung darüber, was Gegenstand der
Profession Soziale Arbeit aber *ist*, seit den 1980er Jahren angesichts der weltweiten Herausbildung von Ansätzen der Sozialen Arbeit in einem internationalen Diskussionsprozess erfolgen konnte. Überlegungen dazu wurden von
der International Federation of Social Workers (IFSW), einem 1956 gegründeten globalen Zusammenschluss von in der Sozialen Arbeit tätigen Organisationen, und der International Association of Schools of Social Work (dem
weltweiten Zusammenschluss für die Soziale Arbeit tätiger Ausbildungsstätten), in einem mehrjährigen Diskussionsprozess gebündelt, der 2004 zu einer globalen Definition führte, die 2014 wie folgt aktualisiert wurde:

> „Soziale Arbeit ist eine praxisorientierte Profession und eine wissenschaftliche Dis-
> ziplin, deren Ziel die Förderung des sozialen Wandels, der sozialen Entwicklung und
> des sozialen Zusammenhalts sowie die Stärkung und Befreiung der Menschen ist.
> Die Prinzipien der sozialen Gerechtigkeit, die Menschenrechte, gemeinsame Verant-
> wortung und die Achtung der Vielfalt bilden die Grundlagen der Sozialen Arbeit. Ge-
> stützt auf Theorien zur Sozialen Arbeit, auf Sozialwissenschaften, Geisteswissen-
> schaften und indigenem Wissen, werden bei der Sozialen Arbeit Menschen und
> Strukturen eingebunden, um existenzielle Herausforderungen zu bewältigen und
> das Wohlergehen zu verbessern.
> Die obige Definition kann auf nationaler und/oder regionaler Ebene noch erweitert
> werden."

## 3.3   Soziale Arbeit ist Kommunikation

Im Sinne der IFSW-Definition geht es in der Sozialen Arbeit also um das
soziale Handeln konkreter Menschen (Subjekte wie Soziale), das durch Anlässe (Anliegen und Notlagen) begründet wird und immer auf Austausch-
verhältnisse bezogen ist. Das soziale Handeln Sozialer bezieht sich also immer auf das Verhalten des jeweiligen Subjekts – und umgekehrt. Die dazu

notwendige Verständigung zwischen beiden ist an den Austausch von Informationen und Gedanken (Kommunikation) durch sprachliche und nicht-sprachliche Mittel (z. B. Körpersprache, Gestik) und an *Wahrnehmung* (akustisch, optisch, über den Geruch und durch den Tastsinn [z. B. die Stärke eines Händedrucks]) gebunden.

Jede Kommunikation zwischen Menschen hat eine Informationsquelle, d. h. einen Sender, der seine Nachricht in Form eines Kodes (Codierung) über einen Kanal weitergibt. Dabei ist Kommunikation als linearer Prozess zu verstehen, in dessen Mittelpunkt das Signal steht. Das grundlegende mathematische Modell der Kommunikation verweist (bei aller Vereinfachung) auf die auch in einer sozialen Situation relevanten, Kommunkation begründenden Elemente: 1. die Informationsquelle bzw. den Sender, 2. die Verschlüsselung (Code, Codierung), 3. die Nachricht, 4. den Kanal, 5. die Entschlüsselung (De-Codierung) und 6. den Empfänger. Kommunikation ist ein Hin und Her von Nachrichten: eine Nachricht löst eine andere (Feedback) aus. Es handelt sich um eine *„zwischenmenschliche Sender-Empfänger-Beziehung auf der Basis der Kommunikation"* (vgl. Watzlawick/Beavin/ Jackson 1974: 22f., zit. ebd., Herv. i. O.). Für den wechselseitigen Ablauf von Mitteilungen stellen *Paul Watzlawick, Janet Beavin und Don Jackson* fünf Grundsätze auf, die zwischenmenschliche Kommunikation charakterisieren:

- *Man kann nicht nicht kommunizieren. Auch nonverbales Verhalten ist eine Form der Kommunikation*: Werde akzeptiert, dass das Verhalten (zwischenpersönliche) Kommunikation ist, „so folgt daraus, daß man, wie immer man es auch versuchen mag, nicht *nicht* kommunizieren kann. Handeln oder Nichthandeln, Worte oder Schweigen haben alle Mitteilungscharakter: Sie beeinflussen andere, und diese anderen können ihrerseits nicht nicht auf diese Kommunikationen reagieren und kommunizieren damit selbst" (vgl. ebd.: 51 ff., zit. S. 51, Herv. i. O.).
- Kommunikation hat immer einen Inhaltsaspekt und einen Beziehungsaspekt: „Wenn man untersucht, was jede Mitteilung enthält, so erweist sich ihr Inhalt vor allem als Information" (ebd.); zugleich enthält jede Mitteilung einen Hinweis des Senders darauf, wie der Empfänger sie verstehen soll. Neben dem Inhaltsaspekt, der die Information vermittelt, weist der Beziehungsaspekt an, „wie diese Daten aufzufassen sind" (ebd.); das heißt, es ist der Beziehungsaspekt, der letztlich bestimmt, wie eine Mitteilung verstanden wird, nicht der Inhalt der Botschaft selbst (Paul Watzlawick wird der Satz zugeschrieben: „Ich bin für das verantwortlich, was ich dir sage, nicht für das, was bei dir ankommt!"). Diese Einschätzung hat weitreichende Folgen für die Soziale Arbeit, denn in Kommunikationsprozessen zwischen Sozialen und AdressatInnen kann nicht

darauf abgestellt werden, dass die auf den Anlass bezogenen Inhalte, die dabei kommuniziert werden, für dessen Bewältigung die maßgebliche Rolle spielen (vgl. Watzlawick/Beavin/Jackson 1974: 53ff., zit. S. 53 und 55).

- Die Natur einer Beziehung ist durch die Interpunktion der Kommunikationsabläufe seitens der Partner bedingt: Kommunikation ist immer eine Abfolge der Nachricht und eine wechselseitige Wirkung der Reaktion auf die Nachricht. Kommunikation ist also „ein ununterbrochener Austausch von Mitteilungen", was (etwas sperrig) als Interpunktion von Ereignisfolgen bezeichnet wird (vgl. ebd.: 57 ff., zit. s. 57). Darin äußert sich die Überzeugung, dass das, was die Menschen als Realität verstehen, nicht etwas „objektiv" Vorhandenes ist, sondern erst durch die menschliche Wahrnehmung und Bewertung „Wirklichkeit" wird.

- Menschliche Kommunikation erfolgt in analoger (nonverbaler) Form (z. B. Gesten, Zeichen) und digitaler (verbaler) Form (vgl. ebd.: 62ff.). Mimik, Gesten, Gebärden können als Kommunikation interpretiert werden; darüber muss Verständigung erzielt werden, um Missverstehen vorzubeugen. So gibt es sowohl Tränen des Schmerzes als auch Tränen der Freude, und Lächeln kann Sympathie wie Verachtung ausdrücken: „Diese Unterscheidungen müssen vom Kommunikationsempfänger mehr oder weniger intuitiv beigesteuert werden, während sie in digitaler Kommunikation direkt enthalten sind" (vgl. ebd.: 64 ff., zit. S. 66f.).

- Kommunikation ist symmetrisch oder komplementär: Damit bestimmen die Autoren die Qualität von Kommunikation; sie sei symmetrisch (gekennzeichnet durch ein „Streben nach Gleichheit und Verminderung von Unterschieden zwischen den Partnern") oder komplementär, wenn sie „auf sich gegenseitig ergänzenden Unterschiedlichkeiten" basiere (vgl. ebd.: 69ff.).

In jedem Fall ist Kommunikation also an *Wahrnehmen* (z. B. von Körpersprache, Gestik und Mimik), *Deuten* (unter Berücksichtigung von Erfahrungen, Einstellungen und Vorstellungen), *Bewerten* (Annahme oder Ablehnung aufgrund eigenen Wissens oder Wertvorstellungen) und (digitales bzw. analoges) *Rückmelden* (als Prozess der Verständigung) gebunden.

Damit ist zugleich immer auch eine Möglichkeit für Störungen in der Kommunikation (sog. *Rauschen*) gegeben. Quellen solchen Rauschens sind neben *objektiven Störungen* (z. B. Unterbrechungen durch ein Telefonat, wenn ein Kollege in ein Gespräch „platzt", oder Störgeräusche) und *technischen Störungen* (wenn Hilfsmittel, z. B. ein Hörgerät, benötigt werden, diese aber nicht funktionieren) z. B.:

- *doppelte Bedeutung*, d. h. Begriffe, Formulierungen, Metaphern bzw. Redewendungen können falsch verstanden werden, weil es für sie keine eindeutige (*klare*) Bedeutung gibt;
- *Filter* (Tabu), d. h., wenn bestimmte Themen (etwa Gewalterfahrungen, Sexualität) ausgeblendet, ignoriert oder nicht zur Sprache gebracht werden;
- *Konflikt*, d. h. eine Auseinandersetzung im Gespräch (was mit Sorge gesehen wird);
- *Drohung*, d. h. aktive Formen, einen Menschen unter Druck zu setzen, wenn ein bestimmten Verhalten nicht erfolgen sollte;
- *Kritik*, d. h. die Behandlung eines Themas, das mit Beanstandungen und (so erfahrenen) Rügen, Vorhaltungen oder Vorwürfen verbunden ist;
- *Asymmetrie bzw. Expertokratie*, d. h. Belehrungen, Besserwissen und Ratschläge, die gegeben werden und die andere Gesprächspartnerin wissen lassen, dass sie etwas (noch) nicht (oder nicht so gut) weiß, was zu Beschämung führen kann;
- *Dispositionen*, d. h. Meinungen, persönliche Haltungen und Einstellungen, der Grad der Informiertheit bzw. fehlendes Wissen (knowledge gap), Komplexitätsreduktion (Vereinfachung) und Plausibilisierung (Sinnausstattung);
- *Übertragungen*, d. h. Prozesse, in denen Gefühle, die ursprünglich anderen Personen gegolten haben (z. B. Mutter oder Vater), auf den Sozialen gerichtet werden, weil sie frühere Gefühlsaspekte mit der Hilfe-/Beratungssituation in Verbindung bringen (z. B. das einer Eltern-Kind-Beziehung folgende kindliche Sich-gehen-Lassen, Trotz und Rebellion, überzogene Forderungen an den Unterstützer, alle Probleme lösen zu sollen);
- *Widerstand*, d. h. in der Regel unbewusste Ausweichmanöver, die eine realistische Sicht auf eine Schwierigkeit verhindern; oder
- angenommener *Zwang bzw. Kontrolle* (Furcht, Angst, Sorge, etwas erfahren oder erleiden zu müssen) oder ausgeübter Zwang bzw. Kontrolle (Kommunikation in Zwangskontexten, z. B. als Probandin in der Bewährungshilfe, angesichts richterlicher Auflagen, deren Beachtung die Bewährungshilfe zu kontrollieren hat).

In jeden Fall ist davon auszugehen, dass der Grad störungs*armer* Kommunikation für das Gelingen von Handeln und Kooperation relevant ist. Dabei geht es um eine Kompetenz des De-Codierens, d. h. die Fähigkeit, den Code „aufzuknacken", dessen sich der Gesprächspartner bedient (durch Kenntnis/Expertise, z. B. in Bezug auf milieutypische Sprachregelungen/Jargons), oder Annahmen zum eigenen Verstehen zu formulieren und diese kommunikativ zu klären, d. h. verbal (nachfragen, bestätigen lassen) oder nonverbal (durch Gestik, Mimik, Körpersprache, z. B. eine fragende Körperhaltung). *Gesprächsführung* als Mittel der Sozialen Arbeit stellt damit den Versuch dar, Kommunikation so zu gestalten, dass die Anlässe erhellt, Sichtweisen ergänzt und Handlungsmöglichkeiten in der Bewältigung des Alltags erschlossen werden können (vgl. ausf. Wendt, P.-U. 2016a: 91-119).

Soziale Arbeit (in ihrer allgemeinsten Definition nach ISFW) stellt sich somit als systemisch erfolgende Kommunikation über Anlässe dar, die soziales Handeln und Austauschbeziehungen zwischen Subjekten und Sozialen zur Folge haben werden.

## 3.4 Anregung zur Weiterarbeit

Fassen Sie die Darstellung dieser Lerneinheit (am besten nach einem Austausch in Ihrer Bezugsgruppe) in einer Kernaussage zusammen! (Eine Kernaussage beschreibt – kurz und knapp – die zentrale „Botschaft", nicht aber Details der Darstellung.)

Beraten Sie in Ihrer Bezugsgruppe bitte, inwieweit die (durch die Psychologie geprägten) Überlegungen im Gastbeitrag von *Alexander N. Wendt* zur Klärung beitragen können, was die Anlässe sind, denen sich Soziale Arbeit zu stellen hat!

In diesem Lehrbuch wird ausschließlich der Begriff „Subjekt" verwendet, um Menschen zu bezeichnen, die Soziale Arbeit im Sinne der IFSW-Definition in Anspruch nehmen. Diskutieren Sie bitte in Ihrer Bezugsgruppe die Abgrenzung zu dem in der Praxis der Sozialen Arbeit landläufig gebrauchten Begriff des „Klienten"! Was spricht für den Subjekt-Begriff, was für die Bezeichnung „Klient"? Macht dies überhaupt einen Unterschied, und sofern: welchen?

## 3.5 Literaturempfehlung

Eine Einführung in die systemische Perspektive der Sozialen Arbeit geben *Wilfried Hosemann und Wolfgang Geiling: Einführung in die Systemische Soziale Arbeit*, München und Basel: Reinhardt, 2013.

# 4 Wie hat sich die Soziale Arbeit in Deutschland entwickelt?

Gegenstand der Lerneinheit: Von der Medizin wissen wir, dass sie sich als Wissenschaft und Beruf über Jahrhunderte entwickelt hat. Auch steht außer Frage, dass die Baukunst oder das Handwerk eine geschichtliche Gewordenheit kennzeichnet. Aber hat Soziale Arbeit eine eigene Geschichte? Seit wann gibt es überhaupt Soziale Arbeit?

## 4.1 Begründung 1: Von „Armut" und Fürsorge

Üblicherweise wird in eher geschichtlich orientierten Darstellungen zur Sozialen Arbeit darauf verwiesen, dass frühe Formen und Gedanken, die auf die Entwicklung einer Sozialen Arbeit als Armenhilfe (bzw. Erziehung) hinausliefen, bereits seit dem Mittelalter nachzuweisen sind, was am Beispiel weniger markanter Punkte nachgezeichnet werden kann (zur Entwicklung der Sozialen Arbeit vgl. die Dokumente in Thole/Galuske/Gängler 1998 und die Beiträge in Hering 2013a).

*Hans Scherpner* hat die Hilfe als „eine Urkategorie des menschlichen Handelns überhaupt" beschrieben und als Begriff bezeichnet, der nicht weiter zurückzuführen ist, außer auf den des gesellschaftlichen Handelns überhaupt" (Scherpner 1962: 122). In diesem Sinne dient Hilfe in zwischenmenschlichen Beziehungen dazu, eine (ver-)änderungswürdige Situation (z. B. einen Mangel) zu verbessern. Ihr geht eine „Bitte" eines Hilfebedürftigen oder eine davon unabhängige Entscheidung einer/eines anderen voraus, Hilfe zu gewähren. Hilfe stelle solche Interaktionsformen dar, „durch die ein oder mehrere Handlungspartner einen oder mehrere andere unterstützen, Ziele zu verwirklichen" (Buchkremer 1996: 281).

Soziale Arbeit ist in ihren Wurzeln zunächst eine Geschichte der Gewährung von Hilfe in der (ver-)änderungsbedürftigen Situation von Armut (und wird deshalb zunächst auch als „Armenpflege" bzw. „Fürsorge" für Erwachsene verstanden), wobei Armut den Mangel an lebenswichtigen Gütern (z. B. Nahrung, Wohnung, Kleidung) meinte. Schon im 13. Jahrhundert wurde die Vorstellung von einer gesellschaftlichen Ordnung formuliert, in der alle zur Arbeit verpflichtet seien, um den Lebensunterhalt durch eigener Hände Arbeit zu sichern, in der aber zugleich das Gemeinwohl vor dem Recht des Ein-

zelnen rangieren sollte. Daher seien die an Besitz reichen Menschen verpflichtet, durch Almosen („milde Gaben") oder Bußsakramente (Gaben als
Ausgleich für eingeräumte Sünden) die Armut zu lindern (vgl. von Aquin
2008, Engelke/Borrmann/Spatschek 2009: 37ff.). Zu Institutionen dieser frühen (Armen-)Hilfe wurden Kirchen, Klöster und mönchische Orden sowie
erste Einrichtungen der Hilfe, z. B. Hospitäler für Kranke und Alte (wie sie
sich seit dem 14. Jahrhundert in vielen Städten entwickelten).

Seit dem ausgehenden Mittelalter setzte sich Zug um Zug immer stärker
die Auffassung durch, dass (erfolgreiches) Arbeiten nicht nur notwendig ist,
um das eigene Überleben zu sichern, sondern dass Arbeit auch den Status
eines Menschen in der Gesellschaft bestimmt: „Jeder ist seines Glückes
Schmied", lautete die Devise. Nicht zu arbeiten und damit auf die Unterstützung anderer angewiesen zu sein, wurde als Ausnahmefall angesehen. Kennzeichnend für diese Sichtweise war, auch fürsorgend (d. h. im Verhältnis zu
anderen *um diese besorgt*) dafür zu sorgen, dass Verhältnisse der Armut (als
unzulässige Faulheit bezeichnet) im materiellen Sinne begrenzt und durch
geeignete Maßnahmen beseitigt wurden. In diesem Verhältnis zu einer
(überwiegend missbilligten) Armut begründet sich eine Wurzel der Sozialen
Arbeit. Das in den Städten aufstrebende Bürgertum sorgte bereits im 16.
Jahrhundert für kommunale Armutsordnungen, die Arme (z. B. in Arbeits-
oder Zuchthäusern) zur Arbeit zwangen und deren bescheidene materielle
Unterstützung streng regelten. Auch die frühe protestantische Ethik formulierte in dieser Zeit ausdrücklich, dass ein (arbeits-)tätiges Leben selbstverständlich sei; die schöpferische Arbeit wurde zur Gottespflicht. Mehr noch:
Betteln galt als Verletzung der Nächstenliebe und der, wie es Luther formulierte, „Müßiggang ist aller Laster Anfang".

Mit der Industrialisierung und Durchsetzung der kapitalistischen
Wirtschaftsordnung (in Deutschland etwa zwischen 1840 und 1880) wan-
delte sich das Verständnis von Arbeit erneut: der Freiheit der (wirtschaftlichen) Märkte müsse die uneingeschränkte Verfügbarkeit von Arbeit entsprechen, d. h. jeder Menschen müsse sich auf dem (Arbeits-)Markt mit
seiner Arbeitskraft anbieten und verkaufen können. Menschen, die arm,
alt, verletzt oder krank und arbeitslos werden konnten, wurden in dieser
radikalen Sicht auf die Gesellschaft, in der nur das Eigentum und der Profit
der über Grund und Boden, Maschinen, Fabriken und Arbeitsplätze ver-
fügenden besitzenden Klasse (sog. „Bourgeoisie") zählten, als notwendige,
unvermeidbare Begleiterscheinung betrachtet, der nur wenig Aufmerksamkeit zugewendet werden müsse. Der Umgang mit Armut wurde zunehmend repressiv ausgestaltet und die Armenfürsorge durch kommunale Institutionen rationalisiert: Arme und Arbeitslose wurden in Armenbezirken
erfasst, ehrenamtliche „Armenpfleger" überwachten ihr Leben (z. B. durch

regelmäßige Hausbesuche), geringe Hilfe (Sachleistungen, wenig Geld) wurde an Gegenleistungen geknüpft (insb. sich eine Arbeit zu suchen), deren Einhaltung kontrolliert und bei Arbeitsverweigerung die Unterstützung gestrichen und die Polizei unterrichtet (vgl. Wendt/WR 1990: 36 ff., Deller/Brake 2014: 86, 248).

Es stellten sich in Bezug auf die Gewährung von Hilfe zwei Fragen: Ließ sich die verarmte und besitzlose Bevölkerung in eine (zu entwickelnde) soziale Ordnung einfügen? Oder bedürfte es einer ganz anderen gesellschaftlichen Ordnung? Die Antworten konnten kaum unterschiedlicher sein:

- Die Katholische Soziallehre, die im 19. Jahrhundert in Deutschland v. a. von *Wilhelm Frh. von Ketteler* und *Adolph Kolping* entwickelt wurde, knüpfte zunächst an der überlieferten Auffassung von der Arbeit als gottgewollter Tätigkeit an. Die Antwort auf die Soziale Frage (und auch die Arbeiterfrage) habe aber darin zu bestehen, das Gemeinwohl und die Vorstellung sozialer Gerechtigkeit zu fördern. Dabei habe auch der Staat – durch seine Gesetzgebung – eine aktiv gestaltende Rolle, auf die die katholische Kirche (auch kritischen) Einfluss zu nehmen habe. Arbeitslosigkeit und Arbeitsunfähigkeit, Armut allgemein, sei durch katholische Einrichtungen anzugehen, die systematisch aufzubauen seien (was 1897 z. B. zur Gründung des Caritas-Verbandes als katholischer Wohlfahrtsorganisation führte). Auch die Evangelische Soziallehre ging von vergleichbaren Grundannahmen aus, und evangelische Institutionen, z. B. das 1848 gegründete Diakonische Werk und die Innere Mission, sollten Armut durch eigene Angebote bekämpfen (vgl. Wichern 2008).
- Zu einer ganz anderen Beantwortung der Frage nach der gesellschaftlichen Integration der breiten Masse der Bevölkerung bzw. einer Überwindung der gegebenen gesellschaftlichen Ordnung gelangte die sozialistische Opposition, die sich ab 1863 bzw. 1875 in Form der Sozialdemokratischen Partei (SPD) etablierte. Arbeit sei gesellschaftliche Notwendigkeit und Pflicht, die bestehende kapitalistische Gesellschaftsordnung aber ungeeignet, für ein lebenswertes Leben der Menschen zu sorgen. Der Gegensatz (Konflikt) zwischen Bourgeoisie und Proletariat (Arbeiterklasse) sei unaufhebbar, Armut und Verarmung sei systemtypisch (d. h. sie sei dem Kapitalismus wesenseigen), ihre Überwindung sei erst *nach* dem Kapitalismus möglich. Bis dahin müssten sich die Institutionen der Selbstorganisation der Arbeiterklasse solidarisch Hilfe leisten; in diesem Zusammenhang entstanden z. B. die Gewerkschaften (die sich auf die Gestaltung der Löhne und der Arbeitsbedingungen konzentrierten), Konsumgenossenschaften (die die Arbeiterschaft mit günstigen Lebensmitteln versorgten), Arbeitersportvereine und Jugendorganisationen

(z. B. die 1904 gegründeten „Falken") und 1919 die Arbeiterwohlfahrt als Wohlfahrtsverband der Arbeiterschaft.

- Reichskanzler *Otto von Bismarck* nahm die Gefahr wahr, die der monarchistischen Ordnung durch die Arbeiterbewegung drohte. Einerseits repressiv (durch das mit den sog. „Sozialistengesetzen" verfügte Verbot der SPD), andererseits kanalisierend versuchte er die gröbsten Auswüchse der kapitalistischen Gesellschaft abzumildern. Dies führte zwischen 1883 und 1889 zur Einführung früher Formen der Kranken-, Unfall- und Invalidenversicherung als Vorläufern der Sozialversicherung, wie wir sie heute kennen.

- Eine andere Antwort auf die soziale Frage gaben Teile des (sozialreformerischen) Bürgertums, das seit der 2. Hälfte des 19. Jahrhunderts v. a. auf örtlicher Ebene lokale Maßnahmen zur Linderung der gröbsten Auswüchse der kapitalistischen Wirtschaftsordnung zu entwickeln begann. Arbeit sei als Lebensinhalt zu begreifen, die Gesellschaftsordnung an sich gut und die politische Ordnung geeignet, die bestehenden Verhältnisse zu gewährleisten, doch müsse das Bürgertum selbst durch „Realismus" und Philanthropie (also praktizierte, den Nächsten liebende Unterstützung) tätig werden. Mildtätige Projekte und lokale Wohlfahrtsorganisationen aus dem Bürgertum heraus sorgten v. a. in den (Industrie-)Städten für erste meist auf ein Problem begrenzte Formen der Hilfe (z. B. für sog. „gefallene Mädchen", d. h. unehelich schwanger gewordene junge Frauen) und Fürsorge (z. B. Wasser- und Milch-Trinkhallen im Umfeld großer Industriebetriebe, um eine Alternative zum Alkoholkonsum der Arbeiter zu schaffen). Außerdem wurden erste Sozialuntersuchungen (sog. Sozialenqueten) zur Lebenswirklichkeit der Bevölkerung durchgeführt und die Herausbildung von Lehreinrichtungen für in der Fürsorge tätige Personen unterstützt.

Begrifflich veränderte sich im Laufe des 20. Jahrhunderts dieses Verständnis von Fürsorge zur Sozialarbeit, die nun das Ziel verfolgte, „eine wechselseitige Anpassung zwischen den einzelnen und ihrer sozialen Umwelt zu fördern", um es Einzelnen, Gruppen und Gemeinschaften zu ermöglichen, ihre Bedürfnisse zu befriedigen und Probleme zu lösen, „die sich aus der Anpassung an eine sich wandelnde Gesellschaft ergeben, und – dank ihrer Gemeinschaftsarbeit – die wirtschaftlichen und sozialen Bedingungen zu verbessern" (Friedländer/Pfaffenberger 1969: XVI).

## 4.2   Begründung 2: Von Erziehung, Jugendfürsorge und Sozialpädagogik

Kindheit und Jugend erscheinen uns heute selbstverständlich als eine eigenständige Phase des Aufwachsens, in der bestimmte Regeln gelten (z. B. das Züchtigungsverbot für Eltern) und Schutzräume selbstverständlich sind (z. B. das Verbot der Kinderarbeit). Tatsächlich aber handelt es sich um eine Konstruktion von Kindheit und Jugend, die sich seit dem 17. Jahrhundert erst durchsetzen musste. Kindheit und Jugend als eigenes und öffentliches Thema existierte bis ins 17. Jahrhundert nicht: Für das Aufwachsen der Kinder waren allein die leiblichen Eltern (u. U. auch die eigene Sippe) verantwortlich. Bis dahin galten Kinder in der Regel als „kleine Erwachsene", die ganz selbstverständlich an der Erwachsenenwelt teilnahmen, wobei besondere Regeln und Schutzräume, abgesehen von wenigen Kindern aus privilegierten Familien des Adels und des Bürgertums, für sie nicht galten. Erst mit *wachsender* Armut wurden auch die Kinder zum „Problem", dabei aber als Kinder armer Familien zunächst nur im Rahmen der Armenfürsorge gesehen. Auch dann fanden für Kinder keine anderen Regeln Anwendung; auch sie wurden, wie Erwachsene, erforderlichenfalls zur Arbeit gezwungen.

Kindheit und Jugend stellen eine „Erfindung" bzw. „Entdeckung" insbesondere des 18. Jahrhunderts dar (vgl. Ariès 1960/2007). Insoweit ist auch die Geschichte der Sozialpädagogik als Arbeit zunächst mit Kindern (bzw. Jugendlichen) – und damit als Sorge um die durch Armut und/oder elterliches Erziehungsversagen bedingte Verwahrlosung junger Menschen (als Jugendfürsorge) – ein in erster Linie neuzeitlicher Ansatz in der Sozialen Arbeit, wie einige Stationen dieser Entwicklung zeigen:

- In scharfer Ablehnung und Kritik am Arbeits- und Zuchthauswesen (das nur zur Verelendung der Kinder führe) entwickelte *August Hermann Francke* ab 1696 in den von ihm gegründeten Stiftungen in Halle/Saale mit Pädagogium (Schule), Großem Waisenhaus, der Druckerei, Buchhandlung und Apotheke ein frühes Konzept einer eigenständigen Erziehung, das sich zunächst an Kinder in Notlagen (Armut, Waisen) wandte, schließlich aber auch (aufgrund des Erfolgs der Arbeit) von Kindern aus den Familien der Stadt Halle genutzt wurde.
- Seit dem späten 17. Jahrhundert kam es im Verständnis der Aufklärung (als Befreiung von der Bevormundung durch Religion und Obrigkeit) auch dazu, darüber nachzudenken, wie die Erziehung der nachwachsenden Generation anders, besser und freier ermöglicht werden könne (vgl. Giesecke 1997: 21–71). *Jean Jacques Rousseau* fragte z. B. Mitte des 18. Jahrhunderts nach den positiven Erziehungseffekten jenseits einer Erzie-

hung, die bis dahin in aller Regel durch Strafe und Zwang bzw. Unterwerfung der Kinder unter den Willen des erzieherisch allmächtigen Vaters gekennzeichnet war. In einer freieren Erziehung, die den Kindern Raum zur Entfaltung eigener Interessen und der eigenen Persönlichkeit lassen sollte, sah er optimistisch die Möglichkeit zur Gestaltung auch einer besseren (natürlicheren) Gesellschaft. *Johann Heinrich Pestalozzi* versuchte sich Anfang des 19. Jahrhunderts in der Schweiz mit der Erziehung elternloser Kinder in „Ersatzfamilien".

- Unter dem Einfluss der Aufklärung und unter Bezugnahme auf führende Aufklärer – z. B. François-Marie Arouet, genannt *Voltaire*, und *Immanuel Kant* – wurde auch das Armen- und Zuchthauswesen für Kinder einer Kritik unterzogen. *Friedrich W. A. Fröbel* legte 1840 z. B. seine Vorschläge für einen „allgemeinen deutschen Kindergarten" vor: Angemessene Beschäftigung und Spiele sollten Kinder allgemein fördern und sie auf Schule und spätere Lebensphasen vorbereiten. Zugleich sah er im Kindergarten selbst eine Ausbildungsstätte für junge Männer und Frauen, um sie für Erziehungsaufgaben vorzubereiten. Geeignetes Spielmaterial sei zu entwickeln und die fachliche Diskussion durch die Herausgabe einer Zeitschrift zu fördern.

- In der sog. *Rettungshausbewegung*, die z. B. mit dem Theologen *Johann Hinrich Wichern* verbunden ist, wurde die Auffassung vertreten, Kinder gelte es aus Familien herauszunehmen, die (aufgrund der Lebensumstände) für eine geordnete und die Verwahrlosung der Kinder vermeidende Erziehung ungeeignet seien. Stattdessen sollte es eine Familienerziehung in einer christlichen Pflegefamilie geben. Das „Rauhe Haus", das Wichern ab 1833 in Hamburg-Horn aufbaute, stellte das „Muster" für diese Erziehung dar (mit der er zugleich einen wichtigen Beitrag zur Institutionalisierung der Sozialen Arbeit leistete). Unter Leitung sog. „Brüder" (theologische Laien) als Erzieher sollten die Kinder schulisch und beruflich ausgebildet werden (z. B. in der Schusterei, Glaserei, Druckerei und Landwirtschaft); die Erziehungsgrundlage bildete dabei (durchaus wörtlich) die Bibel. Spiel und Freizeit wurden zwischen Kindern und Erwachsenen geteilt. Gottesdienst, Familienprinzip (d. h. Erziehung in familienartigen Gruppen unter Leitung eines Bruders), Unterricht (Erziehung zur Arbeit), Berufsausbildung, Gespräche und Feste waren die pädagogischen Elemente (vgl. Engelke/Borrmann/Spatschek 2009: 123ff.).

- *Staatliche Initiativen* hingegen, das Elend von Kindern zu lindern, kamen erst im 19. Jahrhundert in Gang. Obwohl z. B. Kinderarbeit (mit 10-Stunden-Tagen und 7-Tage-Wochen) die Regel waren, wurden staatliche Regelungen zur Kinderarbeit (1839 in Preußen) oder der „Jugendarbeitsschutz" für unter 12-jährige (1862 in Baden) erst spät erlassen. Verordnungen über die Vermittlung verwahrloster und elternloser Kinder in Pflegefamilien (1840 in Preußen), die Einführung einer Zwangserziehung bei Versagen der Erziehungsberechtigten (1886 in Baden) oder die Fürsorgeerziehung für unter 12-Jährige (reichsweit 1871) deuteten erst an, dass die Erziehung zu regeln auch eine staatliche Aufgabe sein müsste.

Im Ergebnis bewirkte die mit diesen und weiteren Überlegungen verbundene Idee einer allgemeinen Volkserziehung, „daß die ganze Breite der heranwachsenden Generation in ihrer gesamten Lebenswirklichkeit ein Gegenstand des pädagogischen Interesses und der pädagogischen Bemühung wurde" (Mollenhauer 1968: 14f.). Dies äußerte sich auch in einer allmählichen (sozialpädagogischen) Theoriebildung. Als Kritik des Individualismus, mit der „Entdeckung" der Gemeinschaft und der Forderung, dass alle Menschen grundsätzlich chancengleich sein müssten, wurden erste Überlegungen zu einer Sozialpädagogik als Theorie und Praxis der Vergesellschaftung durch Erziehung entwickelt.

Zeitgleich führt die Kritik an der kapitalistischen Industriegesellschaft, an der ihr eigenen krankmachenden Lebensweise und den einem gesunden Aufwachsen entgegenstehenden Verhältnissen zur Herausbildung von (auch erzieherischen) Alternativkonzepten, die mit den Begriffen „Lebensreform" (unterschiedliche Vorstellungen von einem anderen Leben jenseits des grauen Molochs und der Monotonie der Fabrik) und „Reformpädagogik" (vielfältige Ideen von einer anderer Erziehung junger Menschen jenseits von Prügelstrafe, Drill und Unterwerfung) verbunden waren. Als eine Folge dieser reformpädagogischen Überlegungen lassen sich vier zentrale Konzepte begreifen, die zwischen 1920 und 1940 entwickelt wurden und für das methodische Handeln in der Sozialen Arbeit heute von herausgehobener Bedeutung sind (vgl. dazu Giesecke 1997: 173–242).

- *Maria Montessori* z. B. nahm wahr, dass Kinder über persönliche *Ressourcen* verfügten, die unentwickelt blieben, wenn nicht ein erzieherischer Raum geschaffen würde, in dem sie sich (ohne weitergehende Ansprüche von außen) entfalten könnten.
- *Herman Nohl* stellte die Eigenart der pädagogischen Beziehung zwischen Erzieher und jungem Menschen (den Nohl den „Zögling" nannte) heraus, die durch das besondere Interesse an der Entwicklung des Zöglings geprägt sei und zu einem gemeinsamen und (vor allem) gegenseitigen Lernprozess führe.
- *Janusz Korczak* hob den besonderen Wert des Einzelnen hervor, dem in der pädagogischen Arbeit durch die Zuschreibung eigener Rechte zu entsprechen sei. Damit entwickelte er zugleich eine frühe Form der auf Kin-

derrechte begründeten Pädagogik, die er auf die Heimerziehung im Dom Sierot (vgl. LE 3.1.4) unmittelbar anwandte.

- *Gertrud Bäumer* beschrieb das Selbstverständnis der Sozialpädagogik als eigenständiger Bildungsinstanz (was später auch als „dritte Sozialisationsinstanz" bezeichnet wurde). Sie sei „nicht ein Prinzip, dem die gesamte Pädagogik sowohl ihre Theorie wie ihre Methoden wie ihre Anstalten und Werke – also vor allem die Schule – unterstellt ist, sondern einen Ausschnitt: alles was Erziehung, nicht aber Schule und Familie ist" (Bäumer 1929: 3). Bäumer eröffnete damit der Sozialpädagogik u. a. das weite Feld der pädagogischen Arbeit in Beruf, Alltagsleben, Freizeit und den Beziehungen unter Freunden.

## 4.3   Erste Schritte: 1900–1933

Im Deutschen Reich wuchs die Bevölkerung von rd. 41 Mio: (1871), rd. 56 Mio. (1900) auf rd. 64,5 Mio. Menschen (1910). Der Prozess der Flucht der Menschen vom Land in die Stadt (wo es Arbeit geben sollte) verlangsamte sich, doch blieben die Wohnquartiere der Arbeiter/innen in den Städten überfüllt und waren, wie die ersten Sozialenqueten bereits überdeutlich zeigten, durch katastrophale Lebensbedingungen (Mangelerscheinungen, schlechten Gesundheitsstatus, hohe Kindersterblichkeit u. ä.) gekennzeichnet. Damit rückten die schlechten hygienischen Bedingungen und die unzureichende medizinische Versorgung in den Blick, unter denen v. a. Kinder zu leiden hatten, und auch die Arbeitsbedingungen der Eltern wurden Gegenstand öffentlicher Betrachtung. Sozialreformerisch orientierte Frauen begannen, diese Probleme aufzugreifen, um vor Ort erste Formen zur Bekämpfung der unzureichenden Lebensbedingungen zu entwickeln.

Ein weiterer Prozess unterstützte diese Entwicklungen: Unter der Bezeichnung „Reformpädagogik" bündelten sich seit dem späten 19. Jahrhundert Aktivitäten der Neugestaltung der Erziehung mit Überlegungen zur Lebensreform, worunter Bemühungen verstanden wurden, an der Herausbildung eines *Neuen Menschen* zu arbeiten (vgl. Tenorth/Tippelt 2007: 451, 599). Dazu zählten z. B. Überlegungen und Praxis der Freikörperkultur, Abstinenzler, Frischluft-, Vegetarier- und Veganer-Bewegung; es ging um eine neue Form des gesunden Lebens und darum, harmonisch und im Einklang als Menschen miteinander und mit der Natur umzugehen. Reformpädagogische Gedanken wandten sich gegen die Ausbeutung, Krankheit, Gewalt und Krieg hervorbringende Industriegesellschaft, Konkurrenz und Zwang, auch und gerade in Familie und Erziehung. Für die Soziale Arbeit relevante Aspekte sind z. B.

- die Herausbildung *sozialer Bewegungen*, d. h. neben der Arbeiterbewegung insbesondere die Frauenbewegung (z. B. Frauenwahlrecht, Mädchen- und Frauenbildung) und die Jugendbewegung in Gestalt u. a. der Naturfreunde, des „Wandervogels", der Studentenbünde und der Pfadfinder (z. B. „eigene Bestimmung" und „eigene Verantwortung", Naturerleben, geschlechtsgemischte Gruppen; „die Jugend" im Widerspruch zur Generation v. a. der Großväter);

- die *Erziehung zur Selbsttätigkeit* (wie sie u. a. die Arbeitsschulbewegung formulierte), verbunden mit der Einsicht, Erlebnis statt Belehrung zu praktizieren (wie sich z. B. in der Kunsterziehungsbewegung und der Erlebnispädagogik zeigte); und

- die *Befähigung zur Autonomie*, zu einem Leben ohne Unterwerfung z. B. unter erzieherische Gewalt oder unter unhinterfragbare gesellschaftliche Autoritäten (LE 6.1)[5].

Diese Überlegungen und das u. a. durch die Sozialenqueten gewonnene Wissen reicherten die Fürsorgepraxis und die Erziehungsarbeit um 1900 Schritt um Schritt an. Damit wuchs zugleich der Bedarf an Menschen, die mit dem wachsenden Wissen um die Aufgabenstellungen in Fürsorge und Erziehung qualifiziert und vor allem berufstätig umgehen sollten:

- Vorformen einer solchen *Professionalisierung* der Tätigkeit in Sozialarbeit und Sozialpädagogik fanden sich bereits bei Wichern, der 1834 die „Gehilfenanstalt" und 1847 die „Brüderanstalt" einrichtete, um die Erzieher für ihre Arbeit im „Rauhen Haus" zu qualifizieren. Dabei hatte er zwar keine berufliche Tätigkeit im Blick, auch wenn er das Haus bereits früh als fürsorglich-erzieherisches Dauerunternehmen entwickelte und damit der Institutionalisierung der Sozialen Arbeit einen wichtigen Impuls gab. Institutionalisierung bezeichnet im Bildungswesen die „Prozesse der (rechtlichen) Normierung, organisatorischen Absicherung und gesellschaftlichen Verstetigung von Erziehung und Bildung, Lehren und Lernen durch, aber auch außerhalb vom Schulen, z. B. in der Jugendhilfe oder in der vorschulischen Erziehung" (Tenorth/Tippelt 2007: 341).

- Vor allem *Alice Salomon* forcierte um 1900 die Professionalisierung der

---

5　Ansätze der Reformpädagogik finden sich heute in vielen pädagogischen Konzepten, z. B. der Projekt- und Gruppenarbeit, der Aufhebung strenger schulischer Zeitvorgaben (Enttaktung), dem Helfersystem (heute z. B. „Schüler helfen Schüler") und der Selbsteinschätzung (wie sie sich in Leistungsbeurteilungen an Hochschulen, z. B. in Selbstreflexionen zu erbrachten Leistungen, zeigen).

Fürsorgearbeit (vgl. Salomon 1913). Sie vertrat die Auffassung, dass diese Arbeit zwar den ganzen Menschen (v. a. die engagierte, durch ihre Mütterlichkeit ausgezeichnete Frau) verlange, diese aber durch eine systematische Ausbildung zu qualifizieren sei (vgl. Salomon 1901: 5f., Wendt/WR 1990: 161ff., Ehlert 2010, Hering 2013b). Es gehe darum, die „theoretisch-wissenschaftliche Ausbildung mit einer praktischen Lehre (zu) verbinden", „Theorie und Praxis müssten eng miteinander verflochten" werden (Salomon 1927: 10). In diesem Sinne eröffnete sie 1908 in Berlin mit der „Sozialen Frauenschule" eine der ersten Ausbildungsstätten, in der eine planvolle Berufsausbildung auf Fachschulniveau erfolgte und die als Vorbild für eine Reihe ähnlicher Einrichtungen diente: Sozialwissenschaftlich bestimmte Lehrpläne, der Austausch mit der helfenden Praxis und fachliche Prüfungen sollten nun die Ausbildung auszeichnen (vgl. Sachße 2003: 94–111).

Für Salomon sind Menschen nicht wesentlich durch ihre Autonomie, sondern durch ihre Abhängigkeit voneinander gekennzeichnet. Zentrale Idee ist soziale Gerechtigkeit: dass Menschen arm und reich sind, sei weder ein Naturgesetz noch die normale Konsequenz wirtschaftlichen Austausches oder biologischer Unterschiede. Glück, Harmonie und Frieden können durch schöpferische Arbeit erreicht werden. Im Umgang mit Armut müsse es um gelernte „soziale Hilfe", um „Volkspflege" (1911) gehen (vgl. insg. Engelke/Borrmann/Spatschek 2009: 234ff.). Darin sieht sie v. a. die Aufgabe der (alleinstehenden) Frau; ihr erwachse „der größte Segen, der ihr zuteilwerden kann, aus einer Arbeit, bei der sie ihre persönlichen Kräfte entwickeln, ihre Liebesfähigkeit zur Entfaltung bringen und zu dem Gefühl gelangen kann, anderen etwas zu sein und zu bedeuten, in ihrem Wirkungskreis unentbehrlich zu werden" (Salomon 1908).

Salomon war sehr beeindruckt von den Entwicklungen der stark am Gemeinwesen orientierten und durch Frauen gekennzeichneten frühen Sozialarbeit in den USA, wie sie v. a. von Jane Addams entwickelt wurde (vgl. Addams 1913, Engelke/Borrmann/Spatschek 2009: 187ff.). Sie bezog sich dabei auch auf *Mary Richmond*, die in ihrem Buch „Social Diagnosis" ein neues Verständnis gegenüber Armut und Hilfebedürftigkeit formulierte: Armut sei nicht im Charakter begründet (also schuldhaft), sondern sie machte die Umstände für Armut mitverantwortlich (vgl. Richmond 1917, 1925). Salomon schloss an diese Überlegungen unmittelbar an.

In ihrem „Leitfaden der Wohlfahrtspflege" (1928) legte sie einen umfassenden Theorieentwurf für die Wohlfahrtspflege vor: Die „Wissenschaft von der Wohlfahrtspflege" erkläre die Entstehung von Not und Elend und die Notwendigkeit von „Wohlfahrt" und „Wohlfahrtspflege". Ziele, Aufgaben und „Systematik" der Wohlfahrtspflege bildeten sich in der *Wohnungs-fürsorge* (z. B. Mieterschutz), *Gesundheitsfürsorge* (z. B. Mutterschutz), *Jugendwohlfahrt* (z. B. Jugendpflege), *Arbeitsfürsorge* (z. B. Arbeitsvermittlung), *Wirtschaftsfürsorge* (z. B. Fürsorgerecht) und das freie Volksbildungswesen (z. B. Volkshochschule) ab, dem für jede Aufgabenstellung ein eigenes methodisches Herangehen folge. Ziel der Wohlfahrtspflege sei es, Menschen bei der Rückgewinnung ihrer eigenständigen Lebensbewältigung zu helfen. Wohlfahrtspflege sei ein Beruf, aber gelebt als „Berufung" und „Vorbild", dessen Ausbildung durch eine enge Koppelung von Theorie und Praxis erfolgen müsse (Salomon 1927).

Auch an anderer Stelle setzten sich die Bemühungen um einer *Institutionalisierung* der Fürsorge- und Erziehungsarbeit fort:

- Wichern hatte mit dem „Rauhen Haus" eine erste Form der Heimerziehung geschaffen. Seine Erfahrungen auch dort veranlassten ihn 1848, mit dem *Diakonischen Werk* (bzw. der Inneren Mission) den ersten Wohlfahrtsverband zu gründen, in dem gemeinsame Erfahrungen in der Fürsorge und Erziehungsarbeit geteilt und organisatorische Strukturen für die Ausbildung in der Fürsorge- und Erziehungsarbeit geschaffen wurden. Auf katholischer Seite folgte 1897 der *Caritas-Verband* und nacheinander die *Zentralwohlfahrtsstelle der deutschen Juden* (1917), die *Arbeiterwohlfahrt* (1919), das *Deutsche Rote Kreuz* (1864 international, 1921 national) und der *Deutsche Paritätische Wohlfahrtsverband* (1924, ab 1932 auch so bezeichnet).

- Auf staatlicher Seite schloss sich (nach der vereinzelten Gründung von Ämtern in Städten wie Berlin und Hamburg und einzelnen Landkreisen, die sich vor allem mit Fragen der Armutsverwaltung befassten) bald die gesetzliche Begründung staatlicher Fürsorge- und Erziehungseinrichtungen an. Die Institutionalisierung wurde v. a. durch Ämter und Behörden, programmatische Ansätze (z. B. die Schulkinderpflege in Berlin-Charlottenburg um 1910) und durch entsprechende Gesetze – z. B. das Reichsjugendwohlfahrtsgesetz (1922), das Reichsjugendgerichtsgesetz (1923) oder die Reichsfürsorgepflichtverordnung (1924) – unterstützt (vgl. insg. Müller, C. W. 2013a: 84–99). Die dadurch geschaffenen neuen (wohlfahrtsstaatlichen) Organisationseinheiten (z. B. Jugendamt und Gesundheitsamt) „führten dazu, dass sich schrittweise ein differenziertes kommunales Sozialverwaltungssystem entwickelte, wodurch sich die Soziale Arbeit auch zunehmend professionalisieren konnte" (Dahme/Schütter/ Wohlfahrt 2008: 24).

Es entwickelten sich nicht nur die Bezeichnungen weiter, sondern auch die Konzeptionen verdichteten sich, sodass Fürsorge nun auch begrifflich zur

(v. a. an Fachschulen gelehrten) Sozialarbeit und die Erziehungsarbeit zur (insb. an Universitäten vermittelten) Sozialpädagogik wurden.

## 4.4   Missbrauch: 1933–1945

Zwischen 1933 und 1945 degenerierte die Soziale Arbeit im nationalsozialistischen Staat zum Instrument der Disziplinierung und Unterdrückung aller Lebensweisen und -formen, die als abweichend von dem angeblich „gesunden deutschen Volkstum" bezeichnet wurden (vgl. Otto/Sünker 1989b, Kuhlmann 2010).

Hitler hatte in seiner Schrift „Mein Kampf" (1925/1939: 385) behauptet, dass „die Sorge um die Erhaltung derjenigen rassischen Urelemente, die, als kulturspendend, die Schönheit und Würde eines höheren Menschtums schaffen", der „höchste Zweck des völkischen Staates" zu sein habe. Mit den Worten Hitlers sei die germanische Rasse überlegen und zur Herrschaft bestimmt; es gehe um ein neues „Menschtum" und die Beseitigung („Ausmerzung") dessen, das diesem im Wege steht, es behindert oder ausnutzt. Die dem Führer treu ergebene Gefolgschaft habe eine „rassebewußte Nation mit geschlossener Macht, mit einheitlicher politischer Haltung und Willensrichtung" zu sein. Geschichte, Rassenlehre und Gefolgschaftsanspruch wiesen der Erziehung die Aufgabe zu, den „deutschen Menschen herauszumodellieren": es gehe um Züchtung, Formung, Anpassung und Unterordnung (vgl. ebd.). Dabei verfolgte die Nazi-„Fürsorge" im Kern drei Ziele:

1. die Verringerung bzw. Einschränkung der staatlichen (geldlichen) Fürsorge durch Orientierung an der Wirtschaftlichkeit der Fürsorge und den Verzicht auf Unterstützung „sozial Untüchtiger";
2. die Förderung der „gesunden" „Volksgemeinschaft" bei Verzicht auf die „Befürsorgung minderwertiger Menschen": „Zigeuner, Kriminelle, Obdachlose, Arbeitsscheue, Erbkranke, Anstaltsinsassen aller Art usw." sollen (sofern überhaupt) durch kirchliche Einrichtungen unterstützt werden;
3. die Förderung (und Auslese) nur des „gesunden Erbgutes", der „erbgesunden und arischen" Familie: „kranker Erbstrom" sei „ab(zu)drosseln", was in den industrieller Massenmord alles „unwerten" Lebens im System Auschwitz endete (zur Fürsorge im Nationalsozialismus insg. vgl. die Beiträge in Otto/Sünker 1989a, Althaus 2008).

In diesem Sinne wurde z. B. formuliert, dass das Fürsorgerecht „Erbgesundheit, Kinderreichtum, Erhaltung der Arbeitskraft als gleichberechtigte Gesichtspunkte für die Aufnahme in die gehobene Fürsorge neben Anerkennung früherer Leistungen (Kriegsopfer, Opfer der Bewegung, Rentner) stelle, bei allen Schädlingen der Volksgemeinschaft aber [...] auf das Unerläßliche beschränken" werde (zit. n. Schrapper 1993: 156).

Die gesamte deutsche Jugend sei „körperlich, geistig und sittlich im Geiste des Nationalsozialismus zum Dienst am Volk und zur Volksgemeinschaft zu erziehen". Den „Erziehungsweg" auszusuchen, zu eröffnen und zu überwachen sei „Aufgabe der öffentlichen Jugendhilfe" (1944). Im Sinne der Nazi-Ideologie „auffällige" Jugendliche (die sich diesem Erziehungsweg verweigerten, indem sie z. B. die im Nazi-Reich verbotene Jazz-Musik hörten) wurden in „Untaugliche" und „Dauerversager" (die als Volljährige in Heilanstalten oder Konzentrationslager eingewiesen wurden) oder „Gelegenheitsversager", „fraglich Erziehungsfähige" und „Erziehungsfähige" (die in Reichsarbeitsdienst bzw. Wehrmacht entlassen wurden) eingeteilt. Muthesius sprach sich für die Unterbringung von „kriminellen oder asozialen" Jugendlichen im „Jugendschutzlager" (Jugend-KZ) aus: Zweck der Unterbringung dort sei ein „rechtzeitiger Schutz der Gemeinschaft vor Asozialen und Kriminellen" (1940); „zum Schutz der deutschen Jugend" sei „die Aufnahme des polnischen Minderjährigen in das Polen-Jugendverwahrlager notwendig" (1942). Deutsche Fürsorgezöglinge über 16 Jahre sollten regelmäßig darauf überprüft werden, ob ein Antrag auf Unterbringung im Jugendschutzlager zu stellen sei (1943; vgl. dazu weiter Schrapper 1993).

Diese Jugendlichen wurden „als Arbeitssklaven eingesperrt, abgerichtet und ausgebeutet; sie sind nicht nur durch Hunger und Prügel, sondern auch durch Arbeit ermordet worden" (Engelke/Borrmann/Spatschek 2009: 307f.). Allein in dem relativ „kleinen" Jugend-KZ Moringen (im heutigen Niedersachsen) sind z. B. mind. 89 Jugendliche so ermordet worden.

Zwang, Kontrolle, Gewalt und Auslese (Selektion) zeigten sich z. B. in der Tötungsanstalt Bernburg (heute Sachsen-Anhalt), einer zwischen November 1940 und Juli 1943 in einem abgetrennten Teil der *Landes-Heil- und Pflegeanstalt* betriebenen Einrichtung des sog. T4-Programms (vgl. Klee 2010), das auch als „Euthanasieprogramm" getarnt wurde. In Bernburg wurden 9.384 Kranke und Behinderte aus 33 Fürsorge- und Pflegeeinrichtungen sowie rund 5.000 KZ-Häftlinge durch den Einsatz von Kohlenstoffmonoxid ermordet (vgl. dazu auch die Beiträge in Fuchs u. a. 2007 sowie Aly 2013).

## 4.5 Aufbruch nach 1945

Nach der Befreiung Deutschlands vom Nationalsozialismus 1945 nahmen die Ansätze Sozialer Arbeit in West- und Ostdeutschland, in der BRD und in der DDR, unterschiedliche Entwicklungswege, sie wiesen aber auch interessante Parallelen auf:

- In Westdeutschland setzte sich in den 1950er Jahren die Konsumgesellschaft mit einer Ideologie der „Stunde Null" durch, die eine Aufarbeitung des Nationalsozialismus' (und die Verantwortung der Deutschen insgesamt) erfolgreich verhinderte. Die Rede war von der „formierten Gesellschaft", in der die kapitalistische Eigentumsordnung gesichert, die Herrschaftsverhältnisse in „unten" und „oben" bestimmt und die alten, schon im Nationalsozialismus tonangebenden Eliten wieder an der Macht seien. Das politische Klima wurde als restaurativ und reaktionär bezeichnet, gesellschaftliche Veränderungen sollte es nicht geben. Die Phase der Rekonstruktion bzw. Reorganisation der Sozialen Arbeit im Westen kennzeichnete z. B. die Verabschiedung des Jugendwohlfahrtsgesetzes (JWG, 1961) und des Bundessozialhilfegesetzes (BSHG, 1962). Beide Kerngesetze der westdeutschen Sozialen Arbeit zeichnete in der jeweils verabschiedeten Ursprungsfassung ein hohes Maß an rechtlich abgesicherten Befugnissen bei (erzieherischer) „Auffälligkeit" (z. B. als „verwahrlost" bezeichnetes Verhalten Jugendlicher) und „Randständigkeit" (z. B. bei Armut) aus, das den Erwartungen der formierten Gesellschaft nach „Ruhe und Ordnung" die notwendigen Zwangsmittel an die Hand gab.
- In Ostdeutschland wurde dagegen der Versuch der Etablierung einer antifaschistischen, sozialistischen Gesellschaftsordnung unternommen, die sich „dem Westen" als überlegen erweisen sollte. Die Neuorganisation von Ansätzen der Sozialen Arbeit in Ostdeutschland, z. B. durch das Konzept der Volksbildung und die Versorgung (Disziplinierung) von Randständigkeit, begann damit auch ein Mittel der Einhegung solcher alternativen Wertvorstellungen und Lebensentwürfe zu werden. Unangepasste Jugendliche wurden z. B. in Jugendwerkhöfe (z. B. in Torgau) eingeliefert, deren erzieherische Praxis sich von den geschlossenen Heimen in Westdeutschland offenbar nur wenig unterschieden (vgl. Rottenrott 2013).

Sozialarbeit bzw. Sozialpädagogik in Westdeutschland (und in der DDR unter anderen Begrifflichkeiten, insb. als Jugendhilfe) entwickelten sich bis in die 1970er Jahre zu ausgeprägt defizit-orientierten Integrationsagenturen, die die gesellschaftlichen Normvorstellungen v. a. in der sog. „Heimerziehung" (siehe Kasten, S. 81) umsetzten und dabei auch Zwangsmittel anwendeten.

**Gisela**

„Zum Verhängnis wurde Gisela Nurthen ein Tanzabend mit amerikanischer Musik im Februar 1961, zu dem das Jugendheim in Lemgo eingeladen hatte. Die Mutter hatte ihr verboten, dort hinzugehen. Irgendwie entwischte die Tochter ihr doch. Stundenlang tanzte die 15-Jährige an diesem Abend zu ‚ihrer' Musik. Plötzlich war es schon zehn, sehr spät für damalige Verhältnisse. Das Mädchen fürchtete sich, nach Hause zu gehen. Sie und der Junge, mit dem sie den Abend über getanzt hatte, beschlossen, lieber nach Hannover zu fahren, in die nächstgelegene Großstadt. Was sie da wollten, wussten beide nicht so genau. Sie liefen in der Nähe des Hauptbahnhofes durch die Straßen, tranken noch irgendwo etwas, langsam wurde es hell. Als sie zurücktrampen wollten, hielt nach ein paar Minuten ein Streifenwagen der Polizei neben ihnen. 24 Stunden später folgte ein Richter, der sich Gisela nicht einmal ansah, dem Vorschlag ihres Vormunds beim Jugendamt und schickte sie in das geschlossene Vincenzheim in Dortmund – ‚weil sonst weitere Verwahrlosung droht'" (Wensierksi 2006).

Prügel, Zwang und Missbrauch gehörten dort zum Alltag der 800.000 zwischen 1945 und 1975 in den geschlossenen Heimen lebenden Kinder und Jugendlichen (vgl. Grumbach 2010). Etwa die Hälfte war zwei bis vier Jahre lang in solchen Heimen, andere verbrachten dort ihre ganze Kindheit und Jugend (vgl. Wensierksi 2006). Die Kritik an dieser Erziehungspraxis (sog. „Heimkampagne") und die (zeitgleich erfolgende) Entwicklung einer Selbstorganisationsbewegung (die die reformpädagogischen Muster der Autonomieförderung aufgriff, in ein antiautoritäres Gesellschaftskonzept integrierte und sich z. B. in selbstverwalteten Jugendzentren äußerte) stellten in Westdeutschland schließlich die bis dahin etablierte Soziale Arbeit insgesamt in Frage:

- Die schon vor 1933 entwickelte Einzelfallhilfe (später: Einzelfallarbeit) war auch nach dem 2. Weltkrieg in Westdeutschland bestimmend geblieben und wurde in den 1950er Jahren durch Formen der Gruppenarbeit ergänzt, die in der Nachkriegszeit zunächst der Erziehung der Jugend für eine demokratische Gesellschaft dienen sollte, dann aber auf bestimmte Zielgruppen (z. B. drogenabhängige Menschen) erweitert wurde (vgl. Wendt, P.-U. 2016a: 232ff., 303ff.).
- Die (v. a. studentische) Kritik an den Lebensverhältnissen der 1960er Jahre, den restriktiven nach-nazistischen Rollenzuweisungen (zwischen Männern und Frauen, zwischen erwachsener und nachwachsender Generation), den durch Gewalt geprägten Erziehungsmodalitäten (z. B. der als angemessen betrachteten Züchtigung von Kindern) und die in den Medien vermittelten Vorgaben zur alltäglichen Lebensführung der

1950er Jahre (z. B. eine auf die Ehe beschränkte Sexualität) betrachtete auch die Einzelfallhilfe und die Gruppenarbeit als ein Instrument, diese überholten Lebensverhältnisse (mit den Mitteln des JWG und des BSHG) aufrechtzuerhalten. Damit gerieten auch Sozialarbeit und Sozialpädagogik in den Fokus der Kritik, da ihnen eine nicht unwesentliche Bedeutung an der Aufrechterhaltung dieser gesellschaftlichen Verhältnisse zugewiesen wurde.

- Zu dieser Kritik trugen auch sozialwissenschaftliche Untersuchungen zum Nationalsozialismus und der Verantwortung der Tätergeneration bei, die von Student*innen wiederentdeckt wurden (z. B. Reich 1933/ 1971, Fromm 1941/1993, 1957, Adorno u. a. 1973, Mitscherlich/ Mitscherlich 1967). Sozialpsychologische Experimente (z. B. Asch 1955, 1956, Milgram 1963) verdeutlichten, wie schnell Menschen zu verantwortungslosen Befehlsempfängern und Tätern werden konnten, die Jugend-KZ's und Tötungsanstalten betrieben und den industriellen Massenmord im „System Auschwitz" bedenkenlos ermöglichten. Schließlich trug auch die Berichterstattung über den Prozess gegen Eichmann, einem der Hauptorganisatoren des industriellen Massenmords, dazu bei, kritisch auf die „Schuldlosigkeit" der Vätergeration, also auf das Wegdrängen jeder persönlichen Verantwortung, zu schauen (vgl. Arendt 1986). Stattdessen bedürfe es einer bemündigenden (gesellschaftskritischen) „Erziehung nach Auschwitz" (Adorno 1966/1991).

Dies, der politische Reformismus (Bundeskanzler Willy Brandt forderte 1969: „Mehr Demokratie wagen!") und die allmähliche Orientierung auf die soziale Ökologie (d. h. den Alltag und die Lebenswelt von Menschen) führten dazu, dass in den 1960erJahren auch Formen der *Gemeinwesenarbeit* aus den USA importiert wurden (vgl. Wendt, P.-U. 2016a: 296ff.). Die Kritik an Einzelfallhilfe und Gruppenarbeit hinterließ zunächst eine Art Vakuum, das nicht durch eigenständige, in der Sozialen Arbeit selbst entwickelte neue methodische Zugänge gefüllt werden konnte. Therapieorientierte Ansätze als Entlehnungen aus der Psychologie konnten sich damit in Sozialarbeit und Sozialpädagogik durchsetzen. Sie wirkten zudem statusstiftend, weil sie die Stellung in der Sozialen Arbeit tätiger Fachkräfte als „neuen" Expert/inn/en begründeten, die sich im Umgang mit den therapieorientierten Verfahren und Werkzeugen versiert erwiesen. Die Rede war durchaus von einer „Psychologisierung" bzw. „Psychotherapisierung" der Sozialen Arbeit. In der Regel unausgesprochen und undiskutiert etablierte sich damit eine verfahrensgläubige Soziale Arbeit, die durchaus Übereinstimmung mit dem zuvor noch als „Technologie" kritisierten Verfahren der Einzelfallhilfe aufwies.

Zeitgleich setzte die Akademisierung auch der Sozialen Arbeit ein. 1969 wurde die Rahmenordnung für einen Diplom-Pädagogik-Studiengang eingeführt. Einer von fünf in der Rahmenordnung vorgesehenen Studienschwerpunkten (bzw. eine Studienrichtung) war die Sozialpädagogik/Sozialarbeit, die damit erstmalig in einem universitären und berufsqualifizierenden Studiengang repräsentiert war. 1971 wurden die Höheren Fachschulen in Fachhochschulen umgewandelt, an denen Sozialarbeit gelehrt wurde (vgl. Deller/Brake 2014: 118). Damit erfolgte eine „doppelte Institutionalisierung" (Merten 2013: 764) von Sozialarbeit und Sozialpädagogik an Universitäten und Fachhochschulen (vgl. dazu z. B. Amthor 2016, Kruse 2013) bei gleichzeitiger Verberuflichung (dem „Nachweis einer anerkannten Qualifikation") und Verfachlichung (dem „Nachweis einer einschlägigen Qualifikation"), der *Akademisierung* (durch Studium) und der *Professionalisierung* (vgl. Merten 2008: 669): Als professionalisiert konnte sie nun bezeichnet werden, „soweit sie von ausgebildeten, examinierten und bezahlten SozialarbeiterInnen oder ErzieherInnen ausgeübt" wurde (Müller/BK 2012: 223).

Allerdings blieben in den 1970er Jahren die Versuche, Sozialarbeit und Sozialpädagogik unter dem Etikett des Sozialwesens zu integrieren, ebenso folgenlos, wie erste Versuche, sie als Soziale Arbeit in den 1980er Jahren als Sozialarbeitswissenschaft zu etablieren. Erst der Einfluss der Menschenrechtsdebatte, der der Sozialen Arbeit die Aufgabe zuwies, aktiv zur Verwirklichung der Menschenrechte beizutragen, gab seit den 1990er Jahren weiteren Anregungen, Soziale Arbeit als Sozialarbeitswissenschaft zu profilieren.

## 4.6    Anregungen zur Weiterarbeit

Fassen Sie die Darstellung dieser Lerneinheit (am besten nach einem Austausch in Ihrer Bezugsgruppe) wieder in einer Kernaussage zusammen! (Ihre Kernaussagen werden gegen Ende dieses Lehrbuches noch eine Rolle spielen!)

Die Entwicklung der Sozialen Arbeit lässt sich v. a. vor Ort gut nachvollziehen – Geschichte wird damit lebendig: Recherchieren Sie doch bitte einmal, welche ersten Ansätze einer Sozialen Arbeit in Einrichtungen und Diensten sich in Ihrer Heimatstadt oder in Ihrem Heimatkreis finden lassen! Wann haben z. B. die Wohlfahrtsverbände vor Ort begonnen, ihre Dienste anzubieten, wann wurde ein Jugendamt eingerichtet? Wie hat sich die Soziale Arbeit dort entwickelt?

## 4.7 Literaturempfehlung

Geschichtliche Aspekte der Sozialen Arbeit werden in mehreren Monografien umfassend dargestellt:

- *Sabine Hering und Richard Münchmeier: Geschichte der Sozialen Arbeit. Eine Einführung*, 5. Aufl. Weinheim und München: Beltz Juventa, 2014,
- *Ralph-Christian Amthor: Einführung in die Berufsgeschichte der Sozialen Arbeit*, 2. Aufl. Weinheim und Basel: Beltz Juventa, 2016,
- *C. Wolfgang Müller: Wie Helfen zum Beruf wurde. Eine Methodengeschichte der Sozialen Arbeit*, 6. Aufl. Weinheim und Basel: Beltz Juventa, 2013, und
- *Peter Hammerschmidt, Sascha Weber und Bernd Seidenstücker: Soziale Arbeit – die Geschichte*, Opladen und Toronto: Berlag Barbara Budrich, 2017.

Eine durch Zeichnungen vergegenständlichte Darstellung liegt schließlich in Form von *Carsten Müller und Ansgar Lorenz: Geschichte der Sozialen Arbeit. Eine illustrierte Einführung*, Paderborn: Verlag Wilhelm Funk, 2017, vor.

# II  Verhältnisse

# 5    Unter welchen Umständen wird heute Soziale Arbeit geleistet?

Gegenstand der Lerneinheit: Nach der IFSW-Definition ist *die Förderung des sozialen Wandels, der sozialen Entwicklung und des sozialen Zusammenhalts* das Ziel Sozialer Arbeit. Damit werden direkt die Verhältnisse angesprochen, unter denen dieses Ziel erreicht werden kann. Zu fragen ist also danach, unter welchen gesellschaftlichen Bedingungen heute Soziale Arbeit zu leisten ist bzw. in welcher *Gesellschaft Soziale Arbeit geleistet werden muss.* Zu analysieren ist also, wie diese – als neoliberal bezeichnete – Gesellschaft im Prozess der Globalisierung ausgestaltet ist (Globalisierung meint einerseits den Vorrang der Vereinfachung [„Liberalisierung"] und wachsenden Vernetzung des internationalen Handels und des wirtschaftlichen Wettbewerbs sowie die Abhängigkeit von globalen Herausforderungen [z. B. Klimawandel] und andererseits die Vereinheitlichung der Lebensrisiken weltweit [z. B. durch die Absenkung sozialer Sicherungen und Standards aufgrund der Liberalisierung des internationalen Handels]).

## 5.1    Analyse der Gesellschaft

(Empirische) Beschreibungen v. a. der Soziologie und darauf aufbauende Erklärungsmodelle (vgl. insg. Geißler 2006: 93–120) verdeutlichen die zentralen Faktoren, wie sich das System Gesellschaft entwickelt (sog. *Gesellschaftstheorien*). Sie liefern damit Erläuterungen in Bezug auf die gesellschaftlichen Veränderungsprozesse (Sozialer Wandel) und die Stellung (Status) des Subjekts in der Gesellschaft (und den Anforderungen der Gesellschaft an das Subjekt) und damit Anhaltspunkte für Strategien der Sozialen Arbeit, wie mit Problemstellungen, Entwicklungs- und Unterstützungsbedarf in der real gegebenen Gesellschaft umzugehen ist. Gesellschaftstheorien prägen die Handlungsmodelle und Methoden der Sozialen Arbeit maßgeblich mit. Im Kern sind sechs Gesellschaftstheorien für die Soziale Arbeit von Bedeutung:

- *Klassentheoretische Konzepte* beschreiben den Status des Subjekts über dessen Zugang zu und die Verfügbarkeit über Produktionsmittel (d. h. Kapital, Grund und Boden, Maschinen). Durch die Ungleichverteilung dieser Mittel zwischen der Klasse der Besitzenden (Bourgeoise) und der

Klasse der werktätigen besitzlosen Bevölkerung (Proletariat) ergeben sich gesellschaftliche *Konflikte* in Form der alltäglichen Auseinandersetzung (z. B. um Lohn und Arbeitsbedingungen) zwischen beiden Klassen (vgl. Schroer 2001), in die jedes Subjekt spezifisch (d. h. auf der einen oder anderen Seite) einbezogen ist. Die Lebenssituation bestimmt sich aus dieser unabweisbaren Einbindung in den gesellschaftlichen Grundkonflikt.

- Sogenannte *Schichtenmodelle* erklären den gesellschaftlichen Status v. a. über die Höhe des Einkommens und des Vermögens eines Subjekts sowie über ergänzende Faktoren (z. B. die berufliche Stellung, die Art der Ausbildung), was z. B. zu einer Formierung der Gesellschaft durch Einordnung des Subjekts in feste/stabile Schichten führt (vgl. Peuckert 2010, Hradil 2001: 353–376). Diese Annahme, Gesellschaften seien stufenförmig (bzw. hierarchisch) aufgebaut, geht davon aus, dass sich in den sozialen Schichten jeweils viele (gleichartige) Subjekte befinden und sich diese Schichten eindeutig nach bestimmten sozialen Merkmalen (z. B. Beruf, Bildung, Lebensstandard, Religion) einteilen lassen.

  Schon in den 1950er Jahren wurde auf der Grundlage empirischer Untersuchungen zur (west-)deutschen Gesellschaft die These aufgestellt, dass sich die Soziale Schichtung in der Bundesrepublik durch eine steigende Mobilität stark verändere. Das führe dazu, dass es keine typische Klassengesellschaft mehr, sondern nur noch eine Art „Nivellierte Mittelschichtsgesellschaft" gäbe, denn deren Hauptteil sei als „Mittelschicht" zu bezeichnen (vgl. Schelsky 1965: 331–336).

  Kritisch ist anzumerken, dass Schichtenmodelle die gesellschaftlichen Verhältnisse zu beschreiben versuchen, deren Legitimität oder Gerechtigkeit aber nicht betrachten. So bestand die politische Botschaft der These von der „Nivellierten Mittelstandsgesellschaft […] in den 1950er darin, zu behaupten, dass in westlichen Demokratien nur noch eine Mittelschicht existiere, in der das Subjekt selbst (durch Anstrengung, Arbeit, Fleiß und Einsatz) zu dem werden könne, was es sein wolle. Es werde also (unabhängig von den Eigentumsverhältnissen, wie sie das klassentheoretische Konzept beschreibt) zum Gestalter des eigenen Glücks (und damit allein für sich selbst verantwortlich).

- *Konzepte der sozialen Lage* (auch als Lebenslagenansatz oder -konzept bezeichnet) gehen über das Schichtenmodell hinaus, indem neben den sozio-ökonomischen Lebensbedingungen (insb. Einkommen, Erwerbsbeteiligung) auch die Wohnverhältnisse, der Gesundheitsstatus und die Bildungssituation sowie die soziale Lage (z. B. Armut oder Reichtum) beschrieben werden (vgl. Voges 2003: 117–182). Es muss dabei auch die Qualität der Chancen berücksichtigt werden, über die das Subjekt oder soziale Gruppen verfügen, um zu persönlichem Wohlbefinden gelangen zu können. Diese so durch Indikatoren bestimmbare *Lebenslage* bezeichnet die gesellschaftlichen Bedingungen, unter denen Subjekte oder soziale Gruppen leben und ihren gesellschaftlichen Status bestimmen. Indikatoren der Analyse von Lebenslagen sind z. B. für die Dimension „Wohnverhältnisse" die Wohnungsdichte (d. h., ob weniger als ein Zimmer je Person zur Verfügung steht), die Wohnfläche (50% der mittleren Wohnfläche), die Wohnungsausstattung (60% eines Ausstattungsindex', der in Bezug auf Küche, Bad, fließend Heißwasser, Zentralheizung u. ä. beschrieben wird) und die Haushaltsausstattung (60% eines Index', der auf Ausstattungsgütern wie PKW, Fernsehgerät, Telefon u. ä. basiert; vgl. Engels 2006: 109–117).

- Das *Konzept des sozialen Raums* geht auf *Pierre Bourdieu* zurück. Er stellte fest, dass v. a. vier Ressourcen (sog. „Kapitalien" bzw. „Kapitalformen") von herausgehobener Bedeutung sind, die gesellschaftliche Stellung eines Subjekts zu beschreiben. Es sind *ökonomisches Kapital* (v. a. Eigentum, das auch in Geld umtauschbar ist) und *kulturelles Kapital* (z. B. Bücher, Kunstwerke, die ein Mensch besitzt und zeigt, die Bildung, die er „besitzt" und zeigt, und v. a. die Bildungstitel [z. B. Hochschulabschlüsse], die er erlangt hat. Dazu kommt *soziales Kapital* als Ergebnis der Nutzung eines dauerhaften Netzes von mehr oder weniger institutionalisierten *Beziehungen* zu und mit anderen Menschen (z. B. persönliche Netzwerke, die Unterstützung geben) und *symbolisches Kapital*, das sich im „Ruf" bzw. Prestige oder Renommee eines Menschen äußert (vgl. Schwingel 2009: 88–94).

Die Analyse des Verhältnisses dieser Kapitalien zueinander gibt Aufschluss darüber, wo sich der Platz des Subjekts in der Gesellschaft befindet, z. B. gestaltend im Zentrum oder von sozialer Teilhabe weitgehend ausgeschlossen am sozialen Rand, d. h. mit nur geringen Möglichkeiten zum Konsum, geringer politischer Mitwirkung u. a. (vgl. Bourdieu 1983; zur Relevanz Bourdieus für die Soziale Arbeit vgl. Noack 2007). Mit Ressourcen (Kapitalien) mehr oder weniger ausgestattet halten sich die Subjekte im *Sozialen Raum* (bzw. auch als „Soziales Feld" bezeichnet); es handelt sich um „Kraftfelder" bzw. „Spiel-Räume", in denen die sozialen Akteure (Subjekte) nach jeweils besonderen Regeln „spielen". Die den Subjekten jeweils zu Verfügung stehenden Ressourcen und ihre Fähigkeit, diese sinnvoll (geplant, strategisch) einzusetzen, bestimmen den Verlauf und das Ergebnis dieses (sozialen) „Spiels". In diesem „Spiel" bildet sich bei den Subjekten auch der (in der Person tief verwurzelte, nicht unbedingte bewusste) Habitus heraus, auf der Grundlage von Sozialisationsprozessen und persönlicher Erfahrung erlangten Vorstellungen zu handeln. Diese Vorstellungen betreffen die persönlichen Chancen bzw. Risiken und die Erwartungen, ein Gewinner oder ein Verlierer zu sein. Daraus folgt ein entsprechendes Verhalten, das diesen Einschätzungen bzw. das Vorlieben oder Abneigungen folgt und sich in Haltungen, Erscheinungsbildern, Gewohnheiten und der Lebensweise der Subjekte (und damit in einem, dem Habitus folgenden eigenen Lebensstil) zeigt.

• Das *Konzept der Risikogesellschaft* ist eng mit *Ulrich Beck* verbunden, der die gesellschaftlichen Verhältnisse der 1980er Jahre in den Blick nahm und dabei z. B. Armut, ungleiche Bildungszugänge oder Erziehungsüberforderung in seine Analyse mit einbezog und interpretierte. Allgemeine Merkmale dieser „Risikogesellschaft" (Beck 1986) sind allgemein u. a. die Wissensgesellschaft und die Notwendigkeit lebenslangen Lernens, Bildung als sozial ungleich verteiltes „Gut" und der Bedeutungsverlust tradierter Regeln und Organisationen.

Konkret, auf die Subjekte bezogen, sind entstandardisierte Lebensentwürfe (mit einer unüberschaubaren Vielfalt von Antworten auf die Frage, was ich aus meinem Leben *machen* will), die Pluralisierung der Lebensstile (mit vielen Möglichkeiten, mein Leben zu *gestalten*) und die Auflösung stützender sozialer Milieus (die mir helfen, mein Leben *gelingen* zu lassen) Kennzeichen dieser Gesellschaft, die als *individualisiert* beschrieben wird. Die Individualisierung bietet für die Subjekte zugleich Chancen wie auch Risiken, sich im Leben zu verwirklichen und sozial aufzusteigen (sog. „Fahrstuhleffekte"; vgl. Beck 1986: 122), stellt sich v. a. aber als (z. T. harte) Konkurrenz um die Chancen eines gelingenden Lebens dar. Wenn es z. B. heißt, „jeder ist seines Glückes Schmied", dann bildet sich darin die herrschende Ideologie des Neoliberalismus ebenso ab, wie mit der Aussage, „Leistung muss sich wieder lohnen" – Eigenverantwortung und Leistung sind die zentralen Kennzeichen der individualisierten Gesellschaft.

Individualisierung heißt z. B.: Früher stabile, aber auch beengende Lebensverhältnisse (die sich aus den Bedingungen des Lebens der Herkunftsfamilie, des Milieus oder der Klasse ergaben, in der Menschen lebten) werden durch im ständigen Wechsel befindliche („fluide") Verhältnisse abgelöst. Die Beziehungen der Menschen untereinander werden unsicherer (die seit etwa 40 Jahren wachsenden Zahlen der Ehescheidungen, Alleinelternschaft, Patchworkfamilien u. ä sind dafür Indikatoren) und durch Nützlichkeitserwägungen (nach der Devise: Was habe ich davon, mich mit dir einzulassen?) charakterisiert (was auch als „Utilitarismus" bezeichnet wird). Die Bildungs- und Erwerbsbiografie ist durch Instabilität gekennzeichnet: ein einmal erlernter Beruf stiftet keine Sicherheit, lebenslang Beschäftigung und Einkommen zu sichern. Lebenslanges Lernen heißt, sich auf immer wieder neue Bedingungen der Berufstätigkeit einstellen zu müssen; verlangt wird, sich stets neues Wissen anzueignen, um den Anforderungen noch gerecht werden zu können. Als „klassisch" bezeichnete Rollenbilder (zwischen Frauen und Männern, zwischen Alten und Jungen) lösen sich (allmählich) auf und werden z. T. durch neue Formen der Lebensgestaltung (z. B. gleichgeschlechtliche oder multiethische Lebensgemeinschaften) und Konkurrenzen abgelöst.

Dies beruht nicht auf der freien Entscheidung der Subjekte, vielmehr sind sie „zur Individualisierung verdammt". Sie sind zur Herstellung, Selbstgestaltung, Selbstinszenierung der eigenen Biographie „unter dauernder Abstimmung mit anderen und den Vorgaben von Arbeitsmarkt, Bildungssystem, Wohlfahrtsstaat usw." gezwungen (Beck/Beck-Gernsheim 1994 zit. n. Abels 2008: 141f.). Es entwickeln sich immer wieder neue Muster, mit dem Leben in dieser Gesellschaft „klarzukommen", was sich in z. B. in immer differenzierteren Jugendkulturen, Formen der Körpergestaltung (Tattoos, Piercings u. a.) oder auch äußeren Zeichen und Symbole von Religiosität (das Kopftuch einer Muslima als Mittel kultureller Selbstbestimmung) äußert.

Dies erklärt auch, warum Form der Selbstoptimierung eine wachsende Bedeutung erlangt haben, sich z. B. durch intensive Sportausübung nicht nur fit zu halten, sondern besonders leistungsfähig zu werden, um den alltäglichen psychischen wie physischen Anforderungen gerecht werden zu können. Auch die Verfolgung unterschiedlicher Ernährungsempfehlungen oder die Einnahme leistungssteigernder Mittel, um ein Maximum physischer und psychischer Leistungsfähigkeit zu erreichen, zählt dazu.

Dies ist einerseits als Hinweis auf den Bedarf an Unverwechselbarkeit der eigenen Person (Identität) zu verstehen und andererseits zugleich auch als Hoffnung auf Zugehörigkeit zu einigermaßen Sicherheit stiftenden Beziehungssystemen gleicher Kultur, gleichen Stils oder gleicher Gestaltung zu deuten. Die Folgen (Chancen wie Risiken) verlagern sich auf die Subjekte; die Gefahr des Scheiterns nimmt zu (was sich z. B. im Etikett der „Bildungsverlierer" äußert), und mögliches Scheitern ist persönlich zu verantworten, es stellt ein persönliches Problem dar, für das das Subjekt ausschließlich selbst zuständig ist und bleibt.

Beck konstatiert, dass der (grundsätzlich positiven) Vielfalt der Möglichkeiten (der sog. *Pluralisierung*), das eigene Leben zu gestalten (z. B. Berufswege einzuschlagen, die nicht von der sozialen Herkunft oder den Erwartungen der Eltern abhängen), die Individualisierung der Möglichkeit gegenübersteht, dabei auch zu scheitern (z. B. falsche Entscheidungen über die berufliche Entwicklung zu treffen, weil bestimmte Berufe nur eingeschränkt zukunftsfähig sind). Scheitern aber wird mit großer Wahrscheinlichkeit zu sozialer Abkoppelung und schließlich zu gesellschaftlichem Ausschluss (*Exklusion*) führen, weil Menschen beruflich (und damit auch sozial) den Anschluss verlieren. Die Zahl derjenigen wächst, die mit den Prozessen der Individualisierung und Pluralisierung nicht mehr „klarkommen". Im Ergebnis wird die Gesellschaft horizontal gespalten: Es entsteht eine integrierte Mehrheit als gesellschaftliches Zentrum und eine ausgeschlossene Minderheit in der gesellschaftlichen Peripherie, ein gesellschaftliches „Innen" und „Außen". Gilt „Innen" als weitgehend geordnet und homogen, so werden die im „Außen" angesiedelten „Überflüssigen" (die als „Sozialschwache" diffamiert werden) auch als Quelle der Unordnung und Desintegration (der Faulheit und Unfähigkeit – kurz: der Asozialität) und letztlich als Bedrohung des geordneten „Innen" wahrgenommen (vgl. Anhorn 2008: 25f., 36). Individualisierung bedeutet im Ergebnis eine Zunahme der Ich-Fokussierung, d. h. der Bezogenheit in erster Linie auf sich selbst, die sich einerseits (z. B. in der umfassenden Produktion von Selfies und deren Verbreitung durch Social Media in alle Welt) zeigt, und andererseits verbunden ist mit Bedenken- und Rücksichtslosigkeit im Umgang mit anderen (es zählen nur noch die eigenen Interessen, die Interessen anderer sind bestenfalls zweitrangig). Dies erklärt auch, warum z. B. die Besorgtheit eines Teils der Eltern um die Entwicklung und Zukunft der eigenen Kinder zunimmt, die deshalb etwaige Hindernisse, die das Leben der Kinder beeinträchtigen *könnten*, aus dem Weg räumen und faktisch eine Rund-um-die-Uhr-Betreuung und -Kontrolle ihrer Kinder wahrnehmen (sog. Curling- oder Helicopter-Parenting).

- *Konzepte der sozialen Milieus* (vgl. Vester 2009) schließlich verweisen darauf, dass (gelebte) Gemeinsamkeiten gesellschaftlicher Gruppen (z. B. Mentalitäten, Werthaltungen, Vorlieben oder Stile) den gesellschaftlichen Status eines Subjekts markieren und dabei auch Aspekte der sozialen Lage, der Kapitalien des sozialen Raums, der Pluralisierung und Individualisierung (Risikogesellschaft) eine Rolle spielen. Die SINUS-Jugendstudien (vgl. BDKJ 2008, Calmbach u. a. 2012) beschreiben z. B. differenziert verschiedene Milieus Jugendlicher und Heranwachsender, in denen sich deren Handlungsmuster im Verhältnis zu ihrer sozialen Lage abbilden. So lassen sich aufgrund der Lebensweise, der Zukunftserwartungen, der Ausdrucksformen (z. B. der Kleidung), der Vorlieben (z. B. für bestimmte Musikkulturen) u. ä. unterschiedliche Milieus z. B. konservativ-bürgerlicher, sozialökologischer, materialistisch-hedonistischer oder prekärer Jugendlicher identifizieren und der Grad ihrer gesellschaftlichen Integration bzw. Exklusion bestimmen (vgl. Calmbach u. a. 2016).

Im Kern wird deutlich, dass diese soziologisch geprägten Gesellschaftstheorien den Aspekt der *Ungleichheit* der Subjekte reflektieren, und zwar in Bezug auf ihren Status und ihre Chancen, einen Platz in der Gesellschaft einzunehmen, sich zu verwirklichen und ein subjektiv gutes Leben zu führen.

## 5.2  (Soziale) Ungleichheit

Mit dem Begriff der (sozialen) Ungleichheit wird verbunden, dass in einer gegebenen Gesellschaft eine Reihe von Merkmalen bestimmt werden kann, die die unterschiedlichen sozialen Positionen erklären helfen, die Menschen dort einnehmen und deren Möglichkeiten zur Teilhabe (vom Konsum, der Inanspruchnahme von Dienstleistungen bis zur Nutzung von Bildungsgelegenheiten) bestimmen. Als ein zentrales Merkmal wird dabei die Verfügbarkeit über Einkommen und Vermögen beschrieben; deren Ungleichverteilung führt zu sozialer Ungleichheit und beschränkter Teilhabe (vgl. insg. die Beiträge in Solga/Powell/Berger 2009 sowie Rock 2016).

Deutschland ist durch eine Ungleichverteilung von Einkommen und Vermögen gekennzeichnet, was einige Kerndaten verdeutlichen:

- Die privaten Haushalte in Deutschland verfügten 2014 über ein Gesamtvermögen von 7,4 Billionen Euro brutto (das zu rd. 69% in Grund- und Immobilienbesitz gebunden war). Nach Abzug von Schulden bleibt ein Nettogesamtvermögen von 6,3 Billionen Euro, womit sich das Durchschnittsvermögen eines Erwachsenen auf 83.308 Euro (bzw. der Haushalte auf rd. 214.500 Euro) bezifferte. Da aber der Medianwert etwa 17.000 Euro betrug (wobei mehr als ein Viertel der Erwachsenen über gar kein Vermögen verfügte) und 74% der Haushalte nur über ein Vermögen verfügen konnte, das unterhalb des Durchschnittswertes für das Vermögen der Haushalte lag, verwiesen diese Differenzen auf die in Deutschland gegebene Ungleichverteilung der individuellen Vermögenspositionen (vgl. Rock 2016: 31f.).
- Basierend u. a. auf Daten der Deutschen Bundesbank aus der Vermögensbefragung 2014, kann davon ausgegangen werden, dass die wohlhabendsten 10% der Haushalte in Deutschland etwa 60% des Gesamtvermögens besitzen, während die unteren 20% gar kein Vermögen besitzen und etwa 9% „negative Vermögen" haben, also verschuldet sind (vgl. HBS 2017a). Diese Konzentration von Vermögen bei wenigen Reichen nimmt zu (was in Europa v. a. für Deutschland und Österreich festzustellen ist). Der Household Finance and Consumption Survey (HFCS) von

2010, der für die meisten Länder der Eurozone vergleichbare Daten zur Vermögensverteilung enthält, zeigt, dass allein das reichste Prozent der Deutschen rd. 24% am gesamten Privatvermögen besitzt. Da sich das Vermögen von sehr Reichen in einer freiwilligen Erhebung aber nur schwer erfassen lässt, könnte in Deutschland bis zu einem Drittel des Vermögens bei dem reichsten Prozent konzentriert sein (vgl. HBS 2015a). Zu einem vergleichbaren Ergebnis kommt auch eine (in Bezug auf die Datengrundlage nicht unumstrittene) Studie von Oxfam, wonach das reichste Prozent der Bevölkerung ein Drittel des Gesamtvermögens, d. h. rd. 3.900 Mrd. Euro, besitzt (vgl. Kwasniewski 2017). Andere Studien verweisen z. B. darauf, dass in Deutschland das oberste Tausendstel 22,5 % (bzw. das obere Zehntel 66,5 %) des Vermögens besitze, die unteren 50 % aber nur 1,4 %. Zwischen 2007 und 2014 hat sich das Bruttoerwerbseinkommen des Bevölkerungszehntels mit dem geringsten Einkommen um 6,2 % verringert, das des Bevölkerungszehntels mit dem höchsten Einkommen ist dagegen um 0,7 % angewachsen (vgl. Strohschneider 2014; vgl. auch die Beiträge in Dryen/Lauterbach/Grundmann 2011).

Wenn auch die Daten im Detail abweichen mögen, so zeigen sie doch das generelle Maß an Ungleichheit an, mit dem es auch die Soziale Arbeit in Deutschland zu tun hat. Gesellschaftliche Ungleichheit bedeutet nicht nur eine Spreizung der Einkommens- und Vermögensentwicklung, sondern auch eine gesellschaftliche Spaltung (siehe Kasten), was z. B. auch zur Folge haben kann, dass Vermögende den Blick und das Verständnis für alltägliche Aufgaben (Haushaltsführung, Einkäufe u. a.) verlieren können, da sie in der Lage sind, Personal für diese Aufgaben zu beschäftigen. Es kommt zu unterschiedlichen Alltagspraxen, die mit Fremdheit gegenüber anderen Lebensentwürfen verbunden sein kann. Und es entwickeln sich Städte, die einerseits in attraktive Wohnquartiere mit umfassender Infrastruktur und Erholungsräumen, die sich nur noch Menschen mit hohem Einkommen leisten können (sog. Gentrifizierung), und andererseits in schlecht ausgestattete Stadtteile am Rand für Arme und Ausgegrenzte zerfallen. Im Ergebnis findet eine Partikularisierung der Gesellschaft in strikt voneinander abgegrenzte Wohn- und Lebensbereiche statt, die mit einer gegenseitig sinkenden Toleranz für abweichende Praxen der Lebensführung verbunden sind (vgl. Wierlina 2017).

**Vor dem Hauptbahnhof in Hamburg**

„Nirgendwo in Hamburg wird Armut offenkundiger als am Hauptbahnhof. Dabei ist er das Herz einer Metropole, die sich gern als ‚lebenswerteste Stadt Deutschlands' feiert und die zu den wohlhabendsten im ganzen Land gehört. Am Hauptbahnhof ist das Leben, hier werden die Fliehkräfte erkennbar, die eine Gesellschaft auseinandertreiben. Und je dunkler die Nacht wird, desto besser sieht man sie. [...]

Zwischen neun und zehn Uhr abends sind am Bahnhof bloß noch zwei Sorten Menschen unterwegs: Die einen gehen zügig in Richtung der Gleise oder verlassen das Gelände, fast so, als seien sie auf der Flucht. Die anderen stehen herum, sitzen oder schlafen. Ungleichheit zeigt sich auch in der Bewegung. Zu den Betrunkenen gesellen sich die Kranken: Ein Mann mit leuchtend rotem Gesicht bekommt einen Hustenanfall, ein zweiter betrachtet die Geschwüre an seinen Füßen. Svetlana klagt: Vor ein paar Tagen sei sie gestürzt und habe sich das linke Bein verletzt. Dann kramt sie den Arztbrief eines Krankenhauses hervor. Etwas von einer schweren Prellung steht dort und: ‚Patientin war stark alkoholisiert'. – ‚Was soll ich machen", ruft sie, „was soll ich machen?'

Das Elend beginnt die Stadt zu spalten. Der Hauptbahnhof sei ‚alles andere als ein Aushängeschild für Hamburg', sagt Unternehmerin Christina Block [...] Wer mit der Bahn anreise, bekomme doch einen katastrophalen ersten Eindruck von der Hansestadt! Der Wirtschaftsrat der Hamburger CDU hat eine Umfrage gemacht: Demnach fürchten zwei von drei Gewerbetreibenden, dass der Müll und die vielen Obdachlosen die Touristen abschrecken" (Rohwetter, M.: Hamburger Hauptbahnhof: Ganz unten; in: Die Zeit 40/2016 vom 22. Sept. 2016: 26).

Ungleichheit äußert sich auch in ihrer Verdrängung aus der öffentliche Debatte und damit der Tabuisierung, dass sich die Kluft zwischen Arm und Reich, die zur Polarisierung der Lebenslagen in Deutschland führt, sich verstetigen kann (vgl. Spannagl/Seils 2014, Schneider/Stilling/Woltering 2015, Schneider 2015).

## 5.3  Armut

Einen sehr prägenden Aspekt der gesellschaftlichen Bedingungen, unter denen Soziale Arbeit zu leisten ist, stellen die Verhältnisse der Armut (in einer an sich reichen Gesellschaft) dar. Dabei ist der zur Analyse heranzuziehende Armutsbegriff weiter zu fassen: Er meint – im Anschluss an das Konzept des sozialen Raums – sowohl (und sicher primär) Verhältnisse materieller Armut als auch Formen sozialer Armut (z. B. soziale Isolation), kultureller Armut (z. B. Bildungsbenachteiligung) und symbolischer Armut (Diskriminierung und Beschämung).

## 5.3.1 Materielle Armut

„Armut" im materiellen Sinne (also als Ausdruck nicht-verfügbaren Einkommens) ist Definitionssache; so wird als relative Armut beschrieben, wenn Menschen weniger als 50% des Medianeinkommens der Bevölkerung zur Verfügung steht, und von strenger Armut ist die Rede, wenn 40% des Medianeinkommens nicht erreicht werden. Gemäß Definition der Europäischen Union gilt ein Mensch dann als arm, wenn er in einem Haushalt lebt, der mit weniger als 60% des Medians des Nettoäquivalenzeinkommens auskommen muss. Bei dessen Berechnung wird auf Grundlage einer OECD-Skala der ersten erwachsenen Person in einem Haushalt das Bedarfsgewicht 1,0 zugeordnet und für die weiteren Haushaltsmitglieder kleinere Gewichtungen (0,5 für weitere Personen im Alter ab 14 Jahren und 0,3 für jedes Kind im Alter von unter 14 Jahren) angesetzt, da unterstellt wird, dass sich durch gemeinsames Wirtschaften in einem Haushalt Einsparungen ergeben. So wird die Armutsschwelle von Haushalten mit zwei Erwachsenen und zwei Kindern unter 14 Jahren unter Bezugnahme auf die Armutsschwelle des Haushalts ($1 \times 1{,}0 + 1 \times 0{,}5 + 2 \times 0{,}3 = 2{,}1$ der OECD-Skala) ermittelt (vgl. Spannagel u. a. 2017: 8).

Der Deutsche Paritätische Wohlfahrtsverband (DPWV) veröffentlicht seit 2005 einen jährlichen Armutsbericht, der sich auf diese Werte bezieht. Danach betrug die Armutsquote 2015 deutschlandweit 15,7% (Ostdeutschland 19,7%, Westdeutschland 14,7%), etwa 6,4 Mio. Menschen galten als armutsgefährdet. So gilt z. B. ein Single als arm, wenn er/sie netto 942 Euro/Monat oder weniger zur Verfügung hat, bei Alleinerziehenden mit zwei kleinen Kindern liegt die Schwelle bei 1.507 Euro, bei einer Familie mit zwei Kindern zwischen 14 und 18 Jahren bei 2.355 Euro. Armutsgefährdet sind Erwerbslose zu 59%, Alleinerziehende (44%), kinderreiche Familien (25%), Menschen mit niedrigem Qualifikationsniveau (32%) und Ausländer/innen (34%). Die Armutsquote unter Rentner/inne/n stieg zwischen 2005 (10,7%) und 2015 (15,9%) um 49% an (vgl. DPWV 2017b, 2017c: 3, 9; zur Armutsentwicklung bei Kindern und Älteren vgl. auch WSI 2016).

Kritisch wird allerdings gegen solche Daten eingewendet, dass sie nur den Abstand (60%) von einem rechnerischen Wert (dem Medianeinkommen) darstellen, nicht aber den Grad gesellschaftlichen „Abgehängtseins" (vgl. Göbel 2017, Eckert 2017). Tatsächlich bildet sich Armut in den alltäglichen Situationen materieller Beschränktheit ab. So wird stattdessen im sog. „Lebenslagenkonzept" Armut als Unterversorgung in verschiedenen Bereichen (z. B. Arbeit, Gesundheit, Bildung, Infrastruktur und Einkommen) verstanden. Armut bildet sich neben der subjektiven Wahrheit, arm (in diesem Sinne: unterversorgt) zu sein, auch darin ab, *von Armut bedroht zu sein* oder bedroht werden zu können.

Dieses Gefühl der Bedrohung wird mit dem Begriff der *Prekarität* beschrieben, als Ausdruck des alltäglich gegebenen Risikos zu verarmen, das sich aus einer auch subjektiv erlebten, tiefen Spaltung der Gesellschaft in Arm und Reich, in Vermögende und Verarmte ergibt (vgl. Butterwegge 2015a: 38). Unter Prekarität (auch Prekariat, Prekarisierung) wird eigentlich die Lage von Arbeitnehmern verstanden, „die aufgrund unsicherer Beschäftigungsverhältnisse dem Risiko von Armut und Arbeitslosigkeit ausgesetzt sind", ein Risiko, das Betroffene veranlasst, sich zur Sicherung des prekären Arbeitsverhältnisses z. B. auf Lohnkürzungen oder flexiblere Arbeitszeiten einzulassen (vgl. Klimke 2007: 506, zit. ebd.), zumal das Risiko, einmal arbeitslos geworden zu sein, langfristig arbeitslos zu bleiben, in Deutschland sehr hoch ist (vgl. Götz/Koschnitzke 2017). Der Begriff umfasst damit Lebensverhältnisse, die sich aus der Auflösung des sog. „Normalarbeitsverhältnisses" ergeben, z. B. durch die Ersetzung unbefristet abgeschlossener Beschäftigungsverhältnisse durch befristete Arbeitsverträge, die Aufhebung klarer Arbeitszeitregelungen, die Ausweitung von Teilzeit- und Projektarbeitsstellen, geringfügige Beschäftigung, Leiharbeit und Arbeit auf Abruf – kurzum: *atypische Beschäftigung* (vgl. Rock 2016: 19f.). Fast 40% der Arbeitnehmer sind nicht mehr in einem Normalarbeitsverhältnis tätig: 2014 arbeiteten insgesamt 21,8% aller abhängig Beschäftigten in Teilzeitjobs, 15,1% der Beschäftigten hatten einen Minijob als Hauptverdienst (vgl. HBS 2015b). So hat z. B. der Anteil an Teilzeitstellen, Leiharbeit und sog. „Minijobs" 2016 rd. 39,6% aller Beschäftigungsverhältnisse (sog. „Gesamtbeschäftigung") ausgemacht (vgl. HBS 2017b). Betroffen sind Menschen in „arbeitender Armut" (woorking poor, „Erwerbsarmut"), d. h. Menschen, die mit ihrem Einkommen aus Erwerbsarbeit (z. B. im Niedriglohnbereich) nicht „über die Runden" kommen (z. B., weil die Mieten in den Ballungsräumen stetig steigen und irgendwann nicht mehr zu bezahlen sind) und die deshalb als sog. „Aufstocker" ergänzende Sozialleistungen (gem. SGB II, sog. „Hartz IV") in Anspruch nehmen müssen (vgl. Nachtwey 2016). So ist der Anteil der Niedriglohnempfänger (d. h. nach einem OECD-Grenzwert mit einem Bruttolohn von weniger als 1.993 Euro) in Westdeutschland angestiegen: 2006 betrug er in Betrieben mit mehr als zehn Beschäftigten 16,4%, 2014 waren es 18,4%, während er in Ostdeutschland von 36,8% (2010) auf 34,6% (2014) leicht rückläufig gewesen ist (vgl. rbb-online 11. Dez. 2016, FAZ 11. Dez. 2016).

Deutschland weist in der Europäischen Union das größte Wachstum an Erwerbsarmut auf, die auf die Ausweitung atypischer Beschäftigung und des Niedriglohnsektors (u. a. durch Kürzung von Transferleistungen) sowie verschärfter Zumutbarkeitsregelungen beruht, die den Druck auf Arbeitslose zur Aufnahme auch gering qualifizierter und niedrigentlohnter Erwerbstätigkeit erhöht haben (vgl. Spannagel 2017: 9).

Betroffen sind z. B. auch alleinerziehende Mütter (vgl. Asmus/Papst 2017), überschuldete Familien, die nicht mehr in der Lage sind, ihren Alltag zu organisieren, oder angesichts steigender Mieten bereits in die Wohnungslosigkeit abgedrängte Menschen (vgl. Rosenke 2017, DPWV 2017c: 11). Eine besonders betroffene Gruppe stellen ältere Menschen in Armut (sog. Altersarmut) dar (vgl. Rock 2017b). Daten zeigten Ende 2016, dass ein monatliches Bruttogehalt von 2.330 Euro notwendig gewesen wäre, um im Laufe eines durchschnittlich langen Arbeitslebens von derzeit 38 Jahren eine Rente in Höhe der staatlichen Grundsicherung im Alter zu erzielen. Da 2014 aber rd. 19,5 Mio. Beschäftigte weniger als 2.330 Euro/Monat verdienten, würden 52% der Beschäftigten im Alter eine Rente von weniger als 795 Euro (dem aktuell durchschnittlichen Grundsicherungsbedarf im Alter) erhalten (vgl. Focus 24. Dez. 2016). Da das Rentenniveau nach aktueller Gesetzeslage bis 2030 von 47,5% des Durchschnittseinkommens auf 44,4% sinken soll und die Zahl der Menschen über 60 Jahre bis dahin von rd. 28,0 Mio. auf etwa 36,2 Mio. Menschen steigen wird, wird auch die Zahl altersarmer Menschen demnach deutlich zunehmen, zumal (z. B. im Prozess der deutschen Wiedervereinigung v. a. in Ostdeutschland) gebrochene Erwerbsbiografien (mit wiederholten Phasen der Arbeitslosigkeit) Altersarmut hervorrufen, denn ein Aufbau einer angemessenen Alterssicherung ist so (aufgrund der nur geringen Einzahlungen in die Rentenversicherung) ausgeschlossen. Im sog. Teilhabebericht „Menschen mit Beeinträchtigungen 2016" heißt es zudem u. a., dass Menschen mit Beeinträchtigung überdurchschnittlich armutsgefährdet sind (vgl. Engels/Engel/Schmitz 2016: 523).

Betroffen sind auch junge Menschen (sog. Kinderarmut): 19% aller jungen Menschen unter 18 Jahren lebten 2015 in einem einkommensarmen Haushalt, wobei die Kinderarmut in den Ländern Ostdeutschlands (24,6%) höher als in Westdeutschland (17,8%) war (vgl. Seils 2016: 1). 2016 galten rd. 2,6 Mio. Kinder und Jugendliche (20,2%) als arm (vgl. HBS 2017c; vgl. insg. Lutz 2011, Butterwegge 2012, von zur Gathen/Liebert 2017); 2016 nahm die Zahl zugewanderter armer Kinder noch einmal zu (vgl. Seils/Höhne 2017); jedes zweite Kind aus einer Familie mit Migrationshintergrund gilt als armutsgefährdet (vgl. Engel 2017, Tagesschau 15. Sept. 2017)

Auch hier sagen die reinen Zahlen nur wenig über die Lebenssituation armer Kinder und Jugendlicher aus. Die Kinderarmutsforschung zeigt, dass im Einzelfall Kinder und Jugendliche „mit einer suboptimalen Ernährung auskommen" und sie in beengten Wohnverhältnisse mit fehlenden Rückzugsmöglichkeiten leben müssen. Auf dem Weg zur Kleiderkammer, zum Secondhandladen oder zum Flohmarkt (um Kleidung, Schulbedarf oder Spielsachen zu beziehen) „erleben in Armut aufwachsende Mädchen und Jungen gerade in dieser Hinsicht immer wieder Ausgrenzungen und Differenzerfahrungen". Kostenpflichtige Freizeitangebote (Sport, musischer Bereich) sind für sie nur schwer zugänglich. Sie haben es „schwerer, vielfältige Kontakte zu Gleichaltrigen zu knüpfen und zu pflegen". Es ist bekannt, „dass eine materielle Notlage und existenzielle Sorgen das Familienklima beeinträchtigen und daher in Armutsmilieus aufwachsende Kinder mit erheblichen psychosozialen Belastungen in ihren Familien konfrontiert sind" (Zander 2013: 61f., zit. ebd.). Der Deutsche Kinderschutzbund (DKSB) macht auch darauf aufmerksam, dass aus armen Kindern und Jugendlichen zudem „nicht selten junge Erwachsene in Armut und aus diesen wiederum arme Eltern" werden (DPWV 2017c: 6), sich Armut also über die Generationen „vererbt".

### 5.3.2 Soziale Armut

Soziale Armut (auch als Folge materieller Armut) ist als (z. B. aufgrund fehlenden Einkommens) verweigerte Teilhabe und damit als *soziale Ausgrenzung* zu verstehen, die sich in Bereichen wie Wohnung, Bildung, Gesundheit und Zugang zu Dienstleistungen ausdrückt. Sie macht offenkundig, dass allen, die (materiell oder im Blick auf ihre Arbeitsleistung) nicht mehr „funktionieren" können, droht, „von der gesellschaftlichen Entwicklung abgeschnitten zu werden". Es verbreitet sich die diffuse Angst vor dem „der Lage-nicht-mehr-gewachsen-Sein" und es entsteht ein gesellschaftliches Sozialklima, in dem alltäglich immer wieder neu zu demonstrieren ist, „dabei" zu sein, „mithalten" zu können, keine Probleme zu haben oder zumindest in der Lage zu sein, sie nicht zu zeigen (vgl. Böhnisch/Schröer 2012: 156 f., zit. ebd.).

Soziale Armut äußert sich in einem Zusammenhang von Ungleichheit, Armut und gesundheitlichen Folgen:

- Seit den 1950er Jahren liegen empirische Befunde zu den psychischen Belastungen in der durch Ungleichheit gekennzeichneten kapitalistischen Gesellschaft vor (vgl. z. B. Hollingstead/Redlich 1958, Srole u. a. 1962), die durch aktuelle Beiträge immer wieder ergänzt wurden (vgl. z. B. Wilkinson 2001, Marmot/Wilkinson 2004, Wilkinson/Pickett 2010). Der Zusammenhang von Ungleichheit und erhöhtem Erkrankungsrisiko ausgegrenzter Menschen ist hinlänglich dokumentiert (vgl. Müller/CW 2010, Lampert/Rosenbrock 2017). Armut ist nicht der herausragende Grund für die Lebenslage von Menschen; bedeutender sind die Konsequenzen der Ungleichheit: Internationale Untersuchungen verdeutlichen z. B., dass die (erhöhte) Kindersterblichkeit vom (niedrigen) sozialen Status des Vaters abhängig ist, und es besteht z. B. ein enger Zusammenhang zwischen geringerer Lebenserwartung oder psychischen Krankheiten und einem niedrigen sozioökonomischen Status (vgl. Wilkinson 2010: 17). Armut macht zwar nicht zwangsläufig krank, aber Ungleichheit und sozialer Stress, z. B. aufgrund von Armut den eigenen Status nicht angemessen behaupten zu können, können krank machen, wenn (soziale) Scham (d. h., es offenkundig wird, dass jemand nicht mithalten kann) auf dem Markt sozialer Beziehungen wirkmächtig wird. Daten aus dem Kinder- und Jugendlichengesundheitssurvey (und damit vergleichbare Untersuchungen) zeigen z. B., dass der Umfang psychischer Erkrankungen zunimmt, je prekärer die soziale Situation der Herkunftsfamilie ist (zum Zusammenhang von Armut und Gesundheitsbelastungen vgl. Trabert 2013).

Untersuchungen belegen den Zusammenhang von Armut und Gesundheit (RKI 2015: 149ff.): Einerseits schätzten Menschen in Armut und/oder mit einem niedrigen sozioökonomischen Status ihre gesundheitsbezogene Lebensqualität und ihren allgemeinen gesundheitlichen Zustand schlechter ein, und sie werden auch häufiger krank als bessergestellte Menschen. Andererseits verringert Armut die Lebenserwartung und erhöht das Krankheitsrisiko; bei armen Menschen kommen zahlreiche Erkrankungen, Gesundheitsbeschwerden und Risikofaktoren (z. B. Suchtgefahr) und auch eine erhöhte vorzeitige Sterblichkeit vermehrt vor (vgl. Lampert/Kroll 2010: 2 ff.; zum Zusammenhang Armut und Sucht vgl. Brandhorst 2007). Umgekehrt ist der positive Zusammenhang von Reichtum und verlängertem Leben dokumentiert (vgl. Kowitz 2012).

• Soziale Ungleichheit beeinträchtigt bereits die Gesundheit Heranwachsender. Bei Kindern aus sozial benachteiligten Familien werden vermehrt bereits frühe Gesundheitsstörungen und Entwicklungsverzögerungen, psychische Auffälligkeiten und psychosomatische Beschwerden festgestellt. So treiben Jugendliche seltener Sport, ernähren sich ungesünder und sind zu einem größeren Anteil übergewichtig. Die empirischen Befunde zeigen, dass diese Gesundheitsbeeinträchtigungen und -risiken zudem oftmals langfristige Auswirkungen haben und auch noch im mittleren und höheren Lebensalter die Gesundheit beeinflussen können (vgl. Lampert/Kuntz 2015). In Armut lebende Kinder und Jugendliche fallen durch häufigere Erkrankungen und psychosomatische Belastungen auf (vgl. Zander 2013: 61f.). Im Rahmen der Studie „Health Behaviour in School-aged Children" wurde z. B. festgestellt, dass ein enger Zusammenhang zwischen dem Gefühl für die eigene Gesundheit und dem sozialen Status der eigenen Familie besteht. Die Einschätzung des subjektiven Gesundheitszustandes verbessert sich mit zunehmendem familiären Wohlstand, umgekehrt sinkt die Zufriedenheit, je niedriger sich der familiäre Wohlstand darstellt (vgl. HBSC-Studienverbund 2015; vgl. auch Liebel 2012, Bertram 2015).

### 5.3.3 Kulturelle Armut

Das Konzept des sozialen Raums macht darauf aufmerksam, in welch starkem Maße kulturelles Kapital (z. B. erworbene Bildungstitel und -zertifikate) den gesellschaftlichen Status eines Subjekts bestimmt. Unbestritten ist, dass die in Kindheit, Jugend und jungem Erwachsenenalter erfolgenden Bildungsprozesse in diesem Sinne über die individuellen Lebenschancen entscheiden.

Dabei beeinflusst der soziale Status der Eltern in Deutschland den Bildungserfolg ihrer Kinder, deren Berufsaussichten damit auch das spätere Einkommen besonders nachhaltig. Die Daten der Sozialerhebung des Deutschen Studentenwerks 2016 z. B. zeigen, dass in der Grundschule noch eine Million Kinder aus Nichtakademikerhaushalten neben 200.000 Kindern aus Akademikerhaushalten sitzen, aber z. B. 74% der Kinder aus Akademikerhaushalten und 21% aus Nichtakademikerhaushalten ein Hochschulstudium beginnen, 45% der Kinder aus Akademikerhaushalten ein Masterstudium erfolgreich abschließen (aber nur noch 8% aus Nichtakademikerhaushalten) und 10% der Kinder aus Akademikerhaushalten eine Promotion erfolgreich beendet (jedoch nur 1% aus Nichtakademikerhaushalten). Dies bedeutet, dass sich die soziale Ungleichheit von der Grundschule bis zur Promotion verfestigt und sich eine kleine Wissenselite erfolgreich selbst reproduziert (vgl. Herbold/Reichstätter/Scholz 2017: 61f., zit. S. 61). Das Bildungssystem bleibt sozial wenig durchlässig; es lässt einen Bildungsaufstieg (die Kinder erlangen eine höheren Bildungsabschluss als ihre Eltern) kaum zu (vgl. Hilmer u. a. 2017), weshalb von systembedingter Bildungsbenachteiligung zu sprechen ist.

Arme, (lern-)behinderte Kinder und Kinder mit Migrationshintergrund sind besonders bildungsbenachteiligt (vgl. Gerull 2011: 143f.). So liegt z. B. die Lesekompetenz von Schülern der 9. Klasse aus benachteiligten Milieus immer noch mehr als zwei Schuljahre hinter ihren Klassenkameraden aus privilegierten Milieus zurück; auch Kinder mit Migrationshintergrund hätten überdurchschnittlich häufig schlechtere Bildungschancen. Daten von 4.802 Kindern, die von 2010 bis 2013 in Mülheim/Ruhr eingeschult wurden, zeigen z. B., dass Kinder, die vaterlos aufwachsen, einen Migrationshintergrund oder Eltern mit geringer schulischer und beruflicher Bildung haben, häufiger arm sind. Sie sind in allen schulrelevanten Entwicklungsmerkmalen auffälliger als nicht-arme Kinder. Zudem wurden nur wenige arme Kinder von präventiven Angeboten (z. B. Früherkennungsuntersuchungen, früher Kita-Beginn, Sport im Verein oder musischer Bildung) erreicht. Bei der Einschulung sind sie in ihrer Visuomotorik und der Körperkoordination häufiger auffällig, sie weisen Konzentrationsmängel auf, sprechen schlechter Deutsch und können schlechter zählen. Nicht nur die individuelle Armutslage beeinträchtigte ihre Entwicklungsmöglichkeiten, sondern auch die Armutskonzentration im Quartier und vor allem in der Kita. Für mehr als die Hälfte der armen Kinder war Armut „keine Episode in ihrem Leben, sondern ein anhaltender Normal- und Dauerzustand"; Kinderarmut ist „ein nachweisbares Risiko für die Entwicklung von Kindern (vgl. Groos/Jehles 2015: 5ff., zit. ebd.). Die Kommerzialisierung der Nachhilfe (die auch die fehlende Anleitung durch Eltern kompensieren könnte) begünstigt diese soziale Differenzierung der Bildung, da nur Einkommensstarke die kostenpflichtigen Leistungen bezahlen können (vgl. Holland-Letz 2017).

Bildungsbenachteiligung hat Konsequenzen für die spätere Lebensführung: So sind z. B. Menschen ohne Abitur und Hauptschulabgänger ohne Berufsabschluss in Deutschland immer mehr armutsgefährdet. 2014 waren unter den Geringqualifizierten ab 25 Jahren 30,8% (2005: 23,1%) von Armut bedroht (vgl. destatis 2015; zum Zusammenhang von sozialem Status, geringeren Bildungschancen und Armut vgl. Gerull 2011: 130–144).

### 5.3.4 Symbolische Armut

Zwei Aspekte der gesellschaftlichen Entwicklung, mit der die Soziale Arbeit direkt konfrontiert ist:

- *Diskriminierung*: Jeder Mensch hat einen Anspruch auf Verwirklichung seiner Menschenwürde und der aus ihr abgeleiteten Grundrechte (LE 9.5), und dies unabhängig z. B. von Rasse, Geschlecht, politischer oder religiöser Überzeugung, nationaler oder sozialer Herkunft. Diskriminierung aufgrund bestimmter Merkmale oder Zuschreibungen ist damit als Einschränkung von Grundrechten zu verstehen: Vorurteile, die z. B. von Ausgrenzung und Exklusion betroffenen Menschen unter dem Etikett „Sozialschwacher" mangelnde Leistungsbereitschaft zuschreiben, bedeuten nicht nur eine Umdeutung der Ursachen für Probleme, ihren Alltag erfolgreich zu bewältigen (indem sie individualisierend allein für ihre Lebenslage verantwortlich dargestellt werden), sie stellen zugleich auch eine Rechtfertigung dafür dar, z. B. niedrigere Sozialleistungen als zulässig zu betrachten. Solche alltägliche Diskriminierung wird u. a. durch Aussagen (z. B. „Alleinerziehende sind erziehungsüberfordert", „Männer mit südländischem Aussehen neigen zu Gewaltbereitschaft" und „HIV-Erkrankte lösen teure Hilfen aus"), in Form von (z. B. polizeilichen oder ordnungsbehördlichen) Kontrollen allein aufgrund der Hautfarbe eines Menschen (sog. Racial Profiling) oder die Verdrängung als „unliebsam" eingestufter Personen (Wohnungslose, Gruppen junger Menschen u. a.) aus dem öffentlichen Raum sichtbar. Der Status eines gleichberechtigten Gesellschaftsmitglieds wird damit bestritten (vgl. Scherr 2011: 34, 36). So werden z. B. in Jobcentern Menschen einerseits förmlich als „Kunden" bezeichnet, andererseits dann, wenn sie ihre Rechtsansprüche (auf Leistungen nach dem SGB II, sog. „Hartz-IV"-Regelleistungen) geltend machen wollen, „nicht selten wie Bettler/innen oder lästige Bittsteller/innen behandelt" (Butterwegge 2015b: 48).

- *Beschämung:* Die durch die gesellschaftliche Individualisierung geprägten Subjekte streben zwar danach, in der Lebensführung erfolgreich zu sein und sich damit als MeisterInnen in der alltäglichen Lebensbewältigung zu erweisen. Gekränkt und beschämt werden diejenigen, die dazu nicht in der Lage sind, die sich nicht behaupten können, die erfahren, dass sie, gemessen an den gesellschaftlichen Ansprüchen, nicht (mehr) mithalten können. Scham „ist begründet in der Differenz von dem, was ich bin, tue und erleide, zu dem, was möglich wäre, was ich und was die Gesellschaft erwarten kann; Scham meint das Leiden an dieser Erfahrung als Beschämung, Irritation, Kränkung und Demütigung"; sie ist als „kränkende, demütigende Erfahrung der Differenz zwischen dem gelebten Leben und den eigenen Ansprüchen und den gesellschaftlichen Ansprüchen" (Thiersch 2009b: 161; zu Beschämungserfahrung in Jobcentern und Arbeitsagenturen vgl. Linke 2009, zu den Beschämung fördernden Aspekten des SGB II vgl. Posern/Segbers 2009).

Armut als „Grund" für Diskriminierung und Beschämung ist als Resultat eines Prozesses zu verstehen, der sich seit dem Mittelalter vollzieht (vgl. LE 4.1): Armut sei die Strafe für müßiggängerische (als „faul" bezeichnete) Menschen. Seitdem gilt Armut als (unbewusst tief verwurzelter) Makel; wer arm ist oder als arm gilt, kann auch nicht davon ausgehen, dass seine Bemühungen, z. B. auch die eigene Armut zu überwinden, anerkannt werden.

Auch in anderem Zusammenhang ergeben sich immer wieder Situationen, die zu Diskriminierung oder nachhaltiger Beschämung führen können. In pädagogischen Arbeitsfeldern laufen Kinder und Jugendliche z. B. Gefahr, von den für sie beruflich zuständigen Erwachsenen beschämt zu werden,

z. B. dann, wenn sie gebeten werden, bei nächsten Mal mit sauberer Kleidung in der Schule zu erscheinen, die abgetragene Kleidung aus dem Second-Hand-Laden, die zu kaufen die Familie angewiesen ist, aber nicht „frischer" (und damit vermeintlich sauberer) wirken kann.

Es handelt sich um eine folgenreiche Form der Diskriminierung bzw. Beschämung, arm zu sein, die Einsamkeit, Angst und Lernblockaden erzeugt und Entwicklungs- und Bildungsprozesse schädigt. Kinder reagieren auf solche Beschämungserfahrungen sehr verschieden: Einige Kinder ziehen sich zurück, andere spielen still weiter und manche überspielen die erfahrene Beschämung (z. B. durch Lächeln oder einen Scherz). Einige Kinder, die solche Beschämungen beobachten, helfen (indem sie trösten oder „Contra geben"), andere bleiben „neutral", aber deutlich mehr verstärken die Beschämung, indem sie z. B. die Betroffenen auslachen und damit erneute Beschämungen verursachen (vgl. Zander 2013).

Deutlich wird, was es heißt: „Die Stimme der Scham ist leise, ihre Sprache aber konkret" (Neckel 1991: 23). Beschämung ist auch als *unbedachter* Ausdruck wirkmächtig, grenzt Menschen aus und behindert Kommunikation und professionelles (soziales) Handeln (zur Bedeutung der Scham im professionellen Kontext Sozialer Arbeit vgl. Bohn 2007, Prengel/Zschipke 2014).

Zugleich stellt Beschämung ein wesentliches (und damit *bedachtes*) „Sanktionsmittel zur Erzielung von Konformität" (Küster/Thole 2013: 1011) dar, das große Wirksamkeit entfaltet (u. a. auch, dass aus Scham Sozialleistungen nicht in Anspruch zu nehmen, obwohl darauf ein Rechtsanspruch besteht). Ihre Bewältigung zielt aber auch darauf ab, „die Normen, in denen Beschämung begründet wird, aufzubrechen und in Verweigerung, Protest und Neukonstitution von Strukturen zu verändern" (Thiersch 2009b: 172 f., vgl. ebd.: 165, 169), was in demonstrativ verweigernden und gesellschaftliche Konventionen abwehrendem Verhalten münden kann (z. B. aggressivem Auftreten gegenüber MitarbeiterInnen in Behörden, Verweigerung der Mitarbeit in Beratungen).

## 5.4 Anregungen zur Weiterarbeit

1. Fassen Sie die Darstellung dieser Lerneinheit (nach einem Austausch in Ihrer Bezugsgruppe) wieder in einer Kernaussage zusammen!
2. In einem Pressestatement anlässlich des Weltkindertages am 31. Mai 2016 schreibt Ulrich Schneider (Hauptgeschäftsführer des Deutschen Paritätischen Wohlfahrtsverbandes) zur Kinderarmut in Deutschland: „Die unerträglich hohe Kinderarmut in Deutschland ist eine Schande. Sie ist in diesem reichen Land nicht naturgegeben, sondern immer auch

Ausdruck politischen Versagens. Insbesondere das so genannte Bildungs- und Teilhabepaket erweist sich seit fünf langen Jahren als untauglich, an der bedrückenden Lebenssituation und den fehlenden Aufstiegschancen etwas zu ändern. Es ist gescheitert. Wir brauchen eine Politik, die tatsächlich alle mitnimmt und kein Kind zurücklässt. Es geht hier aber nicht nur um arme Kinder, sondern um arme Familien. Wir brauchen einen tariflich entlohnten öffentlichen Beschäftigungssektor für die Eltern dieser Kinder, wir brauchen gut ausgestattete Gemeinschaftsschulen, wir brauchen auskömmliche Regelsätze in Hartz IV und handlungsfähige Kommunen. All das ist möglich. Voraussetzung ist jedoch eine solidarische und nachhaltige Steuer- und Finanzpolitik mit einer Stärkung der öffentlichen Kassen. Hierzu fordern wir die Bundesregierung anlässlich des Tag des Kindes auf."

- Klären Sie in ihrer Bezugsgruppe zunächst, was es mit dem von Ulrich Schneider erwähnten „Bildungs- und Teilhabepaket" auf sich hat! Haben Sie davon bereits gehört und damit ggf. schon eigene Erfahrungen gesammelt? Wie stehen Sie zur Aussage, dass es sich als untauglich erwiesen hat, die Lebenssituation in Armut lebender Kinder und Jugendlicher zu verbessern?

- Diskutieren Sie das Statement unter dem Gesichtspunkt, inwieweit sich die Situation armer Kinder und Jugendlicher durch Soziale Arbeit überhaupt verändern lässt! Wo sehen Sie Möglichkeiten, wo Grenzen der Sozialen Arbeit? Was müsste sich aus Ihrer Sicht ggf. ändern, damit Soziale Arbeit wirkungsvoll sein kann, die Folgen der Armut von Kindern und Jugendlichen zu bearbeiten?

## 5.5  Literaturempfehlung

Aspekte sozialer Ungleichheit und sozialen Ausschlusses behandeln zwei Bände:

- *Nicole Burzan: Soziale Ungleichheit. Eine Einführung in die zentralen Theorien*, 2. Aufl. Wiesbaden: VS Verlag für Sozialwissenschaften, 2007, und

- *Roland Anhorn, Frank Bettinger und Johannes Stehr (Hg.): Sozialer Ausschluss und Soziale Arbeit*, 2. Aufl. Wiesbaden: VS Verlag für Sozialwissenschaften, 2008.

# 6 Was soll durch Soziale Arbeit erreicht werden?

Gegenstand der Lerneinheit: Eine Befragung unter gerade immatrikulierten Student_innen der Sozialen Arbeit an der Hochschule Magdeburg, worin sie die Ziele Soziale Arbeit sehen, brachte (im Wintersemester 2017/18) folgendes Ergebnis (167 Nennungen): Wird von den in diesem Zusammenhang eher unspezifisch benannten Zielen (z. B. „Hilfestellung geben" „Lösungsansätze schaffen", „Vermittlung zwischen Parteien") abgesehen, dann kommt der Ermöglichung von Teilhabe (33 Nennungen) eine offenkundig herausgehobene Bedeutung zu. Auch soziale Gerechtigkeit (18), Selbstbestimmung und Lebensbewältigung (jeweils 12) werden wiederholt genannt. Wie passen diese Erwartungen der Student/inn/en mit der Definition der IFSW zusammen, wo es doch heißt, dass *„Ziel die Förderung des sozialen Wandels, der sozialen Entwicklung und des sozialen Zusammenhalts sowie die Stärkung und Befreiung der Menschen ist"*?

## 6.1 Befreiung der Menschen: Autonomie, Emanzipation, Mündigkeit ermöglichen

Soziale Arbeit ist (so die IFSW) also aufgerufen, Menschen dabei zu unterstützen, sich selbst von Umständen und Verhältnissen frei zu machen, die ihr Wohlbefinden (das subjektiv bestimmte gute Leben) be- oder verhindern, sich also zu emanzipieren und autonom zu werden – ein Prozess, der in der Sozialen Arbeit als *Empowerment* bezeichnet wird (vgl. ausf. Herriger 2010).

*Autonomie* und *Emanzipation* stellen zwei zwar nicht identische, wohl aber nahestehende Ziele dar, die auch in der Sozialen Arbeit als erstrebenswert beschrieben werden. Dabei meint (mit einer soziologischen Definition) *personale Autonomie* die Chance eines Subjekts, „im Rahmen bestimmter kultureller und rechtlicher Schranken bestimmte Orientierungs- und Verhaltensmuster aus einem Repertoire von Werten und Verhaltensmustern auszuwählen". Unter *sozialer Autonomie* wird verstanden, dass gesellschaftliche Systeme „ihre grundlegenden strukturellen Muster und Mechanismen selbst definieren, auf der Grundlage dieser strukturellen Mechanismen bestimmte Ziele, Werte, Normen, Inhalte selbst festlegen und schließlich eigenständig die Einhaltung dieser Normen kontrollieren" (Reimann 2007: 72).

Die Herausbildung eines auch für die Soziale Arbeit tragfähigen Verständnisses von Autonomie ist z. B. mit *Alexander S. Neill* verbunden, der die reformpädagogisch inspirierte Erziehung von Kindern und Jugendlichen in den Mittelpunkt seiner (sozial-)pädagogischen Arbeit an der „Summerhill School" stellte. Sie sollten dort in innerer Freiheit – frei von Zwängen (z. B. Schulzwang, Religion, sexuelle Unterdrückung) – aufwachsen und (frei von Angst vor Autoritäten) sich und ihre emotionalen Bedürfnisse entwickeln können. Kinder sollten nicht *zu etwas* erzogen werden sollen (weder zu einer bestimmten Moral, Kultur und ähnlichen Vorstellungen und Überzeugungen), vielmehr sollen sie auf das, was für ihr aktuelles wie künftiges Leben wichtig ist, selbst kommen; von Erwachsenen sollte dazu möglichst wenig Initiative ausgehen (vgl. insg. Giesecke 1997: 189–216).

Ein auf Emanzipation abzielendes Konzept entwickelt diesen Gedanken für die Soziale Arbeit weiter. Ursprünglich handelte es sich um einen Begriff des römischen Rechts, der die Entlassung eines Hauskinds aus der Schutzgewalt des Hausvaters (also die Befreiung aus einem beschränkten, abhängigen – äußeren – Zustand) meinte. Heute wird unter Emanzipation auch die Überwindung (innerpsychischer) Abhängigkeiten und der Gewinn persönlicher Autonomie verstanden. Insgesamt kommt nun den Prozessen eine gesteigerte Bedeutung zu, in denen sich die Subjekte individuell oder als soziale Gruppe zugleich von äußeren und inneren Beschränkungen und Abhängigkeiten selbst befreien, sich selbstständig machen und beanspruchen, über sich selbst zu bestimmen (vgl. Daub 1993: 275).

Dieser Gedanke wurde schon von *Immanuel Kant* Ende des 18. Jahrhunderts formuliert (vgl. Kant 1784: 481). Er beschrieb Emanzipation als Prozess der Aufklärung, d. h. als den Weg aus der Unmündigkeit, die sich darin zeigt, „dass der Mensch nicht selbst denkt, nicht hinterfragt und nicht über Gründe und Möglichkeiten des eigenen Handelns reflektiert". Ein unmündiges Leben entspreche einem Leben unter Vormundschaft. Kants Vorwurf richtete sich gegen jene, die zwar mündig sein könnten, es aber nicht sind. Stattdessen appellierte er an den Mut zum Gebrauch des eigenen Verstandes, d. h. an das (die Mündigkeit kennzeichnende) Selbstdenken. Emanzipation kann also als das Ergebnis einer persönlichen Bemühung verstanden werden, „sich von unbegriffenen Zwängen, Erkenntnisschranken und Verhaltenszwängen zu befreien". Die Soziale Arbeit kann dazu beizutragen, dass Menschen nicht im Zustand der Abhängigkeit von vorgegebenen Lebensbedingungen bleiben müssen, sondern ermutigt werden, durch Teilnahme an gesellschaftlichen Prozessen bewussten Einfluss auf die eigenen Lebensbedingungen zu nehmen versuchen (vgl. Oelschlägel 2013: 239, zit. ebd. 241).

Zur Hervorbringung dieses Verständnisses von Emanzipation hat *Klaus Mollenhauer* wichtige Beiträge geleistet (vgl. insg. Winkler 2002). Er begriff gesellschaftliche Entwicklung als Ausdruck von *Generationenkonflikten.* Mehrere Generationen seien an der Gestaltung des Alltags und der Verwirklichung sozialer, politischer und wirtschaftlicher Ziele beteiligt. Die damit verbundenen Konflikte (z. B. über Autorität, Anpassung, soziale Normen, Verhaltensstile) lassen die Jüngeren z. B. annehmen, dass die Älteren ihr ihre Normen, Verhaltensstile und Handlungsmuster „aufzwingen" wollen (vgl. Mollenhauer 1982). Erziehen meine hierbei „alle Handlungen, die die Funktion haben, die nachwachsende Generation zum Status des Erwachsenen zu führen, und zwar je nach Maßgabe des gesellschaftlich geltenden Begriffs von ‚Erwachsensein'; Erziehung ist damit vor allem das „Instrumentieren der Interaktion zwischen den Generationen". Damit hat „Erziehungshandeln" den „Zweck, erkenntnis- und handlungsfähige Subjekte hervorzubringen"; durch angeleitetes Lernen wird der Mensch erwachsen: Das „pädagogische Feld" ist ein Ort, „an dem ‚bessere' Möglichkeiten gesellschaftlicher Existenz hervorgebracht werden können" (Mollenhauer 1974: 28). Emanzipation meint für Mollenhauer die „Befreiung der Subjekte", d. h., Heranwachsende dabei zu unterstützen, „Bedingungen, die ihre Rationalität und das mit ihr verbundene gesellschaftliche Handeln beschränken", zu überwinden (vgl. Mollenhauer 1973). Im Einklang damit wurde deshalb in den 1970er Jahren kritisiert, dass in der Sozialen Arbeit Menschen wie Objekte beschrieben und nicht als Subjekte mit eigenem Willen aufgefasst wurden. Dagegen wurde z. B. der Anspruch formuliert, diese Abhängigkeiten und Zwänge sollten im Verhältnis zu den Sozialen auf der *Beziehungsebene* vermindert werden; das Mittel hierfür sei der kritische und engagierte Dialog zwischen Subjekten und Sozialen, d. h. eine Gesprächsform, die die *Mündigkeit* der Subjekte in den Mittelpunkt stellte (vgl. Hege 1974: 12). Mündigkeit bedeutet also, auf den eigenen Verstand vertrauen zu können und die Maximen (Richtlinien) des Handelns nicht von fremden Autoritäten oder unhinterfragten Konventionen (was „man" so tut oder was „man" zu machen hat) zu übernehmen, sondern ein eigenes Urteil zu bilden.

## 6.2 Förderung der sozialen Entwicklung: Gerechtigkeit anstreben

Die zu Beginn der Lerneinheit genannten Einschätzungen der Student_innen verweisen auch auf die Bedeutung des Begriffs der sozialen Gerechtigkeit als Ziel der Sozialen Arbeit. *Gerechtigkeit* kennzeichnet einen Zustand sozialen Miteinanders, in dem es einen angemessenen, unparteilichen und einforderbaren Ausgleich der Interessen und der Verteilung von Gütern und Chancen zwischen den beteiligten Personen oder Gruppen gibt. *Soziale Gerechtigkeit* formuliert ein „Leitbild staatlicher Ordnung, das, in der Gegenwart oft verbunden mit dem Gebot sozialer Gleichheit und Sicherheit, in der staatlich verfaßten Gemeinschaft jedermann eine menschenwürdige Existenz ermöglichen bzw. gewährleisten soll" (Rohwer-Kahlmann 2007: 852) – mit anderen Worten: wie ein gutes Leben geführt werden kann. Dabei gelten als etablierte (Gerechtigkeits-)Konzepte:

- *Gleichheit* meint die Gleichverteilung von Chancen und Lasten unter allen gesellschaftlichen Subjekten;
- *Leistungsgerechtigkeit*, d. h. die Beurteilung und das Ergebnis der Leistung als „Anstrengung": derjenige, der sich mehr anstrengt (mehr leistet, besser qualifiziert ist), der verdient auch eine höhere Anerkennung (z. B. ein höheres Einkommen);
- *Chancengerechtigkeit* verlangt, dass die Zugänge und Chancen (z. B. zu Bildung oder Teilhabe) unabhängig vom Status des Subjekts (sozio-ökonomisch, Geschlecht, Ethnie etc.) bestehen, und es erfolgt auch einen Ausgleich ungleicher „Startchancen" (z. B. bei gegebener Behinderung);
- *Bedarfsgerechtigkeit* meint die Befriedigung der Grundbedürfnisse aller; und
- *Generationengerechtigkeit* zielt auf gleiche Zugänge (z. B. zu Bildung oder Teilhabe) und eine gerechte Lastenteilung zwischen den Generationen einer Gesellschaft ab.

Nach Auffassung von *John Rawls* ist Gerechtigkeit dann gegeben, wenn die Regeln, nach denen eine Gesellschaft funktioniert, allen akzeptabel erscheinen, d. h. sie erstens ein größtmögliches Maß an Grundfreiheiten für alle bieten, und zweitens bei Ungleichheit auch die am wenigsten Begünstigten von jedem weiteren Vorteil eines Bessergestellten profitieren müssen (vgl. Rawls 1975). Darauf lassen sich wohl alle Gerechtigkeitskonzepte anwenden – abgesehen von der Leistungsgerechtigkeit, die nur den Einsatz belohnt, nicht aber nach einem Ausgleich fragt, wenn dieser Einsatz (z. B. durch Benachteiligungen oder Behinderungen) nicht möglich ist: Als gerecht gilt, wenn Verhältnisse herrschen, die den persönlichen Erfolg begünstigen und anerkennen.

Auch deshalb fragen seit einiger Zeit *Amartya Sen* und *Martha C. Nussbaum*, welche Möglichkeiten (bzw. Verwirklichungschancen [capabilities]) Menschen haben müssen, um ein hohes Maß an Lebensqualität zu erzielen, d. h. ein gutes Leben führen zu können. Der sog. Capability-Approach unterscheidet zwischen potenziellen und tatsächlich realisierten

**Liste der Central Capabilties nach Martha C. Nussbaum (2006)**

1.  Leben: Fähig zu sein, ein Leben von normaler Länge zu leben; nicht vorzeitig zu sterben oder vor jenem Zeitpunkt, an dem das Leben so reduziert ist, dass zu leben es nicht mehr wertvoll erscheint.

2.  Körperliche Gesundheit: Fähig zu sein, über eine gute Gesundheit – inklusive der Reproduktionsfähigkeit – sowie über angemessene Ernährung und Unterkunft zu verfügen

3.  Körperliche Integrität: Fähig zu sein zur ungehinderten Ortsveränderung, zur Sicherheit vor Gewalt – einschließlich der Vergewaltigung und Gewalttätigkeit in der Familie -, zur freien Befriedigung sexueller Bedürfnisse sowie zur freien Wahl in Bezug auf die Fortpflanzung

4.  Sinne, Vorstellungen und Gedanken: Fähig zu sein, die Sinne zu gebrauchen und zu denken, Ausdrucksmöglichkeiten zu besitzen, lustvolle Erfahrungen zu haben und unnötigen Schmerz zu vermeiden; die Gelegenheit zu haben, den eigenen Verstand in einer Weise anzuwenden, die durch die Garantien der freiheitlichen Äußerungen der politischen und künstlerischen Rede sowie der freien Religionsausübung geschützt werden.

5.  Gefühle: Fähig zu sein, emotionale Bindungen zu Gegenständen und anderen Menschen einzugehen und die Möglichkeit zur Entwicklung der eigenen Gefühle zu haben. Die Möglichkeit umfasst Formen der menschlichen Gemeinschaftsbildung, von denen sich nachweisen lässt, dass sie für die Gefühlsentwicklung wesentlich sind.

6.  Praktische Vernunft: Fähig zu sein, sich eine Vorstellung vom Guten zu bilden und sein eigenes Leben daraufhin in kritischer Reflexion zu planen.

7.  Zugehörigkeit
    a. Fähig zu sein, für und mit anderen Menschen zu leben und für sie Sorge zu tragen; fähig zu sein, sich in die Situation eines anderen hineinzuversetzen.
    b. Fähig zu sein, über eine soziale Basis für Selbstrespekt zu verfügen und frei von Demütigungen zu leben.

8.  Andere Lebewesen: Fähig zu sein zu einer Beziehung zur Welt der Natur.

9.  Spiel: Fähig zu sein, zu spielen, zu lachen und zur Erholung.

10. Kontrolle über die eigene Umwelt
    a. Politisch: Fähig zu sein, an politischen Entscheidungen teilzuhaben, die das eigene Leben betreffen; das Recht auf freie Rede und freie Assoziation zu besitzen.
    b. Materiell: Die Möglichkeit zu haben, über Eigentum zu verfügen; das Recht besitzen, eine Beschäftigung auf Gleichheitsgrundlage zu erlangen; frei zu sein von Verfolgungen und Beschlagnahmungen (zit. n. Otto/Scherr/Ziegler 2010).

Verwirklichungschancen und bezieht sich damit auf äußere (sozialstruktu-relle) Umstände und auch auf individuelle Dispositionen, die in der Analyse des individuellen Entfaltungsspielraums zu berücksichtigt sind. Danach ist Armut bzw. extreme soziale Ungleichheit als ein Mangel an Verwirkli-chungschancen zu verstehen. Gerechtigkeit ist für sie stattdessen das Resul-tat aus Einkommen, Grundrechten, Zugang zu Bildung, Gesundheit und Ar-beitsmarkt, demokratischer Mitsprache, einem verlässlichen sozialen Netz und gesellschaftlicher Transparenz ohne Machtmissbrauch und Korruption. In verschiedenen Texten formulieren Sen (2000) und Nussbaum (1999: 190–210) Vorstellungen (und auch Aufzählungen), was sie als grundlegende menschliche Capabilities begreifen (siehe Kasten, S. 109).

Zusammengefasst geht es um die Fähigkeit, das eigene Leben in der ei-genen Umgebung und im eigenen Kontext ein gutes Leben zu leben (Lö-cherbach/Puhl 2016: 51f.) – d. h. teilzuhaben. Konkrete Indikatoren für ein „gutes Leben" im Gemeinwesen sind z. B. (neben ausreichendem und be-zahlbarem Wohnraum) die umfassende Teilhabe von Kindern und Ju-gendlichen an den sie vor Ort betreffenden Angelegenheiten, der Schutz vor Diskriminierung aufgrund der Herkunft aus einem als „Brennpunkt" bezeichneten Stadtteil (dessen Bewohner/innen zu einem verantwortungs-bewussten Umgang mit öffentlichem Eigentum angeblich nicht fähig sind) oder eine gesundheitsfördernde Ernährung durch ein Programm in der örtlichen Schule. Gerechtigkeit ist für Soziale dann nichts Abstraktes, son-dern im Gemeinwesen (bzw. im Sozialraum) realisierbar, wenn dort (unter ihrer aktiven Mitwirkung) Möglichkeiten echter Teilhabe geschaffen wer-den (z. B. durch Mitwirkung an der Gestaltung des Stadtteils, Eröffnung von Zugängen zu Vereinen oder den Bildungsangeboten der Volkshoch-schule) und Subjekte motiviert werden, solche Möglichkeiten in Anspruch zu nehmen.

Menschen zur Teilhabe zu ermächtigen, das heißt z. B., Kinder und Ju-gendliche über die Möglichkeiten der Teilhabe zu informieren, sie zu quali-fizieren, diese Möglichkeiten zu nutzen, und sie dabei zu unterstützen, ihre Teilhaberechte auch gegenüber Erwachsenen durchzusetzen. Soziale han-deln also nicht anstelle der Kinder und Jugendlichen, sondern sie beraten und motivieren, informieren und beraten (vgl. Wendt, P.-U. 2017). Von Teilhabe wird dagegen nicht die Rede sein können, wenn z. B. ein (von der örtlichen Wohnungsgesellschaft veranstaltetes) „Mieterfest" mit Bratwurst und Bier als „Beteiligung" verkauft wird; stattdessen kann es um sog. Mieter-beiräte gehen, die das lokale Quartiersmanagement organisiert und die dabei helfen können, die Interessen der Wohnbevölkerung zum Ausdruck zu brin-gen. Hilfe in Teilhabeprozessen bedeutet auch, sonst nicht zur Wort kom-mende Zielgruppen (z. B. Migrant_innen) dabei zu unterstützen und zu motivieren, „sprechfähig" zu werden und ihre Vorstellungen in der eigenen Sprache vorzutragen.

## 6.3 Förderung des sozialen Zusammenhalts: Teilhabe sicherstellen

Unter Teilhabe – bzw. Partizipation (lat. participatio, pars: Teil – capere: u. a. sich aneignen) – wird die umfassende „Beteiligung von Personen an der Gestaltung sozialer Zusammenhänge und an der Erledigung gemeinschaftlicher Aufgaben sowie die Bindung an soziale Institutionen bzw. an sozial maßgebliche Strömungen innerhalb einer Gesellschaft" verstanden. Etwas enger gefasst ist darunter die Beteiligung von BürgerInnen „an den politischen Strukturen und demokratischen Willensbildungsprozessen zu verstehen" (Wurtzbacher 2011: 634). Noch schwächer wird Teilhabe auch als Beteiligung, Mitwirkung, Mitbestimmung oder Mitsprache bezeichnet.

Aus dem Subjektstatus folgen unmittelbare Teilhaberechte, z. B. im Hilfeprozess, was sich v. a. in der Klärung (Besprechung und Überprüfung) eines Hilfeangebotes äußert (z. B. im Rahmen einer Beratung über einen Hilfeplan, d. h. eine konkrete Vereinbarung und Planung, wie und durch wen Unterstützung gegeben wird und wer welche Aufgaben und Pflichten dabei hat). Die Formen der Teilhabe reichen von der Förderung der Selbsthilfe (in Selbsthilfekontaktstellen), Beteiligungsverfahren in der Stadtteil- und Quartiersentwicklung, Mitwirkung bei der sozialräumlichen Planung bis hin zur offeneren Planung von Hilfen (vgl. dazu die Beiträge in Schäuble/Wagner 2017) und die Einbindung oft nur schwer zu erreichender Zielgruppen (z. B. von Wohnungslosigkeit bedrohter Menschen).

Dies ist nicht ohne Problem, wie einige Beispiele zeigen:

- Die Lebenslagen vieler Wohnungsloser kennzeichnet eine mangelnde Teilnahme am Leben in der Gemeinschaft, einen (durch schlechte Erfahrungen begründeten) Rückzug auf sich selbst, was im Widerspruch zur Grundidee steht, dass die Betroffenen Expert/inn/en ihrer eigenen Wünsche, Ziele und Ideen sind, die sie am besten selbst vertreten können (vgl. Kreimeyer 2017: 46).
- Die Teilhabe von Menschen mit Behinderung an unterschiedlichen Formen der politischen und gesellschaftlichen Partizipation ermöglicht es grundsätzlich, dass sie für ihre Interessen eintreten und an der Gestaltung der Gesellschaft durch eigenes Engagement mitwirken. Gleichwohl haben sich Menschen mit Beeinträchtigungen z. B. weniger an den Bundestagswahlen 2009 und 2013 beteiligt als Menschen ohne Beeinträchtig-

ungen. Die Wahlbeteiligung von Menschen ohne Beeinträchtigungen ist seinerzeit leicht gestiegen, während die Wahlbeteiligung der Menschen mit Beeinträchtigungen leicht zurückgegangen ist (vgl. Engels/Engel/Schmitz 2016: 5)

- In der stationären Kinder- und Jugendhilfe (Heimerziehung) geht es z. B. darum, die dort lebenden Kinder und Jugendlichen stärker in die Entwicklung der Hilfen einzubeziehen und ihre Rechte auch gegen Übergriffe der in den Einrichtungen tätigen Erzieher/innen zu stärken; allerdings ist das dazu entwickelte Konzept sog. „Ombudschaften" (vgl. DPWV 2011, Urban-Stahl/Jann 2014) noch in der Umsetzung begriffen, sodass in weiten Teilen von echter Teilhabe noch nicht gesprochen werden kann.
- Auch besteht ein Zusammenhang von sozialem Nahraum und Teilhabe, der die Teilhabe an den Grad knüpft, wie Menschen zur Teilhabe motiviert werden: Wenn z. B. junge Menschen aktiv und nachhaltig aus dem sozialen Umfeld (bzw. Nahraum, d. h. Kommunalpolitiker/innen, Nachbarn, andere Erwachsene) eingeladen werden, ihr Gemeinwesen mitzugestalten, dann ist ihre Teilhabe umfassender. Beispiele solcher Themen der Teilhabe sind z. B. Treffpunkte im öffentlichen Raum und deren Ausgestaltung (z. B. die sog. „Möblierung" in Form eines Theatrums), die Ausleuchtung als gefahrvoll erlebter Wege, der am Lebensrhythmus Jugendlicher angepasste Öffentliche Personennahverkehr oder selbstorganisierte Jugendräume (vgl. Wendt, P.-U. 2017).
- Dagegen wird immer wieder eine „gebrochene" Teilhabe zu beobachten sein, wenn in Schulen oder in der Jugendsozialarbeit junge Menschen aufgefordert werden, sich zu beteiligen und ihre Ideen einzubringen, da hier die Vorgaben und Vorstellungen anderer Systeme (z. B. der Schule, des Jobcenters) vorherrschen und die Teilhabespielräume einschränken (vgl. Bührmann 2015).

Die völkerrechtlich verbindliche Grundlage für die Teilhabe junger Menschen schafft die Kinderrechtskonvention der Vereinten Nationen (vgl. Hofmann 2014), die unmittelbar Bezug nimmt auf die allgemeinen Menschenrechte, die einen universellen Geltungsanspruch haben und nicht an konkrete gesellschaftliche Bedingungen gebunden sind. Kinder, Jugendliche und Erwachsene teilen dieselben Grundrechte (vgl. Skutta 2012, Maywald 2014, DKHW 2015). Wenn also Erwachsene über Fragen des örtlichen Verkehrs oder den Flächennutzungsplan sprechen, dann kann dies jungen Menschen nicht vorenthalten werden, deren lebensweltliche Belange durch eben diese Verkehrsleitplanung oder den Flächennutzungsplan und die korrespondierende Bauleitplanung (un-)mittelbar beeinflusst werden.

Soziale haben also aktiv Möglichkeiten der Teilhabe immer einzufordern und in ihre berufliche Praxis zu integrieren. Die dabei möglichen unterschiedlichen Grade der (auch verweigerten) Teilhabe in der Sozialen Arbeit werden in der nachstehenden Grafik dargestellt:

| | | |
|---|---|---|
| Selbstorganisation | 9 | **Teilhabe** |
| Entscheidungsmacht | 8 | **Partizipation** |
| teilweise Entscheidungskompetenz | 7 | |
| Mitbestimmung | 6 | |
| Einbeziehung | 5 | **Vorstufen der Partizipation** |
| Anhörung | 4 | |
| Information | 3 | |
| Anweisung | 2 | **Nicht-Partizipation** |
| Instrumentalisierung | 1 | |

(eigene Darstellung)

Am Beispiel eines Jugendhauses, in dem Soziale beruflich tätig sind, kann dies verdeutlicht werden:

- Die Instrumentalisierung und die Anweisung stellen Formen der *Nicht-Partizipation* dar, bei der die Subjekte unwissentlich (Instrumentalisierung) und ausdrücklich (Anweisung) für Zwecke der Sozialen (d. h. für deren Interessen) „eingespannt" werden: Die hier tätigen Sozialen lassen die jugendlichen Besucher/innen des Hauses nur das machen, was sie als Soziale durch dife von ihnen bestimmten Hausregeln oder durch klare „Ansagen", was zu geschehen hat, zulassen.
- Information, Anhörung und Einbeziehung stellen dagegen bereits *Vorstufen der Partizipation* dar, denn die Sozialen werden dabei die BesucherInnen z. B. zu ihren Programmwünschen befragen, über Möglichkeiten der Programmgestaltung in Kenntnis setzen und in ihre Überlegungen als Soziale einbeziehen, ohne die Jugendlichen allerdings mitentscheiden zu lassen.

- Mitbestimmung, die teilweise gegebene Entscheidungskompetenz und die Entscheidungsmacht stellen dagegen unterschiedlich ausgeprägte Formen der *Partizipation* dar, die den Jugendlichen Raum geben, z. B. ihre Interessen bei der Gestaltung des Jugendhaus aktiv einzubringen, Teile des Jugendhauses (Mobiliar, Farbgebung u. ä.) selbst zu gestalten und das Programm in eigener Regie durchzuführen. Maßgeblich bleibt hierbei aber immer noch der Rahmen, inwieweit die Sozialen den Spielraum hierzu öffnen oder schließen.

- Teilhabe ist überall dort gegeben, wo Jugendliche z. B. selbst darüber entscheiden, was sie im Jugendhaus machen wollen, welche Themen sich ihnen stellen, wie sie vorgehen wollen, sich also *selbstorganisieren* (vgl. Wendt, P.-U. 2005). Soziale werden hierbei nur als Berater „auf Abruf" tätig.

Insoweit kann Teilhabe als Prozess verstanden werden, der Subjekte – egal, ob es sich z. B. um junge Menschen, Menschen mit Behinderungen oder wohnungslose Menschen handelt – dazu ermächtigt, ihre Interessen zur Sprache zu bringen, sich einzubringen und die eigene Lebenswelt aktiv zu gestalten. Teilhabe in diesem Sinne erfolgt damit im Spektrum einerseits (d. h. seitens der Gesellschaft) umfassender Aufmerksamkeit für die Interessen und Belange der Subjekte (z. B. durch eine achtsame Soziale Arbeit, die deren Bedürfnisse kennt) und andererseits (d. h. seitens des Subjekts) der Wahrnehmung der Möglichkeiten zur Beeinflussung der eigenen Lebenswelt durch Prozesse politischer Mitbestimmung (z. B. in Form von Bürger*innen-Beteiligung auf lokaler Ebene) und soziale Mitwirkung (z. B. in Form von Selbsthilfe oder Selbstorganisation in der Kommune). Es geht also darum, durch Teilhabe ein solidarisches Miteinander zu fördern und den Anliegen ausgegrenzter Bevölkerungsgruppen wieder eine Stimme zu geben. Angebracht scheint es, dann von einer umfassenden Inklusion zu sprechen (ein Begriff, der abzusetzen ist von dem ebenfalls in der Diskussion befindlichen Begriff der Inklusion von Menschen mit Behinderung, meint doch der auf Teilhabe bezogene Begriff der Inklusion das umfassendere Verständnis, das auch Menschen mit Behinderung einbezieht).

## 6.4 Stärkung der Menschen: durch Bildung zur Befähigung beitragen

Unter *Bildung* wird allgemein die Gewinnung von Individualität und Gemeinschaftlichkeit, die Förderung der Eigenständigkeit und Selbstbestimmung eines Menschen durch intensive gedankliche Auseinandersetzung mit der Umwelt verstanden (vgl. Raithel/Dollinger/Hörmann 2007: 36) – ein Prozess, der zur Ausbildung einer grundlegenden Haltung eines Menschen zu sich selbst und der Welt und zur Befähigung führt, sich dort zurechtzufinden.

Die Bedeutung kontinuierlicher Bildungsprozesse ist in den vergangenen Jahren mehr und mehr in den Vordergrund gerückt, denn umfassende und fortwährende (lebenslange) Bildung (als Aneignung von Wissen und Kompetenzen) wird als wichtige Voraussetzung für den beruflichen wie gesellschaftlichen Erfolg bezeichnet (um „klarkommen" zu können). Damit ist eine schleichende Ökonomisierung der Bildung verbunden, die auf die Aneignung von „verwertbarem" Wissen (verbunden mit formalen Bildungszertifikaten über den Qualifikations- bzw. Wissenserwerb) abzielt: Es geht immer mehr darum, das fachliche Wissen beständig zu erweitern und sich neue Kompetenzen anzueignen, die zur *Beschäftigungsfähigkeit* beitragen. Bildung in diesem neuen Verständnis bringt dadurch soziale Differenz zum Ausdruck, indem sie (durch Zeugnisse bestätigt) einerseits Karriere- und Lebensmöglichkeiten eröffnet oder verschließt (z. B. ein Studium ermöglicht) oder andererseits als Investition (als Folge hohen Aufwands und gering eingeschätzten Nutzens) z. B. von Menschen mit geringen oder gebrochenen Bildungserfahrungen nur wenig geschätzt bzw. kaum genutzt wird.

Diese allmähliche Umdeutung des hergebrachten Bildungsverständnisses in einen die persönliche Beschäftigungsfähigkeit sichernden und soziale Differenz bestätigenden Wissenserwerb fordert die Soziale Arbeit heraus, ihren eigenen auf das Subjekt bezogenen Bildungsbeitrag klarer auszugestalten und sich von den Bildungsvorstellungen anderer Institutionen (z. B. von Schule) abzusetzen: Nicht um formales Wissen (das z. B. in der Schule erlernt wird) soll es in der Sozialen Arbeit gehen, sondern um die aktive Aneignung von Wissen zur Bewältigung des Alltags (z. B. um das Repertoire möglicher Handlungsweisen zu erweitern, z. B. ein Anliegen zu bewältigen). Bildung zielt danach auf die am Subjekt orientierte Erschließung der Welt und ist auf die Entwicklung von bewusstem und (selbst-)gestaltetem Leben (z. B. im Umgang mit anderen Menschen, im Verhältnis zur eigenen Lebensführung und -bewältigung, in der Beziehung zur Lebenswelt und in der Auseinandersetzung mit den dort herrschenden [sozialen, politischen] Bedingungen) ausgerichtet. In Bildungsprozessen muss Soziale Arbeit daher Menschen Raum dafür geben, in ein kritisches Verhältnis zu den gesellschaftlichen Lebensbedingungen zu treten.

Daher werden in der Sozialen Arbeit insbesondere nicht-formelle Bildungsprozesse (d. h. nur wenig strukturierte und freiwillig in Anspruch zu nehmende intendierte Bildung außerhalb von Schule) und informelle Bildungsprozesse (die eher „beiläufig" z. B. in sozialen Gruppen erfolgen und nicht intendiert sind) favorisiert. Bildung ist in diesem Sinne durch vielfältige partizipative Elemente bzw. Zugänge, eine Wandlung von fremdgesteuerten hin zu selbstorganisierten Lernprozessen an neuen Bildungsorten (z. B. der Treffpunkt einer Clique Jugendlicher) ortsnah und niedrigschwellig (d. h. ohne besondere Zugangsvoraussetzungen) gekennzeichnet. Sie dient der Teilhabe an den Chancen einer sich digitalisierenden Gesellschaft (z. B. die Verfügbarkeit von online-Bildungsangeboten, Kommunikation und Vernetzung zwischen Menschen via Social Media) wie sie als soziale Bildung zur Teilhabe durch Verantwortungsübernahme im sozialen Nahraum einlädt (was z. B. bedeuten kann, Menschen anzuregen, zu beraten und organisatorisch zu begleiten, einen Bolzplatz für Kinder des Quartiers zu beaufsichtigen und „in Schuss zu halten"). Sie dient dazu, individuelle Lösungsstrategien für alltägliche Situationen und Herausforderungen erwerben zu helfen. Soziale Kompetenzen (z. B. Kommunikationsfähigkeit, Respekt und Toleranz zu entwickeln), die Fähigkeit zur Zusammenarbeit (Teamfähigkeit) und selbstorganisierter Wissenserwerb (Wissen einordnen und Erfahrungen reflektieren zu können) haben eine vorrangige Bedeutung (vgl. Runge 2013: 398).

## 6.5  Förderung des sozialen Wandels: Soziale Vielfalt sichern

Die grundlegende Orientierung, Soziale Arbeit habe dazu beizutragen, dass alle Menschen unabhängig von ihrer je gegebenen Verschiedenheit, der unterschiedlichen sozialen, regionalen, nationalen, religiösen und kulturellen Herkunft, unterschiedlichen Fähigkeiten und Beeinträchtigungen gemeinsam leben, lernen und arbeiten (mit der IFSW: dass „*die Achtung der Vielfalt*" eine der „*Grundlagen der Sozialen Arbeit*" bildet), macht die Ermöglichung und Gewährleistung sozialer Vielfalt zu einem weiteren Ziel (vgl. dazu Faas/Zipperle 2014 sowie die Beiträge in Spatscheck/Thiessen 2017).

Soziale Vielfalt bedeutet zunächst einmal ganz unabhängig von den Überlegungen zur Sozialen Arbeit, anzuerkennen, dass insb. vier Prozesse des sozialen Wandels relevant geworden sind:

- *Migration:* Es hat sich eine durch Migration gekennzeichnete Gesellschaft entwickelt, in der Menschen verschiedener Ethnien, Kulturen, sozialer Milieus, Religionen und Sprachen ihre Lebenswelt gefunden haben und stets neu (z. B. als Flüchtlinge) finden müssen (vgl. den Gastbeitrag von *Rahim Hajji*): Menschen haben dann einen Migrationshintergrund, wenn sie selbst oder ein Elternteil nicht mit deutscher Staatsbürgerschaft geboren wurde. 2016 lebten in Deutschland rd. 18,6 Mio. Menschen mit Migrationshintergrund (und 63,9 Mio. Menschen ohne). Dabei handelte es sich um 1,37 Mio. in Deutschland geborene und 7,50 Mio. zugewanderte Ausländer*innen sowie um 5,14 Mio. in Deutschland geborene und 4,47 Mio. zugewanderte Menschen mit deutscher Staatsangehörigkeit (vgl. Nier 2017, Die Zeit 1. Aug. 2017).

- *Infragestellung gewohnter Geschlechterverhältnisse:* Die „klassische" Differenz von Frau und Mann als biologischen Geschlechtern trägt der Wirklichkeit anderer Geschlechtskonstruktionen, verbunden mit Konzepten von Gender (als Kritik traditioneller Geschlechterrollen), Transgeschlechtlichkeit (der Vielzahl geschlechtlicher Ausdrucksweisen und Identitäten) oder Queer (und damit der Ablehnung heterosexueller Geschlechterrollen und -normen), nicht mehr Rechnung: Auch faktische Verhältnisse der Ungleichheit zwischen Männern und Frauen bleiben damit nicht mehr länger unhinterfragt oder gar akzeptiert, z. B. wenn Frauen über den Lebensverlauf hinweg weniger Einkommen erzielen (so war 2016 war der durchschnittliche Bruttostundenverdienst von Männern um 21% höher als der von Frauen [vgl. BMFSFJ/Pressemitteilung 19/2017, Suhr 2017]).

- Im Zuge der gesellschaftlichen Individualisierung (LE 5) haben sich vielfältige und *zueinander kontroverse Praxen der alltäglichen Lebensführung* entwickelt, die nicht mehr auf ein vorherrschendes Modell als „normal" bezeichneten Lebens reduziert und hierdurch beschränkt werden können: Durchgesetzt hat sich ein neues Verhältnis zur Sexualität (das nicht mehr beschränkt ist auf die Ehe) und Partnerschaft: die „Normalfamilie" (bestehend aus lebenslang verbundenen Ehepartnern und eigenen Kindern) ist überholt, gleichgeschlechtliche Lebensgemeinschaften, Ein-Elternschaft (Alleinerziehung) oder sog. Patchwork-Familien (mit Kindern aus verschiedenen Partnerschaften) gelten als selbstverständlich. Verschiedene Modelle der Lebensführung (z. B. mit Phasen starker Einbindung in berufliche Prozesse einerseits und „Sabbatjahr" und anderen Formen beruflicher Auszeit andererseits) sind möglich (wodurch auch die starke Orientierung auf die Berufsarbeit eine Relativierung erfährt), das Experiment mit verschiedenen (z. T. gegensätzlichen) kulturellen Stilen und Ausdrucksmöglichkeiten in einzelnen Passagen der eigenen Biografie (sich heute als Punk zu inszenieren und morgen mit der Manga-Kultur zu identifizieren) gilt als legitime Form der öffentlichen (sichtbaren) Selbstdarstellung und auch der Umgang mit dem eigenen Körper (z. B. Herstellung sichtbarer Unverwechselbarkeit durch Tattoos) und der eigenen Gesundheit (z. B. vegane Ernährungsweise, Aufrechterhaltung körperlicher Fitness) drückt den sozialen Wandel aus.

- Ein Leben mit *Behinderung* (bzw. Einschränkung oder Handicap) stellt keine Begründung mehr für eine eingeschränkte Teilhabe dar und wird stattdessen als gleichberechtigt und möglich betrachtet.

Soziale Vielfalt bringt unterschiedliche Überlegungen zusammen, insbesondere drei (Schlüssel-)Konzepte:

- *Diversität*, womit die grundsätzliche Anerkennung und Wertschätzung von Unterschiedlichkeit (z. B. in Bezug auf das Geschlecht, die Herkunft, die Kultur, aber auch im Blick auf berufliche Werdegänge, Traditionen, Milieus, [Sub-]Kulturen) gemeint ist. Insoweit stellt Diversität eine grundlegende Haltung dar, die Andersartigkeit nicht als etwas Störendes versteht, sondern auch die Ressourcen sieht, die damit gegeben sein können (z. B. Schwierigkeiten aus einem anderen kulturellen Blickwinkel zu betrachten, andere Muster der Konfliktbewältigung einzubringen oder Unterstützung anzubieten, die sich aus anderen religiösen Motiven ergeben kann), und es handelt sich um eine Haltung, die prinzipiell antidiskriminierend ist, also jedwede Benachteiligung und Ausgrenzung aufgrund von Andersartigkeit ablehnt und deren Berechtigung im Rahmen der (z. B. politischen) Möglichkeiten der Sozialen Arbeit bestreitet (vgl. Mecheril/Plößer 2011, Kniephoff-Knebel 2014).
- *Gender* diskutiert, dass Geschlecht nichts Naturgegebenes und Statisches, sondern Resultat einer Konstruktion (d. h. einer geistigen oder emotionalen Produktion) ist. Differenziert werden *Sex* als biologisches Geschlecht und *Gender* als soziale und kulturelle Konstruktion (vgl. Heite 2012), die sich z. B. in Traditionen äußern kann, was als männlich bzw. als weiblich zu gelten, wie eine Frau, wie ein Mann zu sein hat. Unterschiede zwischen Frau und Mann wurden in verschiedenen historischen Epochen unter bestimmten gesellschaftlichen Bedingungen kulturell verankert; sie werden (z. B. im Blick auf Hierarchien, Machtverhältnisse, angeblich „legitime Ungleichheit", die sich z. B. in unterschiedlicher Entlohnung von Männern und Frauen zeigt) verinnerlicht. Aus einer zunehmenden Kritik am Zwang zur eindeutigen Festlegung von Menschen auf weiblich oder männlich entwickelte sich seit den 1990er Jahren u. a. die sog. Queer-Bewegung, die von einer Vielfalt der Geschlechter zwischen bzw. jenseits der traditionellen binären Differenz von männlich und weiblich – bzw. entweder männlich *oder* weiblich – ausgeht (vgl. insg. Böhnisch/Funk 2002, Frey Steffen 2006, Czollek/Perko/Weinbach 2009). Im Konzept des Undoing Gender werden z. B. die Zuschreibungen stereotyper Geschlechterrollen problematisiert, um sie zu überwinden, z. B. indem Jungen mit ihrem machohaftem Verhalten konfrontiert

und sie befragt werden: „Warum machst Du das? Was bringt Dir das? Was passiert, wenn du deine Sprüche (oder was auch immer) einfach mal bleiben lässt? Bist Du dann ein Loser? Probier's doch, Feigling! Das kann nämlich Vorteile haben. Guck halt mal, wenn du den Mut hast!" Solche Konfrontationen geschehen in der Absicht, Subjekten „so die größtmögliche Gestaltungsmöglichkeit ihrer selbst zu bieten" (Löcherbach/Puhl 2016: 155).

Der gleichberechtigten Berücksichtigung der Belange von Männern und Frauen, Mädchen und Jungen versucht das Konzept *Gender Mainstreaming* Rechnung zu tragen, das seit 1999 in den Mitgliedsstaaten der Europäischen Union in allen öffentlichen Einrichtungen und Dienstleistungen umgesetzt werden muss. Als Querschnittsaufgabe zu verstehen (und nicht zwingend als Aufgabe, z. B. spezielle Leistungen für Männer oder Frauen zu entwickeln) soll es dazu beitragen, die besonderen Lebenslagen der Geschlechter zu berücksichtigen. Geschlechterdifferenzierungen sollen sich damit auch im professionellen Handeln Sozialer abbilden und in ihren Planungen und Konzeptionen berücksichtigt werden.

- *Inklusion* meint Einbeziehung und unbedingte Zugehörigkeit, indem Barrieren abgebaut und soziale Institutionen zugänglich gemacht werden (vgl. Niehoff 2011: 447) und ist als Menschenrecht zu verstehen, was sich auch in der UN-Behindertenrechtskonvention (2009) ausdrückt: Als dort nicht weiter konkretisiertes Leitideal verpflichtet die Konvention Deutschland, unter Berücksichtigung der nationalen Gegebenheiten und Besonderheiten eine inklusive Gesellschaft zu entwickeln, damit alle Menschen trotz ihrer Verschiedenheit, unabhängig von Herkunft, Fähigkeiten und Behinderung oder Beeinträchtigung gemeinsam leben, lernen und arbeiten können. Nach diesem Verständnis werden Behinderungen bzw. Beeinträchtigungen nicht von vornherein als defizitär oder negativ betrachtet, sondern als normaler Bestandteil menschlichen Lebens; das Leben mit Behinderungen und die durch eine Beeinträchtigung bedingten besonderen Lebensformen werden als Ausdruck sozialer Vielfalt anerkannt.
Inklusion geht über Integration hinaus: Während unter Integration v. a. die Wiedereingliederung von Menschen mit Behinderung in bestehende (und damit unveränderte) gesellschaftliche Verhältnisse verstanden wird, weist Inklusion auf die Notwendigkeit hin, diese Strukturen so umzugestalten, dass die gesellschaftliche Teilhabe durch alle (und damit unabhängig von einer Behinderung oder Beeinträchtigung) möglich wird (vgl. Bendel 2005).

Inklusion bedeutet nicht, z. B. eine Einrichtung der Kinder- und Jugendarbeit nur als Ort zu verstehen, in die auch Jugendliche mit Behinderungen zu integrieren sind (indem zwar bauliche Hemmnisse, z. B. für auf
einen Rollstuhl angewiesene Jugendlichen, beseitigt werden, sie sich aber
ansonsten sich den dort herrschenden Bedingungen anzupassen haben).
Vielmehr ist die Einrichtung so auszugestalten, dass dort alle Kinder und
Jugendlichen ihren gemeinsamen Raum finden (und auch Beeinträchtigungen keine Rolle mehr spielen), sie dabei erfahren, wie sie sich auf die
verschiedenartigen Bedürfnisse einstellen können gegenseitig von- und
miteinander von den besonderen Fähigkeiten aller profitieren. Damit ist
im Verständnis von Inklusion auch immer der Gedanke eingebunden,
dass es um die Gestaltung einer Gesellschaft geht, die Vielfalt schätzt und
anerkennt, und die dadurch gerechter wird (vgl. Felder 2014: 127 f., Hinz
2006: 97ff.).

Soziale Vielfalt ist nicht einfach; sie stellt an sich eine permanente Infragestellung des Gewohnten, Althergebrachten und früher Selbstverständlichen
dar, was Menschen irritieren kann. Unmut richtet sich gegen eine wachsend
erlebte soziale Unsicherheit und (der sozialen Vielfalt zugeschriebene) gesellschaftliche Unübersichtlichkeit. Mit der Schnelligkeit der Prozesse des
sozialen Wandels halten die Einstellungen der Menschen nicht immer
Schritt; subjektive Theorien dienen dazu, Erklärungen und Gründe für Urteile (z. B. über Andere, Fremdes und Neues oder die Ablehnung bestimmter
Formen der Lebensführung) zu konstruieren. Dabei spielen „Bilder" (Texte,
Filme, Musik Werbung, Schlagzeilen, Blogs etc.) eine Rolle, die Menschen
alltäglich erfahren und ihnen vermitteln (bzw. bei der Konstruktion subjektiver Theorien helfen), was in dieser Gesellschaft als „normal" gilt, was anstrebenswert ist und was als „abnorm" gilt und vermieden werden muss. So
kann z. B. die Migration von Flüchtlingen dazu beitragen, dass durch sie das
Vertraute (etwa durch ihre Lebensführung) in Frage gestellt wird, wodurch
subjektive „Wirklichkeiten" entstehen, die das Gefühl kennzeichnet,
schlechter als die Flüchtlinge behandelt zu werden. Ausgeblendet bleibt die
alltägliche Lebensführung der Flüchtlinge (dass sie in Behelfsunterkünften
auf engem Raum leben müssen, ihre Kinder anfänglich keine Kindertages-
stätte oder Schule besuchen können und ihre Tage vom Warten auf eine
Entscheidung über ihren Asylantrag oder von Konflikten unter den
Flüchtlingsgruppen geprägt sein können), in der subjektive Theorie ist dafür kein Platz.
Die wachsende Verbreitung rechtspopulistischer Einstellungen und Organisationen wird so zu einem sichtbaren Ausdruck der Infragestellung des

Anspruches auf eine vielfältige Gesellschaft: Sie Kräfte greifen den darin eingelagerten Unmut auf, nennen einfache Lösungen und versprechen eine Rückkehr zu einer weniger vielfältigen und damit zugleich weniger unübersichtlichen Gesellschaft. Untersuchungen zeigen einen wachsenden Anteil von Anhängern eines „marktförmigen Extremismus", der (ganz im Sinne des Konzept der Leistungsgerechtigkeit) u. a. durch Wettbewerbsideologie und ökonomistische Werthaltung gekennzeichnet und mit der rechtsextremen Abwertung gegenüber Gruppen verbunden ist, die ökonomisch als unprofitabel oder nutzlos gelten (vgl. Rock 2016: 66f.). Diagnostiziert wird z. B. eine zunehmende Verbreitung von Einstellungen, die sich in der Ablehnung von Muslimen, Sinti und Roma und Asylsuchenden (d. h. in Form von Rassismus, Fremdenfeindlichkeit, Islamfeindlichkeit, Antisemitismus, Antiziganismus) sowie der Abwertung von Wohnungslosen, Langzeitarbeitslosen, armen Menschen, Menschen mit Behinderung und Homosexuellen (d. h. als gruppenbezogene Menschenfeindlichkeit) zeigen. 50% einer Befragung gaben 2015 z. B. an, sich angesichts vieler Muslime manchmal wie Fremde im eigenen Land zu fühlen (2014: 43%). Knapp die Hälfte (49,6%) stimmte zudem zu, dass Sinti und Roma aus den Innenstädten verbannt werden sollten, und als „ekelhaft" empfanden es 40% (2011: 25,3%), wenn sich Homosexuelle in der Öffentlichkeit küssen (vgl. Die Welt 15. Juni 2016). Andere Daten verweisen darauf, dass die Situation am Arbeitsplatz (u. a. das „Gefühl von Kontrollverlust und Ausgeliefertsein" z. B. aufgrund des technisches Wandels) eine Rolle spielt, ob Menschen (unabhängig von Einkommen, beruflicher Position oder Alter) eher rechtspopulistische Organisationen unterstützen. Selbst wenn ihre wirtschaftliche Situation positiv ist, wird ihre Wahrnehmung durch solche Sorgen geprägt. Es kommt nicht auf die objektive soziale Lage an, sondern v. a. darauf, wie diese subjektiv wahrgenommen wird; nicht Arbeitslosigkeit an sich ist demnach entscheidend, sondern die Angst davor (vgl. Lauter 2017).

## Gastbeitrag – Rahim Hajji[6]: Migration

Zum Begriff Migration existieren sehr unterschiedliche Definitionen, die abhängig sind von den Institutionen, den Handlungsfeldern und den wissenschaftlichen Ansätzen, die sich mit dem Phänomen der Migration beschäftigen. Als Beispiel sei erwähnt, dass die UNO von Migranten spricht, wenn es sich hierbei um Menschen handelt, die temporär oder dauerhaft in einem Land leben und in diesem bedeutsame soziale Bindungen pflegen in welchem sie nicht geboren worden sind (Uno Glossory 2016). Im Gegensatz dazu versteht das Statistische Bundesamt unter dem Begriff Migranten alle Menschen in Deutschland, die nach 1949 auf das Gebiet der Bundesrepublik eingewandert sind und unterscheidet dabei zwischen Menschen, die Migrationserfahrung gemacht haben von Menschen ohne Migrationserfahrung, die jedoch von Migranten (Eltern bzw. zum Teil auch Großeltern) abstammen oder über eine ausländische Staatsbürgerschaft verfügen (Statistisches Bundesamt 2015). Unter Verwendung der Definition weist das Statistische Bundesamt aus, dass jeder fünfte in Deutschland einen Migrationshintergrund hat.

Treibel differenziert zwischen einem älteren und einem neueren soziologischen Verständnis von Migration indem sie darauf aufmerksam macht, dass die binäre Vorstellung von Migration, die mit einer Auswanderung aus dem Herkunftsland und mit einer Einwanderung ins Aufnahmeland verbunden ist, in der gegenwärtigen Forschung durch die Vorstellung ersetzt wird, dass zu einem alten Lebensmittelpunkt ein neuer hinzukommt ohne dass die Bindungen zu dem alten Lebensmittelpunkt aufgelöst werden müssen (Treibel 2008). Die Idee kann in ihrer Pluralität weitergedacht werden, denn insbesondere transnational agierende Akteure (wie z. B. Experten, hochqualifizierte Arbeitskräfte, Saisonarbeiter) können unterschiedliche Lebensmittelpunktbezüge in der Vergangenheit und Gegenwart pflegen und damit multiple Formen der Inkorporation aufweisen.

Heckmann (2015) verweist darauf, dass es verschiedene Motive für die Migration gibt, die durch unterschiedliche rechtliche Rahmenbedingungen auch unterschiedliche Chancen auf Integration eröffnen. Er unterscheidet folgende Formen der Migration:
- internationale Freizügigkeit
- Arbeitsmigration
- Investorenmigration
- Familienmigration
- Einwanderung aufgrund von ethnisch Zugehörigkeit
- Bildungsmigration
- Fluchtmigration
- irreguläre Migration.

---

6   *Dr. Rahim Hajji* ist als Professor für Empirische Sozialforschung an der Hochschule Magdeburg-Stendal tätig. Seine Forschungsschwerpunkte liegen in der Integrations- und Migrationsforschung. Unter anderem erschien von ihm „Jenseits von Rif und Ruhr. 50 Jahre marokkanische Migration nach Deutschland". Kontakt: rahim.hajji@hs-magdeburg.de.

Ergänzend kann in Anlehnung an Treibel (2008) die saisonale Migration hinzugefügt werden und darüber hinaus lassen sich auch für die Fluchtmigration und für die irreguläre Migration unterschiedliche Motive anführen (politische, klimatische, wirtschaftliche etc.). Er macht darauf aufmerksam, dass häufig unterschiedliche Migrationsmotive für die Einwanderung gleichzeitig bestehen.

Die Migrationsforschung betrachtet mittlerweile Prozesse der migrantischen Selbst- und Fremdzuschreibung als Forschungsgegenstände mit der Konsequenz, dass die Nachkommen der Migranten in der Migrationsforschung untersucht werden, obwohl die Nachkommen möglicherweise gar nicht gewandert sind (ebd.).

Die Soziale Arbeit braucht für das Thema Migration eine Vorstellung und ein Verständnis darüber, welche Folgen und Konsequenzen sich aufgrund von vollzogenen oder wahrgenommenen Migrationsbewegungen für die Menschen ergeben. Die Abbildung zeigt aus einer systemischen Perspektive betrachtet die Komplexität der sozialen Folgen, die aus vollzogenen und wahrgenommenen Migrationsbewegungen resultieren können.

Migrationsbewegungen

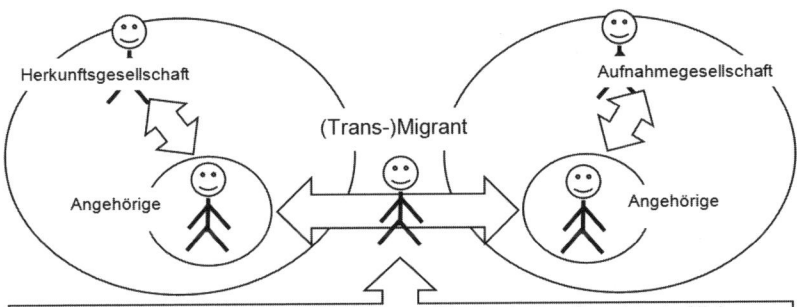

(eigene Darstellung)

Die Soziale Arbeit beschäftigt sich mit der Frage wie soziale Probleme im Dienste der Menschen bearbeitet werden kann, so dass sich die Lebensbedingungen für die Menschen verbessern. Migration wird in der Forschung häufig als eine Lösung betrachtet, um soziale Probleme zu bewältigen. Doch die Migration bietet nicht nur neue Lebensperspektiven sondern schafft unbeabsichtigt soziale Probleme in unterschiedlichen Handlungsfeldern der Herkunfts- und der Aufnahmegesellschaft.

Die Frage der sozialen Probleme die im Zusammenhang mit der Migration aufkommen lässt sich dabei nicht pauschal auflisten. Aus der Abbildung können jedoch die komplexen Zusammenhänge erahnt werden. Die Frage die sich stellt ist, unter welchen gesellschaftlichen Rahmenbedingungen werden Migranten in eine Gesellschaft formal (Aufenthaltserlaubnis, Anerkennung von ausländischen Bildungstiteln, Arbeitserlaubnis, Anspruch auf soziale Transferleistungen etc.) aufgenommen und welche Ressourcen (Alter, Bildungstitel, Gesundheitszustand), Dispositionen (Wertevorstellungen, Erfahrungswissen), Netzwerke (berufliche, familiale Netzwerke) werden in die Gesellschaft eingebracht bzw. anerkannt und wie reagiert das soziale Umfeld auf den Gewinn bzw. Verlust, wenn Migranten ankommen bzw. gehen.

Die Soziale Arbeit hat im Kontext von Migration(en) sehr unterschiedliche soziale Probleme zu bewältigen (Marschke/Brinkmann 2014). Migranten mit einem geringen sozio-ökonomischen Status sind generell wie die Einheimischen mit den sozialen Problemen in der Unterschicht konfrontiert. Dazu zählen beispielsweise Perspektivlosigkeit, Arbeitslosigkeit, ungünstige Wohnbedingungen, Missbrauch von Suchtmitteln, Gewalt- und Kriminalitätserfahrungen, fehlende Kompetenzen und fehlende Kenntnisse im Zugang zu und im Umgang mit sozialen Unterstützungsmöglichkeiten. Zusätzlich kommt aufgrund der Migrationserfahrung das fehlende aufnahmelandorientierte Wissen (Sprach- und Kulturkenntnisse, Zugang und Funktionsweise des Arbeitsmarkts, Gesundheit- und Bildungssystems etc.) hinzu. Fremdenfeindliche Reaktionen ggf. Gewaltausbrüche gegenüber Fremden weisen auf sozialarbeiterische Handlungsfelder hin, die auch bei den Aufnahmegesellschaft selbst ansetzen müssen.

Die im Zusammenhang mit der Migration entstehenden Probleme werden häufig kulturalisiert – zum Teil auch ungewollt in sozialen Unterstützungssystemen reproduziert (Hamburger 1990). Kulturalisiert heißt, dass die sozialen Probleme auf die Herkunftskultur der Einwanderer zurückgeführt wird ohne die sozialen Ursachen (soziale Ungleichheit u. ä.) als Bedingungen wahrzunehmen und zu diskutieren. Als Beispiel sei hier Salafismus als Handlungsvorstellung angeführt, die nach Ansicht von Kulturalisten ihren Ursprung im islamischen Kulturkreis haben. Jedoch sind salafistische Anhänger unter Berücksichtigung der sozialen Schichtung der Muslime nicht gleich verteilt, sondern kommen in der Unterschicht gehäuft vor. Dies steht im Widerspruch zu kulturalistischen Ansätzen. Es empfiehlt sich für Sozialarbeiter/innen immer, die sozialen Bedingungen für die sozialen Probleme zu sehen und die Ursachen nicht monokausal auf die Kultur zurückzuführen.

## 6.6 Anregungen zur Weiterarbeit

Fassen Sie die Darstellung dieser Lerneinheit (am besten nach einem Austausch in Ihrer Bezugsgruppe) wieder in einer Kernaussage zusammen! Klären Sie dabei unter Hinzuziehung des Gastbeitrages von *Rahim Hajji* auch, welche Relevanz das Thema „Migration" wohl künftig für den sozialen Wandel und die Soziale Arbeit haben wird!

Die Soziale *Birgit Witte* hilft Flüchtlingen beim Ankommen; dazu heißt es u. a.: „An der Tür hängt eine Karte, auf der steht: ‚Hilf dir selbst, sonst hilft dir ein Sozialarbeiter'. Witte lacht darüber, sie lacht überhaupt oft. […] Doch was auf dem Schild ironisch nach Drohung klingt, knüpft an die Kernfrage sozialer Arbeit an. Wie hilft man Menschen so, dass sie ihre Probleme selbst lösen können? Auf solche Fragen antwortet Witte mit einer Konzentration, die bemerkenswert ist in einem Arbeitsrhythmus, an dem Unterbrechungen das Verlässlichste sind. ‚Sozialpädagogik dient dazu, Menschen, die am sogenannten Rand der Gesellschaft stehen, gesellschaftsfähig zu machen‘, sagt sie. Sie selbst stehe durch das, was sie sei – gebildet, weiß, deutscher Pass, angestellt –, in der Mitte der Gesellschaft. Deswegen müsse sie bei ihrer Arbeit immer wieder hinterfragen: Ist das der richtige Weg? Wäre es nicht auch in Ordnung, die Leute so zu akzeptieren, wie sie sind? ‚Das ist wichtig, um nicht zu viel Druck aufzubauen auf Menschen, die völlig anders sozialisiert sind. Und um der Umwelt gewisse Dinge erklären zu können, sie um Zeit für Entwicklung zu bitten‘" (Schoener, J.: Mitgefühl, kein Mitleid; in: Die Zeit 20/2013 vom 26. Sept. 2013: 89).

Diskutieren Sie bitte in Ihrer Bezugsgruppe, was dies für die Soziale Arbeit bedeutet!

## 6.7 Literaturempfehlung

Eine gute Zusammenfassung relevanter Befunde zur Bildungssituation in Deutschland findet sich in Ausgabe 3/2014 der durch das Deutsche Jugendinstitut (DJI) herausgegebenen *DJI-Impulse: Bildung in Deutschland. Befunde und Perspektiven aus dem Bildungsbericht 2014*, München, DJI-Eigenverlag, 2014.

# 7    Mit wem hat es Soziale Arbeit zu tun?

Gegenstand der Lerneinheit: Der Frage nach den Zielgruppen der Sozialen Arbeit, die erreicht werden sollen, um deren *„existenzielle Herausforderungen zu bewältigen und das Wohlergehen zu verbessern"* (IFSW), ist die Frage nach den Umständen, unter denen sie alltäglich zurechtkommen müssen vorangestellt: Die gesellschaftlichen Rahmungen bestimmen ihren Alltag (LE 5), und die z. B. durch Alter, Geschlecht oder Ethnie geprägten Lebensverhältnisse und Handlungsspielräume (die den Subjekten Interessenentfaltung und Lebensperspektiven ermöglichen) sind von Bedeutung, das Leben zu bewältigen. Wer braucht also Soziale Arbeit?

## 7.1    Alltag

Alltag „ist die Wirklichkeit der je eigenen, also subjektiven Erfahrung von Raum, Zeit und sozialen Beziehungen", es ist „die Wirklichkeit des Selbstverständlichen, des Vertrauten, der Nähe, in der Menschen sich herausgefordert und zugehörig wissen", um die es einem Menschen geht (Thiersch 2009a: 122f.). In die Aufmerksamkeit Sozialer geraten damit die persönlichen Schwierigkeiten und sozialen Konflikte der Subjekte sowie deren Versuche, sie zu bewältigen, d. h. den Alltag für sich und auch für andere (z. B. die eigene Familie) organisieren zu können. Solche Schwierigkeiten äußern sich z. B. in gesundheitlichen Risikolagen, weil keine ausgewogene Ernährung finanziert werden kann, in Bewegungsmangel oder psychischen Belastungen sowie der Übernahme damit verbundener Bewältigungsstrategien durch die Kinder, dem Gebrauch legaler wie illegaler Drogen, Essstörungen oder Spielsucht. Gewalt und Vernachlässigung in Familien aufgrund von Erziehungsüberforderung, z. B. in Form beleidigender Schimpfwörter, Freiheitsentziehung (Haus-/Stubenarrest), körperlicher oder seelischer Vernachlässigung bis hin zur Kindesmisshandlung, und sexueller Missbrauch stellen andere Formen dar.

In der Art und Weise, solche Schwierigkeiten (wie auch immer) alltäglich in den Griff zu bekommen und das eigene Leben zu bewältigen, finden Subjekte und Soziale zusammen: *Lebensbewältigung* bedeutet das „Streben nach unbedingter sozialer Handlungsfähigkeit" und „nach subjektiver Handlungsfähigkeit in kritischen Lebenssituationen, in denen das psychosoziale Gleichgewicht – Selbstwertgefühl und soziale Anerkennung – gefährdet ist",

z. B. dann, „wenn die bislang verfügbaren personalen und sozialen Ressourcen für die Bewältigung nicht mehr ausreichen" (Böhnisch 2010: 223). Hierbei ergeben sich spezifische Risiken: die „Erfahrung des *Selbstwertverlusts* und die Suche nach Wiedergewinnung des Selbstwerts", die „Erfahrung des fehlenden *sozialen Rückhalts*", die „Erfahrung der *sozialen Orientierungslosigkeit,* des Sich-nicht-mehr-zurecht-finden-könnens", der „Sehnsucht nach *Normalisierung,* nach der Möglichkeit, aus dem Stress der Handlungsunfähigkeit und Desintegration herauszukommen und eine Balance von Handlungsfähigkeit und Integration zu erreichen" (Böhnisch 2008: 49f; Herv. i. O.). So entstehen aus der unvollständigen bzw. be- oder verhinderten Nutzung der im Alltag eines Menschen (noch) gegebenen Spielräume, das Leben anders und gelingender zu führen, die *Anlässe,* die an Soziale Arbeit adressiert werden.

## 7.2 Person werden: Identität entwickeln und Entwicklungsaufgaben meistern

Die Versuche der Lebensbewältigung bringen auch zum Ausdruck, was sich ein Subjekt durch Sozialisation und Erziehung (d. h. in der Entwicklung der eigenen *Biografie*) an persönlichen Erfahrungen, Vorwissen und Vorurteilen angeeignet hat:

- *Sozialisation* bezeichnet den Prozess, durch den ein Subjekt in eine soziale Gruppe eingegliedert wird, indem es die dort geltenden sozialen Normen (v. a. die an es gerichteten Rollenerwartungen, die hierzu erforderlichen Fähigkeiten und Fertigkeiten sowie die zur Kultur der Gruppe gehörenden Werte, Überzeugungen) erlernt, annimmt und in sich (meist unbewusst) aufnimmt und anwendet. Solche Verhaltensstandards, Werte, Überzeugungen und Einstellungen werden als die „eigenen" selbstverständlich internalisiert. Familie, soziales Umfeld, Schule und berufliches Umfeld wirken als Sozialisationsinstanzen und tragen somit direkt zum Aufbau des sozialen Selbst bzw. der sozialkulturellen Persönlichkeit (d. h. der *Identität*) bei (vgl. Klima 2007b: 605 f., Helsper 2010). Dass dabei von „lebenslanger Sozialisation" die Rede ist, verweist darauf, dass dieser Prozess nicht in der Kindheit und Jugend abgeschlossen wird, sondern während der ganzen Lebensspanne durch das Erlernen neuer Rollenanforderungen, das Verlernen und die Lösung aus den alten Rollen oder die Bewältigung von Identitätskrisen usw. erfolgt (vgl. Fuchs-Heinritz 2007a: 605f.).
- *Erziehung* ist von Sozialisation abzugrenzen: Erziehung beschreibt im

Unterschied zur Sozialisation den bewussten und gezielten Prozess der Einflussnahme erwachsener Menschen auf i. d. R. junge Menschen (in der Erwachsenenbildung auch den Erwachsener auf Erwachsene), während die Prozesse der Sozialisation auch unabhängig von erzieherischen Absichten relevant sind und über sie hinausgehen (vgl. Tillmann 2006: 461).

Dieses „Sozialwerden" im gesellschaftlichen System wird als *Enkulturation* bezeichnet, wobei zwei weitere Aspekte eine Rolle spielen: *Personalisation* meint die Selbstformung und -steuerung durch Lern- und Bildungsprozesse, d. h., dass ein Subjekt innerhalb und gegenüber allen sozialen Abhängigkeiten Spielräume gewinnt, die erforderlich sind, um sich gemäß den eigenen Wertmaßstäben selbstbestimmt in die soziokulturellen Normen der eigenen Umwelt (der Systemumwelt) einzufügen bzw. an deren Veränderung mitwirken zu können. *Individuation* beschreibt schließlich den gesamten Entwicklungsprozess zu einem einzigartigen Individuum (vgl. Raithel/Dollinger/Hörmann 2007: 59f.).

Enkulturation schließt Sozialisation und Erziehung (und damit auch Personalisation und Individuation) ein; es vermitteln sich dadurch (v. a. in der Kindheit und Jugend) die Werte und Normen, Rollenerwartungen und Handlungsmuster, die ihm zur Bewältigung des Alltags, zur Lebensbewältigung, zur Verfügung stehen werden. Sie sind es auch, die bestimmen, wie Subjekte die sich ihnen stellenden Anliegen und Notlagen wahrnehmen, wie sie diese erklären (bzw. Erklärungen konstruieren) und wie sie mit ihnen umgehen werden (ob sie sich einer Schwierigkeit stellen oder ihr, z. B. durch Flucht aus der Situation oder Verweigerung, ausweichen).

Normen, Rollenerwartungen und Handlungsmuster nimmt auch das von *Robert James Havighurst* (1953) formulierte Konzept der *Entwicklungsaufgaben* in den Blick, das Subjekt und Umwelt verbindet, indem es die im Prozess der Individuation zu erlangende individuelle Leistungsfähigkeit mit den gesellschaftlichen Anforderungen in Beziehung setzt. Entwicklungsaufgaben stellen sich in einer bestimmten Lebensphase (z. B. dem frühen Erwachsenenalter); der Grad der Bewältigung (ob erfolgreich oder misslingend) führt zur Erleichterung bzw. zu Schwierigkeiten bei der Bewältigung künftiger Aufgaben. Entwicklungsaufgaben ergeben sich aus der körperlichen Situation oder physiologisch-biologischen Veränderungen, aus kulturellen Normen und Erwartungen der Gesellschaft und aus individuellen Erwartungen und Wertvorstellungen. So zählt z. B. zu den Entwicklungsaufgaben im frühen Erwachsenenalter, u. a. einen Ehepartner zu finden, zu lernen, mit ihm zusammenzuleben, eine Familie zu gründen, die Auseinandersetzung mit der Mutter- bzw. Vaterrolle, das Großziehen der Kinder, der

Start ins Berufsleben oder der Aufbau eines Freundeskreis. 30- bis 60-jährigen stellen sich andere Entwicklungsaufgaben, z. B. den heranwachsenden Kindern zu helfen, glückliche Erwachsene zu werden, die Übernahme von Verantwortung in einem größeren sozialen, politischen Rahmen, das Erlangen und Erhalten einer befriedigenden Position im Berufsleben, die Entwicklung und Pflege von Freizeitaktivitäten, das Festigen der Beziehung zum Ehepartner oder die Unterstützung der eigenen Eltern.

Ein vergleichbares Konzept hat *Erik H. Erikson* (1970, 1973, 1988) vorgelegt, der die psychosozialen Phasen der Ich-Entwicklung beschreibt, in denen der Einzelne eine neue Orientierung zu sich selbst und zu den Personen seiner Umwelt findet. Auch er formuliert für jede Lebensphase (den „Stufen") Entwicklungsaufgaben, die gelingend oder misslingend bewältigt werden können. Mit jeder Stufe sind Schwierigkeiten der Bewältigung verbunden, die sich zu Krisen entwickeln können. Nur wenn die Krise bewältigt werden kann, ergibt sich eine neue Stufe mit neuen Entwicklungsaufgaben. Die erfolgreiche Bewältigung auch der Krisen hat die „gesunde Persönlichkeit" (Havighurst) zur Folge. Was aber in diesem Sinne als „erfolgreich" gilt, das wird kulturspezifisch – und insoweit durch die herrschenden gesellschaftlichen Verhältnisse (z. B. unter den Bedingungen der Individualisierung) – bestimmt.

Gesellschaftliche Bestimmtheit bedeutet in diesem Zusammenhang, dass gesellschaftliche Werte und Vorstellungen von „Normalität" (wie ein gelingendes Leben z. B. in der individualisierten Gesellschaft zu gestalten ist, wofür sich ein Mensch einzusetzen hat, was er tun muss, um den Erfolgsmaßstäben gerecht zu werden) die Entwicklungsaufgaben prägen (und sich damit zunächst einer bewussten Entscheidung entziehen, diesen „Normalvorstellungen" entsprechen zu wollen). Die Entwicklungsaufgaben können insoweit auch als *Lebensfahrplan*, d. h. als „Abfolge der sozialen Übergänge" (Schmidt-Denter 2005: 173), verstanden werden, als eine Reihe kleiner Schritte, die sich auf Wendepunkte oder Anforderungen beziehen, die sozial geschaffen, sozial anerkannt und gesellschaftlich aufrechterhalten werden.

## 7.2.1 Kindheit und Jugend

Havighurst unterscheidet vier Phasen der *Kindheit*. Die *frühe Kindheit* bis zu zwei Jahren wird z. B. durch Anhänglichkeit des Kindes und die Herausbildung motorischer Funktionen gekennzeichnet, während in der *Kindheit* (2 bis 4 Jahre) z. B. die (v. a. motorische) Selbstkontrolle, die Sprachentwicklung, Phantasie und Spiel relevant werden. Im *Schulübergang und frühen Schulalter* (5 bis 7 Jahre) werde die Geschlechtsrollen identifiziert, einfache moralische Unterscheidungen getroffen und das Spiel in Gruppen relevant. Im *Mittleren Schulalter* (6 bis 12 Jahre) geht es z. B. um soziale Kooperation, Selbstbewusstsein (Fleiß, Tüchtigkeit), den Erwerb der Kulturtechniken (Lesen, Schreiben etc.) sowie das Spielen und Arbeiten im Team. Entwicklungsaufgaben des Kindesalters sind der Aufbau von emotionalem Grundvertrauen, die Entwicklung der Intelligenz, motorischer und sprachlicher Fähigkeiten sowie grundlegender sozialer Kompetenzen.

*Jugend* differenziert sich entwicklungspsychologisch in die *Adoleszenz* (13 bis 17 Jahre), geprägt v. a. durch die körperliche Reifung, Gemeinschaft mit Gleichaltrigen und die Entwicklung sexueller Beziehungen, und die *Jugend* (18 bis 22 Jahre) mit der Autonomie von den Eltern, der Identität in der Geschlechtsrolle, der (Verinnerlichung/Internalisierung) moralischen Bewusstseins (was z. B. „gut" und „richtig" ist) und der Berufswahl. Entwicklungsaufgaben des Jugendalters bestehen in der Entwicklung intellektueller und sozialer Kompetenz, der eigenen Geschlechtsrolle und Partnerfähigkeit, der Herausbildung einer Fähigkeit zur Nutzung des Warenmarktes und der Entwicklung bzw. Übernahme eines Werte- und Normensystems (vgl. Quenzel/Hurrelmann 2014) im Kontakt mit i. d. R. verlässlichen Bezugspersonen (vgl. Huber 2011).

Die Bewältigung der Entwicklungsaufgaben in Kindheit und Jugend kann im Einzelfall Risiken ausgesetzt und in Frage gestellt sein, woraus sich Anlässe (Notlagen) ergeben, auf die die Soziale Arbeit – als Fall von Hilfe und Kontrolle (LE 9.4) – Bezug zu nehmen hat (siehe Kasten):

---

**Kindeswohlgefährdung**

„Schlagzeilen des Sommers: Ein 27-jähriger ist in Hamburg angeklagt, weil er ein Kleinkind, seinen 13 Monate alten Stiefsohn Tayler, zu Tode geschüttelt haben soll. In Augsburg verurteilt ein Gericht eine 29-jährige Mutter zu sieben Jahren Haft, weil sie ihr acht Monate altes Baby fast verhungern ließ. Es wog am Ende nur noch 3950 Gramm.

Das Grauen ist unfassbar – immer wieder kommt es zu Fällen tödlich endender Kindesmisshandlung. Aber allem Anschein nach werden die Jugendämter rascher alarmiert als je zuvor. Das Statistische Bundesamt in Wiesbaden berichtete am Dienstag, dass im Jahr 2015 rund 129 000 Verfahren zur Einschätzung der Gefährdung des Kindeswohls in den Jugendämtern eingegangen sind, ein Anstieg um 4,2% im Vorjahresvergleich, der höchste Wert seit der Einführung der Statistik 2012. Alarmierend: in bundesweit 20 800 Fällen stellten die Ämter eine akute Kindeswohlgefährdung fest – das ist ein Anstieg um fast zwölf Prozent. [...]

„Wir können aus den Zahlen nicht schließen, dass die Familien zunehmend schlechter mit ihren Kindern umgehen würden", sagt Heinrich Korn vom Stuttgarter Jugendamt, das ebenfalls steigende Fallzahlen beobachtet. Vielmehr werde dem Kinderschutz „immer mehr Aufmerksamkeit" geschenkt, sagt Heinrich Korn – auch durch die Institutionen. [...] Die große Mehrheit der betroffenen Kinder leidet an Vernachlässigung, gefolgt von psychischer Misshandlung (27%, körperlicher Qual (23%) oder sexueller Gewalt (4%). Mädchen und Jungen sind gleich stark betroffen (Kindeswohl – Jugendämter rascher alarmiert; in: Stuttgarter Zeitung vom 4. Oktober 2016).

Soziale Arbeit ist im Rahmen der Kinder- und Jugendhilfe verpflichtet, das Gelingen von Kindheit (und die Erziehung zu einer gemeinschaftsfähigen Persönlichkeit) durch geeignete Maßnahmen sicherzustellen bzw. bei Notlagen einzugreifen, wenn die Individuation von Kindern – wie im Beispiel der Kindeswohlgefährdung angedeutet – in Frage gestellt ist. Als Kindeswohlgefährdung wird eine gegenwärtig gegebene Gefahr gesehen, dass sich bei der weiteren Entwicklung eine erhebliche Schädigung des körperlichen, geistigen oder seelischen Wohls eines Kindes mit hoher Wahrscheinlichkeit abschätzen lässt. Das Grundgesetz formuliert in Verbindung mit dem Kinder- und Jugendhilfegesetz (SGB VIII) einen Schutzauftrag, durch den staatliche Institutionen beauftragt und befugt werden, in das durch die Verfassung geschützte Elternrecht einzugreifen (Art. 6 Abs. 2 GG: *Pflege und Erziehung der Kinder sind das natürliche Recht der Eltern und die zuvörderst ihnen obliegende Pflicht. Über ihre Betätigung wacht die staatliche Gemeinschaft*). Der Staat ist zum Schutz eines jeden Kindes verpflichtet. Die (engen) staatlichen Eingriffsrechte werden v. a. durch § 8a SGB VIII (für die Kinder- und Jugendhilfe) und § 1666 BGB (für das Familiengericht) legitimiert. Es ist dann Aufgabe des Jugendamtes und der mit der Wahrnehmung des staatlichen Wächteramtes beauftragten Fachkräfte (i. d. R. der Allgemeine Sozialdienst/ASD), diese Norm des Grundgesetzes in soziales Handeln Sozialer – im Verhältnis zum betroffenen Kinder, aber eben auch zu den Personensorgeberechtigten (siehe Kasten) – umzusetzen" (vgl. Schone 2016: 1112 f., Bathke 2016: 762; vgl. insg. Goldberg/Schorn 2011, Beckmann 2014).

**Abfolge zur Sicherung der Rechte des Kindes**

„Dabei lassen sich die geforderten Aktivitäten zur Verwirklichung der Rechte von jungen Menschen und ihren Eltern prinzipiell als hierarchisches System darstellen:
An oberster Stelle steht der Auftrag, dazu beizutragen, positive Lebensbedingungen für junge Menschen und ihre Familien sowie eine kinder- und familienfreundliche Umwelt zu erhalten oder zu schaffen (vgl. § 1 Abs. 3 SGB VIII).
Für alle Familien mit Kindern sollen dann Beratungs-, Unterstützungs- und Entlastungsangebote zur Verfügung stehen, die die Eltern bei der Erziehung unterstützen.
Für Familien in spezifischen Krisen- und Belastungssituationen gilt es darüber hinaus, ein besonderes Angebot zur Krisenbewältigung (zum Beispiel Beratung bei Prob-

lemen der Trennung und Scheidung, § 17 SGB VIII, Betreuung und Versorgung des Kindes in Notsituationen, § 20 SGB VIII) oder zur Hilfe zur Erziehung (§§ 27ff. SGB VIII) bereitzuhalten und im Einzelfall, wenn eine dem Wohl des Kindes entsprechende Erziehung nicht gewährleistet ist, ‚notwendige und geeignete' Hilfen zu entwickeln und anzubieten.

Wenn dennoch das Kindeswohl – trotz der Angebote und Leistungen der Jugendhilfe – gefährdet ist, müssen die Fachkräfte der Jugendhilfe prüfen (§ 8a Abs. 2 SGB VIII), ob es erforderlich ist, das Gericht einzuschalten, damit das staatliche Wächteramt ausgeübt werden kann. In Notfällen und bei Gefahr im Verzug kann die Jugendhilfe gem. § 42 SGB VIII (Inobhutnahme von Kindern und Jugendlichen) selbst die Existenzrechte des Kindes durchsetzen und sichern" (Schone 2016: 1113).

Weitere Anlässe, die Individuation von Kindern und Jugendlichen zu unterstützen, ergeben sich aus Entwicklungsaufgaben, sich z. B. in die Gemeinschaft einzubringen (unterstützt durch Leistungen der Kinder- und Jugendarbeit) oder die Berufswahl zu bewältigen (z. B. durch Angebote der Jugendsozialarbeit); die Entwicklungsaufgaben in Kindheit und Jugend haben ein differenziertes Repertoire an Hilfe und Unterstützung durch die Kinder- und Jugendhilfe (LE 11.1) zur Folge.

### 7.2.2 Erziehungs- und Berufsphase

Im *Frühen Erwachsenenalter* (23–30 Jahre) stellen sich z. B. Heirat, Geburt von Kindern, Arbeit/Beruf und die Entwicklung eines eigenen Lebensstils als Entwicklungsaufgaben, im *Mittleren Erwachsenenalter* (31–50 Jahre) sind es z. B. die Führung eines Haushalts, die Erziehung der Kinder und die Entfaltung der beruflichen Karriere. Im *Späten Erwachsenenalter* (das um das 50. Lebensjahr beginnt) sind die Energien auf neue Rollen zu lenken und eine Akzeptanz des eigenen Lebens bzw. eine Haltung zum eigenen Tod zu entwickeln. Die Entwicklungsaufgaben im Erwachsenenalter bestehen damit in der ökonomischen Selbstversorgung, der Familienbegründung und Wahrnehmung der Erziehungsaufgaben, der Teilnahme am Konsum- und Kulturleben und der politische Teilhabe.

Deutlich wird auch hier, dass es den „fertigen Erwachsenen", dessen Prozess der Person-Werdung vollendet ist, nicht geben kann: Immer wieder neu muss er sich mit sich verändernden Bedingungen der technischen und sozialen Umwelt auseinanderzusetzen. Die Arbeitswelt, ihre Inhalte und Zeitstruktur (mit der Folge einer starken Identifikation mit Berufsarbeit, beruflichem Erfolg und der Leistungsideologie der neoliberalen Gesellschaft) sind relevant für den Lebensstil, die Konsumgewohnheiten und die Lebensführung, und dies beeinflussen und verändern die Wertorientierungen, z. B. durch den Einfluss des beruflichen Werdegangs der Eltern auf die Lebensweise der Familie und die Sozialisation ihrer Kinder. Auf den Wert der Arbeit bezogene (ggf. z. B. durch die Erfahrung von Arbeitslosigkeit veränderte) Orientierungen, Werte und Normen werden damit auch an die Generation der Kinder weitergegeben (vgl. Heinz 1995: 11f.).

Aufgrund der technologischen Wandlungsprozesse ist das „klassische" Modell der linearen Berufsentwicklung (z. B. lebenslanges Tätigsein im selben Beruf und beim gleichen Arbeitgeber) abgelöst worden durch diskontinuierliche berufliche Verläufe, verbunden mit Phasen erzwungener Arbeitslosigkeit, verknüpft mit der Notwendigkeit, sich beruflich lebenslang weiterzubilden und auf neue Arbeitsbedingungen einzustellen. Die Furcht, arbeitslos werden zu können, rangiert deshalb in der Liste der Zukunftsängste Erwachsener weit oben. Erwachsene spüren eine diffuse (gesellschaftlich tabuisierte) Angst, der Lage nicht mehr gewachsen zu sein. Stattdessen müssen sie täglich beweisen, dass sie „mithalten" können und Probleme entweder nicht haben oder erfolgreich zu überdecken verstehen (vgl. Böhnisch 2008: 211–219, 242, 246).

Ähnlich bedeutungsvoll erweist sich das *Sozialsystem Familie* für die Entwicklung der eigenen Identität: Gesellschaftlich tief verankert ist das über Generationen entwickelte Bild der funktionierenden „Institution Familie", auch wenn viele Menschen – davon längst abweichend – offene Familienformen („ohne Trauschein") bevorzugen. Dennoch existieren manche Familien deshalb, weil dies „gesellschaftlich vorgegeben und deshalb in vielen Bereichen (Steuer, soziale Sicherheit) nützlich ist, auch wenn der damit verbundene funktionale Sinn und die Rollenzwänge nicht mehr von allen Familienmitgliedern geteilt werden" (ebd.: 231).

Gesellschaftlich normiert ist auch, dass Eltern für die optimale Entfaltung aller kognitiven und intellektuellen Potenziale ihrer Kinder zu sorgen haben. Deutet sich dabei ein Misslingen an, dann werden Eltern und Familien „schnell als defizitär dargestellt" (Jurczyk/Thiessen 2011: 337). Propagiert wird ein harmonisches, stabiles „Familienbild heiler Intimität", das aber nicht immer der Realität von Familien entspricht. Auch hier kann das Misslingen solcher Konstruktionen von gelingendem Familienleben aufgrund alltäglicher Überforderungen (erfolgreich zu sein, das Leben zu meistern, die Fassade der gelingenden Familie aufrechtzuerhalten) zu Anlässen (z. B. bei Trennung und Scheidung, Alleinelternschaft, Partnergewalt) führen, mit denen Soziale Arbeit konfrontiert ist (z. B. Trennungs- und Scheidungsberatung).

### 7.2.3 Nachberufsphase/Alter

Erikson schreibt dem *reifen Erwachsenenalter* (65 Jahre bis Tod) als letzter Entwicklungsphase die Aufgabe zu, den bisherigen Lebenszyklus als einmalig anzunehmen, für den es keine Alternative gab. Es geht also darum, das zurückliegende Leben mit allen positiven und negativen Aspekten und Erfahrungen zu akzeptieren.

Der Anteil dieser Menschen an der Gesamtbevölkerung wird deutlich steigen, d. h. von rd. 27% (2014) auf (so die demografische Prognose) 38% Menschen über 60 Jahren (2050). Zwischen 1990 bis 2014 betrug das Wachstum der Altersgruppe bereits 43%, bei einer Zunahme der Gesamtbevölkerung um lediglich 1,8% (vgl. destatis 2017, Nothofer/Venohr 2016). 2014 betrug die durchschnittliche Lebenserwartung bei Frauen rd. 82 und bei Männern rd. 78 Jahre, und auch hier ist davon auszugehen, dass sich die Lebenserwartung weiter erhöhen wird. Zugleich nimmt der Anteil der Menschen ab, die in der Lebensform der Ehe ins Alter kommen; neben einer sinkenden Heiratsneigung verweist dies auch auf die wachsende Instabilität der Ehe. So ist z. B. der Anteil der Verheirateten zwischen 40 und 54 Jahren zwischen 1996 und 2014 von 82,6% auf 67,4% gesunken, der Anteil Lediger hat sich in dieser Zeit verdoppelt. Dagegen wächst die Wohnentfernung zwischen Eltern und erwachsenen Kindern ständig, wobei die Kontakthäufigkeit und Beziehungsenge zwischen ihnen einstweilen noch stabil bleibt. Die Beziehungen zu Freund/inn/en (z. B. als Quelle von Rat und Trost sowie für soziale bzw. Freizeitaktivitäten) gewinnen damit an Bedeutung (vgl. DZA 2016: 29–34).

Solche Entwicklungen lassen vermuten, dass die Schwierigkeiten älterer Menschen tendenziell zunehmen werden, ihren Alltag im Alter bewältigen zu können, was durch die Herausbildung eines nennenswerten Anteils altersarmer Menschen (LE 5.3) noch verschärft werden dürfte. Neben Problemen der Pflege alter Menschen (die nicht primär ein Thema der Sozialen Arbeit sind) werden der misslingende Übergang aus der Berufstätigkeit (mit dem strukturierten, i. d. R. fremd- und durch den Arbeitsablauf bestimmten Tagesablauf) in die Nachberufsphase (die vollkommen der eigenen Entscheidung unterliegt, wo es keine strukturierenden Vorgaben mehr gibt) und die Vereinsamung im Alter zu Anlässen (z. B. die Suchtmittelabhängigkeit in den „Ruhestand" entlassener Männer) führen. Auch die in Frage gestellte gesellschaftliche Teilhabe alter Menschen (die in geeigneter Form an den Gestaltungs- und Entscheidungsprozessen ihres Gemeinwesens zu beteiligen wären) zählt zu den Themen der Sozialen Arbeit in einer alternden Gesellschaft.

## 7.3 Lebensbewältigung: Handlungsmächtig sein

Die Art und Weise, mit den in der Biografie gegebenen Risiken, Brüchen und den sich hierbei einstellenden Schwierigkeiten (Anlässen) umzugehen, wird als *Lebensbewältigung* beschrieben, d. h. als die höchst individuelle Art und Weise, mit den alltäglichen Entwicklungsaufgaben unter Berücksichtigung der Ansprüche der sozialen Umwelt und den gesellschaftlichen Erwartungen in der *Lebenswelt* fertig zu werden.

Unter Lebenswelt wird die Erfahrung eines verlässlichen und Sicherheit bietenden unmittelbaren Sozialsystems (v. a. in Familie, Nachbarschaft, aber auch das Gemeinwesen oder örtliche Gruppen) verstanden, in dem bestimmte Regeln, Strukturen und Abläufe stillschweigend gelten und die Grundlage für soziales Handeln bilden. Sie ist ein Gestaltungs- und Möglichkeitsraum (in dem der persönliche Lebensstil verwirklicht werden kann), und sie ist der „Ort" des Alltags. Die darin enthaltenen Handlungsspielräume (d. h. die den Subjekten verfügbaren materiellen, sozialen und kulturellen Ressourcen) ermöglichen den Menschen eine Lebensperspektive. Lebensbewältigung stellt das Streben nach unbedingter sozialer Handlungsfähigkeit in der Lebenswelt und die zu entwickelnde Befähigung dar, in offenen und unklaren Situationen angemessen handeln zu können (vgl. Böhnisch 2010: 223, Grunwald/Thiersch 2004b: 15, sowie ausf. Böhnisch 2016).

Das Alltagsleben und die gezielte Planung der eigenen beruflichen und familialen Biografie wird als *Lebensführung* bezeichnet. Sie stellt sich als Abfolge von Tätigkeiten dar, die jeden Tag und immer wieder zu erledigen sind (z. B. Aufgaben des täglichen Lebens, wie Einkäufe, Körperpflege, Reinigung der Wohnung u. ä.), aber auch eine z. T. komplexe Organisation zur Folge haben (z. B. Arbeit, Freizeit, Sport, die Gestaltung der Beziehungen zu anderen bzw. die Selbstdarstellung gegenüber anderen). In der Lebensführung bilden sich auch die gesellschaftlichen Erwartungen ab, denen das Subjekt zu entsprechen hat, wenn es mit seinem individuellen Lebensentwurf nicht scheitern will (bzw. wie eine einigermaßen „sichere" Lebensführung auszusehen hat, wenn es gesellschaftlich erfolgreich sein will).

In der Lebensführung bündeln sich damit Sozialisation und Erziehung, Individuation und Enkulturation, Entwicklungsaufgaben und Lebensbewältigung – all das, was sich ein Mensch angeeignet, verinnerlicht und gelernt hat, auch, wie Schwierigkeiten anzugehen sind: Sie ist damit als Handeln zu verstehen, mit dem der einzelne Mensch sein Leben auf der Grundlage individueller Wertmuster und Präferenzen organisiert und so „ein mit subjektivem Sinn ausgestattetes Ganzes" (Feldhaus u. a. 2009: 192) schafft, dabei aber zugleich auch auf die Gesellschaft reagiert, indem er gesellschaftlichen Verhältnissen und Ansprüchen entspricht, z. B. sich im Konsum (dem Erwerb und Gebrauch etwa von Kleidung oder Ausstattung) selbst inszeniert. Dieses „Ganze" korrespondiert mit der Ausgestaltung von *Lebensstilen*. Im Lebensstil betont ein Mensch (auch bewusst öffentlich sichtbar) seine Unverwechselbarkeit. Lebensstile bilden historisch (in der Familiengeschichte) und biografisch (dem eigenen Leben) gewonnene Erfahrungen und Überzeugungen ab. Durch die sichtbaren Zeichen der Körpergestaltung (v. a. Kleidung, Frisur, Schmuck, Tattoos und Piercings) machen Menschen ihren gesellschaftlichen Platz deutlich (vgl. Villa 2017), ebenso durch bestimmte kulturelle Praktiken (z. B. die Wohnungseinrichtung), die Zugehörigkeit zu stilprägenden Subkulturen, die Präferenz für Musikrichtungen, Sportarten, Automarken u. ä. oder die Radikalität des Auftretens in Abgrenzung zu anderen (z. B. Fremdenfeindlichkeit und Rassismus). Es handelt sich um Hinweise auf Lebensstile, die in die Lebensführung integriert werden. Der Lebensstil wird zum Ausdruck davon, (i. d. R. unbewusst) den herrschenden gesellschaftlichen Erwartungen zu entsprechen, also unverwechselbar (individuell) und sichtbar zu sein, *klarzukommen*.

Dabei hängt das Gelingen der Lebensführung auch davon ab, wie engagiert, d. h. wie motiviert die alltägliche Lebensbewältigung angegangen wird (vgl. dazu Schlag 2004: 11–18). Ausdauer und Nachdruck motivierten Handelns werden dabei u. a. durch die subjektive Attraktivität und Erreichbarkeit des jeweils angestrebten Ziels bestimmt. Auch das Vermeiden eines als unerfreulich erlebten Zustandes kann ein attraktives Ziel sein, und wiederholte Misserfolgserfahrungen führen tendenziell eher zu pessimistischen und ängstlichen Erwartungen, zu „erlernter Hilflosigkeit": Durch Stress oder Scheitern geprägte frühere Erfahrungen versperren den Zugang zu möglichen Bewältigungsmöglichkeiten. Die Motivation, eine Schwierigkeit angehen zu wollen, wird fraglich, und die Schwierigkeiten (d. h. alltäglicher Stress) in der Lebensführung nehmen zu. Erlernte Hilflosigkeit kann positiv gewendet werden, indem die Situation differenziert betrachtet wird, wenn Defizite ausgeblendet und Kompetenzen betont werden. Dies wird leichter, wenn dabei (bislang verborgene, nicht wahrgenommene) Ressourcen als Hilfen verfügbar gemacht werden können.

## 7.4 Lebensbewältigung: Über Ressourcen verfügen

Soziale Arbeit geht davon aus, dass Menschen *immer* über eigene Möglichkeiten verfügen, mit ihren Anlässen umzugehen, Anliegen zu klären oder Notlagen zu bewältigen, auch dann, wenn die alltägliche Lebensführung misslingt und die Erfahrung des Scheiterns nachhaltig demotivierend wirkt. Es geht dabei immer auch um Ressourcen, die aktiviert werden (müssen), um *Anlässe* bearbeiten zu können. Diesen Ressourcenoptimismus zu entwickeln (also davon überzeugt zu sein, dass ein Subjekt aufgrund eigener Ressourcen in der Lage sein wird, sein Leben zu bewältigen), zeichnet Soziale Arbeit (trotz durchaus gegebener gegenteiliger Erfahrungen) aus.

Unter *Ressourcen* werden „Mittel, Gegebenheiten oder Merkmale" verstanden, die Subjekte in ihrer Lebensführung brauchen und zur Lebensbewältigung einsetzen, um persönliche und gemeinschaftliche Bedürfnisse und Ziele zu verfolgen und zu erfüllen; außerdem werden Ressourcen eingesetzt, um andere zu erhalten, sie zu erweitern oder auch um Ressourcen mit anderen Menschen zu tauschen (vgl. Knecht u. a. 2014: 109).

Der Gedanke, der in den Subjekten selbst vorhandenen Ressourcen, lässt sich schon bei *Maria Montessori* wahrnehmen. Ganz im Sinne der reformpädagogischen Überzeugungen ging sie davon aus, dass ein Kind immer nach Unabhängigkeit (Freiheit) vom Erwachsenen strebt und dabei von einem Lernwillen geprägt ist, der sein Streben nach Autonomie unterstützt. Dabei richte sich das Interesse des Kindes zielstrebig auf die Gegenstände, die es jeweils für sein geistiges Wachstum braucht. (Wissenschaftlich geprägte) Erziehung bestehe darin, die in jedem Kind wirkenden Entwicklungsgesetze aufzudecken und das praktische erzieherische Handeln darauf aufzubauen, um so kindliches Lernen ohne autoritären Drill und festgelegte Stundenpläne zu ermöglichen (vgl. Böhm 2003: 82). Die Bedürfnisse, Talente und Begabungen des einzelnen Kindes stehen im Mittelpunkt, Leitmotiv habe die natürliche Freude des Kindes am Lernen – sozusagen dessen grundlegende Ressource – zu sein. Erwachsene könnten zum Partner des Kindes werden, indem sie die Umgebung „vorbereiten", um den Lernhunger des Kindes zu stärken und damit seine Potenziale zu fördern: „Hilf mir, es selbst zu tun" bedeutet, dass Kinder, mit Respekt und Achtung angeleitet, bei der Entwicklung einer in sich ruhenden und ausgeglichenen Persönlichkeit (als grundlegend gegebener Ressource) unterstützt werden.

Ressourcen sind damit als Potenziale von Menschen oder deren Umwelt zu verstehen, die helfen, Aufgaben oder Lebensereignisse zu bewältigen oder Ziele zu erreichen. Zu den *individuellen Ressourcen* zählen physische oder psychische Eigenschaften, Kenntnissen und persönliche Kompetenzen. Dabei kann es sich z. B. um gegebene Fähigkeiten handeln, Begabungen, angeeignete Fertigkeiten, Geschicklichkeiten, Talente, Interessen, Kenntnisse, Erfahrungen, physische Potenziale (z. B. gesunde Konstitution, Kraft, Ausdauer), psychische Ressourcen (z. B. identitätsstiftende Lebensziele, Optimismus, Aufgaben oder die Zukunft bewältigen zu können), kreativ-künstlerische Talente, Bindungen, Kontakte, soziale Beziehungen (einschließlich Kritik- und Konfliktfähigkeit), Zugehörigkeiten, Überzeugungen, Motive, Werthaltungen, Einstellungen oder Netzwerke. Ressourcen sind Möglichkeiten, die in der Person selbst liegen, oder solche, die die Umwelt, in der Menschen sich bewegen (der *Kontext*), bereithält, d. h. sozialökologische und ökonomische Ressourcen (soziale Beziehungen und Netzwerke, Organisationen und Institutionen, natürliche oder gestaltete Umwelt). Solche *sozialen Ressourcen* stellen unterstützende Beziehungen und Netzwerke (Familie, Partnerschaft, Freundschaft, Nachbarschaft) dar. Als *materiell-technische Ressourcen* werden z. B. Zugang zu Wohnraum, preiswerten Lebensmitteln, technischer Ausstattung (Kraftfahrzeug u. a.) bezeichnet und unter *infrastrukturellen Ressourcen* z. B. örtliche Sport- und Spielplätze, der Öffentliche Personenverkehr oder Treffpunkte verstanden.

Fehlen Ressourcen, droht ihr Verlust, steht in Frage, dass sie den erhofften Ertrag einbringen, oder sind sie verloren gegangen, dann werden Menschen anfällig und verletzlich für psychische und physische Schwierigkeiten (vgl. Nestmann 2004: 71ff.).

Soziale müssen deshalb Ressourcen sehen (lernen), sowohl beim Subjekt als auch in dessen Umfeld, also z. B. sicher sein, dass es im Leben von Menschen wichtige Personen gibt, die Unterstützung geben können (vgl. Herwig-Lempp 2007: 216f.). Damit ist eine komplexe professionelle Perspektiveneinnahme angedeutet, nichts, was zufällig oder beiläufig erkannt wird. Eigene Ressourcen (z. B. die Gelassenheit, Dinge auszuhalten) können, wenn sie wahrgenommen sind und zugänglich werden, neu oder anders eingesetzt werden. Forschungsbefunde verweisen darauf, dass auf der Grundlage bereits gegebener Ressourcen leichter Neues entsteht als auf der Grundlage von Defiziten. Menschen nehmen (physisch wie psychisch) weniger Schaden, wenn sie eine Belastung als Herausforderung betrachten, die sie mithilfe ihrer personalen und sozialen Ressourcen sich zu bewältigen zutrauen, und neue Handlungsweisen werden durch positive Verstärkung (z. B. Ermutigung) leichter und nachhaltiger angenommen (vgl. Friedrich 2010: 39).

Es geht hierbei allerdings auch darum, nicht einem naiven „Ressourcenoptimismus" zu erliegen, wonach in *jedem* Menschen Ressourcen verborgen sind, die im gegebenen Fall nur aktiviert werden müssen. Soziale Arbeit muss auch dann geleistet werden, wenn im Einzelfall das Subjekt nichts anzubieten hat, das zur Bewältigung des Anlasses dienlich sein könnte. Solche Erfahrungen dürfen im Gegenzug aber auch nicht zu einem „Ressourcenpessimismus" führen, der (bewusst wie unbewusst) unterstellt, Subjekte könnten *generell* nichts einbringen, was zur Bewältigung eines Anlasses dienen könnte.

Jede *Orientierung an den Ressourcen* bedeutet immer auch Ressourcenarbeit, z. B. durch die Förderung kreativer Lösungswege, Ideen, Verhaltensweisen und Alltagslösungen, die jeweils von Subjekten als wertvoll und befriedigend betrachtet werden (und damit nicht fremdbestimmt, durch

Soziale „aufgedrückt" erlebt werden. Es handelt sich um eine Unterstützungsleistung Sozialer, die hilft, individuelle (persönliche) und soziale Ressourcen (im sozialen System) zu aktivieren, indem die dazu erforderlichen Prozesse mit dem Subjekt geplant, koordiniert und professionell begleitet werden (vgl. Möbius 2010: 16, 28 f., Nestmann 2004). Nach Ressourcen zu suchen, bedeutet, zu fragen, wer im Umfeld (v. a. durch familiäre/familienartige Bindungen, belastbare Freundschaften und regelmäßige bzw. kontinuierliche Kontakte) Unterstützung geben kann; dadurch können eingetretene Belastungen vor Stress und Stressfolgen „abgepuffert" und ein „soziales Immunsystem errichtet (werden), welches unabhängig von auftretenden Belastungen existiert und von vornherein, also quasi präventiv, gegen potenzielle Beeinträchtigungen von Wohlbefinden und Gesundheit wirkt" (Nestmann 1991: 33, 41). Solche soziale Unterstützung erfolgt

- *direkt* in Form von konkreten Leistungen (z. B. Reparaturen, Hilfe bei der Hausarbeit, Kinder- und Altenbetreuung) und Arbeitshilfen (z. B. Betreuung, Pflege), materieller Unterstützung (Sachleistungen, Geld), Interventionen (z. B. durch Einflussnahme auf außerhalb des persönlichen Netzwerkes stehende Personen), Beratung (z. B. Informationen über den Arbeitsplatz, die Qualität von Ärztinnen usw.), Geselligkeit (z. B. zu Freizeitaktivitäten), alltäglicher Interaktion (deren Verlust erst bei ihrem Wegfall wahrgenommen wird);
- *emotional absichernd* in Form von vermittelter Anerkennung (Wertschätzung, Bestätigung einer Position/Status), Orientierungshilfe (z. B. in Bezug auf Verhalten und Verhaltenserwartungen), Vermittlung emotionaler und motivationaler Unterstützung, den Ausdruck von Zugehörigkeit (Beteiligung, Gebraucht-Werden). Dazu zählt auch die Unterstützung, „einfach da zu sein", die eigene Lebenserfahrung Ideen und Hinweise einzubringen oder auch als Vorbild zu fungieren.

Es geht immer darum, danach zu suchen, was jemand kann und über welche Fähigkeiten er/sie verfügt sie, und nicht danach zu fragen, was er/sie nicht kann und wofür er/sie fremde Hilfe benötigt (vgl. Bullinger/Nowak 1998: 99, 102 ff., Nowak 2013: 631, Herwig-Lempp 2007: 214f.).

## 7.5 Anregungen zur Weiterarbeit

Fassen Sie die Darstellung dieser Lerneinheit (am besten nach einem Austausch in Ihrer Bezugsgruppe) wieder in einer Kernaussage zusammen!

Die sog. Regelleistungen gem. SGB II umfassen auch den Bedarfe für

Freizeit, Unterhaltung und Kultur (insg. 37,88 Euro monatlich, wozu u. a. 4,61 Euro für Bücher und Broschüren, 5,45 Euro für Zeitungen und Zeitschriften zählen) und Ausgaben für Bildungszwecke, d. h. zusätzlich 1,01 Euro monatlich (vgl. Rock 2017a: 38). Diskutieren Sie bitte in ihrer Bezugsgruppe, was das für die Lebensbewältigung betroffener Subjekte bedeutet! Beziehen Sie dabei auch ein, was in LE 6.4 in Bezug auf ein Ziel Sozialer Arbeit ausgeführt wurde!

## 7.6   Literaturempfehlung

Relevantes Wissen zu den Zielgruppen Sozialer Arbeit stellen vier Veröffentlichungen zur Verfügung:

- (generell auch zu den Zielgruppen) *Rudolf Bieker und Peter Floerecke (Hg.): Träger, Arbeitsfelder und Zielgruppen der Sozialen Arbeit,* Stuttgart: Kohlhammer, 2011,
- (in Bezug auf Sozialisation) *Peter Zimmermann: Grundwissen Sozialisation. Einführung zur Sozialisation im Kindes- und Jugendalter,* 3. Aufl. Wiesbaden: VS Verlag für Sozialwissenschaften, 2006,
- (in Bezug auf die Entwicklung im Erwachsenenalter) *Frieder R. Lang, Mike Martin und Martin Pinquart: Entwicklungspsychologie – Erwachsenenalter,* Göttingen, Hogrefe, 2011, und
- (in Bezug auf Motivation) *Erich Kirchler und Christa Walenta: Motivation,* Wien: facultas wuv (utb), 2010.

# III Praxis

# 8   Wo wird Soziale Arbeit geleistet?

Gegenstand der Lerneinheit: Zwei immer wiederkehrende Begriffe lauten Lebenswelt und Sozialraum. Sie verweisen auf die Frage, *wo* Soziale Arbeit stattfindet. Wo ist also ihr „Ort"?

## 8.1   Zur Ökologie des Sozialen

Vier auf die Umwelt der Sozialen Arbeit bezogene erste (sog. „ökosoziale") Bezugspunkte sollen helfen, die Frage nach dem „Ort" der Sozialen Arbeit zu beantworten:

- Angesichts der massiven Einwanderung in die USA und vor dem Hintergrund zunehmender Konflikte zwischen Mitgliedern unterschiedlicher Kulturen und Ethnien haben Anfang des 20. Jahrhunderts Vertreter der sog. *Chicagoer Schule* der Soziologie in den schnell wachsenden amerikanischen Städten die Bedeutung des sozialen Umfeldes für die dort lebenden Menschen untersucht. Damit kamen neue Formen der Kommunikation und Kooperation, die Wechselwirkungen zwischen Integration und Desintegration in vernachlässigten Stadtquartieren und deren Bevölkerung und die Herausbildung von Subkulturen abseits gesellschaftlicher Vorstellungen von „Normalität" in den Blick. Erstmals herausgearbeitet wurden die Bedingungen des sozialen Umfelds, die darüber (mit-)entscheiden, wie Menschen leben (können), ihren Alltag bewältigen, mit dessen Schwierigkeiten umgehen und ob sie gesellschaftlich „dazu gehören", also einbezogen (*Inklusion*) oder marginalisiert bzw. ausgeschlossen (*Exklusion*) leben (vgl. Schumm 2011: 813). Es entwickelte sich hier ein Verständnis von *Lebensbedingungen*, denen Menschen unterworfen sind und mit denen sie sich arrangieren müssen. Dieses sozialökologische Verständnis wechselseitiger Beziehungen zwischen Menschen und ihrer sozialen, biologischen und physischen Umwelt führte dazu, als selbstverständlich zu betrachten, wie sich soziale Schichten, Familienstrukturen, Ethnien und Kulturen in Wohngebieten entwickeln und sich Menschen den Sozialraum Schritt um Schritt (z. B. Kinder mit wachsendem Alter) aneignen, also verfügbar machen (vgl. z. B. Früchtel/Budde/Cyprian 2007: 115–121).
- Einen anderen Zugang entwickelte zeitgleich *Kurt Lewin*, der die Umwelt

der Menschen als psychologischen *Lebensraum* (vgl. Lewin 1963: 273) beschrieb, in dem „der Zustand jedes Teils dieses Feldes von jedem anderen Teil abhängt" (ebd.: 69). Hier wirken Kräfte, z. B. etwas als attraktiv zu empfinden und zu tun, anderes abzulehnen und zu unterlassen. Lewin nannte diese „Kraftfelder" Valenzen, die dazu „auffordern", etwas zu tun oder nicht zu tun (ebd.: 226). Im Lebensraum wirkten zahlreiche Valenzen auf Menschen, z. T. mit sich widersprechender, gegenläufiger Tendenz (z. B. der beginnende Urlaub [positiv], das Ende der Ferien [negativ]). Dies führe zu Konflikten, die ein Mensch zu bewältigen habe. Im Konflikt „ist das Individuum gezwungen, andere neue Wege zu finden. Es muß ‚lernen'" (ebd.: 124). Solche (im Konflikt verursachten) Lernprozesse, den Lebensraum zu verändern (z. B. sich aus einer schwierigen Momentsituation, etwa durch Verlassen eines Raumes, zurückzuziehen), können dazu beitragen, Konflikte zu lösen.

- *Urie Bronfenbrenner* knüpfte an diese Überlegungen aus den 1920er und 1930er Jahren an, dass sich Menschen im Laufe ihrer Entwicklung an die Umwelt, in der sie leben, anpassen und diese gleichzeitig durch ihr Handeln gestalten. Er definierte Entwicklung als dauerhafte Veränderung der Art und Weise, wie ein Mensch sich mit der Umwelt auseinandersetzt. Dieser Lebensbereich sei ein Ort, an dem sie direkte Interaktion mit anderen leicht aufnehmen können" (z. B. soziale Nahräume wie die Familie oder die Peergroup), wodurch sie „zu Gestaltern ihres Sozialraums werden" (vgl. Grundmann/Kunze 2008: 172ff.).
  Bronfenbrenner unterschied vier Ebenen: Die *mikrosoziale Ebene* als erlebte Umwelt (z. B. Haus, Schule, Treffpunkt) wird durch direkte menschliche Interaktionen (z. B. zwischen Eltern und Kind), räumliche Gegebenheiten und soziale Bedeutungen gekennzeichnet. Die *mesostrukturelle Ebene* bildet die in der Öffentlichkeit erfolgende, frei wählbare menschliche Interaktion (z. B. in Vereinen). Die (vorgegebene) institutionelle Organisation, in welcher sich ein Mensch bewegt (z. B. Ausbildungs- und Arbeitsverhältnisse, staatliche Verwaltung) wird als die *exostrukturelle Ebene* bezeichnet, während die ökonomische, soziale, rechtliche und politische Kultur und Verfassung einer Gesellschaft (z. B. kommunale Vorgaben in Bebauungsplänen) die *makrostrukturelle Ebene* darstellt (vgl. Bronfenbrenner 1976: 202ff.). Alle Ebenen seien unterschiedlich bedeutsam für die Ausgestaltung der *Lebensbereiche* von Menschen.
- *Carol B. Germain und Alex Gittermann* ging es ihrem Konzept zum *Lebenslauf* („Life Model"; vgl. Germain/Gitterman 1999) darum, Menschen in ihrer sozialen Umwelt wahrzunehmen. Ihr Gegenstand sind damit die Wechselwirkungen zwischen Subjekt und Umfeld. Dadurch sollte zugleich die bis in die 1970er Jahre hinein vorherrschende Praxis überwun-

den werden, soziale Probleme und Bedürfnisse als überwiegend in den Subjekten selbst und ihrer Familien begründet zu sehen, also Menschen und ihre Umwelt ohne (wechselseitigen) Zusammenhang zu begreifen (vgl. ebd.: 1999: 8). Ökologisches Denken bedeute eine umfangreiche Einbeziehung der Ressourcen der Nachbarschaft und des gesamten sozialen Systems, also auch Hilfen anderer Professionen und Institutionen. Grundlegend sind die Überzeugungen, dass auch schwierige Lebensbelastungen (life stress) und -faktoren (life stressor) bewältigt werden können (sog. coping) und dass Menschen kompetent sind, ihre Schwierigkeiten zu bewältigen, zum Beispiel durch Hilfen, die in „sozialer Zugehörigkeit" (d. h. z. B. sozialer Unterstützung) begründet sind. Dazu gelte es, einerseits die Stärken und Potenziale der Menschen zu wecken und andererseits die Umwelt so zu verändern, dass das Wohlbefinden der Menschen verbessert wird.

Von zentraler Bedeutung für das Lebenslaufkonzept ist die Verschränkung von Einzelfallarbeit und Gemeinwesen, Organisationen und politischer Ebene. Die Gemeinde (bzw. das Gemeinwesen) wurde als „der Hauptkanal" betrachtet, „durch den Ressourcen verteilt, formelle und informelle Systeme sowie politische, soziale und ökonomische Kräfte ihren Einfluß auf Individuen, Familien und Nachbarschaften ausüben" (ebd.: 502). Die Funktion Sozialer Arbeit wird darin gesehen, Unterstützung zu geben „die den Bewohnern von Gemeinden und Nachbarschaften hilft, selber aktiv zu werden, um die wechselseitige Abstimmung der vorhandenen und der benötigten formellen und informellen Ressourcen zu verbessern" (ebd.: 506).

Die Lebensbedingungen, der Lebensraum, der Lebensbereich und auch der Lebenslauf bündeln sich heute in einem Verständnis von *Lebenswelt*, das in ein Konzept der sog. alltags- bzw. lebensweltorientierten Sozialen Arbeit (vgl. Thiersch 1992, 2002a/b) eingegangen ist (vgl. dazu auch Wolff 2002: 1073 ff., Niemeyer 2005: 270–283).

## 8.2  Alltag und Lebenswelt

*Lebenswelt* ist „der Ort, wo das Individuum oder die Gruppe handelt. Sie ist der Raum täglicher Aktionen der Menschen. Damit ist sie Schnittpunkt von Individuum und Gesellschaft"; es handelt sich um einen „Möglichkeitsraum", also einen Ort, den die dort lebenden Menschen mit den ihnen zur Verfügung stehenden Mitteln (Ressourcen, Beziehungen, Netzwerken) zu gestalten versuchen.

Aus Sicht der Sozialen Arbeit ist zu fragen, wie sie die Subjekte darin unterstützt, ihre in der Lebenswelt begründeten (alltäglichen) Schwierigkeiten zu bewältigen, und welchen Beitrag sie mit ihren rechtlichen, institutionellen und professionellen Möglichkeiten und Ressourcen leistet, hier einen gelingenderen Alltag möglich zu machen (vgl. Grunwald/Thiersch 2004b: 23, 14).

So hängt z. B. die alltägliche Lebensführung von Menschen mit Beeinträchtigung, ihre Teilhabechancen und Lebensqualität auch davon ab, ob Wohnraum und öffentliche Einrichtungen (z. B. Personennahverkehr, Behörden, Freizeiteinrichtungen) zur Verfügung stehen, die barrierefrei (d. h. auch für auf einen Rollstuhl angewiesenen Menschen ohne Schwierigkeiten nutzbar) genutzt werden können (vgl. Engels/Engel/Schmitz 2016: 4). *Alltagsorientierung* bedeutet damit, die täglich wiederkehrende Lebensführung der Subjekte, ihre subjektive Sicht und ihr Empfinden (zu Schwierigkeiten, Erfolgen, Misslingen, anderen Menschen, Beziehungen, Störungen u. ä.) in den Blick zu nehmen und ihre Bemühungen, mit dem öffentlichem Raum „klarzukommen" (wenn er eben doch nicht barrierefrei ist). Lebensweltorientierte Unterstützung verlangt von Sozialen demnach, dass sie Räume öffnen, die sonst verbaut oder versperrt sind. Unterstützung kann nur dauerhaft wirken, wenn sie in den Alltag integriert ist. Eine am Ziel der Inklusion (LE 6.3) ausgerichtete Soziale Arbeit hat sich folglich darum zu bemühen, die Rahmenbedingungen (z. B. die kommunale Stadt- und Verkehrsplanung, die Projektentwicklung im Rahmen des lokalen Quartiersmanagement) entsprechend zu beeinflussen.

Die Lebenswelt als „Ort", in der sich die übliche (alltägliche) Lebensführung und -bewältigung der Subjekte ereignet, wird zum einen durch die herrschenden gesellschaftlichen Bedingungen *konstituiert* (und damit fremdbestimmt) und andererseits durch die Subjekte selbst *konstruiert* (d. h. subjektiv erlebt und gestaltet): *Objektive Faktoren* wirken auf die Subjekte ein und können von diesen kaum beeinflusst werden; *subjektive Faktoren* werden von ihnen weitgehend selbst gestaltet bzw. sie sind mit diesen unmittelbar verbunden.

Objektive Faktoren sind v. a.

- das *dominierende politische Regime*, worunter v. a. das in Form von Rechtsvorschriften (Gesetzen) ausgedrückte System politischer Ideologien und Konzepte zu verstehen ist, mit dem spezifische Ansprüche und Handlungserwartungen an die Subjekte allgemeingültig werden. Solche vorherrschenden und durch Medien vermittelten Vorstellungen, denen ein Subjekt zu entsprechen hat, sind v. a. die Leistungsideologie (zentrales Motiv: „Jeder ist seines Glückes Schmied") und die Behauptung der Leistungsgerechtigkeit (individuelle Leistung wird anerkannt und angemessen honoriert: „Leistung muss sich wieder lohnen"), weshalb (sozialer, beruflicher) Erfolg und (soziales, berufliches) Scheitern persönlich bedingt und persönlich zu verantworten sind. Das Konzept „Fördern und Fordern" (d. h. Förderung nur bei uneingeschränkter Erfüllung der zugleich formulierten Forderungen, z. B. Hilfen gem. SGB II nur bei Wahrnehmung von Arbeitsgelegenheiten) und die Androhung bzw. der Vollzug von Sanktionen (bei Scheitern bzw. widerständigem Eigensinn der Subjekte) sind wichtige Aspekte dieses Regimes;

- die *Pluralisierung der Möglichkeiten*, das eigene Leben zu gestalten, bei Individualisierung der Wege und der Risiken des Scheiterns (wodurch Chancen beruflicher Entwicklung unabhängig von Herkunft, Milieu oder Zugehörigkeit zu einer Klasse gegeben zu sein scheinen);
- die *[Un-]Durchlässigkeit des Bildungssystems*, z. B. einerseits Förderung der Elitenbildung (durch Privatschulen und private Hochschulen) und andererseits Massenbildung in Schulen und Hochschulen (die schlecht ausgestattet sind);
- die *Privatisierung der sozialen Sicherung* (z. B. die Durchsetzung privat zu finanzierender Zusatzversicherungen, um im Rentenfall Altersarmut abzuwenden oder zu mildern);
- die *Flexibilisierung der Arbeitsverhältnisse* (z. B. die Ausweitung atypischer Beschäftigung);
- die *Gestalt der Lebensfelder*, d. h. die Orte („konkrete Bühnen" und „Arenen"), an den sich die Subjekte öffentlich inszenieren (selbstdarstellen, zeigen) können, z. B. das Jugendhaus, der Kiosk bzw. die Trinkhalle als Treffpunkt, die Shopping Mall als Ort des demonstrativen Konsums;
- die *Institutionen und Prozesse des Gemeinwesens*, d. h. die institutionelle Verfassung der Lebenswelt, z. B. vorhandene/erreichbare Beratungseinrichtungen, Stadtteilmanagement, Öffentlicher Personennahverkehr, Formen der lokalen Teilhabe (z. B. Einwohnerbeteiligung), dezentrale (bürgernahe) Verwaltungseinrichtungen;
- die *gegebene Kultur*, d. h. die „Gesamtheit der Verhaltenskonfigurationen einer Gesellschaft, die durch Symbole über Generationen hinweg vermittelt werden" (Fuchs-Heinritz 2007b: 374), z. B. Wertvorstellungen (wie der „Respekt vor dem Alter" oder die „Bedeutung der Familie") oder Ideen (wie „Deutschland – das Land der Dichter und Denker");
- die *materiellen Ressourcen*, d. h. die unpersönlichen Mittel, die dem Subjekt (z. B. aufgrund von Rechtsansprüchen, Vermögen u. ä.) zur Verfügung stehen, z. B. Transferleistungen (gem. Sozialgesetzbuch);
- der *physische Raum*, d. h. die körperliche Gestalt der Lebenswelt, die sich u. a. in Gebäuden, (öffentliche) Plätzen und Straßenzügen, dem „Quartier" äußert.

Subjektive Faktoren sind v. a.

- das *Alltagserleben*, d. h. die Verfügbarkeit oder Begrenztheit persönlicher Möglichkeiten der Lebensführung (Arbeit, Freizeit, soziale Kontakte);
- die *biografischen Erfahrungen* im Lebenslauf (Identität) und deren Konsequenzen für das soziale Handeln und die Beziehungen zu anderen;
- die *Erwartungen* als Hoffnungen und Wünschen in Bezug auf das eigene Leben und das, was der (künftige) Alltag sein wird (z. B. Vorstellungen über das eigene „ideale Leben", Familienplanung, Berufstätigkeit, Freundeskreis, Eigentum, Gestaltung von Freizeit und Reisen);
- die *Wahrnehmungs-/Deutungsschemata/-muster* als Mustern (die „übliche Art und Weise") und Filtern (was ausgeblendet wird, sog. „blinde Flecken") der Wahrnehmung, die das Leben vereinfachen und dadurch zu erklären helfen (z. B. Erfahrungen im Lebenslauf, Weltbilder oder Sinnzuschreibungen);
- die *Kapitalien*, die eine Bestimmung der Position des Subjekts im sozialen Raum erlauben (ökonomisches Kapital, v. a. Geld, Eigentum, soziales Kapital, d. h. Beziehungen, Netzwerke, kulturelles Kapital als Bildung- und Berufsabschlüsse/-zertifikate, und symbolisches Kapital, z. B. der „Ruf" einer Person);
- das *Milieu*, d. h. das durch spezifische Werte und Normen, Verhaltenserwartungen und -weisen bestimmte soziale Umfeld (soziale Umwelt), dem das Subjekt als Individuum und/oder in der sozialen Gruppe (z. B. durch Zugehörigkeit seit Geburt) unterworfen ist und das dessen Erleben, Verhalten und Entwicklung beeinflusst/prägt/determiniert;
- die *personalen Ressourcen*, d. h. die persönlichen Mittel des Subjekts; Ressourcen sind als Potenziale von Menschen oder deren Umwelt zu verstehen, die helfen, Aufgaben oder Lebensereignisse zu bewältigen oder Ziele zu erreichen. Dabei kann es sich z. B. um Fähigkeiten (Begabungen, kreativ-künstlerische Talente), angeeignete Fertigkeiten, Kenntnisse, Erfahrungen sowie physische Potenziale (z. B. gesunde Konstitution, Ausdauer), psychische Ressourcen (z. B. Optimismus, Aufgaben bewältigen zu können), aber auch um Bindungen (z. B. soziale Beziehungen, Netzwerke) oder Überzeugungen (Wertehaltungen, Einstellungen) handeln (vgl. Wendt, P.-U. 2016: 31ff.);
- das *Zeit- und Raumerleben*, d. h. die aktuelle Struktur im gegebenen Raum und in gegebener Zeit (Tagesstruktur, z. B. schulischer Stundenplan, oder das Zeitregime am Arbeitsplatz) sowie das Erleben des sozialen Raums (z. B. dessen Strukturierung durch Verfügbarkeit von Bus- und Bahnverbindungen);
- die *sozialen Beziehungen*, d. h. Interaktionen und Möglichkeiten für Interaktionen zwischen Subjekten in Familien, Kollektiven (z. B. im Be-

trieb, als Schulklasse) und Gruppen (z. B. Freunde, Gleichaltrigen-gruppe/Peergroup), Nachbarschaft und Selbsthilfe sowie Prozesse der Solidarisierung (z. B. durch Mitgliedschaften in Vereinen);

- die *Subkulturen und Szenen*, d. h. das durch bestimmte Darstellungswei-sen (Stile) besonders geprägte (von gesellschaftlichen Normalitätserwar-tungen in der Regel abweichende) soziale Umfeld, dem sich das Subjekt (selbstbestimmt) zuordnen kann (z. B. Musikkulturen und ihre Sze-neausprägungen [z. B. Trash, Dark, Industrial], Punks, Nazi-Gruppen, Hooligans, Diskogänger/innen, Motorradgangs oder Jugendkulturen);

- die *Repräsentationen* von Stilen (z. B. Kleidungsstücke, Hairstylings, Tat-oos bzw. Piercings, aber auch Autotypen, -marken und dazugehörige Ac-cessoires), die ein hohes Maß an Wiedererkennung gegenüber den An-gehörigen der eigenen Kultur erlauben;

- die *Codes und Codierungen*, d. h. typische Ausdrucksformen eines Mili-eus, einer (Sub-)Kultur oder eines Stils;

- die *Mythen* (z. B. die „Geschichte" einer Szene oder erzählte Gründe für gelebte Gegnerschaften unter Subkulturen);

- *Rituale* als wiederkehrende, verallgemeinerte Umgangsweisen eines Mi-lieus oder einer (Sub-)Kultur, z. B. gruppenspezifische Rituale (die sich Formen der Begrüßung, des gemeinsamen Auftretens in der sozialen Gruppe zeigen können);

- die *Spielregeln* als (un-)bewusste, sowohl gewählte als auch auferlegte (fremdbestimmte) Verhaltensvorschriften (z. B. in einem Stadtteil neu ankommende Menschen zu begrüßen – oder dies ausdrücklich zu las-sen);

- die *Sprachspiele/-stile* als durch Sprache vermittelte Differenzierungen, d. h. Slang und Jargon als gemeinsame Sprache einer (Sub-)Kultur (z. B. Rotwelsch als Sprache krimineller Subkulturen), Soziolekte als gruppen-spezifische Sprache (z. B. als „Jugendsprache" oder Fachsprache einzel-ner Berufsgruppen) und Dialekte (Mundart) als regional geprägte Spra-che; und schließlich

- *Gewohnheiten*, d. h. das (meist unbewusst) Regelhafte, z. B. der regelmä-ßige Gang zum Briefkasten (auch wenn gar keine Post erwartet wird) o-der das Vermeiden eines bestimmten Ortes (der als bedrohlich oder ge-fährlich erlebt wird oder durch andere als „besetzt" gilt).

Soziale Arbeit knüpft an die Geschehnisse in der Lebenswelt und an das dort selbstverständliche Wissen, die Erfahrungen und Ressourcen (z. B. die Kol-lektive, denen sie angehören, etwa die familialen oder der Freundeskreis) im Alltag der Subjekte an, der durch diese objektiven und subjektiven Faktoren jeweils unmittelbar mitgeprägt wird, ohne dass dies den Subjekten selbst bewusst sein muss. Sie muss sich dabei auch mit Formen *lebensweltlicher Exklusion* auseinandersetzen, wenn Menschen aus der Eingebundenheit in die örtliche Lebenswelt „herausfallen". Exklusion (bzw. soziale Ausgrenzung) bezeichnet einen „Prozess, durch den bestimmte Personen an den Rand der Gesellschaft gedrängt und durch ihre Armut bzw. wegen unzureichender Grundfertigkeiten oder fehlender Angebote für lebenslanges Lernen oder aber infolge von Diskriminierung an der vollwertigen Teilhabe gehindert werden" (Europäische Kommission 2004 zit. n. Bude/Willisch 2006: 8). Exklusion in der Lebenswelt ist damit als Konsequenz von Prozessen der Ungleichheit, materieller, sozialer, kultureller und symbolischer Armut (LE 5.3) zu verstehen.

## 8.3 Sozialraum

Das Verständnis der Lebenswelt wird durch das Konzept des Sozialraums ergänzt. Ein Sozialraum stellt das Resultat sozialer Prozesse dar, z. B. in welcher Form und wo Menschen miteinander zu tun haben, wie sie handeln, kommunizieren, Konflikte austragen, an politischen Entscheidungen teilhaben. In der Regel handelt es sich um einen geografischen Raum (ein Quartier, einen Stadtteil, ggf. auch nur um einen Straßenzug oder -block), wobei das so bestimmte Territorium nur zur physischen Eingrenzung des Sozialraums dient, nicht zu dessen Begründung. Ein Sozialraum entsteht dadurch, dass Menschen dort leben und i. d. R. auch aufeinander angewiesen sind, ihre Lebenswelten Gemeinsamkeiten aufweisen und diese Gemeinsamkeiten sich auch räumlich darstellen. Ein Sozialraum entsteht aufgrund der Aneignung und Besetzung physischer Räume durch die hier handelnden Akteure unter Berücksichtigung der Rahmenbedingungen, die diese physischen Räume zulassen, und in Abhängigkeit von den kulturellen, sozialen und ökonomischen Ressourcen, über die die jeweiligen Akteure verfügen (vgl. Baum 2006: 170).

Im Konzept der *Sozialraumorientierung* geht es darum, die Gestaltung der Lebenswelt durch Soziale Arbeit so zu begleiten, dass Menschen auch in für sie schwierigen Lebenssituationen zurechtkommen können. Prinzipien der Sozialraumorientierung sind

- die Orientierung an den geäußerten (!) *Interessen der Wohnbevölkerung* steht im Mittelpunkt; es geht also nicht darum, was (Kommunal-)Verwaltungen (oder Soziale) denken, wünschen und fordern, sondern um das, was die Bewohner*innen eines Quartiers vor dem Hintergrund ihrer aktuellen Lebenssituation benötigen und zur Verbesserung der Lebensbedingungen unter aktiver Beteiligung der betroffenen Menschen beiträgt;

- die Unterstützung von *Selbsthilfe und Eigeninitiative*, d. h., Menschen sollen ermutigt und ermächtigt werden, sich aktiv zu beteiligen;
- die *Nutzung der Ressourcen* des sozialen Raums: Wohnräume, Nachbarschaften, spezielle Fähigkeiten einzelner Bewohner oder lokale Dienstleistungen werden gesucht, aufgebaut, vernetzt und für bestimmte Projekte nutzbar gemacht (soziale Netzwerke);
- die *soziale Netzwerkarbeit*, d. h. Nachbarschaften, spezielle Fähigkeiten einzelner Bewohnerinnen oder lokaler Dienstleistungen werden identifiziert, auf- und ausgebaut, miteinander vernetzt und für bestimmte Vorhaben nutzbar gemacht und die Angebote sozialer Dienstleister koordiniert;
- der *bereichsübergreifende Ansatz*, d. h. „Adressat" ist der soziale Raum, keine dort lebende Zielgruppe, wodurch die klassischen Grenzen Sozialer Arbeit überschritten werden müssen und viele neue Bereiche – beispielweise Wohnen (z. B. in Zusammenarbeit mit örtlichen Wohnungsbauunternehmen), Kultur (z. B. Kooperation mit dem Stadttheater) oder Verkehr (z. B. Mitwirkung an der lokalen Verkehrsinfrastrukturplanung) – zu Arbeitsfeldern Sozialer Arbeit werden (vgl. Hinte 2001: 85f., Hinte/Kreft 2013: 880).

Die Sozialraumorientierung etablierte sich seit den 1990er Jahren zum einem weit verbreiteten fachlichen Ansatz, der v. a. zu Formen dezentraler, in den Sozialräumen selbst angesiedelter Sozialer Arbeit führte (vgl. Schönig 2011, Hinte/Treeß 2011, Noack 2015). Eng verbunden ist damit das Verständnis von der Niedrigschwelligkeit Sozialer Arbeit, um in der Lebenswelt der Subjekte frühzeitig Kontakt herstellen und Beziehungen aufbauen zu können (also „vor Ort" tätig und leicht/unkompliziert erreichbar zu sein) sowie eine erste Anbindung an Unterstützungssysteme herzustellen. Niederschwellige Angebote Sozialer Arbeit wurden seit Ende der 1980er Jahre entwickelt, um auch diejenigen Zielgruppen zu erreichen, welche die entsprechenden Hilfeangebote der Jugendarbeit, Jugendhilfe, Drogenhilfe oder Wohnungslosenhilfe nicht oder nur sporadisch nutzten. Hilfen sollen nicht an Zugangsvoraussetzungen und bestimmte (Verhaltens-)Erwartungen geknüpft sein (vgl. Steckelburg 2016: 450f.). Insbesondere in der Kinder- und Jugendhilfe hat dies zu sozialräumlichen Umbauprozessen geführt, u. a. der Aufweichung zentraler Jugendamtsstrukturen (d. h. alle Dienste in einem Haus) durch Bildung dezentraler Stadtteilteams v. a. im Allgemeinen Sozialen Dienst: Soziale sind dort für einen räumlich abgegrenzten Bezirk zuständig, in dem sie innerhalb eines Sozialraumteams weitgehend selbstständig tätig sind; sie kennen dort die sozialen Dienste und Einrichtungen, sind innerhalb des Sozialraums (z. B. in Stadtteilarbeitskreisen), können sich für die Stadtteilgestaltung einsetzen und stadtteilorientierte Projekte durchführen (vgl. Gissel-Palkovich 2011: 100).

Von Sozialen verlangt Sozialraumorientierung nun ein erweitertes soziales Handeln, d. h. sowohl in der Fallarbeit (mit dem Subjekt) als auch im Stadtteil, in Organisationen, gegenüber Kommunalpolitik, Wirtschaft und Medien sowie intermediär zwischen diesen Feldern (vgl. Früchtel/Budde 2011: 844 ff.; lat. intermedius: das Dazwischenliegende). Soziale Arbeit löst sich damit von einer ausschließlichen Personenorientierung und drängt auf einen Einbezug des Gemeinwesens, um so auch andere Aspekte, die für einen Anlass von Bedeutung sind, „in den Aufmerksamkeitsbereich der professionellen Helfer und ihrer Interventionsangebote zurück zu bringen" und den „fallunspezifischen Interventions- bzw. Hilfebedarf" ermitteln und bereitstellen zu können. Sozialraumorientierung öffnet „den Blick auf ‚vergessene Zusammenhänge'", die im Einzelfall oft nicht (mehr) wahrgenommen („gesehen") werden (können) und weitet also den Blick für die Umwelt, in der das Subjekt lebt (vgl. Merten 2002: 12 f., zit. ebd., Kleve 2004).

KritikerInnen sehen in der Ausrichtung sozialer Dienste auf den lokalen Nahraum allerdings „die Gefahr einer Instrumentalisierung zum Feigenblatt für die schrittweise Demontage sozialstaatlicher Sicherungssysteme", da die „Verantwortung für das Lösen sozialer Probleme nun an kleinräumigere Einheiten, wie z. B. die Sozialräume abgeschoben wird" (Fehren 2011: 452). Kritisiert wird, dass die Sozialraumorientierung v. a. der kommunalen Budgetkontrolle dient; sie führe z. B. bei den erzieherischen Hilfen dazu, dass individuelle Rechtsansprüche auf diese Hilfen aufgeweicht würden (vgl. Dahme/Schütter/Wohlfahrt 2008: 186f.).

## 8.4 Handlungsperspektiven

Praktisch erfolgt Soziale Arbeit lebensweltlich (bzw. sozialräumlich) in Bezug auf drei Handlungsperspektiven – den Einzelfall, die soziale Gruppe und das Gemeinwesen:

### 8.4.1 Einzelfall

Unter *Einzelfallhilfe* ist das direkte soziale Handeln mit einzelnen Subjekten – Fallarbeit im engeren Sinne (LE 3.1.6) – zu verstehen. Als geradezu „klassisch" kann die Gegenstandsbestimmung durch *Ruth Bang* gelten, wonach sie die zu bearbeitenden „Probleme" in den Individuen selbst lokalisiert und das Ziel dabei in einer besseren Balance zwischen Individuum und Umwelt bestimmt; im Kern steht die „helfende Beziehung" (vgl. Bang 1960, 1968). Diese Problemfokussierung löste in den 1960er Jahren die Methodenkritik (LE 4.5) aus, die u. a. zu einer Weiterentwicklung zur *Einzelfallarbeit* führte. Heute geht es im Rahmen der Einzelfallarbeit um

- die *Stabilisierung von partnerschaftlichen und familiären Bindungen*, die im Alltag hilfreich sind, z. B. indem an alte, aber nicht gepflegte Beziehungen angeknüpft wird oder Kommunikationsstile eingeübt werden, die es Menschen möglich machen, eigene Bedürfnisse, Anliegen und Interesse in der Familie oder Partnerschaft zu artikulieren;
- die *Schaffung informeller Netzwerkstrukturen*, d. h. Unterstützung außerhalb von Familie oder Partnerschaft zu ermöglichen, indem Menschen (z. B. durch Feste) miteinander in Kontakt gebracht und dadurch eine Grundlage für den gegenseitigen Austausch, Kooperation und auch Freundschaft geschaffen wird;
- die *Schaffung neuer Bindungen*, also Mut zu machen, sich auf neue Beziehungen einzulassen, soziale Nähe und gemeinsame Interessen neu zu entdecken, Freundschaften zu stiften und Menschen neue Möglichkeiten sozialer Bindung zu eröffnen; denn dann ergibt sich ggf., dass Menschen neue personale Ressourcen erschließen, die die Lebenszufriedenheit ermöglichen (vgl. Herriger/Kähler 2009); und
- die *Gestaltung von Situationen*, in denen ein Subjekt sich als fähig erlebt, auch schwierige Aufgaben bewältigen zu können (und sich selbstwirksam wahrnimmt), z. B. durch das Training aktiven Bewältigungsverhaltens in Belastungssituationen, oder die Vermittlung von Rollenvorbildern für ein konstruktives Bewältigungsverhalten.

Damit ist im Kern der Handlungsraum beschrieben, in dem sich anlassgerechte Einzelfallarbeit bewegt und insb. als Beratung in der Lebensführung erfolgt. *Beratung* stellt zunächst eine Tätigkeit dar, „die von der ‚Alltagsberatung' durch Laien bis hin zur Anwendung hoch differenzierter und methodisch ausgefeilter Verfahren durch speziell ausgebildete Fachkräfte in der professionellen Beratung reicht" (Stimmer/Weinhardt 2010: 15), was schon andeutet, dass Beratung keineswegs auf ein (mehr oder weniger) ausführliches Gespräch beschränkt ist, sondern auch aktive Unterstützungsformen – z. B. Formen unmittelbarer Hilfe im Haushalt oder bei der Erziehung, etwa im Rahmen einer Sozialpädagogischen Familienhilfe (SPFH) – einschließt.

Gründe für den steigenden Beratungsbedarf finden sich in der Dynamik der (durch sozialen Wandel und Individualisierung gekennzeichneten) gesellschaftlichen Entwicklung, die mit veränderten Anforderungen an die Lebensführung einhergeht und zu neuen Herausforderungen in der Lebensbewältigung führt (z. B. aufgrund von Arbeitslosigkeit, Schwierigkeiten im Übergang von Schule in Ausbildung und Beruf, sozialer Isolation, Verschuldung, Wohnungsverlust, Familien- und Beziehungskonflikte). Menschen suchen Rat, ihr „Thema" einfach zu lösen. Wenn dies mit den Mitteln des Alltags in der Lebenswelt (und auch trotz wiederholter Versuche) nicht erfolgreich möglich ist (z. B. durch den Rat von Nachbarn), ergibt sich ein *Anlass* für professionelle Beratung. BeraterInnen machen sich ein Bild von der Person des Ratsuchenden, seiner Situation und Umwelt, unterstützen ihn, Strukturen und Muster seiner Situation zu erkennen, wenden sich ihm als ermunternde Partner*innen zu und unterstützen dabei, Wege und Lösungen zu entwickeln sowie Autonomie (zurück-)zugewinnen. Nicht in jedem Fall sind damit Soziale befasst, die in Bezug auf z. B. Fragen der (psychischen) Gesundheit weder die förmliche (gesetzlich bestimmte) noch sachliche (fachliche) Kompetenz besitzen, die in solchen Fällen Mediziner oder Therapeutinnen einbringen können. Nicht jeder Beratungsbedarf führt also zu einzelfallbezogener Beratung.

## 8.4.2 Gruppe

Der Zusammenschluss von mindestens drei Menschen wird als Gruppe bezeichnet, wenn dabei zugleich folgende Merkmale erfüllt sind: Die Gruppenmitgliedern fühlen sich zusammengehörig und verfolgen ein gemeinsames Ziel; in der Gruppe werden soziale Rollen herausgebildet (z. B. die des Leiters, der Expertin u. ä.), Normen (z. B. die Art und Weise des Umgangs untereinander und der Abgrenzung gegenüber anderen) werden unter den Mitgliedern geteilt und die Mitglieder handeln mit- und untereinander (vgl. Bierhoff/Herner 2002: 92). Die Eingebundenheit von Menschen in Gruppen und ihr Umgang mit Gruppen als Ergebnis sozialen Lernens ist seit Beginn des 20. Jahrhunderts in reformpädagogisch inspirierten Konzepten wiederholt behandelt worden. Zugleich wurde die (Klein-)Gruppe und ihre Bedeutung für die Sozialisation auch empirisch entdeckt und damit seit den 1950er Jahren die (soziale) Gruppenarbeit mit ihren Lehr-Lern-Prozessen auch für die Soziale Arbeit wachsend bedeutsam (vgl. Müller/CW 2013: 419).

Soziale Gruppenarbeit ist „eine Methode der Sozialarbeit, die den Einzelnen durch sinnvolle Gruppenerlebnisse hilft, ihre soziale Funktionsfähigkeit zu steigern und ihren persönlichen Problemen, ihren Gruppenproblemen oder Problemen des öffentlichen Lebens besser gewachsen zu sein" (Konopka 1978 zit. n. Deller/Brake 2014: 168). Sie nutzt die Interaktionskompetenz von

Menschen und die Intelligenz der Vielen in einer Gruppe. Den Gruppenmitgliedern soll dabei geholfen werden, sich im Prozess der Person-Werdung mit anderen Menschen auseinanderzusetzen und in der Konfrontation mit anderen Lebensvorstellungen und der Art und Weise der Lebensführung (und an deren Beispiel) das eigene Handlungsrepertoire zu erweitern, z. B. andere Formen der Konfliktbewältigung einzuüben, produktive Verfahren des Interessenausgleichs anzuwenden oder Erfahrungen gegensätzlicher Zuverlässigkeit und der Solidarität unter den Gruppenmitgliedern zu sammeln (vgl. Wendt, P.-U. 2016a: 232–268).

Charakteristisch für die soziale Gruppenarbeit ist die Annahme, dass Lernen aus der Betroffenheit durch eigene Erfahrungen resultiert. Erst unmittelbares Erleben erlaubt es, „abstrakte Erklärungen sowie Bezüge zu vergangenen oder zukünftigen Alltagssituationen als hilfreich und sinnvoll" für das eigene Leben zu erfahren (Geißler/Hege 2001: 153f.) und so das eigene Handlungsrepertoire zu erweitern.

### 8.4.3 Gemeinwesen

Unter einem *Gemeinwesen* wird ein soziales System verstanden, in dem Menschen, die untereinander durch Kommunikation und Handeln verbunden sind, über gemeinsame Merkmale bestimmt werden können, z. B. als Bewohner*innen, als Angehörige einer bestimmten Gruppe (z. B. Angehörige einer bestimmten Nationalität) oder als virtuelle Gemeinschaft (Web-Community). Geografisch gesehen können Gemeinwesen (im städtischen Raum) ein Stadtteil oder (im ländlichen Raum) ein Dorf sein, jedenfalls sind es physische Räume bzw. Orte (Quartiere), die in nur wenigen Minuten begangen werden können. Gemeinwesen haben v. a. zwei Funktionen; sie gewährleisten einerseits *soziale Integration* durch die Herausbildung spezifischer Milieus, Kulturen und Traditionen, die Entwicklung von Zugehörigkeit in Nachbarschaften und Mitgliedschaften (z. B. religiösen, politischen oder soziokulturellen Organisationsformen) sowie die Wahrnehmung sozialer Kontrolle, und andererseits stellen sie *Infrastruktur* bereit, d. h. die Dienstleistungen in Form v. a. von Versorgung (z. B. Einkaufsmöglichkeiten), Betreuung (z. B. Kindertagesstätten), Bildung (z. B. Schulen) und Beschäftigung (z. B. Betriebe mit Ausbildungs- und Arbeitsstellen).

Unter *Gemeinwesenarbeit* (GWA) wird eine sozialräumliche Strategie verstanden, die sich auf Quartiere bezieht (und damit nicht an einzelne Subjekte richtet), sondern mit den Ressourcen des Quartiers und seiner Bewohner_innen arbeitet. Anlässe (als Ausgangspunkte der GWA) sind die dort gegebenen sozialen Konflikte (Spannungen zwischen Bevölkerungsgruppen, zwischen Älteren und Jüngeren u. ä.) oder Schwierigkeiten des Quartiers (z. B. eine unzureichende Infrastruktur, fehlende Freizeitangebote u. a.). GWA zielt auf großflächige *soziale Netzwerke*, die territorial (Quartier, Stadtteil, Nachbarschaft, Gemeinde, Wohnblock, Straßenzug), kategorial (bestimmte ethnisch, geschlechtsspezifisch, altersbedingt abgrenzbare Bevölkerungsgruppen), und/oder funktional (d. h. im Hinblick auf die besonderen Schwierigkeiten, z. B. unzureichende Bildungsangebote, fehlende barrierefreie Infrastruktur) abgrenzbar sind.

Gemeinwesenarbeit ist damit als „ein Unterstützungssystem für die Formulierung von Betroffeneninteressen" (Oelschlägel 2001: 192f.) zu verstehen, um die im Quartier gegebenen Defizite zu beseitigen (oder doch zu verringern). Sie kennzeichnet, dass sie lebensweltorientiert an den Interessen der Wohnbevölkerung (z. B. nach bestimmten Dienstleistungen und Unterstützungen bei der Lebensbewältigung) anknüpft, die Nutzung der Ressourcen der Menschen und des Quartiers (z. B. in Form nachbarschaftlicher Netze) in den Mittelpunkt stellt und dabei die Selbstorganisation der BewohnerInnen (z. B. in Vereinen oder Selbsthilfegruppen) sowie die Zusammenarbeit mit Ehrenamtlichen (z. B. in ehrenamtlich geführten Vereinen und Verbänden oder Kommunalpolitik) unterstützt. Dabei können zielgruppenspezifische Aktionen (z. B. für alleinerziehende Mütter) notwendig (*zielgruppenübergreifender Ansatz*) und die Nutzung der Kompetenzen und Ressourcen anderer Bereiche (z. B. des Gesundheitswesens), die Kooperation und Koordination der sozialen Dienste (als professionelle Vernetzung) und die Entwicklung integrativer Vorhaben, z. B. zwischen Jugendhaus und Gesamtschule, erforderlich werden (*bereichsübergreifender Ansatz*).

Gemeinwesenarbeit ist *trägerübergreifend* orientiert, d. h. sie ist durch Koordination von und Kooperation zwischen den Akteuren sozialer Dienstleistungen innerhalb eines Gemeinwesens gekennzeichnet, und sie ist *methodenintegrativ*: Formen der (Sozialen) Gruppenarbeit und der Einzelfallhilfe werden einbezogen. Sie muss notwendig auch Bildungsprozesse einschließen, die die Subjekte befähigen, die Bewältigung ihrer Anlässe als Gemeinschaft selbst in die Hand zu nehmen (vgl. Oelschlägel 2004, vgl. insg. Wendt, P.-U. 2016a: 296–320).

## 8.5   Land und Stadt – ländlicher und städtischer Raum

Sozialräumlich sind schließlich nicht nur die städtischen Quartiere und Stadtteile in den Blick zu nehmen, sondern auch die ländlichen Räume (die auch als Regionen bezeichnet werden). Es zeigt sich eine (auch für den Prozess der Globalisierung charakteristische) Konzentration der Bevölkerung, der Politik und der Wirtschaftsleistung auf große Städte und urbane Zentren, während außerhalb dieser Metropolen Regionen entstehen, die durch demografische Prozesse (Abnahme der Bevölkerung durch sinkende Geburtenzahl, Abwanderung und Alterung der Bevölkerung) als auch ökonomische Prozesse (Verlagerung von Betrieben, Ausbildungs- und Arbeitsplätzen in städtische oder stadtnahe Räume) bestimmt werden. Die Abwanderung erklärt sich auch durch die „Magnetwirkung" großer Städte (sog. „Schwarmstädte", z. B. Universitätsstandorte) und Agglomerationsräume (Hamburg, Rhein-Main-Gebiet, Stuttgart, München, Berlin). Auch wenn die demografischen Prognosen zu unterschiedlichen Ergebnissen gelangen, so spricht doch vieles dafür, dass sich in den kommenden Jahre in Bezug auf die Bevölkerung (Wachstums-)Kerne um diese Agglomerationsräume herausbilden, während die Bevölkerung in großen Teilen des ländlichen Raums weiter abnehmen wird (vgl. Die Welt 3. Okt. 2017).

Es entstehen so zwischen diesen Städten und dem ländlichen Raum auseinanderdriftende Lebensräume, aber die Dynamik dieser Prozesse führt zur Herausbildung differenzierter ländlicher Räume, die regional unterschiedliche Ausprägungen und Geschwindigkeiten in der Entwicklung kennzeichnen. Dabei zeigen sich drei Konstellationen besonders häufig:

- Es bilden sich Regionen mit Bevölkerungswachstum bei gleichzeitiger Alterung „von oben" (d. h. mit starken Zunahmen der Personen im fortgeschrittenen Alter) heraus; solche Räume finden sich um die Hansestädte und in den wirtschaftsdynamischen Teilen Bayerns und Baden-Württembergs.
- Daneben entwickeln sich Räume mit einer Bevölkerungsabnahme bei Alterung „von unten" (d. h. starkem Rückgang junger Menschen), wobei sich Schwerpunkte in den westdeutschen Bundesländern (in strukturschwachen Regionen bzw. Fördergebieten der Gemeinschaftsaufgabe „Verbesserung der regionalen Wirtschaftsstruktur") bilden.
- Schließlich zählt die Bevölkerungsabnahme bei beschleunigter Alterung „von oben und von unten" zu den Besonderheiten der ostdeutschen Länder, was nur in den Randlagen der größeren Städte aufgrund kleinräumiger Wanderungsprozesse etwas abgeschwächt wird.

Ländliche Räume sind durch die unterschiedliche Verteilung und Verfügbarkeit von Infrastruktur gekennzeichnet, die zudem prekär ist (während in Städten Prozesse der Gentrifizierung zu einer sozialen Differenzierung der Infrastruktur führen, die in der Stadt aber grundsätzlich verfügbar ist): In Dörfern z. B. „sterben" (Einkaufs-)Läden, Gasthäuser und Lokale werden geschlossen und örtliche Vereine haben Probleme, ehrenamtliche Mitarbei-

ter/innen zu gewinnen (bzw. zu halten), was (als „Krise des ländlichen Eh-
renamtes" besonders bezeichnet) zur Einschränkung ihres Angebots führt
und auch die Auflösung des Vereins selbst zur Folge haben kann. In ländlichen Kleinstädten (i. d. R. den jeweiligen Kreisstädten) dagegen konzentrieren sich Behörden (Kreisverwaltung, Finanzamt, Polizei) und Dienstleistungen des Sozial- und Gesundheitswesen (Beratungsstellen, Krankenhäuser)
sowie Schulen und andere Bildungs- oder Freizeiteinrichtungen (z. B. Treffpunkte für junge Menschen, Kurse in Volkshochschulen). Dezentrale Einrichtungen „auf dem Dorf" gelten als nicht mehr finanzierbar, auch würden
sie dort von zu wenigen Menschen in Anspruch genommen. Zur lebenswelt-
lichen Wirklichkeit ländlicher Räume gehört, dass Einrichtungen (z. B. Kindertagesstätten, Schulen) wegen sinkender Kinderzahlen geschlossen und an
andere Orte (u. U. noch günstig zu erreichende Gemeinschaftseinrichtungen
für mehrere Dörfer) verlegt werden, Sportvereine entschließen sich zur (eigentlich ungeliebten) Bildung von Spielgemeinschaften mit anderen Vereinen, da sie selbst keine eigene Mannschaft mehr aufzustellen in der Lage
sind, und Einrichtungen für junge Menschen (Treffpunkte, Jugendräume
und -häuser) müssen ohne fachkundiges Personal betrieben werden (vgl.
den Gastbeitrag von *Andreas Borchert* und *Simone Stüber*). Solche Infrage-
stellungen von Möglichkeiten, die eigenen Bedürfnisse zu befriedigen (sich
z. B. zu versorgen, zu bilden, die Freizeit zu gestalten, sozial und kulturell
teilzuhaben), sind in Städten eher unbekannt, jedenfalls nicht die Regel
(denn auch in Städten außerhalb des ländlichen Raumes stellt sich bei
schlechter Finanzlage immer wieder die Frage, auf welche Dienstleistungen
künftig verzichtet werden muss).

Ländlicher Raum ist im Verhältnis zum städtischen Raum eher durch
Homogenität gekennzeichnet (alles spielt sich mehr oder weniger am selben
Ort, im Dorf, ab), während den städtischen Raum eher die Herausbildung
eigener (räumlich getrennter) Orte z. B. für Kommunikation, Freizeit oder
Infrastruktur (d. h. durch Verinselung) kennzeichnet. Vergleichbares gilt für
die soziale Einbindung, d. h. tendenziell sind eher Formen sozialer Einbindung (und auch Kontrolle) im ländlichen Raum gegeben (d. h. die Lebensführung findet eher unter Bedingungen erhöhter öffentlicher Wahrnehmung etwa durch die eigene Familie, Nachbarn und auch das „Dorf-
gespräch" statt), während Formen sozialer Isolation (und schwacher sozialer
Aufmerksamkeit für andere) im städtischen Raum vorherrschen, wo anony-
mere (von anderen unbeobachtete) Formen der Lebensführung eher möglich sind (vgl. Baum 2006).

So ergeben sich nicht nur sehr unterschiedliche Möglichkeiten der Bedürfnisbefriedigung, sondern v. a. sehr spezifische Ausprägungen der Lebenswelt und Bedingungen der alltäglichen Lebensführung. Menschen im

ländlichen Raum haben z. B. (so sie nicht durch den Wohnort in einer Kreis-stadt „privilegiert" sind) überwiegend lange Wege (zur Schule, zu den Be-hörden in der Kreisstadt, zu Bildungs- und Freizeiteinrichtungen) zurück-zulegen, da auch ihre Mobilität angesichts in weiten Teilen nur unzureichenden Öffentlichen Personennahverkehrs eingeschränkt ist (vgl. auch die Beiträge in Busse/Ehlert 2009 und Debiel u. a. 2012).

Der in Art. 72 Abs. 2 GG formulierte Anspruch, gleichwertige Lebens-verhältnisse durch regionale Daseinsvorsorge, eine ausgebaute Infrastruktur und die Sicherung von Mobilität durch öffentliche Angebote herzustellen, scheint politisch aufgegeben zu sein. Damit ergeben sich im ländlichen Raum für die Soziale Arbeit neue Aufgaben (und andere, als in der Stadt), soziale Dienste, Hilfe und Unterstützung in schlecht versorgten Bereichen zunehmend mobil und unter Inkaufnahme lange Wege zu gestalten.

## Gastbeitrag – Andreas Borchert[7] und Simone Stüber[8]: Jugendarbeit im ländlichen Raum Sachsens

### Vorbemerkungen

Die Sächsische Landjugend e. V. (SLJ) und der Landesarbeitskreis Mobile Jugendarbeit Sachsen e. V. (LAK MJA) sind im Laufe des Jahres 2016, im Rahmen einer gemeinsamen Landkreistour, durch Sachsen gereist, haben mit Fachkräften der Jugendarbeit und Mit-arbeiter(innen) der Verwaltungen der Landkreisjugendämter vor Ort gesprochen und Ju-gendhilfepläne studiert. Mit dieser Landkreistour waren mehrere Zielstellungen verbun-den:

- Wir wollten die Inhalte, Angebote und vor allem die Mitarbeiter(innen) der beiden Landesverbände in den Landkreisen persönlich vorstellen und damit unsere Netz-werke vergrößern.
- Wir wollten herausfinden, wie sich die regionale Jugendhilfestruktur gestaltet.

---

7   *Andreas Borchert*, Soz.-Päd. (BA), Master Soziale Arbeit (FH), ist Fach- und Bildungsre-ferent bei der Sächsischen Landjugend e.V., nebenamtliches Redaktionsmitglied beim CORAX- Fachmagazin für Kinder- und Jugendarbeit in Sachsen und Geschäftsführer der Gilde Soziale Arbeit e.V. Seine Arbeitsschwerpunkte sind die Jugenarbeit im ländli-chen Raum, Beteiligung von Kindern und Jugendlichen, Gruppenpädagogik sowie die präventive Arbeit mit Ängsten von Kindern und Jugendlichen. Kontakt: andreas.bor-chert@landjugend-sachsen.de.

8   *Simone Stüber*, M.A. Erziehungswissenschaft, Coach (i. A.), ist Geschäftsführende Bil-dungsreferentin des LAK Mobile Jugendarbeit Sachsen e.V., dem Dachverband für Mo-bile Jugendarbeit und Streetwork in Sachsen. Ihr Arbeitsschwerpunkt ist das Arbeitsfeld der aufsuchenden, niedrigschwelligen Jugendsozialarbeit. Kontakt: stueber@mja-sach-sen.de.

- Uns interessierten die Arbeitsinhalte der jeweiligen Angebote.
- Wir fragten nach, wie die Situation der Fachkräfte vor Ort aussieht und welche Bedarfe die Fachkräfte an Weiterbildungen haben.
- Die SLJ strebte damit einen generellen Erkenntnisgewinn zur Situation der Jugendarbeit im ländlichen Raum an, um passgenauer Angebote für jungen Menschen und Fachkräfte im ländlichen Raum anbieten zu können.
- Für den LAK MJA war insbesondere die regionale Verortung des Handlungsfeldes Mobile Jugendarbeit/Streetwork relevant. Da sich der LAK MJA mittlerweile als Ansprechpartner für alle Fachkräfte mit einem aufsuchenden Ansatz im Tätigkeitsfeld versteht, galt es zu eruieren, welche Angebote der Jugendarbeit aufsuchende Anteile in ihren Portfolios haben.
- Die Erkenntnisse dieser Landkreistour bilden die Grundlage für die folgende Beschreibung der hauptamtlichen Jugendarbeit im ländlichen Raum Sachsens.

## Ländlicher Raum

Unter ländlichem Raum verstehen wir generell, die seit der Kreisreform von 2008, existierenden zehn Landkreise in Sachsen. Dabei unterteilen wir im Speziellen vier Kategorien des ländlichen Raumes, welche gleichzeitig in einem Landkreis vorkommen oder auch die Grenzen überschreiten können:

1. Der „reine ländliche Raum" ist vorwiegend geprägt von Dörfern und wenigen Kleinstädten, von land-, tier- und forstwirtschaftlichen Flächen sowie von einer generell schwach ausgeprägten ÖPNV- und Infrastruktur.
2. Der „ländliche Raum mit Mittelzentren" weißt neben den dörflichen Strukturen ein oder zwei Mittelstädte bis ca. 50.000 Einwohner(innen) auf, in denen eine gute Infrastruktur für alle Belange des Lebens zu finden sind und die zumeist die Zentren des regionalen sternförmig geprägten ÖPNV bilden sowie Anlaufpunkt für die meisten Fern- und Nahverkehrsstrecken darstellen.
3. Der „verstädterte ländliche Raum" hat viele kleine Städte mit 10.000 bis 20.000 Einwohner(innen) die stets benachbart sind und zwischen denen es sonst kaum Wohnorte gibt. Die Infrastruktur verteilt sich auf diese Städte und kann mit entsprechender Mobilität zur Gänze in Anspruch genommen werden. Der ÖPNV ist flächiger und weniger sternförmig ausgeprägt.
4. Der „großstadtnahe ländliche Raum" ist in den Speckgürteln der Großstädte zu finden und ist ähnlich gestaltet wie der „ländliche Raum mit Mittelzentren". Er ist zumeist „Zufluchtsort" für ehemalige städtische Familien und Wohnort ältere Menschen, die nicht unbedingt im Kontakt mit einander sind. Der Arbeitsmittelpunkt ist auch fast immer die Großstadt, sodass Mobilität auch hier eine wichtige Frage ist, sofern es keine gute Anbindung an das ÖPNV-Netz der Stadt gibt. Dieser Raum wird in der Jugendhilfeplanung und der Angebotsplanung der Städte nur selten beachtet.

Die Landkreise sind insgesamt in sich und untereinander sehr heterogen. Sie bergen Potenziale aber auch Herausforderungen insbesondere für junge Menschen, welche für die Jugendarbeit und die Planungen relevant sein sollten, es aber leider nicht immer sind.

### Jugendhilfeinfrastruktur auf dem Lande

Jugendhilfeplanung und Förderung sind die wichtigsten Steuerungselemente seitens des öffentlichen Trägers zur Gestaltung der Jugendarbeit vor Ort. Der Stand der Jugendhilfeplanung ist über die Landkreise hinweg heterogen, teils aktuell, teils veraltet. Sofern Fachstandards in der Planung sowie in der Förderrichtlinie beschrieben werden, fallen diese deutlich geringer aus als in den Städten – zumeist gibt es nur ein gefördertes Vollzeitäquivalent (VZÄ) pro Angebot. Bei den VZÄ gibt es neben der Förderung tatsächlicher Personal- und Sachkosten auch nicht kostendeckende Pauschalförderungen. Jedoch zeigt sich die Bereitschaft der Landkreise, eine gute Jugendarbeit zu etablieren, in der Gesamtförderung, welche für die §§ 11–14 und 16 SGB VIII bereitgehalten werden. Es gibt Kreise, die genau den gleichen Anteil zur Jugendpauschale des Landes bereitstellen. In anderen Kreisen ist der Eigenanteil höher und wieder andere schöpfen die Jugendpauschale nicht komplett aus. Ebenso werden die Kommunen ungleichartig in die Finanzierung eingebunden.

Dennoch konnten wir über die Landkreise hinweg gemeinsam auftretende Tendenzen erkennen, von denen einige hier beispielhaft angeführt werden:

Eine erste Tendenz ist das Regulieren der Förderung aufgrund der demografischen Entwicklung sowie der Haushaltslage. Oft werden Schlüssel von Fachkräfte-VZÄ pro gewisser Einwohner(innen)anzahl in der Jugendhilfeplanung angesetzt, welche entweder schon seit längerem existieren oder vorab auf Grundlage festgelegter Haushaltsgrößen berechnet werden. So schwindet die Anzahl von Fachkräften mit der der jungen Einwohner(innen) oder der Haushaltslage. Fachliche Expertisen, das Eingehen auf die Besonderheiten der Region, Lebenswelt- und Sozialraumanalysen oder die Beteiligung von Kindern und Jugendlichen als Teilgrundlage der Planung finden nur scheinbar Eingang oder fehlen gänzlich.

Die Entsäulung der Handlungsfelder der §§ 11–14 und 16 SGB VIII – also das abweichen von klassischen Angeboten innerhalb der Paragraphen – ist eine weitere Tendenz. Dies geschieht einerseits durch wenige „multiprofessionelle Teams", die meist für ein sehr großes Gebiet zuständig sind oder sich auf ein ausgemachtes lokales Zentrum konzentrieren und den angrenzenden ländlichen Raum mit flankieren. Die Landkreise werden unter diesen Teams aufgeteilt und sollen Aufgaben nach allen Paragraphen erfüllen. Die fast ausschließlich sozialpädagogischen Fachkräfte dieser Teams sind entweder bei einem Träger angestellt, aber bspw. nur mit 2 VZÄ gefördert, oder jeweils mit geringen VZÄ-Anteilen bei verschiedenen Trägern. Darüber hinausgehende Angebote bestehen dann kaum noch oder werden in geringerem Maße gefördert. Eine andere Form der Entsäulung vollzieht sich mittels übergeordneter Zielsetzungen, die mehrere Handlungsfelder betreffen/einschließen. Dann gibt es dezentrale Einrichtungen, die ungeachtet ihrer Angebotsart die gleichen Aufgaben haben. Damit sollen sie in die Region hinein wirken. Diese Formen der Entsäulung unterliegen selten fachlichen oder gar begleiteten Konzepten. Vielmehr stellen sie den Versuch dar, mit weniger werdenden Mitteln ein „breitflächiges" Angebotsnetz aufrechtzuerhalten.

Daran schließt sich die von den Fachkräften in fast allen Gesprächen thematisierten fehlenden Kooperations- und Netzwerkpartner(innen) an. Insbesondere MJA ist ein Arbeitsfeld, was Wirkungen erzielen kann, wenn es im Sozialraum Ansprechpartner(innen) und Verbündete findet, die für die Bedürfnisse der jungen Menschen relevant sind. Häufig ist MJA aber das letzte Angebot im Dorf für junge Menschen (eventuell gibt es noch eine freiwillige Feuerwehr und einen Fußballverein). Es mangelt an verschiedensten lokalen (jugend)kulturellen und sozialen Angeboten, die nur noch dort zu finden sind, wo junge Menschen sich in selbstverwalteten Jugendclubs oder Initiativen zusammen finden und unterstützt werden.

Hinzu kommt die Herausforderung der fehlenden Jugend im öffentlichen Raum. Diese Tendenz ist kein reines „ländliches" Phänomen, aber dort besonders auffällig. Die Ursachen dafür sind ebenso unterschiedlich. Zum einen handelt es sich um einen demografischen Fakt. Es gibt einfach immer weniger junge Menschen, auch in den Landkreisen, die sich im öffentlichen Raum überhaupt treffen könnten. Meist besuchen diese die Schule bis zum Nachmittag und sitzen dann aufgrund eines unflexiblen ÖPNV zu Hause „fest".

Dementsprechend ist das Andocken der Jugendarbeit an Schule vielerorts Thema. Entweder wird bewusst auf eine breite Schulsozialarbeit statt Jugendarbeit gesetzt oder freie Träger sind dazu aufgefordert oder verlagern eigenständig ihre Angebote an Schulorte. Letzteres wird „Soziale Arbeit an Schule" genannt, welche ebenfalls eine Form der Entsäulung darstellt. Die Grenzen zu Schulsozialarbeit, also dem Agieren innerhalb des Systems Schule und nicht nur an dem Ort, verschwimmen. Die Jugendarbeit steht so vor einer Aufgabenzuweisung außerhalb ihres Systems, in der das Arbeitsprinzip der Offenheit nicht immer gewahrt bleibt.

Und schließlich fällt auf, dass neben den Liga-Verbänden auch mehrere mittelgroße Träger Projekte und Einrichtungen in verschiedenen Landkreisen und verschiedenen Handlungsfeldern unterhalten oder sie versuchen diese zu akquirieren. Auf diese Weise kann die Stabilität des Trägers gesichert werden und auch für die Mitarbeitenden kann hieraus ein besserer interner fachlicher Austausch, ein größerer Ressourcenpool und ggf. finanzielle Sicherheit entstehen. Jedoch vermuten wir, dass damit einerseits kleine regionale Träger verdrängt werden und sich andererseits die politische Mitsprache der mittelgroßen Träger, bezogen auf die einzelnen Handlungsfelder, in Grenzen hält. Letzteres, weil die wenigen Angebote in einem Handlungsfeld in einem Landkreis kaum Basis für eine fachliche und fiskalpolitische Auseinandersetzung mit dem öffentlichen Träger sein können.

### Situation und Arbeitsinhalte der Fachkräfte

Die Fachkräfte reagieren unterschiedlich auf diese Tendenzen. Die Arbeit an der Schule empfinden viele als gewinnbringende Ressource, egal welche Form der Jugendarbeit sie betreiben. Dies macht angesichts eines ausgedünnten ÖPNV-Netzes und damit einhergehender Immobilität von Mädchen und Jungen durchaus Sinn. In allen Gesprächsrunden, in denen wir saßen, war der Nahverkehr ein großes Thema. Ein bevorzugtes Fortbewegungsmittel Jugendlicher im ländlichen Raum ist das Fahrrad. Sind Strecken zu weit oder kann das Fahrrad aus anderen Gründen nicht genutzt werden, sind junge Menschen auf dem Land oft „aufgeschmissen". Busse fahren z.T. nur zweimal am Tag – zu Schulbeginn und -ende. Wenn sie nicht von den Eltern abgeholt werden, müssen sie den einen

Bus nach Hause nehmen. Die Nutzung örtlich verankerter Angebote der Jugendarbeit ist deshalb kaum mehr eine Option. An den Schulen treffen Fachkräfte fast alle Kinder und Jugendliche an und können Kontakte aufbauen, die auch außerhalb der Schulzeit tragfähig sein können. Dadurch werden passgenaue Angebote der Jugendarbeit ermöglicht. Insofern kann einer Entsäulung der Handlungsfelder durchaus Positives abgewonnen werden. Problematisch wird es, wenn die Fachkräfte den vielen Rollenanforderungen nicht mehr gerecht werden können aufgrund der verschiedenen Zugänge zu der gleichen Zielgruppe. Dadurch können Zeit für Reflexion fehlen oder Rollenkonflikte in der Arbeit auftauchen, die auf Beziehung basierende Jugendarbeit unmöglich machen.

Mit einem speziellen Blick auf das Arbeitsfeld Mobile Jugendarbeit/Streetwork ist noch ein verbreitetes „Einzelkämpfer(innen)tum" zu erwähnen: Fachkräfte, die für mehrere Gemeinden (häufig viel zu viele) zuständig sind und diese Aufgabe ohne ein Team im Rücken bewältigen.

Der verringerten Förderung begegnen viele Fachkräfte mit zusätzlichen, anderweitig finanzierten Projekten. Der finanzielle Zugewinn bringt allerdings auch übermäßigen Verwaltungsaufwand mit sich. Die Verdichtung der Aufgaben und damit der Arbeitszeit führt zur weiteren Vereinzelung der Fachkräfte. Tragfähige Netzwerke gibt es meist nur dort, wo mehrere Fachkräfte bei einem Träger arbeiten.

Zunehmend werden Beteiligungsprojekte durchgeführt, welche die Stimme der Jugend in politische Entscheidungen einbeziehen sollen. Diese sind neben dem fachlichen Anspruch auch ein Versuch der indirekten Kritik an der Jugendhilfeplanung und der Förderstrategie des Landkreises. Da die Landräte in fast allen Landkreisen sehr resolute Agenden fahren, in denen die Jugendhilfe (und auch das Jugendamt) eher den Status eines ungeliebten Stiefkindes erfährt, sind an Beteiligungsprojekte eben auch Hoffnungen auf Veränderung geknüpft, welche im direkten Dialog nicht erreicht werden können. Die Träger selbst halten sich mit Kritik zurück, ein gemeinsames Auftreten der freien Träger ist selten zu finden.

Über alle Landkreise hinweg lässt sich außerdem ein tatsächlicher Fachkräftemangel feststellen. Dieser resultiert scheinbar aus der mangelnden Attraktivität der Stellen:

- unzureichende Ausstattung der Angebote sowohl was die Anzahl der Fachkräfte als auch die finanzielle Ausstattung angeht;
- nicht selten untertarifliche Bezahlung;
- ländlicher Raum als unattraktiver Wohn- und Lebensraum, insbesondere für Fachkräfte, die Familie und flexible Arbeitszeiten unter einen Hut bringen müssen.

Er resultiert andererseits auch aus dem landesweit vorgegebenen und prinzipiell richtigen Fachkräftegebot, das trotz der Sparmaßnahmen eingehalten werden muss. Jedoch gibt es zum Teil scheinbar geeignete und vom Träger gewollte Bewerber(innen) auf eine Stelle, die nicht den notwendigen sozial- oder erziehungswissenschaftlichen Abschluss aufweisen. So bleiben einige Stellen auf Dauer unbesetzt. Ähnlich sieht es in den Verwaltungen der Landkreisjugendämter selbst aus. Auch hier gibt es derzeit mehrere unbesetzte Stellen insbesondere im ASD sowie in der mittleren und oberen Leitungsebene.

**Bedarfe der Fachkräfte**

Einheitliche sowie übergreifende Bedarfe ließen sich während der Landkreistour nicht ausmachen. Zu unterschiedlich sind die Situationen und die Arbeitsweisen vor Ort. Was es hier braucht, sind regional zugeschnittene Angebote, welche sowohl zeitlich als auch inhaltlich flexibel sind und durch entsprechende Landesverbände angeboten werden müssten.

**Ausblick**

Um die Jugendhilfestruktur vor Ort mitzugestalten, müsste eine trägerübergreifende Lobby aufgebaut werden, die eine politische Mitsprache forciert. Mindestens sollten aber fachliche Konzepte entwickelt werden, welche auch für den Fall einer Entsäulung klar umreisen, welche Aufgaben und Schwerpunkte innerhalb eines Angebotes übernommen werden und welche nicht. So hätten die Fachkräfte einen roten Faden für die eigene Arbeit und gingen nicht in der Vielfältigkeit der Aufgabenzuweisung unter.

Auf der Klausur des Forum Jugendarbeit wurden diese Erkenntnisse bereits im Dezember 2016 vorgestellt. Trägerübergreifend wurde dort diskutiert, den ländlichen Raum verstärkt in den Blick zu nehmen und die Fachkräfte und Träger mit passgenauen Beratungs- und Fortbildungsangeboten vor Ort zu unterstützen. Weitere Abstimmungsgespräche stehen derzeit noch aus.

## 8.6 Anregungen zur Weiterarbeit

1. Fassen Sie die Darstellung dieser Lerneinheit (am besten nach einem Austausch in Ihrer Bezugsgruppe) wieder in einer Kernaussage zusammen!
2. Der Gastbeitrag von *Andreas Borchert* und *Simone Stüber* stellt die Jugendarbeit im ländlichen Raum Sachsens dar: Sind Ihnen ähnliche Entwicklungen (z. B. aus dem Bundesland, aus dem Sie stammen) bekannt? Recherchieren Sie bitte weitere Beispiele und klären Sie, mit welchen Konzepten dort den besonderen Schwierigkeiten einer ländlichen Kinder- und Jugendarbeit begegnen werden soll! Wie bewerten Sie diese Konzepte vor dem Hintergrund der in LE 7.2 dargestellten Entwicklungsaufgaben in Kindheit und Jugend?

## 8.7 Literaturempfehlung

- *Wolf Rainer Wendt: Das ökosoziale Prinzip. Soziale Arbeit, ökologisch verstanden*, Freiburg/Brsg., Lambertus, 2010 behandelt grundsätzlich das Verständnis, dass Soziale Arbeit im Lebensumfeld von Menschen zu erfolgen hat,

- das Verständnis der Lebenswelt und die Konsequenzen für die Soziale Arbeit werden von *Hans Thiersch* (in der Langfassung) *Lebensweltorientierte Soziale Arbeit. Aufgaben der Praxis im sozialen Wandel*, Weinheim und München, Juventa, 1992,
- und (als Kurzversion) *Lebensweltorientierung in der Sozialen Arbeit – als radikalisiertes Programm*; in: ders., Positionsbestimmungen der Sozialen Arbeit, Weinheim und München, Juventa, 2002: 29–51 erörtert;
- einen Zugang zur Sozialraumorientierung erschließt *Michael Noack: Kompendium Sozialraumorientierung. Geschichte, theoretische Grundlagen, Methoden und kritische Positionen*, Weinheim und Basel, Beltz Juventa, 2015.

# 9 Mit welchem Auftrag handelt Soziale Arbeit?

Gegenstand der Lerneinheit: Es lässt sich bis hierhin sagen, dass Soziale Arbeit ein soziales (Leistungs-)System darstellt, das auf zentralen (politischen und rechtlichen) Regeln fußt, als staatliche Aufgabe und Leistungsverpflichtung zur Daseinsvorsorge beizutragen. Doch was bedeutet dieser Auftrag konkret und wie ist die Soziale Arbeit daran beteiligt?

## 9.1 Hat die Soziale Arbeit ein Mandat?

Unter einem *Mandat* (lat. mandere bzw. ex manu datum, d. h.: aus der Hand geben, befehlen, beantragen) wird rechtlich der Vertretungsauftrag eines Mandaten an einen Rechtsanwalt verstanden, der ausschließlich im Interesse des Mandanten (*imperativ*) wahrzunehmen ist. Es handelt sich damit um einen Auftrag, der von einem Rechtsanwalt selbstbestimmt und im Wissen um Sachverhalte wahrgenommen wird, die der Mandant nicht kennen kann und auch nicht kennen muss (z. B. die Art und Weise, wie in einem Strafverfahren gem. den Regularien der Strafprozessordnung vorzugehen ist).

Ein grundlegendes Mandat an die Adresse der Sozialen Arbeit – und durchaus in Übereinstimmung der für sie relevanten Ziele (LE 6) – formuliert das Sozialgesetzbuch: § 1 Abs. 1 SGB I bringt zum Ausdruck, dass das Recht des Sozialgesetzbuches (und die dort im Einzelnen näher beschriebenen Aufgaben der Sozialen Arbeit) „zur Verwirklichung sozialer Gerechtigkeit und sozialer Sicherheit Sozialleistungen einschließlich sozialer und erzieherischer Hilfen gestalten" und „dazu beitragen (soll), ein menschenwürdiges Dasein zu sichern, gleiche Voraussetzungen für die freie Entfaltung der Persönlichkeit, insbesondere auch für junge Menschen, zu schaffen, die Familie zu schützen und zu fördern, den Erwerb des Lebensunterhalts durch eine frei gewählte Tätigkeit zu ermöglichen und besondere Belastungen des Lebens, auch durch Hilfe zur Selbsthilfe, abzuwenden oder auszugleichen". Das Recht des Sozialgesetzbuches soll auch dazu beitragen, dass die dafür „erforderlichen sozialen Dienste und Einrichtungen rechtzeitig und ausreichend zur Verfügung stehen".

Dieses Mandat richtet sich sowohl an staatliche als auch nicht-staatliche Träger (LE 12) der Sozialen Arbeit. Dabei fließen neben dem formellen Auftrag (z. B. einen offenen Treffpunkt für Kinder und Jugendliche zu betreiben) auch gesellschaftliche Erwartungen in das Mandat mit ein, was Soziale Arbeit zu tun und zu leisten hat (z. B. mit diesen Kindern und Jugendlichen präventiv zu arbeiten, also Gefährdungen durch Alkohol- oder Medienkonsum vorzubeugen), und es sind daneben auch Annahmen relevant, die in der Sozialen Arbeit selbst formuliert werden (was z. B. der Beitrag eines Kinder- und Jugendhauses zur Entwicklung von Autonomie und Emanzipation sein soll) und die Ausführung des erteilten Mandats beeinflussen.

Insgesamt sind vier Aspekte zu betrachten, die das Mandat beeinflussen oder konkretisieren, Soziale Arbeit in einem spezifischen Arbeitsfeld zu erbringen:

## 9.2 Fehlentwicklungen entgegenwirken: der Präventionsauftrag

Werden Menschen befragt, was sie unter Sozialer Arbeit verstehen, dann wird ihr in aller Regel die Aufgabe zugeschrieben, sie solle Fehlentwicklungen vorbeugen, als „Schlimmeres" verhindern und z. B. dazu beitragen, dass Kinder in der Schule nicht scheitern (Schulsozialarbeit), das Kindeswohl gesichert wird (Kinder- und Jugendhilfe), Menschen vor dem Verlust der eigenen Wohnung bewahrt werden (Wohnungslosenhilfe).

*Prävention* „meint zunächst schlicht vorbeugen", womit die „Aktivierung von frühzeitiger Hilfe bei sich abzeichnenden Schwierigkeiten" (Bitzan/Böllert 2012: 222) gemeint ist (vgl. insg. Albrecht 2008). Prävention kann mit *Gerald Caplan* (1964) als „vorbeugendes Eingreifen" zu unterschiedlichen Zeitpunkten verstanden werden: *Primäre Prävention* zielt darauf ab, das erstmalige Auftreten einer Handlungsweise zu verhindern, die zu künftigen Schwierigkeiten (Anlässen) führen wird, z. B. bei Anzeichen eines Schülers, „schulmüde" zu sein (d. h. den Sinn der Teilnahme am Unterricht nicht mehr zu sehen und die Schulpflicht nicht mehr erfüllen zu wollen), durch Unterstützung der Schulsozialarbeit dazu beizutragen, dass der Schüler lernt, welche Bedeutung der schulische Erfolg für sein späteres Leben haben wird. Mit der *sekundären Prävention* sind Interventionen verbunden, wenn erste Schwierigkeiten schon eingetreten sind, weil z. B. Schulmüdigkeit nicht mehr nur droht, sondern bereits gegeben ist (der Schüler fehlt wiederholt, zudem verhält er sich während des Unterrichts ungewöhnlich, er stört, verlässt plötzlich den Raum, ist in sich gekehrt) und dadurch die Versetzung in die nächste Klasse akut gefährdet ist, dann können diese Anzeichen durch die Schulsozialarbeit aufgegriffen werden, um eine Verfestigung der Handlungsweise zu verhindern. Die *tertiäre Prävention* konzentriert sich auf die Behebung bereits entstandener Verfestigungen (z. B. Schulverweigerung durch dauerhaftes „Schulschwänzen"), um damit verbundene Schwierigkeiten und Folgeschäden (Schulabbruch ohne qualifiziertes Abgangszeugnis u. ä.), z. B. durch Kooperation mit einer Einrichtung der Jugendsozialarbeit, um den fehlenden Schulabschluss durch Maßnahmen zur Schulpflichterfüllung in einer Jugendwerkstatt auszugleichen und den Übergang in eine Ausbildung zu ermöglichen.

Prävention ist in diesem Sinne als Vermeidung von Normabweichungen (und damit als Normalisierungsarbeit) zu verstehen, um Subjekte an die Erwartungen und Bedingungen des Systems anzupassen. Dabei kann der Begriff der „Normalisierung" auch eine problematische Bedeutung gewinnen, wenn damit Einpassung oder Zurichtung, also die Unterwerfung von Subjekten unter fremde Normvorstellungen (die den Subjekten keine eigene Möglichkeit zur Gestaltung des eigenen Lebens mehr lassen), gemeint ist. Die Erfüllung der Schulpflicht wird als gesellschaftliche Anforderung definiert und es wird zur selbstverständlichen Pflicht (Normalität) der Eltern erklärt, für die Erfüllung der Schulpflicht zu sorgen (wofür es gute Gründe gibt). Was hier als selbstverständlich gelten kann, das ist in anderen gesellschaftlichen Bereichen nicht immer unumstritten, z. B. in Bezug auf das Verhalten Jugendlicher im öffentlichen Raum: Wenn Erwachsene nicht damit umgehen können, dass Jugendliche auf ihre eigene Art und Weise ihre Freizeit (und dabei auch im Widerspruch zu den Normalitätserwartungen der Erwachsenen) verbringen wollen, dann wird das in diesem Zusammenhang durchaus nicht selten gebrauchte Argument der Prävention (zu verhindern nämlich, dass das Verhalten Jugendlicher in Belästigungen und Gewalt mündet) rasch fragwürdig; tatsächlich geht es meist um die Durchsetzung der Erwartungen der Erwachsenengesellschaft, d. h. darum, die Konformität der Jugendlichen durchzusetzen.

Das Mandat, Fehlentwicklungen entgegenzuwirken, kann also für Soziale schnell zweischneidig werden, wenn damit Normalitätsvorstellungen und Konformitätserwartungen gegenüber Einzelnen oder Gruppen durchgesetzt werden sollen, über die gesellschaftlich kein Konsens besteht oder die nur von Teilen der Gesellschaft (oder des politischen Systems) repräsentiert werden. Es können in das Präventionsmandat Erwartungen eingewoben sein, die bestimmte Zielgruppen als besonders präventionsbedürftig erscheinen lassen. So hat das „Frühwarnsystem" des Programms „Frühe Hilfen" auch junge Alleinerziehende im Blick, die – so die implizite Logik des Programms – an die Grenzen ihrer Belastbarkeit und ihrer erzieherischen Möglichkeiten geraten können. Prävention meint in diesem Zusammenhang also, frühe Hilfen anzubieten, die die Alleinerziehenden im Alltag und ihrer Lebensführung unterstützen und das Kindeswohl sichern helfen. Dass junge

Alleinerziehende tatsächlich überbelastet und erziehungsüberfordert sind, ist keineswegs gesagt; so kann sich ein (durchaus wohlmeinender) Verdacht über die Notwendigkeit präventiver Angebote einstellen, der auf eine unzulässige Stigmatisierung einer Gruppe von Menschen hinauslaufen kann (vgl. Helming 2010). Soziale Arbeit kann in solchen Fällen leicht in die Pflicht genommen werden, über das Präventionsmandat Normalität (bzw. Konformität) sicherzustellen oder bestimmte politische Zwecke (z. B. Konflikte Jugendlicher mit Erwachsenen zu deeskalieren, indem die Jugendlichen aus dem öffentlichen Raum verdrängt werden) durchzusetzen (d. h. als „sozialpolitische Feuerwehr" zu fungieren, die soziale Konflikte „löscht").

## 9.3 Menschen fordern: der Aktivierungsauftrag

Noch bis in die 1990er Jahren hinein bezeichnete der Begriff *Wohlfahrtsstaat* in Deutschland weitgehend unhinterfragt ein System, das Maßnahmen zur Steigerung des sozialen, materiellen und kulturellen Wohlergehens aller BürgerInnen ergriff. Der *Sozialstaat* (als Teil des Wohlfahrtsstaates) diente dem Ziel, Menschen in (v. a. unverschuldeten) Notlagen zu unterstützen, wenn diese aus eigener Kraft nicht mehr zur Selbsthilfe fähig sind, bzw. solchen Notlagen vorzubeugen. (Kommunale) *Sozialpolitik* bedeutete in diesem Verständnis v. a. die „Bereitstellung von Hilfen für benachteiligte Bevölkerungsgruppen, um sie aus der Benachteiligung herauszuführen bzw. zu verhindern, dass Gruppen sozial benachteiligt werden" (Dahme/Schütter/ Wohlfahrt 2008: 25).

Seit den 1980er Jahren fand eine allmähliche Neubewertung der ursprünglichen Verhältnisbestimmung von „Wohlfahrtsstaat", „Sozialstaat" und „kommunaler Sozialpolitik" statt. Deutschland befinde sich, lautete die politische Argumentation, in einem (ökonomisch kaum bestreitbaren) internationalen Standortwettbewerb, den mit Erfolg zu bestehen auch eine grundlegende Überprüfung des zuvor entwickelten Sozialstaats verlange. Dieser Sozialstaat wurde als bevormundend und vor allem unfinanzierbar bezeichnet; gesellschaftlich nach innen gerichtet lähme er deren Selbständigkeit und hemme ihre Leistungsbereitschaft, nach außen gefährde er die Rentabilität der Volkswirtschaft. So eingestimmt wurde der Sozialstaat in der seit Ende der 1970er Jahre pointiert formulierten neoliberalen Kritik als grundlegendes Hemmnis einer auf Wachstum orientierten Volkswirtschaft dargestellt: Soziale Gerechtigkeit spielte entweder gar keine Rolle mehr oder sie wurde als unbezahlbar bezeichnet. Die Ansprüche auf Leistungen des Sozialstaates seien den Erfordernissen des internationalen Standortwettbewerbs unterzuordnen, der Um- bzw. Rückbau des Sozialstaates (bzw. dessen Beschränkung auf ein unverzichtbares Maß) sei folglich nur ein alternativloser Anpassungsprozess im Rahmen einer generellen gesellschaftlichen Umstrukturierung nach den Prinzipien des Marktes (vgl. Butterwegge 2015b: 50 f., 58, 69).

Ziel wurde es nun, ein System zu entwickeln, das leistungsfähiger sein, weniger kosten und dabei auch noch bürgernäher sein sollte. Im Kern gelten seitdem die Bedingungen internationaler Konkurrenzfähigkeit und die Mechanismen und Verfahren des Marktes (genereller Wettbewerb, Orientierung an den Kunden, Effizienz und Effektivität, Flexibilität, Qualität) nun auf nahezu alle Strukturen des sozialen Systems übertragen (zur Kritik dieser *Ökonomisierung* der Sozialen Arbeit vgl. Schneider 2014).

Solidarität und soziale Gerechtigkeit werden durch die neuen Leitideen (insb. Leistungsbereitschaft und Eigenverantwortung) entwertet und ersetzt. Nun fällt dem Subjekt die Hauptverantwortung für die Bewältigung defizitärer Lebenslagen zu, und der Staat gewährt nur noch unumgehbare Sachleistungen und Transferzahlungen (deren Bezugsdauer er kürzt und mit Sanktionen bei fehlender Konformität der Subjekte ausstattet); er tritt damit als neo-sozialer Gewährleistungsstaat, in Erscheinung, der den Sozialstaat ablöst (vgl. Schönig 2006: 27; Dahme/Wohlfahrt 2003: 75, 85).

Dieser neo-soziale Gewährleistungsstaat fördert stattdessen die Beschäftigungsfähigkeit (employability) seiner Bürger*innen, d. h. die Kompetenz des Subjekts, angesichts der Veränderung von Rahmenbedingungen und Nachfrage auf dem Arbeitsmarkt selbst und aktiv zur Erlangung, zum Ausbau und zum Erhalt von Beschäftigung beizutragen. Gefördert zu werden verdient nur noch derjenige, der unmittelbar zum Wachstum der Volkswirtschaft beiträgt. (Sozial-)Leistungen werden damit folgerichtig zu „Bildungsinvestitionen", die die Anpassung der Menschen an die Erfordernisse der globalen Marktwirtschaft fördern sollen (vgl. Seithe 2010a: 177, Dahme/ Schütter/Wohlfahrt 2008: 13). Dieses sog. Workfare-Prinzip bezeichnet ein (v. a. arbeitsmarktpolitisches) Konzept, das Sozialtransfers (Förderung) z. B. direkt an die Verpflichtung (Forderung) zur Arbeit bzw. im Falle von Arbeitslosigkeit zur Arbeitsaufnahme (Aktivierung) bindet (vgl. ebd.: 14).

Der fordernde und fördernde Sozialstaat stellt klar, dass der Anspruch des Subjekts auf Hilfe die Erfüllung von Pflichten durch das Subjekt voraussetzt: Es wird also keine Leistung ohne Gegenleistung gegeben, und erst diese Bereitschaft zur Gegenleistung führt zur staatlichen Leistungspflicht. Wer aufgrund mangelnder Selbständigkeit scheitert, der wird für die Konsequenzen selbst verantwortlich gemacht. Es zählt auch zu den erzieherischen Botschaften der Aktivierungskonzeption, dass Misserfolge und gesellschaftliche Marginalisierung als selbst verschuldet „privatisiert" werden und als Konsequenz mangelbehafteter persönlicher Leistungsbereitschaft, Flexibilität und

Anpassungsfähigkeit anzusehen sind (vgl. Mührel 2005: 679). Wo auch dies nicht gelingt, werden Kontrolle, Sanktionen und Zwang zu Instrumenten der Aktivierung: Die im SGB II vorgesehene Möglichkeit zur Kürzung bzw. Streichung des ALG-II-Regelsatzes bei mangelnder Mitwirkung junger Menschen unter 25 Jahren zeigt beispielhaft, wie der Aktivierungsstaat Pflichten und Sanktionen verkoppelt und Hilfe an konformes Verhalten bindet, die zu erzwingen auch die Soziale Arbeit angehalten ist.

*Fördern und Fordern* und *Aktivierung* werden zum „Markenkern" dieser neo-sozialen Ordnung. Das Programm des neo-sozialen Aktivierungsstaats ist lediglich an der Beschäftigungsfähigkeit seiner Bürger/innen interessiert, deren vorrangige Pflicht darin besteht, der Erwerbsarbeit nachzugehen (vgl. Dahme/Wohlfahrt 2003: 77, 92, Galuske/Rietzke 2008: 405).

Soziale Arbeit ist damit nicht länger als generelle Unterstützung bei der Lebensbewältigung zu verstehen. Vielmehr soll sie ihren Beitrag leisten, die Subjekte als Hilfeempfänger zu bestimmten Verhaltensweisen anhalten (z. B. Unterstützung bzw. Ressourcen aus dem persönlichen Umfeld verfügbar zu machen, ohne staatliche Unterstützung dafür in Anspruch zu nehmen) und sie soll die Subjekte an die Pflicht zur Arbeitsaufnahme, zur Weiterbildung und zum Erhalt und zum Ausbau ihrer Beschäftigungsfähigkeit erinnern (vgl. Dahme/Wohlfahrt 2009: 49).

## 9.4   Macht legitim ausüben: der Kontroll- und Hilfeauftrag

Soziale Arbeit findet auch in legitimen (d. h. durch Recht und Gesetz bestimmten) Zwangskontexten statt, z. B. dann, wenn Gerichte Straftäter der Bewährungshilfe unterstellen und die Einhaltung von (im Urteil ausgesprochenen) Bewährungsauflagen kontrolliert und ggf. auch erzwungen werden muss. Solche Zwangskontexte sind Machtverhältnisse.

Unter *Macht* wird die mit unterschiedlichen Begründungen ausgestattete Möglichkeit verstanden, den eigenen Willen auch gegen den Widerstand Anderer durchzusetzen; findet dies letztlich keine Anerkennung durch die Betroffenen, dann ist auch von Gewalt die Rede (vgl. Hartmann 2007b: 405).

*Autorität* bezeichnet „den als rechtmäßig anerkannten Einfluss einer sozialen Instanz, in der Regel: einer Person oder Gruppe" auf andere (Hartmann 2007a: 73). Es handelt sich also um „die wertmäßige, aus freien Stücken vorgenommene Anerkennung einer Person" und damit um „grundsätzlich anerkannte, geachtete Macht. Jemand Autorität zuzuschreiben bedeutet, sich ihm freiwillig unterzuordnen und die damit verbundene Abhängigkeit zu bejahen" (Paris 2008: 33). Autorität kann durchaus als sozialintegrativ (und damit demokratisch) bezeichnet werden, „wenn für alle

Betroffenen eine Mitbestimmung besteht", hat aber als autokratisch zu gelten, „wenn der Führungs- und Befehlsanspruch des Autoritätsträgers ausschließlich die Beziehung bestimmt" (Kron 1994: 265). Solche *funktionale Autorität* fußt (jeweils abhängig davon, was gesellschaftlich als besonderes Wissen und Können geschätzt wird) auf „überlegenem Sachverstand" bzw. sog. Experten-, Sach-, Fach- oder professioneller Autorität (vgl. Hartmann 2007a: 73f.).

Professionelle Autorität, die schließlich auch zu legitimer Macht- und Zwangsausübung berechtigt, wird auch in der Sozialen Arbeit, z. B. im Rahmen der Regelungen des Sozialgesetzbuches, begründet: Macht (und Zwang) kommt z. B. in der Kinder- und Jugendhilfe dann zum Tragen, wenn im Zusammenhang mit der Klärung von Fällen der Kindeswohlgefährdung (z. B. aufgrund einer Misshandlung oder sexuellen Missbrauchs) Kinder aus der Herkunftsfamilie herausgenommen werden müssen. Soziale üben aber auch professionelle Autorität – und damit zugleich eben auch Macht – aus (ohne dass dies unmittelbar zu erkennen wäre), z. B. im Falle der Planung und Verabredung von (erzieherischen) Hilfen, weil sie ihr Expertenwissen und -können einsetzen und so Zwang auf die Subjekte ausüben, eine von den Sozialen bevorzugte Hilfe in Anspruch zu nehmen (vgl. Urban-Stahl 2012 sowie die Beiträge in Huxoll/Kotthaus 2012 und Thole/Retkowski/Schäuble 2012). Dies kann dazu führen, dass auch die Rechte der Subjekte nicht in vollem Umfang (oder nur teilweise) zum Tragen kommen, weil sich die Expertensicht der Sozialen durchsetzt, was rechtfertigt, von einer fremdbestimmten Hilfegewährung zu sprechen.

*Fremdbestimmung* wird im Gegensatz zu Selbstbestimmung als „der Zustand (bezeichnet), in dem das Handeln einer Person von Kräften außerhalb ihrer selbst gesteuert wird". Dabei ist zwischen faktischer und erlebter Fremdbestimmung zu unterscheiden: Faktische Fremdbestimmung meint Herrschaft, Ungleichheit (Unterprivilegierung) und soziale Kontrolle, die nicht unbedingt bewusst erlebt (Fall der Gewöhnung) und als Zwang wahrgenommen werden müssen (Form der Zustimmung). Es handelt sich dabei weniger um Fälle direkten Zwangs, sondern mehr um Formen der Disziplinierung, z. B. in Gestalt unauffälliger Kontrollen, die undramatisch den Alltag durchdringen (vgl. Steinert 1993: 366f.). Solche fremdbestimmenden Handlungsweisen der Sozialen korrespondieren auf Seiten der Subjekte u. U. auch mit Einstellungen, die u. a. durch „eine hohe Bereitschaft zu konformem Verhalten, die Tendenz zur Unterwerfung unter Stärkere und zur Beherrschung Schwächerer, übermäßige Kontrolle der eigenen Gefühle und Impulse, Intoleranz, sexuelle Prüderie, Ethnozentrismus und Antisemitismus" geprägt sind und als „autoritäre Persönlichkeit" bezeichnet werden (vgl. Klima 2007a: 73, zit. ebd.).

*Autonomie* (LE 6.1) ist in diesem Zusammenhang damit als der Versuch zu verstehen, Selbstbestimmung zu ermöglichen bzw. als Soziale/r sich der Möglichkeit der im eigenen Handeln (insb. unbewusst) eingeschlossenen Fremdbestimmung bewusst zu werden, z. B. die körperliche, geistige und soziale Entwicklung eines Kindes zu sichern, ohne dabei eine erzieherische Übermacht auszuüben (vgl. Wolff 2008: 85).

Dieses Verhältnis der Ambivalenz von Autorität und Autonomie, Fremdbestimmung und Selbstbestimmung bildet sich auch in der Sozialen Arbeit ab. Zwischen anlassgerechten und angemessenen fachlichen Maßnahmen einerseits und den organisatorischen Rahmenbedingungen, denen Soziale Arbeit unterliegt (z. B. gesellschaftliche Bedingungen und Ansprüche, rechtliche Vorgaben, finanzielle Ausstattung, die spezifischen Formen, Ziele und Erwartungen, wie die Träger Soziale Arbeit organisieren) andererseits, wird deren professionelle Autonomie eingeschränkt. Soziale unterstützen die Menschen, mit denen sie tun haben, müssen aber zugleich Ansprüche der Gesellschaft auch gegen diese Menschen verwirklichen; dabei müssen sie sich an den gesellschaftlichen Normalitätserwartungen orientieren. Dies bildet sich v. a. in Form gesetzlicher Vorschriften ab, z. B. in konkreten Vorgaben, die das Verhalten von Menschen begrenzen, sei es, wie sich Jugendliche im öffentlichen Raum bewegen können (Ge- und Verbote, Bestimmungen des Jugendschutzrechts) oder welche Schutzrechte Kinder und welche Pflichten ihre Eltern haben.

Damit wird das *doppelte Mandat* beschrieben, dem Soziale Arbeit stets ausgesetzt ist – ein grundlegendes Spannungsverhältnis zwischen „professionellem Autonomieanspruch" und „sozialadministrativem Kontrollsystem" (Böhnisch/Lösch 1973/1998: 370) bzw. zwischen *Hilfe und Kontrolle*:

- *Hilfe* (bzw. Hilfefunktion) meint 1. Begleitung und Förderung (z. B. Gewährung erzieherischer Hilfen nach dem SGB VIII, wenn Eltern mit der Erziehung ihrer Kindern an ihre Grenzen stoßen), 2. Ermächtigung und Befähigung (Empowerment z. B. durch Beratung, Beistand oder Anerkennung) und 3. Unterstützung (z. B. durch „Anwaltschaftlichkeit" [s. u.]),
- *Kontrolle* (bzw. Kontrollfunktion) meint 1. die Wahrnehmung eines „Wächteramtes" (als Sozialer für die physische und psychische Unverletztheit Minderjähriger verantwortlich zu sein [sog. Garantenstellung]; vgl. Fieseler 2004, Wiesner 2004), 2. Begrenzung von Miss-/Fehlgebrauch (z. B. Missbrauch des elterlichen Erziehungsrechts, das in der Misshandlung des eigenen Kindes mündet), 3. Ausübung von Zwang (z. B. die Inobhutnahme eines misshandelten Kindes) und 4. Verhinderung oder Korrektur abweichenden Verhaltens (z. B. die Durchsetzung richterlich

gegen die Eltern verfügter Schutzmaßnahmen, um die Wiederholung körperlicher Misshandlungen zu verhindern).

Soziale Arbeit fördert also nicht nur das Wohlbefinden von Menschen (und so deren Autonomie), sie kontrolliert zugleich immer auch, ob gesellschaftliche bzw. politische Erwartungen oder das, was in der gegebenen Gesellschaft jeweils als „normal" und wünschenswert betrachtet wird, erfüllt werden. Soziale Arbeit wird gesellschaftlich mit einer spezifischen Form von Macht ausgestattet, um spezifische Verhaltenserwartungen auch durchzusetzen.

Damit sind „strukturelle Konfliktpotenziale" (Herrmann 2013: 238) zwischen Subjekt und dem gesetzlichen Auftrag, den Soziale Arbeit zu erfüllen hat, angedeutet. Dieses Verhältnis wird immer (d. h. strukturell) auch durch Verhältnisse von Macht und Ohnmacht wechselseitig bestimmt: Einerseits erleben sich Subjekte Einschränkungen ihrer Autonomie oder Sanktionen (und damit der Macht Sozialer) ausgesetzt (z. B. weil eine Hilfe beendet wird, die als wenig erfolgversprechend eingeschätzt wird, was als Ohnmacht erlebt wird). Andererseits nehmen sich auch Soziale als ohnmächtig wahr, wenn Subjekte, mit denen sie zusammenarbeiten, ihrerseits Macht ausüben, z. B. sich anders verhalten, als dies zu erwarten, besprochen oder vereinbart war.

Im Sinne einer Arbeitsbeziehung wird dieses Spannungsverhältnis sich nur mindern oder ggf. auch auflösen lassen, wenn der Hilfeaspekt bei aller Kontrolle in den Vordergrund gestellt wird: Selbst bei einer Kindeswohlgefährdung geht es zwar immer um Kontrolle, aber eben auch um Hilfe, d. h. einerseits aktuell die Kindeswohlgefährdung zu beenden und künftig – präventiv – abzuwenden, andererseits aber auch dabei zu unterstützen, zu beraten und auch praktisch zu helfen, Mittel und Wege zu finden und (auch unter Inanspruchnahme neuer Ressourcen) zu entwickeln (also zu lernen), nicht mehr das Kindeswohl gefährdend zu handeln (vgl. Schone 2016: 1115).

Ein Ansatz, mit dem Konfliktpotenzial zwischen Hilfe und kontrollierendem Zwang umzugehen, besteht im Konzept der *Advokatorischen Ethik*. Danach ist die vormundschaftliche Vertretung der Interessen von Subjekten dann möglich, wenn sie sich zu einer gegebenen Zeit, bei einem konkreten Anlass oder generell nicht selbst vertreten können, es ihnen also nicht möglich ist, selbstbewusst und selbstverantwortlich die *eigenen* Interessen wahrzunehmen (z. B. Eltern, die in ihrer Situation so gefangen sind, dass sie die Misshandlung ihres Kindes noch nicht als Notlage verstehen können). Dabei verbietet sich (abgesehen von existentiellen Bedrohungen, z. B. Selbst- und Fremdgefährdungen) ein Handeln gegen die Einsicht und den Willen des Subjektes. Solche *Anwaltschaftlichkeit* bedeutet also, sich im Sinne einer „Grundhaltung" für diejenigen einzusetzen, die sonst nicht gehört werden (weil sie als uneinsichtig gelten), und dabei zu helfen, dass deren berechtigte Bedürfnisse und Interessen (als Eltern) zur Geltung kommen können, wobei stets im Zentrum steht, sie soweit wie möglich zu befähigen, wieder für sich selbst handeln zu können (sie in die Lage zu versetzen, im Rahmen der gesellschaftlichen und rechtlichen Erwartungen ihr Kind zu erziehen). Nur dann mag es erforderlich und angemessen sein, dass auch Soziale in diesem Sinne (z. B. als gerichtlich bestellter Vormund) stellvertretend *für sie* handeln (vgl. Brumlik 1992: 159–169, Stimmer 2010: 54f.).

Die Überlegungen zu einer Advokatorischen Ethik verweisen auf das zentrale Thema, das sich im Fall der Kindeswohlgefährdung besonders herausgehoben darstellt: Verletzt wird das Grundrecht des Kindes (Art. 1 GG) auf physische und psychische Integrität (womit die Vorgehensweise mit anderen „Vorzeichen" auf das misshandelte Kind anzuwenden wäre), und zugleich haben diese Eltern das (Grund-)Recht und die Pflicht (Art. 5 GG), das eigene Kind zu erziehen. Es liegt ein Spannungsfall zwischen Grund- und damit Menschenrechten vor.

## 9.5 Menschenrechte verwirklichen: der Auftrag der Teilhabe

Zwei Begriffe gilt es zu unterscheiden und zugleich im Zusammenhang zu sehen:

- *Menschenrechte* stellen subjektive Rechte dar, die jedem Menschen gleichermaßen zustehen. Allein aufgrund ihres Menschseins sind alle Menschen mit gleichen Rechten ausgestattet; diese egalitär begründeten Rechte sind universell, unveräußerlich und unteilbar.
- Wird von der *Würde des Menschen* gesprochen, dann meint dies, Menschen auf der Grundlage vernünftigen Denkens als zu eigenständigen Entscheidungen fähig anzusehen sind (dabei immer mitdenkend, dass die angemessene Befriedigung biologischer, psychischer und sozialkultureller Bedürfnisse hierfür eine Voraussetzung darstellt). Sie haben ein Recht darauf, „eigenverantwortlich entscheiden, handeln und leben" und sich „als Subjekt seines eigenen Lebens erleben zu können" (vgl. Bohlen 2017: 259, zit. ebd.); soziale Vielfalt ergibt sich schon allein daraus, wenn Menschen in diesem Sinne ihr Leben selbst bestimmen.

Die Menschenwürde ist damit als eine Konsequenz der allgemeinen Menschenrechte zu verstehen: Die Verwirklichung der Menschenrechte gewährleistet erst ein menschenwürdiges Dasein.

1948 verkündete die Generalversammlung der Vereinten Nationen die „Allgemeine Erklärung der Menschenrechte", die – v. a. unter dem Eindruck der durch den Nationalsozialismus erfolgten vorsätzlichen und aktiven Verweigerung von Menschenrechten – formulierte, dass alle Menschen frei und gleich an Würde und Rechten geboren sind und sich einander im Geiste der Brüderlichkeit begegnen sollen (Art. 1). Jede/r habe unterschiedslos einen Anspruch auf alle in der Erklärung genannten Rechte und Freiheiten (Art. 2), niemand dürfe willkürlichen Eingriffen in sein Privatleben, seine Familie, seine Wohnung und seinen Schriftverkehr oder Beeinträchtigungen seiner Ehre und seines Rufes ausgesetzt werden (Art. 12). Jede/r habe das Recht auf einen Lebensstandard, der sich und der Familie Gesundheit und Wohl gewährleiste, wozu auch Nahrung, Kleidung, Wohnung, ärztliche Versorgung und notwendige soziale Leistungen sowie (soziale) Sicherheit bei Arbeitslosigkeit, Krankheit, Invalidität oder Verwitwung, im Alter oder bei anderweitigem Verlust seiner Unterhaltsmittel, wenn die Umstände unverschuldet sind (Art. 25). Auch das Recht auf Bildung, die der vollen Entfaltung der menschlichen Persönlichkeit dient und auf die Stärkung der Achtung vor den Menschenrechten und Grundfreiheiten gerichtet sein muss, wird festgeschrieben (Art. 26). Die Menschenrechte sind angeboren und unveräußerlich, egalitär und unteilbar, überstaatlich und an keinen Ort gebunden, wobei der Anspruch ihrer universellen Gültigkeit in jüngerer Zeit allerdings bezweifelt wird, weil er eigenständigen Kulturen, Religionen und Gebräuchen die Gleichwertigkeit verweigere (vgl. Jansen 2014: 29).

Vereinzelt wurden die Menschenrechte auf besondere Zielgruppen „übersetzt", z. B. in den 1989 in der Kinderrechtskonvention formulierten Kinderrechten, zu denen u. a. (neben dem Recht auf Gleichbehandlung und Schutz vor Diskriminierung als Kind) das Recht auf Gesundheit, Bildung und Ausbildung, auf Freizeit, Spiel und Erholung, auf eine gewaltfreie Erziehung, auf Schutz vor Grausamkeit, Vernachlässigung, Ausnutzung und Verfolgung und auf eine Familie, elterliche Fürsorge und ein sicheres Zuhause zählen (zum Stand der Verwirklichung der Kinderrechte in Deutschland vgl. DKHW 2015).

Im Grundgesetz der Bundesrepublik Deutschland wurden 1949 in den Artikeln 1 bis 20 die unveräußerlichen Menschenrechte als unhintergehbare Grundlage der gesellschaftlichen und staatlichen Ordnung bestimmt, die die gesellschaftliche Grundlage darstellen und das staatliches Handeln binden: Es darf keinen Menschen geben, der z. B. wegen seines Geschlechtes oder seiner sozialen Lage ausgeschlossen wird, was zwei Beispiele illustrieren:

- Kinder und Jugendliche sind Träger der Menschenrechte; gem. Art. 6 GG sind ihre Eltern einerseits verpflichtet, diese Rechte durch ihre Sorge um die Pflege und die Erziehung zu verwirklichen, andererseits hat die staatliche Gemeinschaft wachsam zu sein, dass alle Kinder auch zu ihrem Recht kommen.

- Wohnungslosen Menschen darf die Mitwirkung an der politischen Willensbildung nicht verwehrt werden. Ihnen ist deshalb die Teilnahme an Wahlen zu ermöglichen, auch wenn sie über keinen festen Wohnsitz verfügen. Das komplizierte Verfahren zur Registrierung, um schließlich mitwählen zu können, entspricht längst nicht diesem Anspruch. So haben sich z. B. in Berlin von schätzungsweise 28.000 von Wohnungs- und Obdachlosigkeit betroffenen Menschen nur 63 für die Bundestagwahl 2017 registrieren lassen (vgl. Reuter 2017). Hier zeigt sich, dass die menschenrechtlichen Ansprüche noch längst nicht umgesetzt sind.

Dennoch lässt sich sagen, dass die Regelungen im Sozialgesetzbuch den menschenrechtlichen Ansprüchen weitgehend folgen; solche *sozialen Rechte* sind bestimmt im

- SGB VIII (Kinder- und Jugendhilfe): insb. das Recht auf Förderung und die Schaffung positiver Lebensbedingungen (§ 1 Abs. 1 und 3), das Wunsch- und Wahlrecht (§ 5), der Anspruch auf Beteiligung (§ 8), die Mitgestaltung und -verantwortung in der Kinder- und Jugendarbeit (§ 11) und der Hilfeplan (§ 36);
- SGB XII (Sozialhilfe), wo die Sozialhilfe unmittelbar mit der Würde des Menschen verknüpft wird (§ 1);
- SGB IX (Rehabilitation und Teilhabe behinderter Menschen): insb. die Rechte auf Teilhabe am Leben in der Gesellschaft (§ 1) und das Recht auf Selbstbestimmung und Selbstständigkeit (§ 2).
- Die dem deutschen Sozialsystem eigenen Sozialleistungen werden dementsprechend als Leistungen zur Verwirklichung der sozialen Rechte verstanden, die eine Behörde aufgrund der Bestimmungen des Sozialgesetzbuches gewährt und die sich in vier Systemen abbilden:
- Die sozialen Vorsorgesysteme der Sozialversicherung stellen Sozialleistungen zur Verfügung, die durch einkommensabhängige Beiträge finanziert werden;
- durch soziale Fördersysteme soll zur Verwirklichung sozialer Chancengleichheit beigetragen werden, z. B. durch die Kinder- und Jugendhilfe (SGB VIII), die Ausbildungs- und Berufsförderung (z. B. BAföG), das Wohngeldgesetz oder die Familienförderung (etwa in Form des Bundeskindergeldgesetzes);
- soziale Hilfesysteme dienen der Sicherung eines Existenzminimums (wobei es unbeachtlich ist, aus welchem Grund eine Notlage entstanden ist),

z. B. durch die Sozialhilfe (SGB XII), die Grundsicherung für Arbeitsuchende (SGB II), das Unterhaltsvorschussgesetz und das Asylbewerberleistungsgesetz;

• soziale Entschädigungssysteme gleichen Kriegs- und Wehrdienstschäden, Schäden aus Gewaltverbrechen oder Gesundheitsschäden aus, z. B. durch das Bundesversorgungsgesetz (vgl. Reidel 2014: 252ff.).

## Gastbeitrag – Cornelius Scheier[9]: Welche Bedeutung hat das eigene Menschenbild für die Soziale Arbeit?

Die internationalen Dachverbände der Sozialen Arbeit sind sich einig, dass die Rolle der Sozialen Arbeit in der Vermittlung zwischen Individuum und dem System, der Umwelt, in der das Individuum lebt, liegt. Doch warum sind Menschrechte und damit einhergehend eine moralische und ethische Grundhaltung, ein gewisses Leitbild, für jede/n Sozialarbeiter/in von fundamentaler Bedeutung bei der Vermittlung zwischen Individuum und System?

In einer freien demokratischen Gesellschaft hat das Individuum das Recht auf Freiheit (Art. 1 der Menschenrechtsdeklaration 1948). Doch das Recht besitzen, bedeutet nicht automatisch auch davon Gebrauch machen zu können. Die Fähigkeit der Selbstbestimmung muss entwickelt und gefördert werden. Das Individuum muss vielfältiges Wissen, Kompetenzen und Handlungsstrategien erwerben, um sich innerhalb eines Systems eigenständig und selbstbestimmt (frei) bewegen zu können. Hinzu kommt, dass es dies tun muss ohne dabei die Rechte der anderen Individuen zu verletzen (vgl. Artikel 2 Abs. 1 GG).

Wilhelm von Humboldt war der Auffassung, dass hierfür Bildung nötig sei, um frei von anderen, also selbstbestimmt handeln zu können. Er definierte Bildung als *„die Anregung aller Kräfte des Menschen, damit diese sich über die Aneignung der Welt entfalten und zu einer sich selbst bestimmenden Individualität und Persönlichkeit führen"* (von Hentig 1996: 40).

*Immanuel Kant* (1784) bestimmte die Aufklärung als den Weg zur individuellen Freiheit eines Menschen. Nach ihm ist Aufklärung der „Ausgang des Menschen aus seiner selbstverschuldeten Unmündigkeit, wobei er Unmündigkeit als das „Unvermögen sich seines Verstandes ohne die Leitung eines anderen zu bedienen" bezeichnete. Nach diesen Begriffsbestimmungen muss sich ein Individuum aus sich selbst heraus befähigen, von seinen Rechten auf Freiheit Gebrauch machen zu können. Nimmt dies aber jemand anderes für das Individuum wahr, dann verweilt es in Unmündigkeit und somit in Unfreiheit.

In allen Fällen, in denen ein Individuum die Dienste Sozialer Arbeit in Anspruch

---

9    *Cornelius Scheier*, Dipl.-Sozialpädagoge/-arbeiter (FH), pädagogischer Mitarbeiter im Jugendamt Wolfsburg; Eltern-Medien-Trainer Niedersachsen, Mediator nach Standards des Bundesverband Mediation e.V.; Arbeitsschwerpunkt: emanzipatorische Bildung. Kontakt: mail@cornelius-scheier.de.

nimmt, kommt ein Hilfe- bzw. Unterstützungsprozess in Gang: Ob als Beratungsstelle, Sozialer Dienst, Bewährungshilfe, Jugendsozialarbeit oder in der Jugendarbeit – hier findet sich das Angebot einer Unterstützung von Seiten der Gesellschaft dem Individuum gegenüber.

Die Soziale Arbeit hat in all diesen Bereichen den Auftrag, das Individuum sowie das System zu betrachten und gemeinsam mit dem Individuum auf Grund der gewonnenen Kenntnisse Handlungsstrategien zu entwickeln, welche eigenständig und selbstbestimmt umgesetzt werden können um zur Verbesserung der Lage des Individuums beizutragen. Dieses Konzept wird in der Sozialen Arbeit als Hilfe zur Selbsthilfe beschrieben.

### Die Gefahr der fremdverschuldeten Unmündigkeit

Welche Gefahr besteht, wenn die Soziale Arbeit die Menschenrechte nicht in alle Methoden und Handlungsstrategien als ethische Grundlage ihres Handelns einfließen lässt, möchte ich kurz an den Begriffen der Hilfe, Unterstützung und Begleitung deutlich machen:

Der Begriff Hilfe beschreibt den Ausgleich eines Mangels an Kompetenzen bzw. eine Notlage, welche ohne fremde Hilfe nicht kompensiert werden kann. Dies führt jedoch zu einer defizitären Sichtweise und einer entwürdigenden Haltung gegenüber Hilfebedürftigen, da sie damit implizit als nicht-selbstständig bezeichnet werden. Lösungsstrategien, die nur den Mangel ausgleichen, lösen das Problem innerhalb des Systems, belassen das Individuum jedoch in Unmündigkeit und behindern so seine freie Entfaltung und fördern Abhängigkeiten.

Hilft der Sozialarbeiter/die Sozialarbeiterin nur aus dem Wunsch helfen zu wollen (Hilfe) ohne das Ziel den Menschen in eine selbstbestimmte Individualität zu führen (Selbsthilfe) besteht die Gefahr das Individuum in Unmündigkeit und damit in Unfreiheit zu belassen. Diese Gefahr besteht täglich in der Sozialen Arbeit, nennt die Soziale Arbeit doch allzu häufig die Individuen in ihren Maßnahmen Klienten (abgeleitet von lat. *cliens* = Anhänger, Schützling, Höriger) und nehmen so die Haltung des Stärkeren, des Mächtigen ein, ohne den das Individuum nicht in dem System existieren könnte. Diese Haltung geht in das Rollenverhalten der Sozialarbeiterinnen und der Sozialarbeiter ein, sodass das Individuum die Rolle des Schwachen, des Hilflosen einnimmt. Es handelt sich damit um eine durch diese Haltung hervorgerufene fremdverschuldete Unmündigkeit.

Handelt die Soziale Arbeit jedoch auf Grundlage der Menschenrechte mit dem Ziel, Hilfe zur Selbsthilfe zu leisten, dann wird Hilfe nur bei einer existenziellen Notlage gewährt. Alle weiteren Handlungen der Sozialen Arbeit sind Unterstützung und Begleitung zu einer sich selbst bestimmenden Individualität.

Die Begriffe Unterstützung und Begleitung beschreiben den eigentlichen Auftrag Sozialer Arbeit, meiner Einschätzung nach, genauer, zielführender und begegnen so dem Individuum mit würdigem Respekt. Bei dem Begriff Unterstützung wird das Individuum als eigenständig handelnd bezeichnet wobei Soziale Arbeit nur eine weitere Stärkung innerhalb der notwendigen Handlung ermöglicht. Durch den Begriff der Begleitung wird das Subjekt als eigenständig handelnd beschrieben und die Sozialarbeiterin und der Sozialarbeiter werden auch wieder als eine Stärkung der Handlungskompetenzen des Individuums beschrieben.

Durch beide Bezeichnungen wird das Subjekt als eigenständig und selbstbestimmt behandelt. Durch die Eigenständigkeit, die dem Individuum durch diese Begriffe gegeben wird, wird auch eine Freiwilligkeit sich aus schwierigen Lebenslagen zu befreien vorausgesetzt. Die Maßnahmen der Sozialen Arbeit sind durch diese Begriffe als Angebote zu verstehen, die das Individuum nun annehmen kann oder nicht. Nimmt die Soziale Arbeit die Haltung einer Begleitung, bzw. einer Unterstützung eines freien Individuums an, welches Aufklärung und Bildung aufnehmen möchte, um eigenständig und selbstbestimmt das Leben positiv zu gestalten, wird dem Individuum die Möglichkeit einer aktiven mündigen Rolle zugestanden.

**Die Bedeutung des eigenen Menschenbildes in Bezug zum methodischen Handeln der Sozialen Arbeit**

Die Konzepte, Methoden und Strategien der Sozialen Arbeit können in der Regel auf ihr Potenzial, die Mündigkeit der nutzenden Individuen und auf eventuell entwürdigende Strukturen in aller Ruhe überprüft werden. Bei direkter und meist spontaner Auseinandersetzung mit einem Individuum, wie zum Beispiel einem informellen Beratungsgespräch oder einer Diskussion mit Jugendlichen auf einer Ferienfreizeit, ist die Sozialarbeiterin/der Sozialarbeiter jedoch gezwungen intuitiv zu handeln. Dies bedeutet auf vorhandene Handlungsmuster zurückzugreifen, denen die eigene Moral und damit das eigene Menschenbild zugrunde liegen. Ist die Sozialarbeiterin und der Sozialarbeiter darin geübt seine Handlungen auf die Menschenrechte und dem Ziel die Nutzerinnen und Nutzer ihrer/seiner Angebote in Eigenständigkeit zu führen, so kann sie oder er intuitiv die richtigen Methoden und Strategien wählen, da sie verinnerlicht sind.

Dies bedeutet also nicht nur zu verstehen warum eine menschenwürdige Haltung gegenüber den Nutzenden eingenommen werden muss, sondern dies in allen eigenen Handlungen auch zu vollziehen. Daher ist es die Aufgabe eines jeden Sozialarbeiters/Sozialarbeiterin auch außerhalb der beruflichen Tätigkeiten die eigene Handlungsweisen nach der Intention und der dahinter stehenden Moral zu hinterfragen und auf die Menschenrechte auszurichten. Durch immer wieder reflektierte Handlungsmuster und methodisches Training kann die unterstützende und respektvolle Haltung gegenüber den Nutzenden der Sozialen Arbeit gefestigt und verinnerlicht werden.

Meiner Einschätzung nach bleibt dies eine starke Herausforderung für Sozialarbeitende, da die Professionalisierung des pädagogischen Handelns in die Persönlichkeit einfließen muss und auch außerhalb der Beschäftigungszeiten von Bedeutung ist.

## 9.6 Anregungen zur Weiterarbeit

Fassen Sie die Darstellung dieser Lerneinheit (am besten nach einem Austausch in Ihrer Bezugsgruppe) wieder in einer Kernaussage zusammen!

In einer Pressemitteilung des Bundesfamilienministeriums (BMFSFJ) heißt es wörtlich:

„Die Bundesregierung hat am 14. Juni 2017 einen ‚Bericht über Arbeit und Wirksamkeit der Bundesprogramme zur Extremismusprävention‘ beschlossen. Die zuständige Bundesfamilienministerin, Katarina Barley, erklärt dazu: ‚Wir dürfen nicht warten, bis sich junge Menschen radikalisiert haben. Denn dann ist es zu spät. Wir
müssen frühzeitig ansetzen und flächendeckend handeln. Präventionsarbeit muss
vor allem an den Orten geschehen, wo junge Menschen besonders gefährdet sind:
auf den Schulhöfen und im Netz, aber auch beispielsweise in den Gefängnissen‘
(Pressemitteilung des Bundesfamilienministeriums, Nr. 66/2017: Kabinett be-
schließt Bericht zur Extremismusprävention, Berlin 14. Juni 2017).

Die Ministerin spricht davon, dass Prävention v. a. an Orten zu geschehen
habe, wo junge Menschen besonders gefährdet seien. Beraten Sie bitte zunächst in Ihrer Bezugsgruppe an weiteren Beispielen, was Sie unter der Gefährdung verstehen, von der Frau Barley spricht.

Stellen Sie sich bitte vor, dass sich eine Gruppe 15- bis 18-jähriger Jugendlicher mitten in der Fußgängerzone einer Kleinstadt trifft (wo sie sehen
und gesehen werden). Sie hört dort laut Musik, auch Bier wird getrunken,
zwei nicht gerade kleine Hunde sind mitgebracht worden. Die Gruppe
nimmt durch die Art und Weise, Platz zu nehmen, viel Raum für sich in Anspruch, was die Menschen in der Fußgängerzone zwingt, immer wieder darum bitten zu müssen, durch die Gruppe hindurch weitergehen zu können.
Es gibt nur sehr wenige freundliche Bemerkungen, die dieses Verhalten der
Jugendlichen kommentieren. Sehr deutlich überwiegt die Verärgerung.

Handelt es sich Ihrer Meinung nach (im Sinne der vorangestellten Pressemitteilung) um eine Gefährdung, die Präventionsarbeit Sozialer (z. B. in
Form aufsuchender Jugendarbeit) erforderlich macht? Klären Sie bitte, was
dafür und was dagegen spricht!

## 9.7   Literaturempfehlung

Als ein zentrales „Mandat" der Sozialen Arbeit gilt „Hilfe und Kontrolle":
*Reinhold Schone* setzt sich damit am Beispiel der Kinder- und Jugendhilfe
kritisch auseinander; in: Schröer, W., Struck, N., und Wolff, M. (Hg.), Handbuch Kinder- und Jugendhilfe, 2. Aufl. Weinheim und Basel 2016: 1108–
1124.

# 10 Welche Handlungsvorstellungen kennzeichnen Soziale Arbeit?

Gegenstand der Lerneinheit: In der IFSW-Definition ist davon die Rede, dass „bei der Sozialen Arbeit Menschen und Strukturen eingebunden (werden), um existenzielle Herausforderungen zu bewältigen und das Wohlergehen zu verbessern". Was aber geschieht, wenn es darum geht, dabei zu unterstützen, wenn existenzielle Herausforderungen bewältigt, das Wohlergehen verbessert und dabei Menschen und Strukturen eingebunden werden sollen? Was also tun Soziale?

## 10.1 Vom pädagogischen Handeln zum Arbeitsbündnis

Zwischen 2008 und 2013 wurden rd. 500 Student/inn/en der Sozialen Arbeit an der Technischen Hochschule Nürnberg nach den Problemen befragt, mit denen sich Soziale Arbeit auseinanderzusetzen habe. Besondere Bedeutung kam danach den Themen „Arbeitslosigkeit", „Armut" und „Drogengebrauch und -abhängigkeit" zu, die jeweils von mehr als der Hälfte der Befragten genannt wurden. Hoch priorisiert waren die Arbeitsbereiche „Jugend" (53,1% strebten diesen Arbeitsbereich an), „Gewalt in der Familie" (46,9%), „Drogengebrauch und -abhängigkeit" (40,6%), „Psychische Behinderung" (31,7%) und „Sexueller Missbrauch von Kindern" sowie „Freizeit" (30,1%). Mit Werten zwischen 20 und 30% wurden „Alkohol", „Analphabetismus", „Arbeitslosigkeit", „Ethnische Minderheiten", „Gesundheit und Krankheit", „Jugendarbeitslosigkeit", „Körperliche Behinderung", „Kriminalität", „Migration", „Suizid" und „Umweltprobleme" genannt (vgl. Heese/Thaler 2014: 271ff.).

Es handelt sich damit im Wesentlichen um die Beschreibung von Arbeitsfeldern (LE 7), an die jeweils ein bestimmtes soziales Handeln (z. B. „erziehen" oder „beraten") geknüpft sein dürften. Schon 1992 bestimmten v. a. beratende, motivierende, informierende, aktivierende, befähigende und unterstützende Tätigkeiten das Selbstbild Sozialer von ihrem eigenen Handeln (vgl. Klüsche 1992, 1994), also Handlungsformen, die – in ihrer Verschiedenheit – allgemein unter dem Begriff des pädagogischen Handelns zusammengefasst werden.

Auch eine Befragung unter Student*innen der Sozialen Arbeit an der

Hochschule Magdeburg, was Soziale tun (288 Nennungen), scheint diesen Eindruck auf den ersten Blick zu bestätigen: Abgesehen von dem in einem Cluster gebündelten administrativen Tätigkeiten (61 Nennungen) bestimmten hier die offenbar „erzieherischen" oder „pädagogischen" Handlungsformen, z. B. Begleiten und Unterstützen (28), Fördern, Betreuen, Bilden und Erziehen (27) sowie Beraten (27), das Bild, was sich als soziales Handeln Sozialer vorrangig vorzustellen sei.

Unter *Erziehung* bzw. erzieherischem Handeln werden zunächst solche Handlungsweisen verstanden, durch die Menschen versuchen, auf die Persönlichkeit anderer Menschen Einfluss zu nehmen, sie zu fördern oder Entwicklungsimpulse zu geben. Erziehung wird dann als *intentional* bezeichnet, wenn im direkten Austausch (face to face) versucht wird, Ziele, Normen und Werte zu verwirklichen; sie ist dagegen *funktional*, wenn dieser Effekt nicht aufgrund intentionalen Erziehungshandelns eintritt, sondern aufgrund gesellschaftlich wirksamer Faktoren, die nicht zum Zwecke der Erziehung geschaffen wurden (vgl. Buchkremer 2009: 26f.). *Pädagogisches Handeln* beschreibt i. d. R. „rationalisiertes Erziehen" (Hörster 2010: 35f.). Eine pädagogische Intervention (z. B. als Beratung) stellt eine „Hilfestellung zur Entwicklung personaler und sozialer Selbstwerdung und Handlungsfähigkeit dar": Erziehung (meist zwischen Älteren und Jüngeren) erfolgt „im Rahmen gewisser Lebensvorstellungen (Erziehungsnormen), unter konkreten Erziehungsbedingungen sowie mit „bestimmten Aufgaben (Erziehungsgehalten) und Maßnahmen (Erziehungsmethoden) in der Absicht einer Veränderung (Erziehungswirkungen) zur eigenen Lebensführung" (Raithel/Dollinger/Hörmann 2007: 22).

Es bleibt aber offen, ob mit den Begriffen des erzieherischen oder pädagogischen Handelns (die ja im Kern eine Situation umschreiben, in der Subjekte von Sozialen lernen [müssen]), das soziale Handeln Sozialer umfassend dargestellt wird.

Unstrittig ist, dass Soziale Arbeit ihre Leistungen (Unterstützung, Beratung u. a.) nur im direkten Kontakt mit ihren Zielgruppen und unter deren Mitwirkung erbringen kann (weshalb von Ko-Produktion gesprochen wird). Für diese Ko-Produktion sind mit dem Selbstverständnis Sozialer Arbeit, subjekt- und ressourcenorientiert zu arbeiten (LE 7.4) und die Autonomie, Emanzipation und Teilhabe der Subjekte zu unterstützen (LE 9.5), die wesentlichen Grundlagen beschrieben, auf die sich das berufliche (professionelle) Verhältnis Sozialer zu Subjekten entwickelt werden kann. Damit wird ein personales (individuelles) Verhältnis zwischen Individuum und Sozialer begründet, das allgemein als *Beziehung* (und die Entwicklung einer Beziehung als *Beziehungsarbeit*) beschrieben wird.

Das Verständnis der Beziehung (bzw. des pädagogischen Bezugs) ist stark mit *Herman Nohl* verbunden. Nohl (einer der Begründer der universitären Sozialpädagogik in Deutschland) zählte zu den führenden Vertretern der sog. *Geisteswissenschaftlichen Pädagogik*, die sich seit den 1920er Jahren durch die Entwicklung einer hermeneutischen Methode des *Verstehens* der menschlichen Existenz auszeichnete (*hermeneuein*, gr.: erklären, auslegen, übersetzen). Unter Nutzung der in einer Gemeinschaft gebräuchlichen Sprache, Zeichen und Symbole werden menschlicher Äußerungen (Texte, Bilder, Kunstwerke, Musik, andere Schöpfungen) ausgelegt, in die ein (subjektiver) Sinn eingegangen ist (bzw. mit denen ein [subjektiver] Sinn verbunden ist); damit wird dieser Sinn rekonstruiert und verstanden. Erziehungsprozesse sind mit Nohl so zu verstehen; Bezugspunkt ist die „Erziehungswirklichkeit" und deren Entwicklung, d. h. die „Geschichte" (bzw. das Geworden-Sein) dieser Prozesse, womit die Weiterentwicklung der Erziehung nur aus dem Verstehen dieser Geschichte möglich ist. Aufgabe der Pädagogik ist damit das „Verstehen" der Erziehungssituation, es geht um ein ganzheitliches Verstehen und die Gestaltung des wechselseitigen Verhältnisses von Theorie und Praxis.

Auch Nohl (1929) begreift „das leidenschaftliche Verhältnis eines reifen Menschen zu einem werdenden Menschen" als Grundlage der Erziehung; er rückt zunächst das Erziehungsverhältnis (die „Bildungsgemeinschaft") zwischen erfahrenen Älteren und jüngeren Menschen in den Mittelpunkt. Dieses Verhältnis hat zwingend eine *Beziehung* des Jüngeren zum gebildeten Erwachsenen zur Folge, damit dieser (als Erzieher) die Bildungsmöglichkeiten des Jüngeren entfalten kann, über die der Zögling noch nicht verfügen kann. Der pädagogische Bezug zwischen beiden ist eine „eigentümliche" und „leidenschaftliche", „immer schon vor allem in der Familie gegebene Lebensform" und eine personale Vermittlungssituation, in der sich Erzieher und Zögling in ihrer Ganzheit begegnen (vgl. Nohl 1929, insb. S. 112ff.).

In diesem Beziehungsverhältnis sind die Perspektiven des Sozialen und des Subjekts gleichermaßen zu sehen, d. h.

- *seitens der Sozialen*: In jüngerer Zeit werden solche Beziehungen als das „Medium" der Arbeit bezeichnet, das sich durch einen reflektierten und strategischen Einsatz der *eigenen Person als Werkzeug* auszeichnet, der sich darin äußert, dass Soziale ihr gesamtes Wissen, Können und ihre beruflichen Haltungen *anlassangemessen* einsetzen (von Spiegel 2013a: 247, 252f.), sich also als handlungskompetent erweisen. *Handlungskompetenz* beweisen Soziale, wenn sie einerseits – im Sinne einer *Befugnis* – berechtigt sind, etwas (z. B. im Rahmen gesetzlicher Bestimmungen) tun zu dürfen. Andererseits müssen sie – im Sinne einer *Qualifikation* – die Fähigkeit (sowie die Bereitschaft und Motivation) entwickeln, gegebene

Aufgaben „jeweils zeitgemäßen fachlich-methodischen Standards"
(Kreft 2013: 423) entsprechend zu bewältigen, d. h. in der Lage sein, Subjekte bei der Entwicklung und (Aus-)Gestaltung neuer Perspektiven eines gelingenderen Alltags zu unterstützen und sie an jedem Unterstützungsprozess aktiv einzubeziehen, d. h. ihre Teilhabe ermöglichen.

- *seitens der Subjekte*, die in die Beziehung Unterschiedliches einbringen:
  Da sind zunächst (jedenfalls im Fall des Anliegens, der freiwilligen Inanspruchnahme von Hilfe) einmal i. d. R. die *Annahmen*, dass Soziale nicht
  nur befugt (ermächtigt, berechtigt) sind, etwas in ihrem Fall zu tun, sondern dass sie die dafür angemessenen Kenntnisse besitzen (also wissen,
  was zu tun ist). Dies wird mit einer (wie auch immer geäußerten) Form
  der Akzeptanz verbunden sein, sich auf diese Hilfe (und dem, was immer
  mit ihr verbunden sein mag) überhaupt einlassen zu wollen, und es kann
  mit sehr Gegensätzlichem verkoppelt sein:
  – entweder einer *Erwartungsinflation*, d. h. einer überbordenden Viel-
    falt konkurrierender, widersprüchlicher, konkreter oder nicht-kon-
    kreter Vorstellungen, Wünsche, Hoffnungen der Beratenen an die
    Adresse der Sozialen (u. U. bringen sie auch ihren *subjektiven Hilfe-
    plan* in die Beziehung ein, d. h. eine meist recht deutliche Vorstellung
    davon, wer wie und wie lange ihnen zu helfen habe [vgl. Schwabe
    2010b: 63]);
  – oder einer Beziehungszurückhaltung, denn Hilfe kann auch „Gefühle
    der Abhängigkeit, des Trotzes und der Wut" hervorrufen, weil Men-
    schen bereits Gewalt, Vernachlässigung und Missachtung erfahren
    haben und ihre negativen Erfahrungen auch auf Menschen übertra-
    gen, die ihnen (durchaus mit guten Absichten) helfen wollen. Nicht
    ausgeschlossen ist auch, dass in die Beziehung die Sorge einfließt, dass
    alles (trotz eines positiven Beginns) wieder in die schon hinlänglich
    bekannte negative Entwicklung umschlägt, weshalb „sie lieber selbst
    für einen Bruch sorgen, als diesen zu erdulden. Entsprechend schwie-
    rig ist es für sie, überhaupt neue, positive Beziehungserfahrungen zu
    machen" (vgl. Heiner 2010: 32–35, zit. ebd.: 35).

Auch Soziale sind nicht frei von (durchaus vergleichbaren) Gefühlen, die sie
in die professionelle Beziehung zu den Subjekten einbringen. Angefangen
von Gefühlen des ersten Augenblicks (wie sie die noch fremde Person wahrnehmen, welche Erinnerungen ihre äußere Erscheinung auslöst und zu welchen positiven wie negativen Zuordnungen dies führt, die den Beziehungs-
aufbau fördern oder belasten) bis hin zu Aspekten der Helferpersönlichkeit
selbst (die in die Beziehung in aller Regel unbewusste Erwartungen hinein-
legt, z. B. des Dankes und der Anerkennung durch die Subjekte) sind eine

Reihe von Aspekten möglich, die die Beziehung beeinflussen, wenn Soziale sie nicht (im Sinne ihres Wissens um diese Gefühle und ihres Könnens, mit diesen Gefühlen professionell umzugehen) reflektieren und klären.

Der Begriff der „Begleitung" (statt „pädagogischem Handeln" oder „erziehen") scheint daher am besten geeignet, das Beziehungsverhältnis zu bündeln: Auf der einen Seite haben Menschen (im Rahmen des gesetzlich Zulässigen) das Recht, ihren eigenen Weg zu finden. Soziale können sie bei „der Verrichtung alltäglicher Lebensvollzüge" dabei so unterstützen, „wie diese Menschen es wünschen". Zugleich geht es aber immer auch um die Konfrontation „mit den Anforderungen und Normen der Gesellschaft bzw. um die Vermittlung von individuellem Eigensinn und gesellschaftlichen Ansprüchen" (Schwabe 2010a: 19f.). Beides erst begründet ein Arbeitsverhältnis, das sich allmählich im Zuge der weiteren (gemeinsam vereinbarten) Schritte der Bearbeitung des Anlasses zu einem *Arbeitsbündnis* entwickeln kann. Die hierauf gründende Bearbeitung stellt (da sie z. B. auf einen Menschen in seiner Einzigartigkeit und dessen individuelle Ressourcen bezogen ist) ein unwiederherstellbares *Unikat* dar, einen nicht schematisierbaren Prozess, der immer wieder (*von Fall zu Fall*) neu beginnt und anders ist, da weder die je gegebenen (Ausgangs-)Bedingungen noch der Verlauf der Bearbeitung wiederholbar sind.

Dies kann beispielhaft an den Handlungsformen im Allgemeinen Sozialen Dienst gezeigt werden:

- *Beraten* findet sich nahezu in jeder Handlungsform (was sich insb. aus den Beratungspflichten des SGB ergibt), wodurch meist weitere Hilfen vorbereitet, entwickelt und in Bezug auf den Erfolg auch überprüft werden.
- *Moderieren* stellt auf die Begleitung von Prozessen ab, in denen mehrere Beteiligte (z. B. Eltern und Kinder) Ideen und Lösungen gemeinsam entwickeln und dadurch Entscheidungen vorbereitet und getroffen werden. Den Sozialen kommt dabei eine neutrale und vermittelnde Aufgabe zu; sie haben sich mit (Be-)Wertungen und eigenen Einschätzungen zurückzuhalten und werden bemüht sein, den Klärungsprozess der Beteiligten zu unterstützen.
- (Mediatorisches) *Verhandeln* bezieht sich ebenfalls auf verschiedene Beteiligte (z. B. Eltern und Kinder, leibliche und Pflegeeltern). Soziale fungieren hier als aktive Vermittler*innen mit dem Ziel, Spannungen unter den Beteiligten „abzubauen, gegenseitiges Verständnis zu wecken, einen tragfähigen Konsens und ein sozial gerechtes Verhältnis zwischen ihnen herzustellen".

- *Vermitteln* kann sich auf die Vermittlung von Geld-, Sach- oder Dienstleistung beziehen, z. B. die Vermittlung an andere Dienste oder Behörden oder die Vermittlung erzieherischer und sozialer Hilfen.

*Begleiten* bzw. *Unterstützen* (in engerem Sinne) hebt auf die konkrete Hilfestellung im Lebensalltag der Subjekte ab (z. B. die Unterstützung bei der Antragstellung für die Eingliederungshilfe); weiter gefasst bezieht sich Begleiten und Unterstützen auf die Subjekte in ihrer alltäglichen Lebensbewältigung (z. B. die Unterstützung bei der Inanspruchnahme von Anschlusshilfen durch die Begleitung des Prozesses).

- *Vertreten* als Wahrnehmung der Interessen von Subjekten gegenüber Dritten erfolgt z. B. im Rahmen der Pflichtvertretung als durch Soziale wahrgenommene rechtliche Vertretung (z. B. Vormundschaft für Minderjährige oder gesetzliche Betreuung im Rahmen der Altenhilfe).
- *Intervenieren* (in einem engen Verständnis) beschreibt eine bestimmte abgegrenzte Art sozialen Handelns in Bezug auf spezifische Anlässe und v. a. Notlagen, bei denen eine Fremd- oder Selbstgefährdung anzunehmen ist; hier greifen Soziale zum Schutz des gefährdeten Menschen (ggf. durch Zwangsmaßnahmen der Gefährdungsabwehr) ein (weshalb Interventionen eng mit Kontrolle verbunden sind).
- *Planen* meint die Entwicklung kurz-, mittel- und langfristiger Pläne, z. B. vor der Einleitung einer Hilfe die notwendigen Handlungsschritte und Ziele zu entwickeln sowie die dafür erforderlichen Mittel (z. B. Finanzen, Verfahren) auszuwählen.
- *Koordinieren* umfasst die Abstimmung verschiedener Verantwortungsbereiche (z. B. der Eltern, des Trägers, der die Leistung erbringt) und die Herstellung einer für alle Beteiligten verbindlichen Ordnung des Prozessverlaufs und der Zusammenarbeit (z. B. durch die Vernetzung der Beteiligten oder die Abstimmung zeitlicher Abläufe), während *Steuern* die Umsetzung von Plänen im Hinblick auf die damit verbundene Zielvorstellung meint.

Planen, Koordinieren und Steuern (sowie *Überprüfen*) werden auch als *Management* zusammengefasst, „das sich in den zurückliegenden Jahren zu einer der wesentlichen (administrativen) Handlungsformen im ASD entwickelt hat" (vgl. Gissel-Palkovich 2011: 118–121, zit. ebd. S. 119, 121).

## 10.2 Empowerment

Empowerment stellt eine wesentliche Grundlage für jedes Arbeitsbündnis dar: Subjekte sollen sich ermutigt fühlen, ihre eigenen Kräfte und Kompetenzen wahrzunehmen und die Bedeutung selbsterarbeiteter Lösungen wertzuschätzen. *Empowerment* bedeutet in diesem Sinne Selbstbefähigung, Stärkung von Eigenmacht, Autonomie und Selbstverfügung. Es handelt sich um „mutmachende Prozesse der Selbstbemächtigung, in denen Menschen in Situationen des Mangels, der Benachteiligung oder der gesellschaftlichen Ausgrenzung beginnen, ihre Angelegenheiten selbst in die Hand zu nehmen"; dabei werden sie sich ihrer Fähigkeiten bewusst, entwickeln eigene Kräfte und lernen, „ihre individuellen und kollektiven Ressourcen zu einer selbstbestimmten Lebensführung (zu) nutzen" (Herriger 2010: 20).

Den Ausgang hat das Verständnis von Empowerment in der Kritik *Barbara Solomons* (1976) an der Mittelschichtsorientierung der Sozialen Arbeit und deren Orientierung an den Wertvorstellungen des bürgerlichen Mainstreams in den USA genommen. Angesichts von Hilflosigkeit, geringem Selbstbewusstsein und Selbstzweifeln v. a. der afroamerikanischen Bevölkerung, deren Ressourcenarmut und Schwäche, sich neue Potenziale zu eröffnen, müsse die „Bemächtigung Machtloser" das Ziel Sozialer Arbeit sein. Ihre Aufgabe sei es, Machtanalysen dazu zu betreiben, um die Bemächtigung behindernde (Macht-)Barrieren zu bearbeiten, z. B. durch Formen der Selbstorganisation, Arbeitsbündnisse, Selbsthilfe. Sozialen falle hierbei die Aufgabe zu, die unterschiedlichen Akteure und Kräfte zu bündeln. Empowerment forcierte also den Konflikt der Umverteilung politischer Macht mit dem Ziel, demokratische Teilhabe zu ermöglichen.

Empowerment verändert das Selbstverständnis von Hilfeinstitutionen und dort Tätigen: Die in der Sozialen Arbeit in weiten Teilen und lange Zeit verbreitete Vorstellung, es mit Menschen zu tun zu haben, die durch Unvermögen, Unkenntnis, Hilflosigkeit, Problemleugnung, persönliche Schuld und auch Unwillen gekennzeichnet seien (Defizitzuschreibung), und die die Vorstellung rechtfertigten, Soziale könnten als Experten agieren, die wissen, was Menschen *als Klientinnen* zu tun und zu lassen haben, führte zu einer Entmächtigung, d. h. eine Enteignung der Fähigkeit, Schwierigkeiten anzunehmen und ihre Lösung selbst in die Hand zu nehmen.

Empowerment überwindet damit eine defizit- und konfliktorientierte Sichtweise, in der Probleme die Wahrnehmung durch Soziale bestimmen, hin zu einer klaren Ressourcenorientierung, in die (vorhandenen) Fähigkeiten und (entwicklungsfähigen) Fertigkeiten der Subjekte gesehen und gefördert werden, damit sie sich selbst in die Lage versetzen, ihre Schwierigkeiten (so umfassend wie möglich) selbst zu lösen. (Empowerment beginnt bereits dort, wo das negativ konnotierte Wort der Probleme durch einen keineswegs vereinfachenden, aber in der Wahrnehmung „milderen" Begriff der Schwierigkeiten ersetzt wird: Probleme können schnell zu unüberwindbaren Hürden werden, Schwierigkeiten lassen sich beseitigen.) Mit Empowerment verbindet sich die Aufgabe, damit ein anderes berufliches Selbstverständnis herauszubilden, das der Förderung Einzelner und deren Stärkung in Gruppen und politischen Zusammenhängen dient, die Entwicklung von Netzwerken unterstützt und Potenziale der Selbstorganisation und gemeinschaftlichen Handelns fördert. Während Subjekte sich also ermutigt fühlen sollen, „ihre eigenen Angelegenheiten in die Hand zu nehmen, ihre eigenen Kräfte und Kompetenzen zu entdecken und ernst zu nehmen und den Wert selbst erarbeiteter Lösungen schätzen zu lernen", fällt Sozialen die Aufgabe zu, in diesem Sinne zu ermutigen und die Kooperation mit gleich- oder ähnlich betroffenen anderen Subjekten aktiv zu unterstützen (vgl. Keupp 2013a: 248f.; vgl. insg. auch Keupp 2013b).

Dies verdeutlich z. B. das Konzept des *Familienrates*, mit dem das Ziel verfolgt wird, eine Familie und ihr soziales Netzwerk durch eine Konferenz zu ermutigen und zu stärken, einen für sie relevanten Anlass (wenn z. B. die Erziehung der Kinder in der Familie gefährdet erscheint) einer Lösung *selbst* näherzubringen (damit die Kinder in ihrer Familie bleiben können) und hierbei Verwandte und soziales Umfeld in die Hilfe miteinbezogen werden (Kooperation).

Nach dem SGB VIII ist es Aufgabe der Fachkräfte des Jugendamtes, einerseits Familien zu beraten, andererseits aber zugleich das (staatliche) Wächteramt wahrzunehmen und das Wohl von Kindern zu schützen. Der Familienrat splittet diese Aufgaben systematisch auf:

• Die *Familie* (einschließlich Verwandten und Freunden, Bekannten, Nachbarn und anderen, ganz so, wie es die Familie selbst bestimmt), muss genau wissen, was im Familienrat geschehen wird und von ihr erwartet wird. Wichtig ist, dass schon die mit dem Fall befassten Sozialen vermitteln, dass es (positiv formuliert) nur darum geht, eine brauchbare Lösung zu entwickeln und Helfer_innen zu aktivieren, die Lösung auch umzusetzen. Es geht weder um die Klärung einer Schuldfrage, noch muss die Familien alles akzeptieren und hinnehmen. Sie entscheidet neben der Zusammensetzung des Familienrates, wer beteiligt wird, auch den Ort, wo beraten wird.

• Die/Der *fallverantwortliche Soziale* (z. B. aus dem Allgemeinen Sozialdienst des örtlich zuständigen Jugendamtes) hat die Aufgabe, einen Familienrat anzuregen, dafür einen Koordinator zu gewinnen und zu beauftragen, der Familie gegenüber deutlich zu machen, was „Sorge macht", d. h., genau zu definieren, für welchen Anlass die Familie im Familienrat einen Lösungsplan erarbeiten soll. Dazu ist ein besonders nachhaltiger Musterwechsel zwingend erforderlich: Soziale sind beim Familienrat an der Lösungsentwicklung *nicht unmittelbar beteiligt* (weshalb sich davon sprechen lässt, dass hier ein Grundverständnis von Empowerment maximal realisiert und in die Ressourcen der Familien und ihres Umfeldes vertraut wird). Ihre (neue) Funktion ist es, die Sorge hervorrufenden Fakten darzulegen und die erwartbaren Konsequenzen aufzuzeigen, wenn keine Änderung eintritt, bzw. es wird von ihnen erwartet, dass sie konkret begründen können, wo Nachbesserungen erforderlich sind, sollten sie den Lösungsvorschlag des Familienrates nicht akzeptieren können.

Dafür müssen Soziale über sozialen Optimismus, d. h., „einen ausgesprochenen Stärkeblick verfügen. Sie können die Lösungsversuche in Verhaltensweisen erkennen, die von anderen Menschen oder Organisationen als Defizit markiert werden. Sie sehen eine Familiengruppe als Ressourcen- und Kompetenzpool und trauen ihr tragfähige Lösungen zu"; es geht nicht um ihre Lösungsideen, sondern die der Familie. Sie müssen fähig sein, die Aspekte zu dem im Familienrat zu klärenden Fall verständlich darstellen zu können.

- Der *Koordinator* ist Moderator des Familienrates, selbst dann, wenn er in der (der Familie allein vorbehaltenen) Beratungsphase weitgehend unbeteiligt ist. Seine Aufgabe ist es, deutlich zu machen, dass es darum geht, die Familie stark zu machen und Bedingungen zu entwickeln, die zu einer Lösung des Anlasses für den Familienrat führen (vgl. ausf. Wendt, P.-U. 2016a: 217-225).

Hierbei stellt sich die Herausforderung, dass die Selbstbefähigung der Individuen durch Soziale – also: Fremde – gefördert werden soll. Wie lassen sich überhaupt Menschen dazu befähigen, sich selbst zu befähigen, insb. in Situationen als belastend erlebter Lebensereignisse (z. B. Trennung und Scheidung, Tod naher Angehöriger, Verlust der Arbeit)? Zu fragen ist also, was Empowerment (unter-)stützt. Dabei dienen v. a. drei Konzepte als Referenzen für die optimistische Empowerment-Perspektive:

- *Bewältigungsoptimismus*: Soziale Arbeit ist durchaus mit Formen einer erlernten Hilflosigkeit – einem Defizit-Syndrom der Hilflosigkeit („ich kann nichts mehr für mich tun") – konfrontiert, das mit dem *Thomas-Theorems* (LE 1.1) erklärt werden kann, wenn negative, stressbelastete biografische Erlebnisse den Zugang zu Bewältigungsmöglichkeiten verstellen und Prozesse von self-fulfilling prophecy („es kommt, wie es kommen muss") dies verstärken (vgl. Idel 2012: 240). Die eingeschränkte Definition der Situation (Hilfe – durch andere, Helfer*innen – ist nicht möglich) bewirkt Rückzug mit der Folge, dass die eingeschränkte Definition der Situation tatsächlich zutrifft (z. B. keine Unterstützung durch mögliche Helfer) und sich das Gefühl der Hilflosigkeit wiederholt (und verstärkt). Bestimmte Life-Events, biografische Ereignisse, die mit Stress (Distress bzw. negativer Stress) und einer entsprechenden Anpassungsleistung verbunden sind, sind oft die Basis eines solchen Defizit-Syndroms und können den Blick auf vorhandene Bewältigungsmöglichkeiten versperren. Das heißt im Umkehrschluss: Erlernte Hilflosigkeit kann folglich „auch positiv gewendet werden, indem die Situation differenziert betrachtet wird"; es können die Defizite ausgeblendet und die Kompetenzen betont werden, und es kann die Situation eine positive Tönung bekommen, so „als ob es schon so wäre" (Stimmer 2006: 52).

- *Resilienz*: Als „Königsweg" gilt daher, so früh wie möglich anzusetzen, um langfristig zu verhindern, dass Kinder und Jugendliche unangemessene Bewältigungsstrategien entwickeln (vgl. Knabe/Schönig 2010: 320): Eine von *Emmy Werner* durchgeführte Langzeitstudie mit 698 Kindern auf der Hawaiinsel Kauai (vgl. Werner 1971) zeigte, dass Kinder, die biologischen/medizinischen und sozialen Risikofaktoren (z. B. Armut, schwierige Familienverhältnisse) ausgesetzt waren, sich im Durchschnitt negativer entwickelten, als Kinder, die solchen Risikofaktoren nicht ausgesetzt waren (z. B. psychisch/körperlich weniger gesund, höhere Delinquenz). Andererseits nahm rund ein Drittel der Kinder trotz gegebener Risikofaktoren dennoch eine positive Entwicklung und bildete Widerstands- bzw. Schutzfaktoren gegen diese Risiken aus (vgl. insg. Fröhlich-Gildhoff/Ronnau-Bäse 2009).
Resilienz bezeichnet diese Fähigkeit von Menschen, Krisen durch Nutzung persönlicher oder sozial vermittelter Ressourcen zu bewältigen und sich so als psychisch invulnerabel (unverletzlich) zu erweisen. Sie wird „als bereichsspezifische Kompetenz zur effektiven Mobilisierung von Bewältigungskapazitäten in besonders belastenden Lebenssituationen" definiert (Sturzbecher/Dietrich 2007: 3) und ist damit eine Persönlichkeitseigenschaft des jeweiligen Menschen. Solche *Schutz- bzw. protektive Faktoren* sind z. B. ein realitätsnahes Selbstkonzept, die Überzeugung, selbstwirksam zu sein, die Fähigkeit, zu entspannen, Optimismus oder körperliche Gesundheit; als unangemessene Bewältigungsstrategien (sog. *Vulnerabilität*) gelten dagegen z. B. mangelndes Sozialverhalten, „Egal-Einstellung" oder ein die Gesundheit gefährdender Lebensstil. Relevant für die Ausbildung protektiver Faktoren sind verlässliche (verfügbare)

Bezugspersonen, zu denen (biografisch möglichst früh) sichere, belastbare Beziehungen aufgebaut werden konnten (vgl. Lösel/Bender 2007).

- *Salutogenese*: Eine von *Aaron Antonovsky* durchgeführte Studie zum Gesundheitsstatus von KZ-Insassinnen kam zu der Feststellung, dass die so drangsalierten und misshandelten Frauen trotz all der täglich zu vergegenwärtigenden Risiken (misshandelt oder getötet zu werden) gesund blieben. Er interessierte sich nicht für die Ursachen von Krankheit (Pathogenese), sondern nahm nur das Gegenteil, sozusagen die Entstehung und Erhaltung von Gesundheit, in den Blick (Salutogenese). Er erklärte Gesundheit nicht mehr nur dichotom, dass ein Mensch entweder „krank" oder „gesund" sei. Krankheit und Gesundheit interpretierte er eher als Elemente eines Kontinuums mit fließenden Übergängen. Der salutogenetische Ansatz kehrt die Frage, was Menschen krank mache, nicht einfach um, sondern er fragt nach den schützenden Faktoren (Ressourcen), die maßgeblich dazu beitragen können, dass Menschen gesund bleiben. Dabei stellt er neben genetischen und psychosozialen Widerstandsressourcen (z. B. Ich-Identität, Bindungen, soziale Unterstützung, Bewältigungsstrategien) sowie gesellschaftlich-strukturellen Faktoren v. a. den Kohärenzsinn (die Einstellung eines Menschen, die Ereignisse des Lebens erklärbar und gestaltbar wahrnehmen zu können) als zentrale Widerstandsressource heraus (vgl. Antonovsky 1979, 1997; vgl. insg. Petzold 2010). Kohärenz(-gefühl) beschreibt eine subjektive Gewissheit, dass (auch kritische) Lebensereignisse in ihrem Sinn zum größten Teil verstanden werden können, die vielfältigen Lebensanforderungen zu bewältigen sind und dass es das Leben wert ist, sich zu engagieren (vgl. Bamberger 2001: 26f.).
- *Coping*: Gegenstand des sogenannten *Coping*-Ansatzes sind individuelle Bewältigungsstrategien gegenüber belastenden Umweltbedingungen und Erlebnissen/Erfahrungen. Solche Bewältigungsstrategien (z. B. Vermeiden, Rückzug, Zuwendung) dienen dem Ziel, interne bzw. externe Belastungen zu tolerieren, zu verringern oder zu meistern. Hierbei spielen v. a. Ressourcen (sozial: z. B. Zugehörigkeit zu Gruppen, soziale Bindungen, Integriertheit in soziale Netze; psychisch: z. B. stabiles Selbstwerterleben, Beherrschtheit) eine wichtige Rolle, die mit dem Bewältigungsverhalten (z. B. Umdeutung des Problems) verbunden werden; auch Abwehrmechanismen (z. B. Verdrängung oder Stresshärte) haben eine unterstützende und stabilisierende Bedeutung (vgl. Lazarus/Folkman 1974). Zum Thema werden „die Auseinandersetzungen und die individuellen Bewältigungsstrategien gegenüber belastenden Umweltkonstellationen und Erlebnissen" (Stimmer 2006: 53).

Es lässt sich also sagen, dass es im Sinne einer *positiven Perspektive* darum geht, als Soziale eine optimistische Sicht auf die Anlässe (insb. auch Notlagen) der Subjekte zu entwickeln, z. B.

- dazu beizutragen, dass Menschen sich aufgehoben fühlen können in *Beziehungen* zu anderen, die entwickelt, gepflegt und vertieft werden können und zu Grundlagen sozialen Austauschs werden (vgl. Mogel 2004: 52–66):
- *Vertrauen* zu haben zu sich selbst, d. h. als Soziale/r in die eigene Kompetenz und zugleich in die Fähigkeit der Subjekte, mit den eigenen Anliegen und Notlagen weitgehend selbst klarzukommen. Von Vertrauen kann gesprochen werden, wenn die *Zeit* gegeben ist, in der Subjekte und Soziale/r ihre gegenseitige Vertrauenswürdigkeit überprüfen können. Vertrauen ist immer auch mit *Risiken* (v. a. der Enttäuschung) verbunden, und es beruht auf *Gegenseitigkeit* (vgl. Schweer/Thies 2004: 128ff.); und
- *Sinn* finden, d. h., Ideen von der Entwicklung und Zukunft seiner selbst zu haben und deren Verwirklichung als möglich und anstrebbar zu sehen (vgl. Tausch 2004), z. B. durch zentrale Lebensthemen als Schlüssel zu einem positiv gestimmten Leben (vgl. Auhagen 2004).

Empowerment verändert folglich die Rolle Sozialer. Sie werden z. B. zu „Netzwerkern und Ressourcenmobilisieren", wenn sie neue Kontakte stiften, oder zu „Normalisierungsarbeitern", mit der Aufgabe „beständig für das Recht … auf unkonventionelle Lebensentwürfe einzutreten und die Toleranzzonen für deren Eigen-Sinn zu erweitern" (Herriger 2000: 179ff.). Dies verlangt Verstehen und Akzeptieren als die „empathischen Grundvoraussetzungen des Empowerment" Dann können sich ermutigt fühlen, „es noch einmal mit sich in der Anerkennung durch den Helfer zu versuchen. Natürlich gelingt diese Teilnahme nur, wenn die Möglichkeiten und die Notwendigkeit der Distanz" in der Arbeitsbeziehung „sichtbar und aushandelbar bleiben", d. h. auch, zu „signalisieren, dass man ‚sie dort abholen möchte, wo sie gerade stehen' (so eine alte Sozialarbeiterregel) und nicht dort, wo man sie gern sehen möchte (was zwangsläufig zur Defizitorientierung führt)" (Böhnisch 2008: 316).

## 10.3 Handlungsmodelle

Die Formen sozialen Handelns werden in der Sozialen Arbeit in Form eigener Theorien zu beschreiben und zu erklären versucht. Solche Handlungstheorien stellen Handlungsmodelle dar, wie Soziale handeln *könnten*, und nehmen insoweit soziales Handeln vor dem Hintergrund gegebener Rahmungen (gesellschaftliche und politische Verhältnisse, Rechtsgrundlagen, Aufgaben der Sozialen Arbeit u. a.) *vorweg* (Antizipation). Sie analysieren die Rahmenbedingungen des sozialen Handelns (insb. die beeinflussenden gesellschaftlichen, politischen, pädagogischen und psychologischen Faktoren), die Ziele, die damit verfolgt werden und die konkreten Handlungsformen Sozialer. Der je besondere Blick v. a. auf die Beziehung zwischen Subjekten und Sozialen (z. B. die z. T. sehr unterschiedliche Einschätzung über Wert und Möglichkeiten von Prozessen der Selbstbemächtigung und Selbstorganisation) führte zu unterschiedlichen Theorien, die sich in den zurückliegenden Jahrzehnten ausdifferenziert und z. T. auch voneinander abgegrenzt haben[10]. Theorien sind insoweit Werkzeuge, soziales Handeln zu erklären (vgl. Herwig-Lempp 2009) und begreifbar zu machen, nach welchen Prinzipien zu handeln wäre.

Je nachdem, ob
- eine *sozialpädagogische Traditionslinie* gesehen wird, zu der z. B. der geisteswissenschaftliche Ansatz (die Erziehungswirklichkeit wird beobachtet, Sozialpädagogik hat präventive Aufgaben) oder der emanzipatorisch, kritisch-materialistische Ansatz (Menschen sind in ihrem Streben nach mehr gesellschaftlicher Teilhabe und Selbstbestimmung zu unterstützen) gezählt werden,
- eine eher *sozialarbeiterische Traditionslinie* wahrgenommen wird, unter der z. B. der individuumszentrierte Rettungsansatz (es geht um unterstützende Interventionen, wenn das Subjekt sein Leben nicht alleine erfolgreich bewältigen kann) oder der bedürfnisorientierte Ansatz (fehlende Bedürfnisbefriedigung aufgrund von Erwerbslosigkeit, fehlenden Kompetenzen oder Mittel u. ä. bilden den Ausgangspunkt der Sozialarbeit) zusammengefasst werden,

---

10  Dabei ist Theorieentwicklung in der Sozialen Arbeit immer auch eine Frage von „Namen", d. h. von AutorInnen, die durch ihre (in Form von Publikationen und Vorträgen) eingebrachten Überlegungen (z. B. zu den durch Soziale Arbeit zu verfolgenden Zielen) Einfluss auf die Entwicklung von Disziplin wie Profession ausüben (wollen). Theoretische Diskurse sind (wie Forschungsprojekte) immer auch Kämpfe um den persönlichen Status in Disziplin und Profession.

- aktuellere Ansätze als *neuere Traditionslinien* beurteilt werden, zu denen auch der ökosoziale Ansatz (Umwelteinflüsse und soziale Infrastrukturen sind Ansatzpunkte Sozialer Arbeit) oder kritisch-subjektive Ansatz (erzieherische Angebote und Interventionen sollen Subjekten eine verbesserte Teilhabe ermöglichen) gehören,

können verschiedene Theorieperspektiven und -konzepte unterschieden werden (vgl. Thole 2010: 19-70, insb. 36, 42, Thole 2002: 33; Thole unterscheidet allein 18 handlungstheoretische Perspektiven). Unter den neuen Ansätzen haben v. a. der Lebensweltorientierte Ansatz und der Ansatz der Sozialen Arbeit als Menschenrechtsprofession (LE 13.2) eine herausgehobene Bedeutung erlangt (zur Entwicklung von [Handlungs-]Theorien in der Sozialen Arbeit vgl. May 2009, Borgmeier/Mührel 2009, Borrmann 2016, Lambers 2016).

## 10.4 Methodisches Handeln

Student/inn/en der Sozialen Arbeit an der Hochschule Magdeburg haben auf die Frage, was sie unter methodischem Handeln verstehen, z. B. geantwortet: „Unter methodischem Handeln versteht man ein zielgerichtetes, planmäßiges, person- und sachgerechtes Handeln, welches sich in bestimmten Arbeitsschritten und Prinzipien vollzieht." Und: Es „ist durchdachtes, planvolles Handeln unter Anwendung von gezielt ausgewählten und flexibel eingesetzten Methoden, die auf der Basis wissenschaftlicher Erkenntnisse entwickelt worden sind." Methodisches Handeln erfolge nicht zufällig, sondern *überlegt* und *absichtsvoll* (*Planung*), verfolge anlassangemessene Ziele, bestimme zu deren Erreichung geeignete Mittel (*Ziel-Mittel-Relation*) und werde auf die Ergebnisse hin überprüft (*Evaluation*).

Unter methodischem Handeln sind „mehr oder weniger differenziert planbare, geregelte und zielorientierte sowie konsequent und reflektierend zu verfolgende ‚Wege' des Problemlösens" (Stimmer 2006: 22) zu verstehen. Es beschreibt die „Art und Weise der Analyse, der Planung und der Auswertung des beruflichen Handelns, die sich vom laienhaften Alltagshandeln unterscheidet" (von Spiegel 2013b: 609). Methodisches Handeln umfasst „alle Tätigkeiten, um die Ereignisse in komplexen sozialen Situationen in einen systematischen Zusammenhang zu bringen"; es „strukturiert den gesamten Prozeß der Wahrnehmung von Arbeitsaufträgen, des Nachdenkens über die Notwendigkeit und Legitimation zum Handeln, des Entwerfens und Erprobens von Handlungsplänen und der Auswertung des Geschehens" (Meinhold 1998: 221). Daraus ergibt sich eine *Phasierung* des methodischen Handelns, d. h. eine systematische Abfolge einzelner Handlungsschritte, die

i. d. R. aus Analyse (Bestandsaufnahme), methodischer (Vor-)Klärung (in Bezug auf mögliche Verfahren), dialogische Aushandlung (Vereinbarungen, ggf. Anpassung der Verfahren), Realisierung (Vollzug des Vereinbarten) und Evaluation (Prüfung des Ertrags) besteht (vgl. ausf. Wendt, P.-U. 2016a: 47–51).

Als Methoden werden Einzelfallarbeit, Soziale Gruppenarbeit und Gemeinwesenarbeit (in jüngerer Zeit ergänzt durch das Sozialmanagement) verstanden (vgl. ebd.: 203 ff., 232 ff., 296 ff. und 346ff.). Verfahren (auch als Techniken bezeichnet) stellen „Einzelelemente von Methoden" (Geißler/Hege 2011: 23 f., 29) dar, z. B. in der Einzelfallarbeit die Soziale Beratung, in der Sozialen Gruppenarbeit die Erlebnispädagogik oder in der Gemeinwesenarbeit das Quartiersmanagement. Sie stellen also (maximal offen für die Bedingungen und Rahmungen der Lebenswelt und der in ihnen handelnden Akteure) Unterstützung als Anregung und Vermittlung bei der Alltags- bzw. Lebensbewältigung (Lernhilfe) der Beratenen zur Verfügung.

## 10.5 Anregungen zur Weiterarbeit

Fassen Sie die Darstellung dieser Lerneinheit (am besten nach einem Austausch in Ihrer Bezugsgruppe) wieder in einer Kernaussage zusammen!

Es ist hier (LE 10.2) davon die Rede, dass Resilienz, Coping und Salutogenese Referenzen für die optimistische Empowerment-Perspektive darstellen. Zugleich haben Sie etwas über den Familienrat erfahren. Diskutieren Sie bitte in Ihrer Bezugsgruppe, inwieweit Resilienz, Coping und Salutogenese im Familienrat eine Rolle spielen!

## 10.6 Literaturempfehlung

Handlungsformen und Methoden der Sozialen Arbeit werden u. a. in vier Monografien dargestellt:
- *Maja Heiner, M.: Soziale Arbeit als Beruf. Fälle – Felder – Fähigkeiten*, München und Basel: Reinhardt, 2007,
- *Michael Galuske, M.: Methoden der Sozialen Arbeit. Eine Einführung*, 10. Aufl. Weinheim und München: Beltz Juventa, 2013,
- *Hiltrud von Spiegel: Methodisches Handeln in der Sozialen Arbeit: Grundlagen und Arbeitshilfen für die Praxis*, 5. Aufl. Stuttgart: Reinhardt (utb), 2013, und
- *Peter-Ulrich Wendt: Lehrbuch Methoden der Sozialen Arbeit*, 2. Aufl. Weinheim und Basel: Beltz Juventa, 2016.

# 11 In welchen Feldern wird Soziale Arbeit tätig?

Gegenstand der Lerneinheit: Arbeitsfelder der Sozialen Arbeit (auch als Handlungs-, Arbeits-, Aufgaben- oder Berufsfelder bezeichnet) „sind nach Personengruppen, Sozialräumen oder Arbeitsformen abgrenzbare Bereiche, in denen Institutionen der Sozialen Arbeit ihre Leistungen erbringen" (Nikles 2008: 16). Um welche Arbeitsfelder handelt es sich?

## 11.1 Arbeitsfelder der Sozialen Arbeit

Eine Übersicht (vgl. Thole 2010: 28) systematisiert als Arbeitsfelder die Kinder- und Jugendhilfe (z. B. die Kinder- und Jugendarbeit), die Soziale Hilfe (z. B. die Schuldnerberatung), die Altenhilfe (z. B. Alten-Service-Center) und die Gesundheitshilfe (z. B. Sozialpsychiatrische Dienste) nach dem Grad der Intervention. So lassen sich lebenswelt„ergänzende" Arbeitsfelder (z. B. den ASD), lebenswelt„unterstützende" Arbeitsfelder (z. B. Unterkünfte für nichtsesshafte und obdachlose Männer und Frauen), lebenswelt„ersetzende" Arbeitsfelder (z. B. Soziale Arbeit im Strafvollzug), disziplin- und professionsbezogene Arbeitsfelder (z. B. Sozialplanung und -berichterstattung) sowie Arbeitsfelder differenzieren, die sowohl lebens„ergänzend" und arbeitsfeldübergreifende Projektansätze verbinden (z. B. soziale Netzwerkprojekte). An anderer Stelle werden als Praxisfelder die Kinder- und Jugendhilfe, die Erziehungs- und Familienhilfe, die Altenhilfe, Soziale Arbeit mit Frauen(-bewegung), im Feld von Benachteiligung und Armut und in spezifischen Bereichen genannt (vgl. Chassé/Wensierksi 2008), wobei die Differenzierung nicht ganz überzeugend ist, denn Erziehungs- und Familienhilfen stellen einen wesentlichen Teil der Kinder- und Jugendhilfe dar. Eine gewisse Übereinstimmung wird zwischen verschiedenen Systematisierungsversuchen wird zu erreichen sein, wenn die Arbeitsfelder in drei (sachlich die Aufgaben bündelnde) Gruppen differenziert werden, und zwar als spezifische Aufgaben 1. der Kindheit und Jugend (und ihrer Familien), 2. in speziellen Lebenslagen (die nicht ausschließlich Kinder, Jugendliche und ihre Familien betreffen) sowie 3. in der älter werdenden Gesellschaft:

## 11.1.1 Aufgaben in Kindheit und Jugend

Nach den Daten des Kinder- und Jugendmonitors 2017 (AGJ 2017) lebten 2014 etwa 22 Mio. junge Menschen bis zu 27 Jahren in Deutschland (und damit etwa ein Viertel der Gesamtbevölkerung), darunter elf Mio. Kinder (wovon jedes dritte einen Migrationshintergrund hatte). 2015 und 2016 sind aufgrund der Zuwanderung von Geflüchteten bis zu 680.000 junge Menschen im Alter von unter 25 Jahren nach Deutschland gekommen. 35% aller Kinder kommen in nicht-ehelichen Lebensgemeinschaften zur Welt und 2,3 Mio. Kinder und Jugendliche leben bei einem alleinerziehenden Elternteil, zu etwa 90% bei der Mutter (worin sich deutlich der gesellschaftliche Wandel und die Überwindung des traditionellen Konzepts der „Normalfamilie" abbildet).

Rund 28% der Minderjährigen gelten als von Armut bedroht; rund ein Fünftel der 14- bis 19-jährigen und ein Viertel der 20- bis 24-Jährigen sind von Armut bereits direkt betroffen. 10% der Minderjährigen wachsen in Deutschland in Familien auf, in denen kein Elternteil einer Erwerbstätigkeit nachgeht. Haushalte von Alleinerziehenden sind zu über 40% von Armut bedroht. In Ostdeutschland leben beinahe doppelt so viele Familien von Transferleistungen (insb. Grundsicherung gem. SGB II) wie in Westdeutschland. 3,7 Mio. Kinder und Jugendliche haben damit „schlechte Start-Chancen", weil sie von einer Risikolage (insb. Armut) betroffen sind (vgl. ebd., zit. ebd. S. 5, Reinsch 2017).

Vor diesem Hintergrund haben alle Personensorgeberechtigten (i. d. R. die [Pflege-]Eltern) einen Rechtsanspruch auf Hilfen zur Verwirklichung des Rechts des jungen Menschen auf Förderung seiner gelingenden gesellschaftlichen Integration und Entwicklung zu einer eigenverantwortlichen und gemeinschaftsfähigen Persönlichkeit, die im Rahmen der Kinder- und Jugendhilfe (als einem der damit größten Arbeitsfelder der Sozialen Arbeit) erbracht wird. Zielgruppen sind Kinder, Jugendliche und Personensorgeberechtigte, junge Menschen bis zum 27. Lebensjahr und Freiwillige auch nach Vollendung des 27. Lebensjahres (wenn sie z. B. in der Kinder- und Jugendarbeit Aufgaben als Jugendleiter/in übernehmen). Dazu sind die Hilfen in einem differenzierten System von Leistungen ausgestaltet (vgl. insg. Wolff/Schröer/Rätz 2014, Wolff/Struck/ Schröer 2016):

- *Kinderkrippen und -tagesstätten* als Einrichtungen der Elementarerziehung dienen der Betreuung von Kindern bis zum 6. Lebensjahr (auch, um die Vereinbarkeit von Familie und Beruf zu ermöglichen) und deren Erziehung und (frühkindliche) Bildung.

- *Kinder- und Jugendarbeit* einschließlich Jugendverbandsarbeit und Erzieherischem Kinder- und Jugendschutz: Mit den Angeboten sollen Kinder, Jugendliche und junge Erwachsene (von sechs bis zum 27. Lebensjahr) erreicht werden, wobei feste Altersgrenzen nach unten wie oben nur selten zur Anwendung kommen. Charakteristisch sind die Freiwilligkeit der Teilnahme, die starke Orientierung an den (Freizeit-)Interessen junger Menschen, die sich in Mitwirkung, Mitgestaltung und Mitverantwortung äußert, und die offene thematische Struktur, zu der z. B. kreative und selbstbestimmte Angebote der Jugendkulturarbeit als Sozialer Gruppenarbeit (u. a. in Form aktiver Medienarbeit) gehören, die an den Interessen junger Menschen anknüpfen und von ihnen mitbestimmt und mitgestaltet werden, sie zur Selbstbestimmung befähigen und zu gesellschaftlicher Mitverantwortung und zu sozialem Engagement anregen und hinführen sollen.

  Schwerpunkte der Kinder- und Jugendarbeit, die sich als außerschulisches Arbeitsfeld grundsätzlich an alle junge Menschen wendet, sind insb. die außerschulische Jugendbildung (z. B. mit politischer, sozialer und gesundheitlicher Bildung) sowie die Internationale Jugendarbeit (z. B. in Form von Austauschprogrammen zwischen Partnerstädten), die (meist auf Gruppen bezogene) Jugendarbeit in Sport, Spiel und Geselligkeit (z. B. in Jugendhäusern, -treffs und -räumen), die Kinder- und Jugenderholung (z. B. Ferienfreizeiten) und die Jugendberatung (etwa bei Anlässen, die sich aus Spannungen mit den Eltern oder ersten Erfahrungen mit Sexualität ergeben). Dabei haben die Kinder- und Jugendarbeit in Jugendverbänden (z. B. der Feuerwehrjugend, den kirchliche Jugendorganisationen, der Sportjugend) und meist örtlichen Jugendvereinen (Jugendverbandsarbeit) einen besonderen Förderungsanspruch durch die Träger der Jugendhilfe (LE 12). Angebote des erzieherischen Kinder- und Jugendschutzes sollen junge Menschen (und deren Eltern) in die Lage versetzen, sich vor gefährdenden Einflüssen (z. B. beim Gebrauch von Medien) zu schützen. Soziale erbringen nicht nur Leistungen aus dem Kernbereich der Kinder- und Jugendarbeit und des Jugendschutz, sie vermitteln auch an Soziale in anderen Arbeitsfeldern, wenn z. B. Leistungen aus dem Arbeitsfeld des ASD erforderlich werden.

- Als *Jugendsozialarbeit* werden die Maßnahmen und Angebote der Kinder- und Jugendhilfe verstanden, die sich vorrangig an sog. sozial bzw. individuell benachteiligte Jugendliche und junge Erwachsene richten und der beruflichen wie sozialen Integration dienen, z. B. die Arbeit mit jungen Migranten, geschlechtsspezifische Sozialarbeit (v. a. Mädchensozialarbeit), die Schulsozialarbeit oder die Jugendberufshilfe. Unter „sozialer Benachteiligung" werden dabei solche gesellschaftlichen Faktoren und Bedingungen verstanden, die die Chancen auf gleichberechtigte Teilhabe an der Gesellschaft beschränken", z. B. Armut, fehlender, schlechter oder unzureichender Schulabschluss, Schwierigkeiten im Übergang von Schule in Ausbildung und Berufstätigkeit, Lernbehinderung, eine frühere Drogenabhängigkeit. Die Angebote der Jugendsozialarbeit richten sich daher v. a. an Jugendliche, die im Übergang von der Schule in Ausbildung und Beruf besondere Unterstützung, Beratung und Förderung benötigen. Formen sind neben Beratung (z. B. Lebens- und Berufswegeberatung) auch die praktische (Arbeits-)Erprobung in einer Jugendwerkstatt, deren Tätigkeit in aller Regel auf zentrale Ansätze der Sozialen Gruppenarbeit zurückgreift (Arbeit in der Gruppe/Teamwork, Beteiligung der Jugendlichen an den Planungen der Werkstatt, praktisches Lernen im Rahmen theoretischer Einheiten, Einbindung erlebnisorientierter Elemente, z. B. in der gemeinsamen Freizeitgestaltung). Auch die die sog. Fußballfansozialarbeit mit jugendlichen Fußballfans (wie sie z. B. in den Fanprojekten der 1. und 2. sowie z. T. auch der 3. Fußball-Bundesliga geleistet wird) gehört zum breiten Spektrum der Jugendsozialarbeit.

Aus Sicht von jungen Menschen lassen sich nicht nur die Leistungen der Kinder- und Jugendarbeit und der Jugendsozialarbeit kaum unterscheiden. Die Offenheit beider Arbeitsfelder macht sie für Kinder und Jugendliche attraktiv, bei Schwierigkeiten dort erste Ansprechpartner/innen zu suchen. Daraus ergibt sich ein besonders hoher Bedarf an Vernetzung und Kooperation mit anderen Arbeitsfeldern der Sozialen Arbeit. Allerdings wird die Leistungsfähigkeit von Kinder- und Jugendarbeit sowie Jugendsozialarbeit durch eine vor Ort oft nur unzureichende Ausstattung mit Personal und Finanzmitteln stark eingeschränkt (vgl. insg. die Beiträge in Deinet/Sturzenhecker 2013, Cloos u. a. 2009).

- *Erzieherische Hilfen* (bzw. Erziehungshilfe): Es handelt sich um Hilfen unterschiedlicher Intensität, die als Einzel- und Gruppenhilfen in ambulanter, teilstationärer oder stationärer Form angeboten und nur von den Personenberechtigten (nicht aber von den betroffenen Kindern und Jugendlichen) beansprucht werden können. Sie werden dann gewährt, wenn die Personensorgeberechtigten eine dem Wohl des Kindes oder Jugendlichen entsprechende Erziehung nicht gewährleisten können und die (von ihnen zu beantragende) Erziehungshilfe für die Entwicklung des Kindes bzw. Jugendlichen im gegebenen Einzelfall geeignet und notwendig ist. Im Sinne des Teilhabeanspruchs ist dabei zu beachten, dass bei der Ausgestaltung der Hilfe das engere soziale Umfeld des Kindes oder Jugendlichen einzubeziehen und dessen Interessen zu berücksichtigen sind (vgl. Blandow 2011: 428f.):

– Unter *ambulanter Erziehungshilfe* werden Hilfen verstanden, die unmittelbar auf die Lebensführung der Familie bezogen sind, z. B. in
Form der Sozialpädagogischen Familienhilfe (SPFH): Eltern sollen
durch alltagspraktische und direkte Hilfen im Haushalt (bei der Bewältigung täglicher Aufgaben) bei Schwierigkeiten in der Erziehung
der Kinder (etwa im Falle der Kindesvernachlässigung) oder deren
Versorgung (z. B. durch Gewährleistung der häuslichen Versorgung
oder Hygiene) unterstützt. Dabei werden im begleitenden Beratungs-
prozess alternative Umgangsweisen in der Kindererziehung vermittelt und Möglichkeiten der Unterstützung durch das soziale Netzwerk (Familie, Freundeskreis, Nachbarschaft und Gemeinwesen)
ausgelotet.

– *Teilstationäre Erziehungshilfe* wird z. B. in Form der Tagesgruppe angeboten: Sie gilt als geeignete Hilfe, wenn der erzieherische Bedarf
ambulant (z. B. durch eine SPFH) nicht mehr sichergestellt, aber eine
stationäre Hilfe noch vermieden werden kann. In einer Tagesgruppe
werden Kinder und Jugendliche, die weiter bei ihren Eltern leben,
nach Schulschluss bis in den Abend meist wohnortnah betreut.
Durch die Hilfe soll das soziale Lernen (in altersheterogenen Gruppen), die Bearbeitung des mit den familiären Schwierigkeiten verbundenen Verhaltens des Kindes oder Jugendlichen und dessen schulische Entwicklung gefördert werden. Meist wird die Hilfe durch eine
intensive Zusammenarbeit mit den Eltern begleitet.

– *Stationäre Erziehungshilfe* kann in verschiedenen Formen erfolgen:
Unter *Heimerziehung* wird die Hilfe in einer Einrichtung verstanden,
in der Kinder und Jugendliche über Tag und Nacht betreut werden.
Heimerziehung stellt die Hilfe dar, die dann erbracht werden soll,
wenn ambulante und auch teilstationäre Hilfen sich nicht als geeignet
erweisen, die (Erziehungs-)Schwierigkeiten in der Familie zu bewältigen. Im Rahmen der Heimerziehung sollen die Kinder und Jugendlichen verlässliche Arbeitsbeziehungen zu den Sozialen aufbauen
können (die professionell tätig den besonderen Belastungen gewachsen sein müssen, die sich aus einer familienfernen Erziehung ergeben). Es geht darum, durch eine Verbindung von Alltagserleben mit
pädagogischen und therapeutischen Angeboten ihre Entwicklung zu
fördern, Möglichkeiten zu entwickeln, die Entwicklungsaufgaben zu
bewältigen, und ein produktives (z. B. konfliktärmeres) Verhältnis
zur eigenen Familie (und deren Schwierigkeiten) zu bestimmen. Eine
andere Form der stationären Erziehungshilfe stellt z. B. die *Eltern-
Kind-Wohngemeinschaft* (bzw. Wohngruppe) dar, in der junge Mütter oder Väter mit ihren Kindern zusammenwohnen und alltagsprak-

tische Fertigkeiten im Umgang mit dem Kind auf der Grundlage bereits vorhandener Ressourcen erlernen. Der geschützte Rahmen soll ihnen Raum bieten, die eigene Persönlichkeit zu stärken und eine intensive Bindung zum Kind zu entwickeln.

- *Allgemeiner Sozialer Dienst*: Der ASD stellt die fachlich-administrative Basis der Kommunalverwaltung zur Bearbeitung von Anlässen und Notlagen v. a. der Kinder- und Jugendhilfe dar. Er hat i. d. R. selbst keine erzieherischen, pflegerisch-betreuenden oder therapierenden Aufgaben, sondern Soziale im ASD sind beratend, lenkend und anlassangemessen auch steuernd tätig; diese Aufgaben liegen im Schnittpunkt von Kinder- und Jugendhilfe, Sozial- und Gesundheitshilfe, wobei (ambulante, teilstationäre und stationäre bzw. familiennahe und familienersetzende) erzieherischen Hilfen den Schwerpunkt bilden (z. B. Erziehungsbeistandschaft, Heimerziehung, Sozialpädagogische Familienhilfe, die durch die i. d. R. organisatorisch unabhängige Erziehungsberatung ergänzt werden), d. h. fallbezogene Leistungen (vgl. Albus 2010), und zwar immer dann, wenn sonst eine dem Wohl des Kindes bzw. des Jugendlichen entsprechende Erziehung nicht gewährleistet wäre (ohne dass bereits eine Kindeswohlgefährdung gegeben ist).
  Weitere Aufgaben sind z. B.:
  - allgemeine Erziehungs- und Lebensberatung, z. B. bei der Bewältigung familialer Konflikte sowie bei Trennung und Scheidung (wobei es zu keiner Hilfe zur Erziehung kommt);
  - Beratung zur Ausübung des elterlichen Sorge- und Umgangsrechts (u. a. auch Klärung von Sorgerechts- und Besuchsregelungen), Unterstützung bei der Wahrnehmung der gemeinsamen elterlicher Verantwortung nach Trennung oder Scheidung (u. U. bei Einleitung eines sog. „betreuten Umgangs");
  - Mitwirkung in Verfahren beim Vormundschaft- und Familiengericht;
  - Hilfe zur Weiterführung des Haushaltes (z. B. dann, wenn ein Elternteil wegen Entbindung, Krankheit oder Kur ausfällt und Kinder dadurch unversorgt wären);
  - Unterstützung bei Unterhaltsangelegenheiten und der Gewährleistung des Mindestunterhaltes (insb. dann, wenn ein getrennt lebendes Elternteil seinen Unterhaltsverpflichtungen nicht nachkommt);
  - Information und Beratung über Kinderbetreuungsangebote sowie die Vermittlung von betreuten Wohnformen für Eltern mit Kindern bis zu sechs Jahren (z. B. Eltern/Kind-Wohngruppen, betreutes Einzelwohnen);

– Mitwirkung im strafrechtlichen Verfahren gegen Jugendliche oder
  Heranwachsende (Jugendhilfe beim Strafverfahren/Jugendgerichts-
  hilfe gem. Jugendgerichtsgesetz/JGG), wenn Straftaten bei Gericht
  zur Verhandlung kommen, und Täter-Opfer-Ausgleich, um im Zusammenwirken von Opfer und Täter einen Konflikt außergerichtlich
  beizulegen (und dabei den Täter mit den physischen, psychischen wie
  sozialen Folgen, die die Tat für das Opfer hat, zu konfrontieren, um
  so erzieherisch auf den Täter mit dem Ziel einzuwirken, eine Tatwie-
  derholung auszuschließen).
– Wahrnehmung des „Wächteramts" (in Kontext von Hilfe und Kontrolle [LE 9.4]), insb. durch Inobhutnahme von Kindern und Jugendlichen, wenn der seelisches und/oder körperliches Wohl akut gefährdet ist (Kindervernachlässigung, Kindeswohlgefährdung) und ggf.
  Antragstellung auf Entzug der elterlichen Sorge beim zuständigen Familiengericht (vgl. Gissel-Palkovich 2011, 45 f., 128 ff., Schrapper
  2013: 59ff.).

Der ASD nimmt im Arbeitsfeld Kinder- und Jugendhilfe damit eine vermittelnde Funktion zwischen den gesellschaftlichen Erwartungen und
Anforderungen und den Bedürfnissen, Zielvorstellungen und der Subjekte und eine Schutzfunktion (z. B. einer Kindeswohlgefährdung) wahr
(vgl. Gissel-Palkovich 2011: 111, zit. ebd.).

Weitere Leistungen sind die Familienbildung und (insb. seit jüngerer Zeit)
die Arbeit mit unbegleiteten ausländischen Minderjährigen, die einen besonderen Schutzanspruch durch die Kinder- und Jugendhilfe genießen.

2015 betrug allein der Aufwand für die Kinder- und Jugendhilfe rd. 40,7
Mrd. Euro, wobei die Aufwendungen Jahr um Jahr wachsen (und z. B. gegenüber 2014 um 7,7% angestiegen sind). Nach Abzug aller Einnahmen
musste netto rd. 37,7 Mrd. Euro für die Kinder- und Jugendhilfe aufgebracht
werden (vgl. Schilling 2017).

Zwei Arbeitsfelder weisen Schnittmengen zur Kinder- und Jugendhilfe
auf, ohne Teil dieses Leistungssystems zu sein:

• Die *Schwangerenberatung* (Schwangerschafts- und Schwangerschafts-
  konfliktberatung) berührt explizit auch das Thema Kindheit (bzw. Fami-
  liengründung und -erweiterung), umfasst die Information und Beratung
  schwangerer Frauen und ihnen nahe stehender Personen über gesundheitliche, psychische, soziale und wirtschaftliche Aspekte von Schwangerschaft und Geburt und schließt die Vermittlung entsprechender Sozialleistungen und Hilfen ein. Sie zielt v. a. einerseits darauf ab, werdenden
  Eltern Orientierungshilfe gegenüber den zahlreichen Sozialleistungen

und sonstigen Hilfen für diese Lebensphase zu geben, sie bei schwierigen Entscheidungen zu unterstützen (wozu z. B. die Fortsetzung oder der Abbruch einer ungewollten Schwangerschaft, aber auch die Information über Möglichkeiten, Grenzen und Folgen pränataler Diagnoseverfahren zählt) und einen möglichst komplikationsarmen Verlauf von Schwangerschaft und Geburt zu ermöglichen. Andererseits geht es darum, durch Information und Hilfevermittlung die Bedingungen der pränatalen Entwicklung und der frühkindliche Sozialisation zu verbessern (vgl. pro familia/Mielenz 2013: 733f.).

• Die *Frühen Hilfen* stellen Hilfsangebote für Eltern und Kinder (vom Beginn der Schwangerschaft i. d. R. bis zum 3. Lebensjahr) dar, die das Ziel verfolgen, die Entwicklungsmöglichkeiten von Kindern und Eltern in Familie und Gesellschaft frühzeitig zu verbessern. Neben alltagspraktischer Unterstützung soll die Beziehungs- und Erziehungskompetenz von (werdenden) Müttern und Vätern gefördert werden und das gesunde Aufwachsen von Kindern und deren Rechte auf Schutz, Förderung und Teilhabe gesichert werden. Frühe Hilfen stützen sich v. a. auf Formen und Instrumente multiprofessioneller Kooperation (mit und zwischen kommunalen Behörden, Schwangerenberatung, anderen sozialen Dienste u. ä.), wobei auch bürgerschaftliches Engagement einbezogen und die Netzwerke von Familien berücksichtigt werden (vgl. NZFH 2009).

## 11.1.2 Soziale Arbeit in speziellen Lebenslagen

Spezielle Lebenslagen (im SGB XII auch als „besondere soziale Schwierigkeiten" für Subjekte gefasst, die solche Schwierigkeiten nicht aus eigener Kraft überwinden können) ergeben sich im Fall von Behinderung und insbesondere durch Formen der Exklusion: Solche speziellen Lebenslagen können z. B. im Fall der Armut oder Arbeitslosigkeit, in migrationsgeprägten Lebenslagen, bei konflikt- oder gewaltgeprägten Lebensumständen, nach der Entlassung aus einer geschlossenen Einrichtung oder in vergleichbaren Situationen des Alltags gegeben sein (wobei hier Verschuldung, Wohnungslosigkeit und Sucht exemplarisch ausgeführt werden, um die unterschiedlichen Anforderungen an Soziale zu illustrieren):

• *Soziale Arbeit mit behinderten Menschen*: 2015 lebten 15,8% der Gesamtbevölkerung und etwa 8,25 Mio. volljährige Menschen mit Beeinträchtigungen in Deutschland (davon 51% männlich). Rd. 9% waren im jüngeren Erwerbsalter von 18 bis 44 Jahren, 37% im höheren Erwerbsalter von 45 bis 64 Jahren und 54% älter als 64 Jahre. 24% von ihnen waren (ohne eine anerkannte Behinderung) chronisch krank, 23% wiesen eine anerkannte Behinderung mit einem Grad der Behinderung (GdB) unter 50% und 53% eine Schwerbehinderung (GdB ab 50%) auf. Rd. 3,1 Mio. Menschen (d. h. 38% der Menschen mit Beeinträchtigungen mit einem höheren Grad der Behinderung) hatten das Rentenalter bereits erreicht (vgl. Engels/Engel/Schmitz 2016: 521, 525, BMAS 2016b: 35).

Unter der für diesen Personenkreis als Behindertenhilfe konzipierten Sozialen Arbeit werden alle Angebote und Hilfen für Menschen verstanden, „die aufgrund dauerhafter seelischer, geistiger oder körperlicher Einschränkungen besonderen Unterstützungsbedarf haben", um „ihnen eine weitgehend selbstbestimmte und eigenständige Lebensführung und die Teilhabe am gesellschaftlichen Leben zu ermöglichen" (Nikles 2008: 58). Dazu zählen (im Rahmen der Regelungen zur Rehabilitation und Teilhabe behinderter Menschen im SGB IX) vor allem

–   die *Werkstätten* für Menschen mit Behinderung als Einrichtungen zur Eingliederung in das Arbeitsleben (berufliche Rehabilitation) oder Integration (Eingliederungshilfe). Die Leistungs- oder Erwerbsfähigkeit der dort beschäftigten Menschen soll wiedergewonnen, erhalten bzw. erhöht (und durch ein angemessenes Arbeitsentgelt anerkannt) werden, wobei gleichzeitig auch die Persönlichkeitsentwicklung und die (Weiter-)Bildung durch Beratung und entsprechende Leistungen und Angebote ermöglicht werden soll;

–   das *betreute Wohnen*: Wohnformen für Menschen mit Behinderung sind z. B. das Leben in einem Wohnheim mit zeitweiliger oder Rundum-die-Uhr-Betreuung (stationäres Wohnen) oder das Leben in einer Einzel-, Paar- oder Mehrpersonenwohnform mit Unterstützung durch Fachkräfte (ambulant betreutes Wohnen).

–   spezielle Fachdienste, die die Teilhabe am Arbeitsleben für Menschen mit Behinderung gewährleisten sollen: Mit dem Instrument der *Unterstützten Beschäftigung* soll behinderten Menschen mit besonderem Unterstützungsbedarf eine angemessene, geeignete und sozialversicherungspflichtige Beschäftigung ermöglicht bzw. erhalten werden; dazu zählt u. a. die individuelle betriebliche Qualifizierung, die Einarbeitung und bei Bedarf auch die Berufsbegleitung in Betrieben des allgemeinen Arbeitsmarktes. Ziel ist dabei die Anbahnung eines sozialversicherungspflichtigen Arbeitsverhältnisses;

–   die *Offenen Hilfen* als ambulante Leistungen, die Betreuungs- und Beratungsdienste für behinderte Menschen und ihre Angehörigen bereitstellen (z. B. als familienentlastender Dienst, der zeitweise die Begleitung eines behinderten Menschen an Stelle der Familie sicherstellt). Durch die sog. „Assistenz" werden Tätigkeiten, die ein behinderter Menschen aufgrund der gegebenen Beeinträchtigung nicht oder nur eingeschränkt selbst ausführen kann, durch eine/n Dritte/n erledigt bzw. unterstützt.

- *Soziale Arbeit in einer vielfältigen Gesellschaft* bezieht sich
  - auf Anlässe, die sich durch Migration und Flucht ergeben (z. B. in Form von Migrationsberatung für Erwachsene, Jugendmigrationsdienste, Flüchtlingssozialarbeit, interkulturelle Bildungsarbeit; zur Arbeit mit Migranten vgl. Mecheril 2004, Wagner 2010, Stöcker-Zafari 2011, Marschke/Brinkmann 2014);
  - auf Genderaspekte (z. B. in Form von Frauen-/Männerarbeit und -beratung);
  - auf das Leben im öffentlichen Raum durch aufsuchende Sozialarbeit (Straßensozialarbeit, Streetwork), d. h.: offene und mobile, am jeweiligen Anlass orientierte Soziale Arbeit (wobei es sich um ein niedrigschwelliges Angebot handelt, das sich in die Lebenswelt hineinbewegt [sog. Geh-Struktur] und damit von der sonst regelhaften „Komm-Struktur" unterscheidet, bei der Dienste und Einrichtungen, z. B. Beratungsstellen, von den Subjekten aktiv aufgesucht werden müssen, um sich beraten lassen können; vgl. die Beiträge in Gillich 2008 und 2011).
- *Exklusionsbezogene Soziale Arbeit* wendet sich Armut und Formen sozialen Ausschlusses zu, insb. durch Sozialberatung, z. B. bei Problemen mit der Arbeit oder Wohnung (etwa bei der Wohnungs- und Arbeitssuche), bei persönlichen und gesundheitlichen Problemen, bei hauswirtschaftlichen Notlagen, beim Umgang mit Behörden, bei der Klärung von Rechtsansprüchen oder bei finanziellen Angelegenheiten und bei der Schuldenregulierung (wobei Sozialberatung keine Rechtsberatung darstellen darf) sowie bei der Vermittlung an weiterführende Hilfeangebote.
- *Wohnungslosenhilfe*: Viele Anlässe sind als Folge von Armut und sozialer Ausschluss mit Formen von Wohnungslosigkeit verbunden. Als *Wohnungslose* werden Menschen bezeichnet, die aktuell von Wohnungslosigkeit betroffen sind und über keine gemietete oder eigene Wohnung verfügen. Mit dem Begriff der (ggf. auch „alleinstehenden") „Wohnungslosen" werden die Personen bezeichnet, „die tatsächlich ohne jegliche Unterkunft, mittellos und (zumeist) auch ohne Arbeit gezwungen sind, auf der Straße zu (über-)leben" (also „Platte zu machen"). Andere, teils abwertende Bezeichnungen sind „Nichtsesshafte", „Asoziale", „Volksschädlinge" (ein Begriff nicht nur aus dem Sprachgebrauch der Nazis), „Obdachlose", „Stadt-" und „Landstreicher", „Durchreisende", „Berber" oder „Penner". *Von Wohnungslosigkeit bedroht* sind sie, wenn der Verlust der Wohnung unmittelbar bevorsteht (z. B. aufgrund Kündigung

oder drohender Zwangsräumung). *Unzumutbare Wohnverhältnisse* kennzeichnen die Situation, wenn Menschen zwar über eine Wohnung verfügen, diese aber in Bezug auf die bauliche Qualität, Größe, Ausstattung, eskalierende Konflikte u. ä. unzureichend ist. *Als Wohnungsnotfälle* werden Anlässe beschrieben, wenn Menschen einen Wohnungsbedarf von hoher Dringlichkeit haben, weil z. B. die Mietpreissteigerung oder der Mangel an staatlich gefördertem und preiswertem Wohnraum eine besondere Unterstützung zur Erlangung oder zum Erhalt von angemessenem Wohnraum erforderlich machen. Ein Teil wohnungsloser Menschen war zuvor in Krankenhäusern, Therapieeinrichtungen oder Haftanstalten untergebracht und wurde von dort ohne festen Wohnsitz entlassen (vgl. BAGW 2014: 3 ff., 11, Nakamura u. a. 2013: 6, 14f.).

Die Bundesarbeitsgemeinschaft Wohnungslosenhilfe (BAGW) schätzt, dass 2014 rd. 335.000 Menschen in Deutschland ohne eigene Wohnung waren (vgl. DPWV 2017c: 11). 2012 waren ca. 177.000 Wohnungslose alleinstehend und ca. 36.000 junge Erwachsenen unter 25 Jahre alt; der Anteil der Menschen mit Migrationshintergrund betrug ca. 25%. Etwa 16% der wohnungslosen Menschen galten als nicht erwerbsfähig; unter den Erwerbsfähigen betrug 2011 der Arbeitslosenanteil rd. 90% (d. h. nur 10% waren in Arbeit). Zwei Drittel der Wohnungslosen ohne Arbeit waren länger als ein Jahr (langzeit-)arbeitslos. 2014 lebten ca. 24.000 Wohnungslose ganz ohne Unterkunft auf der Straße (vgl. BAGW 2014: 9, 14f., 17).

Wohnungslose sind von Ausgrenzung mehrdimensional betroffen: Sie geraten z. B. in eine menschenunwürdige Notversorgung, verlieren den Zugang zu menschenwürdigen Wohnungen, haben große Barrieren bei der Gesundheitsversorgung zu überwinden und sind in besonderer Weise gefährdet, Opfer von Gewalt zu werden. Zwischen 1989 und 2014 sind mehr als 400 Wohnungslose durch Gewalttaten zu Tode gekommen, darunter 195 durch Angriffe außerhalb der „Wohnungslosenszene". Ein Fünftel unter den seit 1990 registrierten mind. 183 Todesopfern rechter Gewalt sind Wohnungslose (vgl. ebd.: 5, 18). Wohnungslose Menschen leiden zudem oft an mehreren Erkrankungen, z. B. unbehandelte chronische Erkrankungen, Verletzungen, Infektionen oder hygienebedingte Erkrankungen. Sie sind zudem im Winter akut gesundheitsgefährdet. Zwischen 1991 und 2014 sind mind. 279 Wohnungslose erfroren (vgl. ebd.: 9, 12; vgl. auch Trabert 2010).

Soziale Arbeit im Feld der Wohnungslosenhilfe (vgl. insg. Lutz/Simon 2012, Gillich/Nagel 2010) erfolgt in Form von Sozialberatung, oft verbunden mit einem Tagestreff (Aufenthaltsorten mit Verpflegung, Waschgelegenheiten, Zugang zu Kommunikationsmitteln und Medien), und ambulanter Arbeit, die Wohnungslose in ihrer Lebenswelt (z. B. Schlafplätzen u. ä.) aufsucht (vgl. Simon 2011).

- *Soziale Arbeit bei Verschuldung und Insolvenz*: Überschuldung ist gegeben, wenn Schuldner_innen ihren Zahlungsverpflichtungen über einen längeren Zeitraum nicht mehr nachkommen können. Arbeitslosigkeit, Krankheit, Trennung und Scheidung, die Mittel überschreitender Konsum (z. B. Schulden aus Kauf- und Mietverträgen) oder gescheiterte Selbstständigkeit gelten als Hauptursachen von Überschuldung. Die Zahl der privaten Schuldner ist von 6,19 Mio. (2009) auf 6,72 Mio. (2015) und die Zahl der verschuldeten Haushalte von 3,04 Mio. auf 3,35 Mio. im gleichen Zeitraum gestiegen (vgl. Rock 2016: 29f.). 2010 betrug die der Anteil der über 18-jährigen überschuldeten Personen (Schuldnerquote) 9,50%, d. h. 4,49 Mio. Schuldner/innen in 3,19 Mio. Haushalten, und steigerte sich bis 2016 auf 10,06%, d. h. 6,85 Mio. Schuldner/innen in 3,37 Mio. Haushalten (vgl. DPWV 2017d: 27f.). Untersuchungen zeigen, dass bereits jeder fünfte Jugendliche bzw. junge Erwachsene verschuldet und 7% sogar überschuldet. 2011 führten ca. 1.700 Berater*innen rd. 300.000 Beratungen durch (vgl. Proksch 2013: 729 f., 733; vgl. auch die Beiträge in Gastinger/Stark 2012).
Schuldnerberatung als ganzheitliches Beratungsangebot für ver- und überschuldete Einzelpersonen oder Familien verfolgt das Ziel, „die verschiedenartigen, mit Ver- und Überschuldung verbundenen Probleme und Konflikte zu klären, zu beseitigen oder zu mindern" (Proksch 2013: 728f.). Die Insolvenzberatung ist integraler Teil der Schuldnerberatung. Sie ist die Beratung und Vertretung natürlicher Personen, die keine selbstständige Tätigkeit ausüben oder ausgeübt haben und bei denen keine Forderungen aus Arbeitsverhältnissen bestehen oder die weniger als 20 Gläubiger haben und die Durchführung eines „Verbraucherinsolvenzverfahren" gemäß §§ 304ff. InsO anstreben (vgl. insg. Schruth u. a. 2011).

- *Soziale Arbeit bei Sucht*: Als *Sucht* wird „ein zwanghafter Drang" beschreiben, „durch bestimmte Reize oder Reaktionen Lustgefühle oder Lustzustände herbeizuführen bzw. Unlustgefühle zu vermeiden. Die Sucht stellt einen Versuch dar, Bedürfnisse unmittelbar und unter Umgehung all der Verhaltensweisen zu befriedigen, die natürlicherweise zu ihrer Befriedigung führen". Unterschieden werden süchtiges Rauchen, Alkoholismus, Medikamenten- oder Drogenabhängigkeit (bei der Medikamente oder andere Drogen aus nichtmedizinischen Gründen und zum Zweck des Missbrauchs konsumiert werden), Bulimie oder Anorexia (Ess- und Brech-Sucht bzw. Mager-Sucht), aber auch Sammelsucht, Spielsucht, Fernsehsucht, Internetsucht, pathologische Monomanien wie

Kleptomanie oder Pyromanie und verdeckte Sucht-Formen wie Arbeitssucht oder Gefallsucht (vgl. Heckmann 2013: 945ff., zit. ebd. S. 945). Relevant ist dabei nicht allein das Suchtverhalten des Betroffenen, sondern auch die Co-Abhängigkeit seines sozialen Umfeldes (v. a. dessen Familie), das in sein Handeln einbezogen wird; nicht nur der Abhängige dort in soziale Isolation zu geraten, sondern das gesamte Familiensystem und insb., so vorhanden, die eigenen Kinder, wodurch deren „entwicklungsnotwendige Auseinandersetzung mit sich selbst und die produktive Ablösung von den Eltern blockiert werden" kann (Böhnisch 2008: 251f.). Soziale Arbeit als Suchthilfe und -beratung muss beide Perspektiven in den Blick nehmen.

Suchthilfe erfolgt zu allen Formen von Sucht, mit Suchtgefährdeten und -kranken und an der Schnittstelle Sozialer Arbeit mit psychisch Kranken zunächst als Suchtprävention (auch in Zusammenarbeit mit der Kinder- und Jugendhilfe) und Frühintervention und in Form niedrigschwelliger Hilfen (z. B. Ausstiegshilfen, Kontaktläden, Drogenkonsumräume, Notschlafstellen), ambulanter Suchtberatung und psychosozialer Begleitung (z. B. Vermittlung in andere Hilfen). Dazu zählt auch die aufsuchende Suchthilfe im Krankenhaus, um den Hilfebedarf frühzeitig erkennen und Hilfen einleiten zu können. Der Suchtakutbereich umfasst z. B. die stationäre Entgiftung, psychiatrischen Ambulanzen sowie Tages- und psychosomatische Kliniken und andere Therapieeinrichtungen. Weiteren Formen sind Wohnheime und betreute Wohngruppen, spezialisierte Werkstätten, Sozialpsychiatrische und Psychosoziale Dienste in den staatlichen Gesundheitsämtern sowie Selbsthilfegruppen. Maßnahmen der Rehabilitation (nach einer Entgiftung, um den Entgiftungserfolg nachhaltig zu sichern) sind z. B. die Rehabilitationsvermittlung (d. h. die Beantragung und Durchsetzung von Leistungsansprüchen sowie die Vorbereitung und Begleitung einer Therapie) und Maßnahmen der Substitutionsbegleitung, der Existenzsicherung und der persönlichen Stabilisierung, insb. auch durch die Zusammenarbeit mit anderen Arbeitsfeldern (vgl. Hansjürgens 2016: 334 f., Abstein 2012: 11–18; vgl. insg. Jungblut 2004 und die Beiträge in Gastinger/Abstein 2012). 2009 wurden hier 316.075 ambulante und 38.618 stationäre Betreuungen in 779 ambulanten und 157 stationären Einrichtungen der Suchthilfe erbracht (vgl. Abstein 2012: 9).

Weitere Arbeitsfelder ergeben sich
- bei der Bewältigung von *Konflikten und Gewalt in Partnerschaftsbeziehungen*, d. h. vor allem Ehe- und Familienkonfliktlagen (z. B. in Form von Ehe- und Familienberatung oder als Mediation hochstrittiger Eltern)

sowie Gewalthandeln (häusliche Gewalt, Partnergewalt) oder sexuelle/ sexualisierte Gewalt (z. B. in Form von Frauenhäusern als Beratungs- und Schutzeinrichtung für misshandelte bzw. von Misshandlung durch ihren Partner bedrohte Frauen).

- in der Unterstützung der *Selbsthilfe*: Selbsthilfeprojekte (z. T. auch als Alternativprojekte, Selbsthilfe- oder Initiativgruppen bezeichnet) stellen Engagement dar, das (organisatorisch selbstbestimmt/-verwaltet, d. h. ohne professionelle Leitung) bestehende Angebote ergänzt. Es kann die Bearbeitung von Anlässen Betroffener durch neue Leistungen (z. B. die Bewältigung bestimmter [chronischer] Erkrankungen) oder Organisationsformen (z. B. die Vernetzung isolierter Gesprächskreise) unterstützen oder eigenverantwortlich ein gemeinsames Thema (z. B. die unzureichende Berücksichtigung der Interessen von Menschen mit Behinderung) bearbeiten.
Selbsthilfe zeichnet die Überzeugung aus, dass Menschen die befähigt sind, sich selbst zu helfen, die eigenverantwortliche Entscheidung über sich selbst zu treffen, sich aktiv an der Problembewältigung zu beteiligen und dafür die Kraft der Gemeinschaft zu nutzen. *Selbsthilfekontaktstellen* sind hierfür geschaffene Beratungseinrichtungen, die über hauptamtliches Personal, Räume und Ressourcen verfügen und umfassende Informations-, Beratungs- und Unterstützungsangebote erbringen.

- in der Unterstützung, der Hilfe und dem Schutz für *Volljährige* (die eigene Entscheidungen in Rechtsgeschäften, z. B. aufgrund einer demenziellen Erkrankung, nicht mehr zu treffen in der Lage sind) durch eine/n dazu für ihn gerichtlich bestellte/n (nicht zwingend beruflich tätige/n) Betreuer/in, die/der eine auf den Fall bezogene Vertretungsvollmacht erhält und damit stellvertretend im Namen der/des Betreuten handeln darf (gesetzliche Regelungen dazu ergeben sich aus § 1896 BGB sowie dem Betreuungsgesetz). Die/Der Betreute ist so zu vertreten, wie er/sie es wohl selbst entschieden hätte. Aufgabe ist es auch, soziale Unterstützung gemäß dem Willen des/der Betreuten zu organisieren. In Deutschland werden mehr als 1,2 Mio. Volljährige durch Betreuer*innen unterstützt, davon etwa ein Drittel beruflich.

Ein Grundproblem Sozialer Arbeit stellt die *Versäulung* einzelner Hilfen dar, d. h. die Gleichzeitigkeit unterschiedlicher Hilfeformen aus unterschiedlichen Arbeitsfeldern (z. B. Kinder- und Jugendhilfe einerseits und Sozialberatung andererseits), die oft weitgehend unabgestimmt (und ohne Kenntnis voneinander) Hilfen unvernetzt erbringen. Unterstützung kann so von verschiedenen Sozialen mit gegensätzlichen Intentionen erfolgen; sie kann zudem die erlernte Hilflosigkeit der Subjekte steigern, da eine Vielzahl „am

Fall" tätiger Sozialer mit ihren unterschiedlichen Aufträgen und verschiedenen Hilfsangeboten nahelegt, dass die Bewältigung des Alltags in vielen fremden, nicht aber in den eigenen Händen liegt.

Kooperation wird deshalb zu einer Anforderung an Soziale, ihre Unterstützung mit anderen Akteuren (gleich welchen Systems) sinnvoll abzustimmen bzw. sich auf das Setting des anderen Akteurs (z. B. des Bildungssystems) einzulassen. Felder der Kooperation sind die Zusammenarbeit

- mit dem *System Schule* durch die Schulsozialarbeit (als Leistung der Kinder- und Jugendhilfe), d. h. Angebote der Jugendsozialarbeit werden zur Unterstützung für Schüler/innen im System Schule zur Verfügung gestellt. Es wird damit versucht, ihnen bei der Entwicklung ihrer Persönlichkeit auch direkt in der Schule Hilfestellungen zu geben. Schulsozialarbeit stellt eine „Brücke" zwischen Schule und Kinder- und Jugendhilfe her, zielt auf die bedarfsgerechte Vermittlung aller Leistungen der Kinder- und Jugendhilfe für alle Schüler_innen einer Schule (vgl. Rademacker 2011: 39) und bezieht schulbezogene Aufgaben der Kinder- und Jugendarbeit und der Jugendsozialarbeit sowie auch andere (v. a. ambulante) Leistungen der Jugendhilfe ein. Die Leistungen der Schulsozialarbeit dienen – im Sinne eines Präventionsauftrages (LE 9.2) – v. a. der langfristigen Sicherung des Schulerfolgs. Zwar sollen potenziell alle Schüler/innen einbezogen, aber professionell besonders diejenigen aufgefangen werden, denen vorzeitiger Schulabbruch droht. Hierzu sollen intervenierende wie auch präventiv ausgerichtete sozialpädagogische Projekte entwickelt und die Förderung und Integration von Kindern und Jugendlichen zum Ausgleich sozialer Benachteiligung bzw. zur Überwindung individueller Beeinträchtigungen in den Mittelpunkt gestellt werden. Durch die Kooperation und Vernetzung sollen Lehrer_innen und Eltern in sozialpädagogischen Fragen beraten sowie Kinder, Jugendliche und ihre Personensorgeberechtigten an einschlägige Dienste und Einrichtungen vermittelt werden. Auch die Eröffnung zusätzlicher Erlebnis-, Freizeit- und Betreuungsangebote sowie in der Förderung der Selbstverantwortung und Eigeninitiative der Schüler*innen zählen zu den Zielen der Schulsozialarbeit (vgl. Spies/Pötter 2011, Speck 2014, Stüwe/Ermel/Haupt 2015 sowie die Beiträge in Baier/Deinet 2011 und in Hollenstein 2017);

- mit dem *Justizwesen und der Polizei* im Bereich der Straffälligenhilfe (Soziale Arbeit im Strafvollzug) und der Bewährungshilfe (vgl. Kleinert 2006). In diesen Bereich fallen auch Hilfen bei politischer Desintegration, z. B. die Exit-Beratung für Aussteiger/innen aus nazistischen Szenen und Organisationen (vgl. Heitmann/Korn 2008);

- mit den Einrichtungen und Diensten aus den Rechtskreisen SGB II und III, v. a. mit *Arbeitsagenturen und Jobcentern*, z. B. zur beruflichen Integration oder zur Berufs(wege)beratung junger Menschen in Kooperation mit Einrichtungen der Jugendsozialarbeit (vgl. DV 2015);
- in *Gemeinwesen und Sozialräumen*, v. a. durch Quartiersarbeit und Stadtteilmanagement, in Kooperation mit Unternehmen der lokalen Wohnungswirtschaft oder den örtlichen Verkehrsbetrieben (vgl. Schönig 2011);
- in Betrieben als *betriebliche Sozialarbeit* (Betriebssozialarbeit) und in der Zusammenarbeit mit der Betrieblichen Gesundheitsförderung (vgl. die Beiträge in Faller 2016).
- mit dem *Gesundheitssystem*, wozu neben dem Bereich der Gesundheitsförderung (vgl. den Gastbeitrag von *Gudrun Faller*), die Krankenhaussozialarbeit (vgl. Pauls 2011, Anden-Gödecker-Geenen/Nau 2004, Hanses 2011), die Soziale Arbeit im HIV-Erkrankten (sog. AIDS-Hilfe), die Soziale Arbeit in der Psychiatrie und im Zusammenhang mit der Pflege die Selbsthilfeunterstützung von Menschen mit gesundheitlichen Beeinträchtigungen sowie das Arbeitsfeld Hospiz und Palliative Care (Soziale Arbeit mit sterbenden und trauernden Menschen) zählen (zur Tätigkeit Sozialer im Gesundheitswesen vgl. die Beiträge in Ortmann/Waller 2005, Bosshard/Ebert/Lazarus 2013, Franzkowiak 2011, 2014).

Die Kooperation mit „außerfachlichen" Akteuren (wie sie z. B. § 81 SGB VIII für die Kinder- und Jugendhilfe vorsieht) birgt immer auch die Gefahr, das Soziale Arbeit zum bloßen Erfüllungsgehilfen anderer Systeme zu werden droht, z. B. von Schule (Schulsozialarbeit als Instrument, Schüler/innen-Lehrer/innen-Konflikte zu kanalisieren), Polizei (Prävention in Form von Kinder- und Jugendarbeit) oder Justiz (Jugendgerichtshilfe, die junge Menschen im Strafverfahren begleiten soll, wird zum Erfüllungsgehilfen des Gericht).

## Gastbeitrag – Gudrun Faller[11]: Das Potenzial der Sozialen Arbeit aus Sicht der Gesundheitsförderung

### 1. Die Bedeutung „des Sozialen" für Gesundheit

„Gesundheit bezeichnet den Zustand des Wohlbefindens einer Person, der gegeben ist, wenn diese Person sich psychisch und sozial im Einklang mit den Möglichkeiten und Zielvorstellungen und den jeweils gegebenen äußeren Lebensbedingungen befindet. Gesundheit ist nach diesem Verständnis ein angenehmes und durchaus nicht selbstverständliches Gleichgewichtsstadium von Risiko und Schutzfaktoren, das zu jedem lebensgeschichtlichen Zeitpunkt immer erneut infrage gestellt ist. Gelingt das Gleichgewicht, dann kann dem Leben Freude und Sinn abgewonnen werden, es ist eine produktive Entfaltung der eigenen Kompetenzen und Leistungspotenziale möglich und es steigt die Bereitschaft, sich gesellschaftlich zu integrieren und zu engagieren" (Hurrelmann 2010: 7).

Nach dieser Definition von Gesundheit kommt dem Aspekt des Sozialen in dreifacher Weise Bedeutung zu:

1. Der Einklang einer Person mit ihren psycho-sozialen Möglichkeiten und Zielvorstellungen ist ein Merkmal von Gesundheit.
2. Soziale Ressourcen tragen dazu bei, dass das Gleichgewicht von Risiko- und Schutzfaktoren immer wieder hergestellt werden kann; das Soziale ist somit Voraussetzung von Gesundheit.
3. Gesellschaftliche Integration und Engagement sind die Konsequenzen des hier skizzierten Verständnisses von Gesundheit.

Dass zwischen der sozialen Situation eines Menschen und ihrer Gesundheit enge Verbindungen bestehen, ist empirisch gut belegt. So zählt der Zusammenhang zwischen der sozioökonomischen Lage eines Menschen und seiner Gesundheit zu den am besten validierten gesundheitswissenschaftlichen Erkenntnissen (z. B. Lampert u. a. 2013, Lampert u. a. 2016, Wilkinson/Marmot 2003). Darüber hinaus bestätigt eine umfangreiche Forschung seit den 80er Jahren die Bedeutung sozialer Integration und Unterstützung für die Gesundheit (Berkman/Syme, 1979, Kawachi u. a. 1996, Nestmann 1988). In neuerer Zeit verweist die Sozialkapitalforschung auf die gesundheitliche Relevanz zwischenmenschlicher Kontakte und Verbindungen – in gesellschaftlicher Hinsicht (z. B. Kroll/Lampert 2007) ebenso wie im betrieblichen Umfeld (Badura u. a. 2013). Ergänzt und unterstützt werden diese Beobachtungen durch Erkenntnisse der Neurobiologie, die den Menschen als „auf soziale Resonanz und Kooperation angelegte Wesen" beschreiben (Bauer/J 2011: 36).

---

11  *Dr. Gudrun Faller*, Studium der Sozialpädagogik, Gesundheitswissenschaften, Arbeitswissenschaft, Professorin am Department of Community Health der Hochschule für Gesundheit Bochum; tätig u. a. als Systemische Supervisorin und Systemische Beraterin. Kontakt: Gudrun.faller@hs-gesundheit.de.

Im Sinne der obigen Definition leistet Soziale Arbeit per se schon einen Beitrag zur Gesundheit, weil sie „auf wissenschaftlicher Basis sozialen Wandel und Entwicklung, sozialen Zusammenhalt und die Befähigung und Befreiung des Menschen fördert", und weil sie „um Herausforderungen zu begegnen und Wohlbefinden zu verstärken, Menschen aktiv einbindet und vorhandene Strukturen nutzt" (IFSW 2014; Übers. G. F.).

## 2. Das Verhältnis Sozialer Arbeit zur Gesundheitsförderung

Insofern dürfte die Frage nach der Rolle der Gesundheit in der Sozialen Arbeit eigentlich kein Randthema sein. Dennoch spricht Homfeldt (2015: 113) davon, dass die Disziplin ihren Bezug zur Gesundheit vergessen oder zumindest ausgeblendet habe. Die Gründe für dieses Wahrnehmungsdefizit sehen Homfeldt und Sting (2011: 567) nicht nur darin, dass sich Soziale Arbeit von den Fehlentwicklungen des Nationalsozialismus abgrenzen wollte. Im Kontext ihrer Bemühungen um eine disziplinäre Identitätsfindung grenzte die Soziale Arbeit seit den 70er Jahren des 20. Jahrhunderts insbesondere diejenigen Themen aus, die andere – vor allem medizinische – Fächer bereits für sich beansprucht hatten. Homfeldt (2015) bedauert, dass auf diese Weise sozialarbeitsspezifische Erkenntnismöglichkeiten zu wichtigen Handlungsfeldern des Gesundheits- und Sozialwesens verloren gehen.

Interessanterweise diente gerade die Soziale Arbeit den Vorbereitungen zur Otawa-Charta von 1986 – dem heute noch gültigen Grundsatzdokument der Gesundheitsförderung – als Bezugsrahmen (Franzkowiak 2003: 26f.). Daher verwundert es nicht, dass dieses Konzept zahlreiche Berührungspunkte mit den Grundprinzipien einer lebensweltorientierten Sozialen Arbeit aufweist. Homfeldt (2015: 113f.) beschreibt Gesundheitsförderung als „eine sozialpolitische Strategie der Aktivierung, Erschließung von sozialen Ressourcen und Partizipationschancen sowie Handlungsmöglichkeiten auf unterschiedlichen Systemebenen (von der persönlichen Ebene bis zur Gesamtpolitik)". Die in der Charta enthaltene Begriffsbestimmung der Gesundheitsförderung ist damit in hohem Maße kompatibel mit sozialarbeiterischen Orientierungen der Partizipation (Schnurr 2011) und des Empowerments (Herriger 2010): „Gesundheitsförderung zielt darauf, allen Menschen ein höheres Maß an Selbstbestimmung über ihre Gesundheit zu ermöglichen und sie damit zur Stärkung ihrer Gesundheit zu befähigen" (WHO 1986).

Gerade in der neueren Zeit zeichnet sich wieder eine breitere Rückbesinnung auf gesundheitsbezogene Fragestellungen ab. Zu erwähnen sind hier die Entwicklungen um die Etablierung der Klinischen Sozialarbeit, die unter Verweis auf medizinsoziologische Erkenntnisse zu den spezifischen Zusammenhängen zwischen sozialen, psychischen und somatischen Bedingungen und Merkmalen von Gesundheit und Krankheit die Notwendigkeit einer selbstständigen Fachdisziplin betonen (Pauls 2012: 5). Ziel ist die soziale Integration von gesundheitlich gefährdeten, erkrankten und (vorübergehend oder dauerhaft) behinderten Menschen, indem soziale und psycho-soziale Aspekte in die Beratung, Behandlung und Unterstützung einbezogen werden (ZKS 2015: 3).

Daneben wurde und wird von einzelnen Wissenschaftlerinnen und Wissenschaftlern immer wieder die Anschlussfähigkeit der Sozialen Arbeit an die Gesundheitsförderung hervorgehoben (z. B. Daiminger/Hammerschmidt/Sagebiel 2015, Franzkowiak 2003,

2009, Homfeldt/Sting 2011, Mühlum 2001). Auf theoretischer Ebene beziehen sich die Autoren dabei vor allem auf die, auch für Public Health und die Gesundheitsförderung zentralen Prinzipien und Konzepte wie die Ottawa Charta (ebd.), das Salutogenesekonzept (Daiminger 2015, Kälble 2015) oder auf Theorien sozialer Ungleichheit (Janßen 2015). Besonders im Modell der Salutogenese sieht Daiminger (2015: 71) ein mit den Grundprinzipien der Sozialen Arbeit kompatibles Modell, das eine gemeinsame Kommunikations- und Kooperationsbasis mit der Gesundheitsförderung darstellt, und zu dem die Soziale Arbeit Weiterentwicklungsimpulse leisten kann.

### 3. Gesundheitsfördernde Ressourcen der Sozialen Arbeit

Eine grundlegende Herausforderung für die Gesundheitsförderung besteht darin, diejenigen Zielgruppen zu erreichen, die ihrer am meisten bedürfen. Personen mit niedrigem Sozialstatus weisen nicht nur häufiger Krankheiten, Beschwerden, Unfallverletzungen, Behinderungen, funktionelle Einschränkungen und eine schlechtere Selbsteinschätzung ihres Gesundheitszustandes auf, sie zeigen zudem auch ein riskanteres Gesundheitsverhalten, beispielsweise in Bezug auf Nikotinkonsum, Freizeitsport und Ernährung (Lampert u. a. 2016). Fatal ist, dass es sich als sehr schwierig erweist, eben diese Zielgruppen zu erreichen: So nutzen Frauen und Männer mit niedrigem sozioökonomischem Status verhaltensbezogene Präventionsmaßnahmen deutlich weniger als besser gestellte Bevölkerungsgruppen (Jordan/von der Lippe 2013). Darüber hinaus finden Angebote der partizipativen Gesundheitsförderung bei Angehörigen sozial benachteiligter Bevölkerungsgruppen meist wenig Resonanz, weil das Wissen und die Durchsetzungsfähigkeit, eigene Interessen zu formulieren und zu vertreten, oft nicht vorhanden ist (Wright 2012: 99f.).

Das Phänomen des schwierigen Zugangs zu Zielgruppen mit besonderem Präventionsbedarf wurde von Bauer (2005) als „Präventionsdilemma" beschrieben. Dieses ist bedingt durch den Umstand, dass präventive Aktivitäten in sehr unterschiedlichem Maße anschlussfähig sind an die Mentalitäten und Handlungsorientierungen ihrer Adressaten (ebd.: 195). Die mangelnde Erreichbarkeit bestimmter Adressaten ist so gesehen nicht lediglich das Ergebnis eines unzureichenden Angebots; vielmehr muss die Gesundheitsförderung ihren Ausgangspunkt bei den mentalen Strukturen nehmen, die mit einer benachteiligenden Lebenslage verbunden sind (ebd.: 206).

Im Hinblick auf diese Anschlussfähigkeit weist die Soziale Arbeit erhebliche Vorteile auf. Sie geht konzeptionell nicht von der Überlegung aus, wie sich Menschen an ein – in hohem Maße vordefiniertes – Konstrukt von Gesundheit heranführen lassen. Ihr Ausgangspunkt ist vielmehr die Frage, wie Menschen ihre Lebensverhältnisse, ihre Handlungsmächtigkeit in Bezug auf Entscheidungsteilhabe im Alltag erleben und welche Handlungschancen und Perspektiven sie für sich sehen (Franzkowiak/Homfeldt 2012: 80). Sozialarbeiterische Methoden sind durch die Nähe zur Lebensrealität ihrer Zielgruppen und deren Probleme gekennzeichnet, ihr Handeln muss sich am Kriterium der Alltagsnähe bewähren und messen lassen (Wendt, P.-U. 2016a: 26).

In Anlehnung an den Capabilites Approach nach Sen (2000) und Nussbaum (1999) formuliert Böllert (2011: 442) zwei notwendige Zugänge, um Menschen ein gutes [und gesundheitsförderliches; Erg. G. F.] Leben zu ermöglichen: Zum einen müssen sie *befähigt* werden, um sich für ein gutes Leben und Handeln entscheiden zu können, zum anderen benötigen sie Lebensqualität und *faktisch zugängliche* Lebenschancen im sozialen Raum. Zu einer sinnvollen und konzeptionell durchdachten Kombination beider Zugänge können Gesundheitsförderung und Soziale Arbeit jeweils mit ihren spezifischen Stärken beitragen. Eine fachsozialarbeiterische Beratung, Behandlung und Unterstützung von benachteiligten Menschen beinhaltet von sich aus bereits gesundheitsförderndes weil ressourcenstärkendes Potenzial, gleichzeitig schafft sie weitere Anknüpfungsmöglichkeiten für weitergehende Interventionen einer an Public Health orientierten Prävention und Gesundheitsförderung.

## 11.1.3 Aufgaben in der alternden Gesellschaft

Der soziale Wandel und der gesellschaftliche Alterungsprozess hat bereits in den zurückliegenden Jahren die Bedeutung von Leistungen auch der Sozialen Arbeit im Bereich der Altenhilfe anwachsen lassen. Unter Altenhilfe werden allgemein Einrichtungen, Angebote und Leistungen verstanden, die einen unterstützenden Beitrag zur Lebensführung und Alltagsbewältigung älterer Menschen erbringen, wenn diese das Bedürfnis nach gesellschaftlicher Teilhabe haben oder Hilfe zur Bewältigung altersphasenspezifischer Entwicklungsaufgaben benötigen bzw. altersspezifische Anlässe (z. B. soziale Isolation, Verarmung, Pflegebedürftigkeit oder geriatrisch/gerontopsychiatrische Erkrankungen) gegeben sind. Im Kern handelt es sich dabei zwar um Leistungen der Kranken- und Altenpflege sowie der Haus- und Familienpflege (ergänzt um hauswirtschaftliche Versorgung, Hol- und Bring-Dienste, Hausmeisterleistungen, „Essen auf Rädern"), doch wächst der Bedarf an Beratung und Angeboten der Sozialen Arbeit zur Unterstützung des selbstständigen Lebens im Alter.

*Soziale Arbeit mit alten Menschen* umfasst in diesem Sinne Leistungen, die die Betätigung und das gesellschaftliche Engagement unterstützen sollen (d. h. die Geselligkeit, Unterhaltung, Bildung oder die kulturellen Bedürfnissen alter Menschen fördern), die der Beschaffung und der Erhaltung einer bedürfnis-/altengerechten Wohnung dienen sowie den Besuch von Veranstaltungen oder Einrichtungen bzw. die Verbindung mit nahe stehenden Personen ermöglichen. Dazu zählt auch die Beratung und Unterstützung bei der Aufnahme in eine (Alten- oder Pflege-)Einrichtung und bei der Inanspruchnahme altersgerechter Dienstleistungen. Handlungsorte/-bereiche sind insb. die offene Altenarbeit (in Form von Altenclubs und -tagesstätten, Beratungsstellen) sowie Sozialstationen, Mobilen Sozialen (Hilfs-)Dienste, Alteneinrichtungen, Alten(pflege)heime, alternative Wohnformen, geriatrische und gerontopsychiatrische Kliniken, Nachsorgeeinrichtungen; dazu zählt auch die Arbeit mit Verwandten (z. B. demenziell erkrankter Menschen) und die Sterbebegleitung und Hospizarbeit (vgl. Deller/Brake 2014: 17; vgl. insg. Karl 2009, Schweppe 2010 sowie die Beiträge in Aner/Karl 2009).

Dass die Arbeitsfelder in Bezug auf die Soziale Arbeit in speziellen Lebenslagen (LE 11.1.2) und mit alten Menschen systematisch nicht immer getrennt werden können, macht die Arbeit einzelner Allgemeiner Sozialdienste deutlich (was keineswegs so der Regelfall ist): Seine Aufgaben im Rahmen der Sozialhilfe (SGB XII ) gelten Menschen, die (im Sinne des SGB II) nicht arbeitsfähig sind, darunter eben auch alte Menschen, die einen Anspruch auf Grundsicherung im Alter haben, wenn sie den notwendigen Lebensunterhalt weder aus eigenen Mitteln und Kräften (Einkommen, Vermögen oder Arbeitskraft) noch mit Hilfe anderer (z. B. Ehepartner) bestreiten können. Weitere Aufgaben sind z. B. Hilfen zur Überwindung besonderer sozialer Schwierigkeiten (z. B. zur Vermeidung von Wohnungslosigkeit, was angesichts einer zunehmenden Zahl älterer Wohnungsloser zu einer besonderen Herausforderung werden wird) und in anderen Lebenslagen (u. a. zur Weiterführung des Haushalts). Dabei soll der ASD alte Menschen beim Erhalt ihrer gesellschaftlichen Teilhabe unterstützen, z. B. durch Beratung bei der Beschaffung bzw. den Erhalt einer altersgerechten Wohnung oder eines Heimplatzes oder durch die Vermittlung von Fahrdiensten (vgl. Gissel-Palkovich 2011: 140ff.).

## 11.2 Anregungen zur Weiterarbeit

1. Fassen Sie die Darstellung dieser Lerneinheit (am besten nach einem Austausch in Ihrer Bezugsgruppe) wieder in einer Kernaussage zusammen! Diskutieren Sie hierbei bitte auch, wie sich Ihnen die Verbindungen zwischen Sozialer Arbeit und dem Gesundheitssektor darstellen; beziehen Sie dabei bitte den Gastbeitrag von *Gudrun Faller* in die Klärung ein!

2. Insbesondere im Arbeitsfeld Schulsozialarbeit werden Präventions- und Integrationsaufträge (vgl. LE 9.2) an die Soziale Arbeit gerichtet:
   So hat z. B. das Land Niedersachsen ab dem Schuljahr 2017/18 weitere Stellen für sozialpädagogische Fachkräfte in sog. „sozialen Brennpunkten" geschaffen: Soziale sollen an „ausgewählten Brennpunktschulen" schwerpunktmäßig mit der kommunalen Kinder- und Jugendhilfe oder Beratungsstellen zusammenarbeiten, die Schulen bei der Elternarbeit entlasten sowie Konfliktprävention leisten, Schulverweigerung vermei-

den und Unterstützung bei der Integration geben. Bei der Auswahl der Brennpunkte wurden z. B. die Arbeitslosenquote, die Zahl der Bewohner/innen eines Quartiers mit Migrationshintergrund, der Transferleistungsempfänger und der Alleinerziehenden mit minderjährigen Kindern als Indikatoren herangezogen (vgl. sozial.de 2. Aug. 2017).

Diskutieren Sie bitte in Ihrer Bezugsgruppe, ob auch andere Leistungen der Kinder- und Jugendhilfe geeignet sein könnnten, diese Ziele zu erreichen, bzw. welche Probleme damit verbunden sein könnten!

## 11.3 Literaturempfehlung

In die Arbeitsfelder der Sozialen Arbeit führen zwei Bücher ein:
- *Karl August Chassé und Hans Jürgen von Wensierski (Hg.): Praxisfelder der Sozialen Arbeit. Eine Einführung*, 4. Aufl. Weinheim und München: Juventa, 2008, und
- *Rudolf Bieker und Peter Floerecke: Arbeitsfelder und Zielgruppen der Sozialen Arbeit*, Stuttgart: Kohlhammer, 2011.

# IV  Was ist Soziale Arbeit?

# 12 Wer leistet Soziale Arbeit – und mit wem?

Gegenstand der Lerneinheit: Die Bundesrepublik Deutschland ist ein sozialer, föderaler Bundes- und Rechtsstaat. Soziale Arbeit als Leistung der Daseinsvorsorge wird auf der Grundlage gesetzlicher Bestimmungen erbracht, die aus dem Grundgesetz und der Sozialgesetzgebung (LE 9.1) ergeben. Doch wer erbringt diese Leistung, wer leistet Soziale Arbeit, wer „trägt" sie?

## 12.1 Das System der Sozialen Arbeit in Deutschland

Als sog. *Träger* der sozialen Daseinsvorsorge werden Rechtspersonen bezeichnet, die organisierte Formen Sozialer Arbeit leisten und fachlich, finanziell und personell steuern. Dies sind

- die *staatlichen* (öffentlichen) Träger: Gemäß dem föderalen Aufbau der Bundesrepublik Deutschland zunächst die Kommunen, d. h. die Gemeinden (wozu auch die Städte zählen) und die (Land-)Kreise (z. B. kommunale Jugend- und Sozialämter, Kindertagesstätten in kommunaler Trägerschaft), die Bundesländer (z. B. die Landesjugendämter) und der Bund (z. B. das Bundesministerium für Familie, Senioren, Frauen und Jugend); örtliche öffentliche Träger der Kinder- und Jugendhilfe sind z. B. die (Land-)Kreise und kreisfreien Städte.
- die *freien* (gemeinnützigen) Träger in zweierlei Gruppen: die *Wohlfahrtsverbände*, die (verbandsunabhängigen) *Vereine* und die *Kirchengemeinden*, die v. a. lokal Leistungen der Sozialen Arbeit erbringen und neben dem (insb. über Gesetze die Rahmenbedingungen setzenden) Staat (erster Sektor) und dem gewinnorientierten Markt (zweiter Sektor) als *dritter Sektor* bezeichnet werden.
- Das ursprünglich für den deutschen Sozialstaat kennzeichnende System zwischen Staat als Auftraggeber (Finanzier) und gemeinnützigen Trägern als Auftragnehmern ist seit den 1980er Jahren schrittweise ökonomisiert worden (LE 9.3). Dadurch haben auch *gewerbliche/kommerzielle* (nicht-gemeinnützige) Anbieter (wie sie z. B. im Bereich der Kinder- und Jugendhilfe und der Sozialhilfe im Bundesverband privater Träger der freien Kinder-, Jugend- und Sozialhilfe/VPK zusammengeschlossen sind) Zugang zu den sozialen Dienstleistungen erhalten.

Bund, Länder und Gemeinden (Kommunen) als erster Sektor sind v. a. für die Ausgestaltung der Rahmenbedingungen des Systems der sozialen Daseinsvorsorge zuständig:

- Die Tätigkeit des *Bundes* beschränkt sich dabei auf die Rahmengesetzgebung (mit der das Sozialsystem grundlegend bestimmt wird) und die Gestaltung von Modellprojekten (z. B. das Bundesprogramm „Demokratie leben!") sowie die Durchführung von (wenigen) Vorhaben mit bundesweiter Bedeutung, wobei jeweils freie Träger mit der Durchführung beauftragt werden, der Bund also selbst nicht als unmittelbar handelnder Akteur der Sozialen Arbeit auftritt. So hat z. B. das Nationale Zentrum Frühe Hilfen (ein Zusammenschluss der Bundeszentrale für gesundheitliche Aufklärung und des Deutschen Jugendinstituts) die Aufgabe, Programme und Angebote des Bundesprogramms „Frühe Hilfen" zu koordinieren.
- Die *Bundesländer* verfügen über eigene Gesetzgebungskompetenzen, die i. d. R. für die Klärung der Zuständigkeiten, der Finanzierungsregeln und des (Verwaltungs-)Verfahrens (z. B. Förderprogramme aus dem Bereich der Kinder- und Jugendhilfe) sowie die überörtliche Sozial- und Einrichtungsplanung (z. B. im Bereich der Krankenhausversorgung) genutzt werden. Als Leistungserbringer treten sie kaum in Erscheinung (vgl. Nikles 2008: 36f.).
- Die *kommunale Ebene* ist von besonderer Bedeutung, da Angebote und Leistungen der Sozialen Arbeit direkt in der Lebenswelt der Subjekte vorgehalten werden. Die Kommunen haben hierfür die Gesamtverantwortung, d. h., sie haben dafür Sorge zu tragen, dass die Angebote, Leistungen und Einrichtungen in angemessenem Umfang zur Verfügung stehen bzw. gestellt werden, wobei das *Subsidiaritätsprinzip* (vgl. den Gastbeitrag von *Gaby Girke*) leitend ist: Danach ist Hilfe zur Selbsthilfe das vorrangige Prinzip, um soziale Leistungen zu organisieren. Sofern solche Leistungen nicht in Selbsthilfe erbracht werden (können), soll der Staat nur dann tätig werden, wenn andere Akteure (Träger) dazu nicht in der Lage sind oder nicht aktiv werden wollen, d. h. diese Träger haben bei Angeboten und Dienstleistungen einen bedingten Vorrang vor dem Tätigwerden der Kommunen (zu den Trägerstrukturen vgl. Flösser 2008, Bieker 2011). Auf kommunaler Ebene sind es – neben engagierten (Einzel-)Personen – Initiativen der Selbsthilfe und deren Organisationen (z. B. Träger- und Fördervereine), die sich für soziale Vielfalt und sozialen Zusammenhalt einsetzen und dabei auch als Träger von Einrichtungen oder Projekten der Sozialen Arbeit tätig werden (was auch als *zivilgesellschaftliches Engagement* bezeichnet wird).

Für das Gebiet der Kinder- und Jugendhilfe bedeutet dies, dass z. B. der Bund seine Zuständigkeit ausschöpft, indem er den bundeseinheitlichen Rahmen setzt, insb. durch das Kinder- und Jugendhilfegesetz (SGB VIII) und andere Rechtsvorschriften (z. B. den Kinder- und Jugendschutz). Die Länder präzisieren das Bundesrecht durch eigene Ausführungsgesetze (z. B. durch eigene Kinderförderungsgesetze, die die Ausgestaltung der Kindertagesstätten und -krippen regeln) und eigene Förderungsformen (z. B. im Bereich der Kinder- und Jugendarbeit), während die Kommunen ihr Recht ausschöpfen, ortsspezifische Belange zu berücksichtigen (vgl. Nikles 2008: 37ff.).

Der Staat fungiert als Auftraggeber und Finanzier der Sozialleistungen (sofern nicht, sehr begrenzt, andere – Sozialversicherungen oder die Nutzer/innen der Leistungen – in die Finanzierung einbezogen werden). Die Beziehungen zu den Trägern, die die Leistungen tatsächlich erbringen, werden durch das sog. *Sozialrechtliche Dreieck* charakterisiert:

- Es handelt sich um Leistungen für die anspruchsberechtigen Subjekte (z. B. in der Kinder- und Jugendhilfe die Personensorgeberechtigten, d. h. in aller Regel die leiblichen Eltern),
- die diese gegenüber dem zuständigen staatlichen Träger (insb. den Kommunen als örtlichen Trägern der Kinder- und Jugendhilfe) geltend machen (z. B. in Form eines Antrages auf Hilfen zur Erziehung, wenn die Erziehung des Kindes dies erforderlich macht),
- der wiederum freie oder gewerbliche Träger mit der Leistungserbringung beauftragt (z. B. Kindertagesstätten zu betreiben, im Einzelfall Heimerziehung zu gewähren oder ambulante Hilfen wie die Sozialpädagogische Familienhilfe durchzuführen).

Alle Sozialleistungen, die in öffentlicher Verantwortung (egal, wer sie tatsächlich erbringt), durch die Kassen der Sozialversicherungen und durch private Stellen erbracht werden, fließen (abgesehen von privaten Versicherungen, z. B. Lebensversicherungen) in die Berechnung des *Sozialbudgets* ein. Das (geschätzte) Sozialbudget Deutschlands betrug 2015 rd. 888,2 Mrd. Euro (1991: 395,5 Mrd. Euro), d. h. 29,4% des Bruttoinlandsproduktes (BIP, d. h. der Gesamtheit aller inländischen Waren und Dienstleistungen). Davon entfielen auf Leistungen und Transferzahlungen

- der Sozialversicherungssysteme (Renten-, Kranken, Pflege, Unfall- und Krankenversicherung) im Umfang von 534,8 Mrd. Euro (d. h. ca. 61% aller Leistungen des Sozialbudgets),

- der Grundsicherung gem. SGB II und der Arbeitsförderung ca. 43,0 Mrd. Euro (4,7%) sowie der Ausbildungs- und Aufstiegsförderung ca. 2,4 Mrd. Euro (0,3% aller Leistungen),
- der Sozialhilfe ca. 37,8 Mrd. Euro (4,1% aller Leistungen) und
- der Kinder- und Jugendhilfe ca. 36,2 Mrd. Euro (3,9% aller Leistungen).

Die *Sozialleistungsquote* beschreibt die Höhe der Sozialleistungen im Verhältnis zum BIP und informiert damit über das volkswirtschaftliche Gewicht sozialer Leistungen. Sie betrug 2015 z. B. in der der Grundsicherung gem. SGB II und der Arbeitsförderung 1,4% und in der Sozialhilfe und der Kinder- und Jugendhilfe jeweils 1,2% (vgl. BMAS 2016a: 9f., 12); insgesamt wurden 2015 in der Kinder-und Jugendhilfe sowie der Sozialhilfe (für nicht-erwerbsfähige, behinderte bzw. alte Menschen) rd. 74 Mrd. Euro aufgewendet.

## Gastbeitrag – Gaby Girke[12]: Stichwort Subsidarität

### 1. Begriff

Subsidiarität (lat., subsidium: Hilfe ab) gilt als *zentraler Wert der sozialstaatlichen Organisation* in Deutschland und ist auch in Europa in verschiedener Gestalt zu finden. Sie hat – je nach regionalem und nationalem Kontext – weltanschauliche, politische, religiöse Wurzeln im Liberalismus und in der katholischen Soziallehre: im ersteren die Bestrebung, den Staat zugunsten marktförmiger Organisationsformen zurückzudrängen; im letzteren ein gesellschaftliches Ordnungsmodell, dass sich gegen zentralistische und totalitäre staatliche Tendenzen wendet und die Entfaltung personaler Kräfte und Selbstbestimmung des Menschen in seinen sozialen Gebilden heraushebt. Selbstverantwortung im Rahmen individueller Leistungsfähigkeit und gegenseitige Hilfe derjenigen, die sich am Nächsten sind, sollen Maßstab gesellschaftlicher „Wohlfahrt", aber auch Grenze gegenüber gesellschaftlichen Eingriffen und Hilfen sein.

In dieser Kombination ist Subsidiarität auch ein *demokratisches Prinzip*, dass auf die eigene Initiative und Verantwortung der Bürger, auf ihre freiwillige gegenseitige Hilfe baut, was ihnen nicht durch staatliche Institutionen entzogen werden darf. Staatliches Handeln ist in diesem Verständnis auf Ausnahmesituationen und darauf beschränkt, dass die eigenen Kräfte der Einzelnen oder deren gegenseitige Hilfe nicht ausreichen, um Not zu lindern, abzuwenden oder zu verhindern. In diesem Sinne sind die Verantwortung des Staates und die Kompetenzen seiner Institutionen zum Ausgleich und zur

---

12  *Dr. Gaby Girke* beschäftigt sich als Politikwissenschaftlerin und als Geschäftsführerin des Deutschen Paritätischen Wohlfahrtsverbandes Sachsen-Anhalt mit dem Spannungsverhältnis von individueller Verantwortung und sozialstaatlicher Daseinsvorsorge. Kontakt: ggirke@paritaet-lsa.de.

Ergänzung privater Hilfe und Institutionen nachrangig. Die Tätigkeit privater Organisationen soll *Vorrang* vor staatlichen haben und vor Eingriffen geschützt werden. Hiermit waren ursprünglich die gemeinnützigen, in erster Linie auf das Gemeinwohl gerichteten privaten und kirchlichen Organisationen gemeint, später auch soziale Unternehmen.

Diese Grenzlinie ist jedoch mehr programmatisch, als konkret definiert – sie unterliegt stets der politischen und alltagspraktischen Auseinandersetzung im *Spannungsverhältnis* von individueller Freiheit (sog. Personalitätsprinzip) und staatlicher Vorsorge (sog. Solidaritätsprinzip). Subsidiarität vermittelt gewissermaßen zwischen diesen beiden Prinzipien, bildet eine Brücke, sorgt dadurch für Balance zwischen gesellschaftlicher und individueller Verantwortung. Subsidiarität muss dabei gegen Missbrauch geschützt werden: nicht selten werden die Eigeninitiative, die privaten Initiativen und Organisationen als Ausfallbürge für den Abbau staatlicher Sicherungen und öffentlicher Wohlfahrt benutzt.

Im klassischen Sinne ist Subsidiarität also nicht nur ein leitender sozialstaatlicher Wert, sondern zugleich ein Zuordnungsprinzip, eine *Regel*, nach der die Hilfe bzw. sozialstaatliche Leistungen organisiert werden. Ob als Wert oder als Ordnungsregel – in jedem Fall ist das Subsidiaritätsprinzip sehr offen gefasst und bedarf zu seiner konkreten Ausgestaltung (Kompetenzen, Strukturen und Finanzierungen der sozialen Arbeit) einer politischen Auseinandersetzung.

## 2. Entwicklung

In Westdeutschland wurde zunächst in den 1950er und 1960er Jahren nicht nur eine Pflicht der öffentlichen Wohlfahrtspflege zur Unterstützung der freien Wohlfahrtspflege (v. a. der Wohlfahrtsverbände) normiert, sondern auch eine Art „Funktionssperre" geregelt, nach der die „öffentliche Hand" keine eigenen Einrichtungen schaffen soll, wenn nicht-staatliche, private Träger diese ausreichend vorhalten oder schaffen können. An dieser Funktionssperre entzündeten sich damals wie heute insbesondere deshalb politische Auseinandersetzungen, weil dies als unzulässige Einengung des Selbstverwaltungsprinzips der Kommunen gesehen wird. Freie Träger kämpfen bis heute um den Erhalt dieses Prinzips für ihren Wirkungskreis, das bereits in mehrerer Hinsicht aufgelöst wurde.

Bis in die 1970er Jahre hinein wurde Subsidiarität als starres Strukturprinzip von Vorrang und Nachrang staatlicher (öffentlicher) und privat-gemeinnütziger (freier) Träger verstanden. Später wurde Subsidiarität eher als *Tätigkeit* begriffen: einerseits sollte privates Engagement die krisenhaft entstehenden Grenzen der sozialstaatlichen Sicherung kompensieren, andererseits entstanden neue Formen von Selbsthilfe, bürgerschaftlichem Engagement, Empowerment als Kritik an entfremdenden Wirkungen von verrechtlichten, bürokratisierten, professionalisierten Organisationsformen der Sozialen Arbeit. Neben etablierten großen staatlichen und Wohlfahrtsorganisationen entstanden kleine Initiativen, Netzwerke, Projekte und Selbsthilfeformen, eigentlich ganz im Sinne des Subsidiaritätsprinzips, aber stets in Gefahr, als Ersatz für nachlassende sozialstaatliche Leistungen, statt als deren Ergänzung zu gelten.

Ab den 1980er Jahren trat eine weitere Veränderung hinzu: es wurden zunehmend

*Marktprinzipien* bei der Organisation und Finanzierung des Sozialen eingeführt. Damit erweiterte sich das Spektrum der Organisationen Sozialer Arbeit um gemeinnützige und gewerbliche Dienstleistungsunternehmen. Diese Entwicklung hin zu einem „Wohlfahrts-Mix" hält an, zumal sich auch die europarechtlichen Bedingungen (freier Verkehr von Waren und [auch sozialen] Dienstleistungen in der EU) unter dem Einfluss verschiedener nationaler Konzepte der Organisation sozialer Sicherungen und Hilfen ändern.

Dieser moderne *Wohlfahrts-Mix* ist jedoch mehr als bloße Vielzahl sozialer Sicherungen und Organisationen, sondern ein geordnetes Zusammenspiel funktionaler und regionaler Einheiten, das auf den Prinzipien der Subsidiarität und Reziprozität beruht. Subsidiarität betont, dass es unterschiedliche Organisationen und gesellschaftliche Sphären gibt, die zwar relativ autonom, vor- oder nachrangig sind, die sich jedoch reziprok (wechselseitig) überlagern und voneinander abhängig sind. Reziprozität bedeutet in anderer Hinsicht, dass Menschen in überschaubaren Gemeinschaften (Familien, Nachbarschaft, Netzwerke) zusammengeschlossen sein, sich selbst und gegenseitige helfen wollen. Diese Organisationsformen stehen auf dem Fundament individueller Selbstverantwortung und sind eine Brücke zur organisierten Fremdhilfe.

## 3. Aktuelle Bedeutung

Die Organisationen professioneller Sozialer Arbeit/sozialer Dienstleistungen werden heute oft als „Träger" bezeichnet, weil sie ihre Aufgaben als juristische Personen verkörpern, eigenständig tragen, selbst steuern, finanzieren, planen, umsetzen. Dabei folgen sie den o. g. Prinzipien der Subsidiarität: bestimmte Aufgaben werden durch die unmittelbare Staatsverwaltung im eigenen Wirkungskreis selbst wahrgenommen, andere jedoch übertragen, z. B. auf kommunale Träger, auf Körperschaften des öffentlichen Rechts (z. B. Sozialversicherungsträger, Berufsgenossenschaften, Pflegekassen), Anstalten (z. B. Agentur für Arbeit) oder Stiftungen. Diese Träger stehen ihren Bürgern, Versicherten, Mitgliedern usw. näher, haben im Sinne von Subsidiarität aus den jeweiligen Beziehungen heraus eigene Aufgaben vorrangig, selbstverantwortlich zu steuern und umzusetzen.

Andere nicht-staatliche Organisationen, auch „Freie" Träger genannt (non government organisation – NGO), die der unmittelbaren Lebenswelt der Bürger ebenso oder noch näher stehen, privat-rechtlich und in erster Linie dem Gemeinwohl verpflichtet sind (non profit organisation – NPO), legen ihre subsidiär entspringenden gesellschaftlichen Aufgaben ebenfalls autonom fest und haben dafür Organisationsfreiheit.

*Freie Träger sind der subsidiäre Kitt im Wohlfahrts-Mix:* Sie verbinden die informellen Sphären, das freiwillige Engagement, die Selbst- und gegenseitige Hilfe der Bürger mit dem Gemeinwohl, sichern Beteiligung und Legitimität zugleich. Deshalb werden sie (im politisch-soziologischen Kontext) auch als „intermediäre", vermittelnde Organisationen bezeichnet. Daher sind sie im Sinne von Subsidiarität den ferner liegenden Instanzen vorzuziehen, müssen von diesen geschützt und unter bestimmten Bedingungen gefördert werden. Zu diesen sozialen Organisationen zählen Vereine, Verbände der Freien Wohlfahrtspflege, private Stiftungen, Genossenschaften u.a.m.

Diese Organisationen sind aber auch in einem weiteren Sinne subsidiär: sie sind den

Bedürfnissen und Lebenswelten der Klienten, Kunden, Bürger besonders nahe und zugleich mehr und mehr den Regulativen des Marktes unterworfen: sie sind eine Brücke zwischen unternehmerischem Handeln und Gemeinwohl. Sie streben an und sorgen dafür, dass bei jeder Fremdhilfe stets die Selbstbestimmung des Einzelnen und das Gemeinwohl den Vorrang haben – daraus leitet sich weniger ein Privileg, als eine besondere Verantwortung sozialer Unternehmen in gemeinnütziger Trägerschaft ab.

## 12.2 Soziale Arbeit in freier Trägerschaft

Trotz der angedeuteten Veränderungen in Bezug auf die Öffnung der Sozialen Arbeit auch für gewerbliche Träger stellen die freien (gemeinnützigen) Träger (Verbände und Vereine) im Kern nach wie vor die Trägerstruktur der Sozialen Arbeit in Deutschland sicher.

- Unter *Verbänden* werden Zusammenschlüsse verstanden, die die Verbandsmitglieder zur gemeinsamen Wahrnehmung ihrer Interessen gegenüber dem Staat, anderen Institutionen und der Öffentlichkeit bilden, und die selbst unterstützende Leistungen (z. B. Rechts- und Organisationsberatung) für ihre Mitglieder erbringen. So begreifen sich die Wohlfahrtsverbände als „Spitzenverbände", d. h. die für ihren jeweiligen Sektor zuständige Vertretung der Gesamtinteressen ihrer Mitglieder (vgl. Nikles 2008: 30, 83):
- die *Arbeiterwohlfahrt* (AW bzw. AWo) hat ihre Wurzeln in der sozialdemokratischen Arbeiterbewegung, wurde 1919 gegründet, ist von den kommunalen Orts- und Kreisverbänden) bis zum Bundesverband föderativ aufgebaut und organisiert rd. 14.000 Einrichtungen mit etwa 158.000 Mitarbeiter/inne/n;
- das *Diakonische Werk* (DW) ist 1857 aus der (1848 gegründeten) Inneren Mission und dem Hilfswerk der evangelischen Kirche in Deutschland hervorgegangen, organisiert sich regional in landeskirchlichen Bezirken, umfasst ca. 26.000 Dienste und Einrichtungen, in denen ca. 450.000 hauptamtliche Mitarbeiter_innen tätig sind;
- der *Deutsche Caritasverband* (DCV) wurde 1897 als römisch-katholischer Verband gegründet, ist (von der ortskirchlichen Gemeindeebene über 27 Diözesanverbände bis zum Bundesverband), föderalistisch strukturiert, zählt ca. 28.000 Dienste und Einrichtungen sowie ca. 495.000 MitarbeiterInnen;
- der *Deutsche Paritätische Wohlfahrtsverband* („Der Paritätische"/ DPWV) wurde 1924 als nicht-konfessioneller und parteipolitisch unabhängiger (Dach-)Verband gegründet, der heute in 15 selbstständige Lan-

desverbände gegliedert ist ca. 9.800 regionale und überregionale Mit-
gliedsorganisationen (u. a. die Lebenshilfe, den Arbeitersamariterbund/
ASB und die Volkssolidarität/VS sowie zahlreiche Organisationen der
Selbsthilfe) hat. Grundprinzip ist die Gleichrangigkeit der Mitglieder, der
Anspruch auf gegenseitige Solidarität und die Förderung der Selbsthilfe.

- das *Deutsche Rote Kreuz* (DRK) ist 1921 als Zusammenschluss aller deutschen Einzelvereinigungen entstanden, ist heute als Nationale Rotkreuz-
  Gesellschaft im Sinne des Genfer Rot-Kreuz-Abkommens von 1949 föderativ in 19 Landesverbänden organisiert, in etwa 500 Kreis- und 5.000
  Ortsvereine gegliedert (wozu noch die „Rotkreuz- Schwesternschaft"
  kommt) und beschäftigt rd. 130.000 Mitarbeiter*innen.

- die *Zentralwohlfahrtsstelle der Juden in Deutschland* (ZW) schließlich
  wurde 1917 gegründet, 1939 von den Nationalsozialisten zwangsaufge-
  löst und lebte 1952 wieder auf; bedingt durch den Holocaust der Nazi-
  Zeit stellt die Zentralstelle heute nur noch einen kleinen Verband dar,
  der in zwölf Landesverbänden der jüdischen Gemeinden, acht selbstän-
  digen Gemeinden sowie dem Jüdischen Frauenbund gegliedert ist (vgl.
  Voigt 2014: 237f.).

Ergänzt wird dieses System durch eine Reihe von *Kooperationen unter den
Trägern* der Sozialen Arbeit. So organisieren sich die Wohlfahrtsverbände in
Kreis- und Landesarbeitsgemeinschaften (bzw. sog. Ligen der freien Wohlfahrtspflege). Ihre Kooperation kennzeichnen Formen einer kontinuierli-
chen, mehr oder weniger regelmäßigen Zusammenarbeit, um ihre Interessen
gegenüber Politik, Verwaltung und Öffentlichkeit wirkungsvoller zur Geltung und gemeinsame Vorhaben abstimmen zu können (vgl. Nikles 2008:
31, Gissel-Palkovich 2011: 126). Jugendringe fungieren z. B. die Zusammenschlüsse in der Kinder- und Jugendarbeit tätiger Organisationen auf lokaler,
Landes- und Bundesebene (Jugendringe) als Vernetzer (die Kommunikation, Beziehung und Austausch unter ihren Mitgliedern ermöglichen), als
Koordinatoren (für Projekte) und als Lobby (gegenüber Kommunal-, Landes und Bundespolitik bzw. Geldgebern).

Ergänzt wird diese Kooperationsform durch Facharbeitsgemeinschaften
und -verbände (Bundes- und Landesarbeitsgemeinschaften [BAG, LAG]),
die sich zu speziellen Arbeitsfeldern (wie z. B. BAG Soziale Stadtentwicklung
und Gemeinwesenarbeit) oder Aufgabenstellungen (z. B. als LAG Soziokul-
turelle Zentren Niedersachsen) organisiert. So ist z. B. die BAG Allgemeiner
Sozialer Dienst/Kommunaler Sozialer Dienst der Fachverband, der sich auf
die Tätigkeit des ASD bezieht, sich z. B. mit Stellungnahmen an (für die Arbeit des ASD) relevanten Gesetzgebungsverfahren beteiligt und Fachtagungen durchführt. Beim Deutschen Verein für private und öffentliche Fürsorge

(DV) handelt es sich um eine bundesweit bedeutsame Fachorganisation, dem nahezu alle Träger und Akteure der Sozialen Arbeit insb. des *dritten Sektors* angehören. Der DV nimmt im (Sozial-)Gesetzgebungsverfahren Stellung, äußert sich fachlich zu sozialen Fragen (z. B. in der Fachzeitschrift „Nachrichtendienst"), führt Fachtagungen durch, bietet im Rahmen seiner Ausschüsse und Kommissionen) unter den Mitgliedern und anderen Akteuren der Sozialen Arbeit Gelegenheit zum Austausch und organisiert den „Deutschen Fürsorgetag".

Daneben bestehen verschiedene gesetzlich begründete Beratungsgremien, z. B. das Bundesjugendkuratorium (BJK), das die Bundesregierung in allen Fragen der Kinder- und Jugendhilfe berät. Dessen Beratungsergebnisse werden der Bundesregierung sowie der (Fach-)Öffentlichkeit in Form von Positionspapieren und Stellungnahmen zur Verfügung gestellt.

## 12.3 Soziale Arbeit als Berufstätigkeit

Den sozialen Berufen werden i. d. R. alle erwerbstätigen Personen zugerechnet, die im Feld der Sozialen Arbeit tätig sind. Schon bei der Volks- und Berufszählung des Jahres 1925 wurden rd. 30.000 „Kindergärtnerinnen und Sozialbeamte" gezählt, bei den (westdeutschen) Volkszählungen 1970 waren es 155.000 Personen und 1987 bereits 410.000 Erwerbstätige, die in sozialpflegerischen Berufen tätig waren (vgl. Rauschenbach 2013: 814f.).

### 12.3.1 Fachkräfte

Heute ist zur Klärung, wer beruflich in der Sozialen Arbeit tätig ist, das in einzelnen Sozialgesetzen jeweils bestimmte Fachkräftegebot von Bedeutung, wonach Soziale Arbeit von (insb. an Hochschulen angewandter Wissenschaft ausgebildeten) Fachkräften geleistet werden soll. So heißt es im Kinder- und Jugendhilfegesetz, dass die Träger der Kinder- und Jugendhilfe bei den Jugendämtern beruflich nur Personen beschäftigen sollen, „die sich für die jeweilige Aufgabe nach ihrer Persönlichkeit eignen und eine dieser Aufgabe entsprechende Ausbildung erhalten haben (Fachkräfte) oder aufgrund besonderer Erfahrungen in der sozialen Arbeit in der Lage sind, diese Aufgabe zu erfüllen" (§ 72 SGB VIII). In § 6 Abs. 1 SGB XII wird bestimmt, dass bei der Durchführung der Aufgaben des Sozialgesetzbuches Personen beschäftigt werden, „die sich hierfür nach ihrer Persönlichkeit eignen und in der Regel entweder eine ihren Aufgaben entsprechende Ausbildung haben oder über vergleichbare Erfahrungen verfügen".

2015 waren 1,428 Mio. Beschäftigte im Bereich „Erziehung, Sozialarbeit, Heilerziehungspflege" tätig, davon 1,201 Mio. (84,1%) Frauen. Die überwiegende Zahl (1,362 Mio.) sind als Angestellte beschäftigt, hiervon wiederum 111.000 in der öffentlichen Verwaltung (bei öffentlichen Trägern) angestellt (7,7%, davon 76,6% weiblich). 65.000 (4,6%, hierunter 84,6% Frauen) waren selbständig tätig. Rund 200.000 Beschäftigte wiesen einen an einer Hochschule für angewandte Wissenschaft erworbenen Abschluss (14,0%) auf (davon 77,0% der Frauen), 149.000 einen Hochschulabschluss, davon 78,5% Frauen (vgl. destatis 2016: 32, 44 f., 74, 81). Wird als Kriterium zur Bestimmung des Fachkräftestatus' die Akademisierung (d. h. ein einschlägiges Studium an einer Hochschule) herangezogen, dann waren 2015 bis zu 350.000 Fachkräfte in der Sozialen Arbeit tätig.

Von den 627.000 aller im Cluster „Erziehung, Sozialarbeit, Heilerziehungspflege" beruflich tätigen Beschäftigten waren 256.000 (17,9%) älter als 55 Jahre (ebd.: 88). Auch der beruflichen Sozialen Arbeit steht damit bis in 2020er Jahre eine Fortsetzung des Generationenwechsels (d. h. das Ausscheiden der in 1980er Jahren in Westdeutschland und – durch die Wiedervereinigung nur geringfügig zeitversetzt – Anfang der 1990er Jahre in Ostdeutschland in die Soziale Arbeit eingetretenen Fachkräfte) bevor.

2009 waren in den sozialen Berufen 34,6% in atypischen Arbeitsverhältnissen bzw. ein Fünftel in Teilzeit- und ein Sechstel in befristeten Beschäftigungsverhältnissen sowie rd. 8% in geringfügiger Beschäftigung tätig. Damit musste ein Viertel aller Beschäftigungsverhältnisse als prekär bezeichnet werden (vgl. Beher/Fuchs-Rechlin 2013: 59, 61). Diese *Prekarisierung* ist „Normalfall" geworden (v. a. in neueren Arbeitsfeldern, z. B. der Schulsozialarbeit [vgl. Pötter 2014]). Als besonders schwierig gilt dabei die Situation der Berufsanfänger/innen, die Befristungsquoten erreichen, die weit über dem sonst üblichen Niveau liegen, womit das Risiko der Abwanderung (gerade ausgebildeter jüngerer Fachkräfte) aus dem Berufsfeld verbunden ist (vgl. Fuchs-Rechlin 2012: 35, Giesecke 2012: 29, Bode/Turba 2015).

## 12.3.2 Arbeitsbedingungen

Solche Entwicklungen verschärfen auch die Arbeitsbedingungen in der Sozialen Arbeit, wie beispielsweise ein Blick in der Kinder- und Jugendhilfe zeigt (ohne dass damit generelle Entwicklungstrends beschrieben werden können, auch wenn davon auszugehen ist, dass in anderen Arbeitsfeldern Vergleichbares zu beobachten ist). Zur Arbeit im Allgemeinen Sozialdienst (ASD) wurden wiederholt aktuelle Befunde wissenschaftlicher Studien vorgelegt. Dabei waren insbesondere die psychischen Belastungen am Arbeitsplatz Gegenstand der Untersuchung, d. h. die „Gesamtheit aller erfassbaren Einflüsse, die von außen auf den Menschen zukommen und psychisch auf ihn einwirken". Als eine *psychische Beanspruchung* gilt eine unmittelbare (nicht-langfristige) „Auswirkung der psychischen Belastung im Individuum in Abhängigkeit von seinen jeweiligen überdauernden und augenblicklichen Voraussetzungen, einschließlich der individuellen Bewältigungsstrategien" (Deutsches Institut für Normung 2000, zit. n. Hungerland 2016: 403).

Stress und psychische Beanspruchung Sozialer zeigt sich in einer Studie (Klomann 2016) z. B. darin, dass sich gut ein Viertel der Befragten unter Frustration und Abschaltproblemen, Überforderung und Besorgnis leidend beschreibt und mehr als ein Drittel häufig Stresssituationen erlebt. Soziale, die häufig Frustration und Abschaltprobleme, Überforderung und Besorgnis erleben, weisen „signifikant häufiger körperliche Symptome" auf. Die Untersuchungsergebnisse zeigen, dass z. B. eine geringe Bindung an den jeweiligen ASD, eine wenig bewusste Entscheidung für das Arbeitsfeld und eine geringe Identifikation mit diesem Arbeitsfeld zu einem häufigeren Auftreten körperlicher Symptome führen (vgl. ebd.: 414 ff., zit. S. 415). In einer anderen Studie wird berichtet, dass etwa ein Drittel der im ASD tätigen Sozialen über Schlafstörungen klagen (vgl. Poulsen 2016: 442). Ebenso viele teilen mit, dass sie in ihrer Freizeit häufig bzw. immer über problematische Fälle nachdenken, was bei vier von zehn Sozialen zumindest manchmal der Fall ist (vgl. Jungbauer/Büchel 2013: 39).

Als weitere Aspekte belastender Arbeitsbedingungen werden genannt:
- Umständliche Bürokratie, denn mehr als die Hälfte der Befragten nehmen bürokratische und Verwaltungsaufgaben wahr, die sie z. T. als lebensfremd bezeichnen, die zu viel Zeit kosten und die eigentliche Arbeit einschränken (Poulsen 2016: 439);
- Arbeitsverdichtung durch wachsende Fallzahlen (Fälle je Mitarbeiter/in) Arbeitsverdichtung, die mit multiplen Problemlagen der Subjekte (d. h. einer wachsende Komplexität der Fälle) einhergehen (vgl. ebd.: 439f.): Zwei Drittel geben an, zu viele Fälle bearbeiten zu müssen (vgl. Jungbauer/Büchel 2013: 29).
- Dazu kommt die Überlastung der Sozialen (die mit psychischer Labilität oder Burnout verbunden sein kann). Spitzenwerte zwischen 160 und 180 und durchschnittlich zwischen 60 und 100 Fällen je MitarbeiterIn werden berichtet (vgl. Poulsen 2016: 441f.).
- Von Arbeiten, bei denen sie sehr viel Verantwortung für andere Menschen zu tragen haben, berichten 95% der Befragten. 31% geben an, nie Zeit dafür zu haben, eine gründliche Falldokumentation anfertigen zu können (bei 33% war es häufig so). Es wird damit deutlich, wie sehr

Soziale im ASD das Gefühl haben, „dass die eigene Arbeit durch unzureichende Aufgabenerfüllung und Fähigkeitennutzung sowie häufig durch Notversorgung und Zeitmangel geprägt ist" (Klomann 2016: 415; vgl. Klomann 2014: 117). Mehr als die Hälfte der Befragten hat deshalb auch Angst, z. B. wichtige Anhaltspunkte einer möglichen Kindeswohlgefährdung zu übersehen, ein Viertel sogar häufig oder immer (vgl. Jungbauer/Büchel 2013: 39).

- Die Befragten äußern schließlich, dass die Tätigkeit im ASD „eine belastende Arbeit ohne Wertschätzung sei" (Poulsen 2016: 440).

In der Konsequenz „treffen erschöpfte Familien auf erschöpfte Fachkräfte, wobei die Erschöpfung der Fachkräfte nicht nur im Bereich ihrer persönlichen, sondern auch der öffentlichen Ressourcen besteht". Sie sollen bei den Anlässen in Not geratener Kinder, Eltern und Familien helfen, ohne dabei selbst über die hierfür notwendigen Ressourcen zu verfügen (vgl. Schäuble/Rätz 2015: 39, zit. ebd.; vgl. weiter Petry 2013, 2015a/b sowie Wendt, P.-U. 2016b). Anonym wird dazu aus einem ASD mitgeteilt: „Der Arbeitsanfall steigt ständig an: Gleichzeitig ist die Zahl der Neufälle in den letzten Monaten eklatant gestiegen. Mittlerweile ist ein Vollzeitmitarbeiter bei uns für 130 bis 140 Familien zuständig"; und weiter: „Durch den Zeit- und Arbeitsdruck können die neuen Kolleginnen und Kollegen von den wenigen erfahrenen Mitarbeiterinnen und Mitarbeitern nicht mehr angemessen eingearbeitet werden. Sie sind von Anfang an tendenziell fachlich überfordert, da sie unter den gegebenen Umständen viel zu schnell alleinverantwortlich Familien mit komplexen Problemlagen betreuen müssen. Tatsache ist aber, dass deutlich mehr Zeit für die Einarbeitung nötig ist, um die Gefahr der fachlichen Fehleinschätzungen, insbesondere im Kinderschutzbereich, und die Fehlerquellen im allgemeinen Arbeitsablauf zu minimieren" (zit. in Seithe/Wiesner-Rau 2013: 108).

Zeitlich befristete Projekte, Unsicherheiten in der Finanzierung Sozialer Arbeit und Stellenabbau (weil Soziale Arbeit angeblich nicht mehr finanzierbar sei [vgl. z. B. Plaßmeyer 2017]), Diskontinuität (kurze Verweildauer auf einer Stelle, häufige Wechsel in der Stellenbesetzung) und Austauschbarkeit am Arbeitsplatz (wodurch Teams sich nicht mehr bilden und kollegiale Verlässlichkeit ausbilden können) sowie Absenkung der beruflichen Qualifikationsniveaus (weil Fachkräfte fehlen, werden z. B. fachlich geringer qualifizierte Berufsfremde eingestellt) verstärken die Prekarisierung Sozialer Arbeit in einer Art und Weise, die sich auf die berufliche Moral auswirkt: Zwei Drittel in Sachsen-Anhalt in der Kinder- und Jugendarbeit tätiger Fachkräfte erleben ihre berufliche Zukunft als unsicher, die Hälfte nimmt sich heute weniger engagiert als früher wahr, zwei Drittel haben einen Wechsel des Arbeitsfeldes schon einmal erwogen (vgl. Wendt, P.-U. 2016a). Ähnliches wird auch aus dem ASD berichtet: „langjährige Kollegen, die den Dauerstress nicht aushalten, gehen in andere Aufgabenfelder" (zit. in Seithe/Wiesner-Rau 2013: 108); zugleich heißt es: „Im kommenden Jahr gehen einige unserer erfahrenen Kolleginnen in den Ruhestand. Weitere Personallücken sind also zu erwarten" (zit. ebd.: 105). 2017 beklagten bereits viele Träger der Sozialen Arbeit, die durch das Ausscheiden von Mitarbeiter_innen frei werdenden Stellen durch Nachwuchskräfte nicht mehr besetzen zu können.

### 12.3.3 Interessenvertretung

In einem weiteren Statement aus einem ASD heißt es: „Verantwortlich sind diejenigen, die durch Sparmaßnahmen, Kürzungen, einschränkende Dienstanweisungen und den Einsatz fachfremden Personals für eine prekäre Hilfelandschaft sorgen und die den Menschen Lebensbedingungen zumuten, an denen sie scheitern müssen" (zit. ebd.: 109). Damit verweisen betroffene Soziale darauf, dass fremdbestimmte Rahmenbedingungen durch politische Akteure (die für Kürzungen und Sparmaßnahmen verantwortlich zu machen sind) die eigene Arbeit einschränken und das eigene soziale Handeln (insb. im subjektiven Erleben von Arbeitszufriedenheit) belasten. Mit dieser Problemwahrnehmung korrespondiert die Bereitschaft von Sozialen, dennoch *nicht* aktiv auf solche Rahmenbedingungen Einfluss zu nehmen.

Eine von Student*innen der Sozialen Arbeit durchgeführte Befragung zum politischen Interesse ihrer Mit-Student/inn/en (82 Beteiligte) kam 2017 an der Hochschule Magdeburg zu dem Ergebnis, dass 32 ihr politisches Interesse „sehr groß", bzw. „groß" und 49 eher „mäßig', gering" oder „sehr gering" einschätzten. 18 gaben an, sich aktiv politisch zu beteiligen (64 nicht), 62 würden an Wahlen teilzunehmen (8 „ab und zu" und 12 nicht), 54 beteiligten sich an Demonstrationen nicht (während 28 dies bejahten). Auf die Frage, ob Politik für sie selbst wichtig sei, antworteten (bei zwei Enthaltungen) acht, dass sie uneingeschränkt zustimmen, 47 stimmten zu, 19 waren unentschlossen, sechs stimmen nicht bzw. gar nicht zu. Kein/e Student/in gab an, einer politischen Partei anzugehören (ohnehin wurde deutlich, dass 46 von 82 Student/inn/en keinem Verein oder einer Organisation angehörten, und sofern, dann v. a. einem Sportverein).

Das bedeutet: Schon zu Beginn des Studiums der Sozialen Arbeit wird (bezogen auf diese StudentInnen-Gruppe) deutlich, dass die Bereitschaft zu aktiven politischen Mitgestaltung als eher zurückhaltend bezeichnet werden muss[13]. Auch in der bereits beruflich ausgeübten Sozialen Arbeit sind Formen einer gemeinschaftlichen (und dabei v. a. politischen) Beeinflussung der beruflichen Rahmenbedingungen (z. B. eine aktive Auseinandersetzung mit prekären Arbeitsverhältnissen) nicht sonderlich verbreitet. Die Zugehörigkeit zur Vereinigten Dienstleistungsgewerkschaft (ver.di), der Gewerkschaft Erziehung und Wissenschaft (GEW) oder dem Deutschen Berufsverband für Soziale Arbeit (DBSH) ist nur schwach ausgeprägt. Etwa 15% der Beschäftigten gehört in Deutschland zwar einer Gewerkschaft an (zum Vergleich: Dänemark 69%, Schweden 62%, Norwegen: 51% [vgl. FAZ 12. Dez. 2016]), aber natürlich entwickeln nur viele in Gewerkschaft bzw. Berufsverband organisierte Beschäftigte die Macht, ihre Arbeitsbedingungen mitgestalten zu können (vgl. Maus 2010, Schumacher 2010). Von mir selbst durchgeführte Befragungen vermitteln den Eindruck, dass (regional unterschiedlich) überhaupt nur zwischen einem und acht Prozent der Sozialen gewerkschaftlich oder im DBSH (mit bundesweit ohnehin nur 6.000 Mitgliedern) organisiert sind.

Berufsverbände und Gewerkschaften haben damit eine schwache Position, was auch damit zusammenhängt, dass der deutsche Caritasverband und das Diakonisches Werk als große Träger der Sozialen Arbeit aufgrund des ihnen als kirchlichen Organisationen eingeräumten eigenständigen Arbeitsrechts keinen oder nur wenig Spielraum für gewerkschaftliche Organisation lassen.

*Mechthild Seithe* schreibt dazu: „Wenn wir *nicht* anfangen, zu begreifen, dass diese von uns angestrebte ‚gute Soziale Arbeit‘ heute weder gewollt noch unterstützt wird […] [,] dann wird sich nichts mehr ändern". Sie wendet sich dagegen, dass Fachkräfte behaupten, sie seien „eigentlich kein politischer Mensch", sie machten nur ihre Arbeit „halt immer so gut es geht". Dies sei „faktisch genauso politisch – nur unterstützt man durch das Wegschauen eine politische Richtung und eine politische Ausrichtung der eigenen Arbeit, die man möglicherweise eigentlich gar nicht unterstützen will. Das heißt: Wer schweigt […], wer sich einfach anpasst […], der handelt eben auch politisch" (Seithe 2013: 30f.). Stattdessen gelte es Formen solidarischen Handelns als Ausdruck einer kollektiven Gegenwehr der Fachkräfte zu entwickeln (vgl. Seithe 2010b, Schumacher 2010).

---

13  Das Ergebnis ist natürlich nicht repräsentativ; allerdings berichten HochschullehrerInnen anderer Hochschulen im persönlichen Gespräch von ähnlichen Beobachtungen, und sie unterstützen die Vermutung, dass diese politische Zurückhaltung ein unter angehenden Sozialen verbreitetes „Phänomen" darstellt.

Eine in diesem Sinne zu den Verhältnissen (den politischen Rahmenbedingungen wie den alltäglichen Arbeitsbedingungen) kritische Soziale Arbeit zeichnet sich u. a. dadurch aus, dass sie „in einer kritisch-reflexiven Grundhaltung über strukturelle Zusammenhänge und Folgen – bezogen beispielsweise auf soziale Ungleichheit oder Prozesse des sozialen Ausschlusses – aufklärt". Sie trägt dazu bei, die Verfestigung und Legitimation von sozialer Ungleichheit deutlich zu machen und damit gesellschaftliche Interessenkonflikte und Machtunterschiede aufzudecken, sie thematisiert und skandalisiert soziale Ungleichheit, sozialen Ausschluss, Unterdrückung und Diskriminierung und sie bearbeitet diese Prozesse politisch. Und sie zeichnet „sich dadurch aus, dass sie – orientiert an den Prinzipien der Aufklärung und Emanzipation – Bildungsprozesse in Richtung auf eine selbstbewusste und selbstbestimmte Lebenspraxis, letztlich in Richtung der (politischen) Mündigkeit der Subjekte ermöglicht" (vgl. Bettinger 2009: 303 f., zit. ebd.; vgl. Bettinger 2012 sowie die Beiträge in Anhorn u. a. 2012 und Benz u. a. 2013, 2014).

## 12.4 Anregungen zur Weiterarbeit

1. Auf meiner Website (www.puwendt.de) finden Sie ein regelmäßig aktualisiertes Verzeichnis relevanter Links zu den Akteuren der Sozialen Arbeit. Schauen Sie sich dort einmal um!
2. Fassen Sie die Darstellung dieser Lerneinheit (am besten nach einem Austausch in Ihrer Bezugsgruppe) bitte wieder in einer Kernaussage zusammen! Wagen Sie unter Berücksichtigung des Gastbeitrages von *Gaby Girke* einen Prognose: Wird die Soziale Arbeit auch künftig subsidiär organisiert sein?
3. Eine Studentin aus einem BA-Studiengang Soziale Arbeit schreibt über ihr Praktikum im ASD (in: Sozial Extra 3/2015: 38):
„Bis auf die familienfreundlichen Arbeitszeiten gibt es wenig, was mich motivieren würde, einer Berufstätigkeit im ASD nachzugehen. [...] Die Anforderungen an die SozialarbeiterInnen im ASD sind enorm. Sie werden im Laufe eines Arbeitstages mit unterschiedlichsten Problemlagen und KlientInnen konfrontiert. Das sehr umfangreiche Arbeitsfeld erfordert ein hohes Maß an Flexibilität und Fachwissen der Fachkräfte. Hinzu kommt ein hoher Verwaltungsaufwand, der wenig Zeit für die Familien lässt. Der innere und äußere Druck ist hoch, die Bezahlung vergleichsweise gering." Sie kommt zu der Einschätzung, dass die Tätigkeit im ASD „aufgrund der hohen Belastungen, der geringen Wertschätzung und der doch immensen Dichte" kein Arbeitsfeld für sie sei.

Diskutieren Sie bitte in Ihrer Bezugsgruppe, wie Sie zu dieser Einschätzung stehen:
Welche persönlichen Schlussfolgerungen ergeben sich für Sie?

- Haben Sie aus anderen Arbeitsfeldern von ähnlichen Arbeitsbedingungen, wie sie hier aus dem ASD geschildert werden, gehört? Was wird dort berichtet? Wo sind Übereinstimmungen, wo Unterschiede in den Berichten?
- Ist die Forderung nach einer kritischen Sozialen Arbeit, die die Interessen der Sozialen selbst mehr zum Ausdruck bringt, berechtigt? Wie denken Sie heute, sich künftig zu verhalten, wenn Sie mit prekären Beschäftigungsverhältnissen konfrontiert sein sollten?

## 12.5 Literaturempfehlung

Eine erste Grundlage, einen Überblick über das System der Sozialen Arbeit in Deutschland zu erlangen, bietet

- *Bruno W. Nikles, B. W.: Institutionen und Organisationen der Sozialen Arbeit. Eine Einführung,* München und Basel 2008;
- spezieller (in Bezug auf die Soziale Arbeit auf kommunaler Ebene) ist dagegen der Blick in *Heinz-Jürgen Dahme und Norbert Wohlfahrt: Lehrbuch Kommunale Sozialverwaltung und Soziale Dienste. Grundlagen, aktuelle Praxis und Entwicklungsperspektiven,* 2. Weinheim und München: Beltz Juventa, 2013.

Rahmenbedingungen, Handlungsfelder, Sozialraumbezug und Entwicklungstrends in der kommunalen Sozialpolitik stellt das von *Heinz-Jürgen Dahme und Norbert Wohlfahrt* herausgegebenen *Handbuch Kommunale Sozialpolitik,* Wiesbaden: VS Verlag für Sozialwissenschaften, 2011, umfassend dar.

# 13 Soziale Arbeit ist doch eigentlich praktisch, oder?

Gegenstand der Lerneinheit: Von *Lothar Böhnisch* (2008: 316f.) stammt die Einschätzung, Soziale müssten die Menschen, mit denen sie arbeiten, auch „aushalten können", wobei eine gute Theorie helfe, „die das subjektiv Widerwärtige erklärbar und verallgemeinerbar und damit wieder distanzierbar macht". Wie also kommen Theorie und Praxis in ein Verhältnis, das als Unterstützung bei der Bewältigung des beruflichen Alltags hilfreich ist?

## 13.1 Theorie: Nein danke?

Eine im Studium, in der beruflichen Praxis und in der Praxisberatung nicht nur gelegentlich geäußerte Auffassung lautet, dass eine Erklärung (z. B. für eine Handlungsanregung in einem gegebenen Fall) „theoretisch" (oder gar „zu theoretisch") sei. Eine solche Aussage hat einen Beiklang: lebensfern, abgehoben, für die Praxis untauglich, irrelevant. Theorien haben in der Sozialen Arbeit scheinbar keinen guten Stand. Sie gelten oft als schwierig, komplex und wenig „spannend". Die Wahrnehmung der theoretischen Impulse der Referenzdisziplinen durch Soziale gilt als, vorsichtig formuliert, kompliziert. Dies mag an den Zugängen und Blickweisen der Referenzdisziplinen mit ihren je spezifischen Fragestellungen (die mit Sozialer Arbeit zunächst oft nichts unmittelbar zu tun haben) einerseits und der fraglichen Unterstützung (die sie der Sozialen Arbeit in ihrer Praxis bieten) andererseits liegen (vgl. Bettinger 2011: 42): Praktiker_innen reagieren nicht selten gereizt, wenn Soziologen oder Psychologinnen neue „Theorie" anbieten, die das Verhalten von Subjekten oder die gesellschaftliche Bedingtheit professionellen Handelns erklären wollen. Diese scheinbare „Lebensfremdheit" reiner Wissenschaft kann sich freilich auch als Stärke erweisen, denn unabhängig vom akuten Handlungsdruck, mit dem die Praxis konfrontiert ist, kann sie Fragen nachgehen, die nicht aus aktuellen Erfordernissen heraus entstehen, sondern zweckfrei und damit grundsätzlicher Natur sind. Allerdings wird (z. B. in Gesprächen der Praxisberatung) immer wieder deutlich, dass die berufliche Praxis solche „Theorieangebote" auch als eine Bevormundung ihres professionellen Handelns und als „Kolonialisierung" ihrer eigenen Profession (z. B. durch fremde Begriffe und Vorstellungen) erlebt, wenn Außenstehende – „lebensfremd" – ihre Sicht der Dinge einbringen.

Als *Theorie* wird „ein System von Begriffen, Definitionen und Aussagen bezeichnet, das dazu dienen soll, die Erkenntnisse über einen Bereich von Sachverhalten zu ordnen, Tatbestände zu erklären und vorherzusagen" (Wienold 2007: 663). Theorie fragt im Kern nach dem Gegenstand (worum geht es?) und dessen Bearbeitung (wie geht das?), d. h. im „Fall" der Sozialen Arbeit: *was ist ihr Thema und wie bewältigt sie dieses Thema?* Solche Klärungen werden implizit immer wieder vorgenommen (ohne dass dabei von „Theorie" die Rede ist), z. B. dann, wenn von der Qualität Sozialer Arbeit (ihrer Güte bzw. dem Grad ihres „Erfolgs") die Rede ist. Häufig bleibt dabei unklar, dass PraktikerInnen hier bereits theoretische Auseinandersetzungen führen, die auch Auswirkungen auf ihr Handeln haben: „ob ich von ‚Hilfebedürftigen' oder von ‚KundInnen' spreche, wird gerade deswegen teilweise so engagiert diskutiert, weil es Auswirkungen darauf hat, wie ich den Menschen dann begegne, welche Unterstützung ich ihnen gebe und wie ich das mache". Es kommt darauf an, in wenigen Sätzen Antworten geben zu können z. B. auf die Fragen, was ein/e Soziale/r warum wie macht, was ihre besonderen Fähigkeiten und Kenntnisse sind oder was professionelles Handeln auszeichnet (vgl. Herwig-Lempp 2009: 190f., zit. ebd.: 190). Es sind Fragen, die Sozialen alltäglich gestellt werden (und die sie sich so oder so ähnlich auch selbst stellen), und in den Antworten stecken stets (unausgesprochen) Theorien, die Antworten stellen also alltägliche „Theoriearbeit" dar.

Diese Theoriearbeit bildet sich auch in den (beispielhaften) Stationen der theoretischen Diskussion über Soziale Arbeit (bzw. das, was darunter zu begreifen sei) ab:

• Vor dem Hintergrund der gesellschaftlichen Entwicklungen um 1900 (d. h. Armut, Konflikte zwischen Arbeit und Kapital) und der gesellschaftlich vorherrschenden Interpretationsmuster („Verwahrlosung" der Jugend, „Sittenlosigkeit" insb. der Arbeiterklasse) bestimmte schon *Paul Natorp* „Sozialpädagogik" (1899/1925) als eine „Pädagogik des Sozialen". Seine „Theorie der Willensbildung auf der Grundlage der Gemeinschaft" klärte das Verhältnis von Individuum und Gemeinschaft bzw. der gegenseitigen Abhängigkeit von Erziehung und Gemeinschaft. Er analysierte die Bedingungen von Bildung und Gemeinschaft (vgl. ebd.: 217–289) und lieferte eine ethische Begründung sozialpädagogischen Handelns (vgl. ebd.: 99–214). In den 1920er Jahren konkretisierten *Herman Nohl* und *Gertrud Bäumer* Sozialpädagogik als eine „Theorie" pädagogischer Praxis außerhalb von Schule und Familie (LE 4.3).

- *Hans Scherpner* begründete in seiner „Theorie der Fürsorge" (1962) die sozialarbeiterisch geprägte Hilfe als Unterstützung der Gesellschaft, „die sich auf einzelne Gemeinschaftsmitglieder richtet, die aus irgendwelchen Gründen [...] den Anforderungen des Gemeinschaftslebens nicht gewachsen sind. Die normale Hilfe und Förderung, die ihnen die Gemeinschaft zuteilwerden läßt, reicht nicht aus. Sie bedürfen besonderer Sorge, eben der fürsorgerischen Hilfe" (Scherpner 1962: 129). Gegenstand der fürsorgerischen Hilfe seien die „hilfsbedürftig(en) [...] Gemeinschaftsmitglieder, die aus irgendwelchen Gründen den Anforderungen der Gemeinschaft gegenüber versagen, die nicht imstande sind, den Platz im Gemeinschaftsleben zu behaupten, an den sie gestellt sind, und die daher in der Gefahr sind, aus der Gemeinschaft herauszufallen." (Ebd.: 138). Hilfsbedürftigkeit entstehe aus Gründen wirtschaftlicher Hilfsbedürftigkeit (Armut) und sie beruhe auf der „Unzulänglichkeit gegenüber der moralischen Ordnung der Gemeinschaft und den daraus sich stellenden Forderungen an den Einzelnen"; Scherpner nannte dies „Verwahrlosung" und verstand darunter „jedes individuelle Versagen gegenüber den moralischen Anforderungen, das einem Mangel an Erziehung und Bewahrung, aus dem ‚Wahrlos-Sein' hervorgeht" (vgl. ebd.: 138, zit. ebd.). Er begriff seine Theorie der Fürsorge als (wissenschaftlich begründete) „Erkenntnis der Wirklichkeit" (als „Wirklichkeitswissenschaft"), die sich von ethisch begründeten Theorien (z. B. der katholischen „Caritaswissenschaft" oder die „evangelisch-theologische Lehre von der Diakonie") absetzte, die „von vorgegebenen ethischen Grundsätzen ausgehen, Ziele für dieses Handeln aufrichten und die Methoden aufzeigen, mit denen diese Ziele zu erreichen sind". In diesem Sinne könne die Theorie der Fürsorge niemals ein endgültig feststehendes System entwerfen" und auch keine „endgültige Form" erlangen; sie sei geschichtlich, entwickle sich als mit der Wirklichkeit weiter und werde „unter den wechselnden geschichtlichen Bedingungen abgewandelt" (vgl. ebd.: 20f., zit. ebd.).

- Auf der Grundlage einer *marxistischen Gesellschaftstheorie* wurde bis in die 1970er Jahre die Funktion der Sozialarbeit in kapitalistischen Gesellschaften herausgearbeitet (vgl. Khella 1974/1978, Barabas 1977): Sozialpolitik wurde als Instrument des bürgerlichen Staates begriffen, der mit den Mitteln und Möglichkeiten der Sozialarbeit und Sozialpolitik über Formen der Hilfe, der Intervention und der (materiellen) Absicherung des Einzelnen für die Integration der Subjekte in das bürgerlich-kapitalistische System sorge. Sozialer Arbeit wurde also die Aufgabe zugeschrieben, einen aktiven Beitrag zur Stabilisierung der kapitalistischen Ordnung zu leisten.

- *Lutz Rössner* stellte zur gleichen Zeit zunächst fest, dass „bisher keine

hinreichend umfassende Theorie der Sozialarbeit beziehungsweise eine
‚Sozialarbeitswissenschaft' vorliegt" (Rössner 1973: 14). In seinem Entwurf für eine „Theorie der Sozialarbeit" ging es ihm um „*eine theoretische
Konstituierung des Objektbereiches der Sozialarbeitswissenschaft, des
Handlungsbereiches der Sozialarbeit*", in deren „Zentrum ... prophylak-
tische und korrigierende Maßnahmen in Bezug auf Verhaltensweisen
von Menschen" standen (ebd.: 55, Herv. i. O.). Er betonte die Unterscheidung von Theorie und Praxis der Sozialarbeit. Praxis diene der Registrierung und Kontrolle auffälligen Verhaltens, sofern es „sozial relevant" sei,
um eine „soziale Therapie zu begründen, einzuleiten und zu kontrollieren", die die Subjekte „normalisieren" solle (vgl. ebd.: 204). Seine Theorie
charakterisierten in diesem Sinne in 48 Aspekten (mit zahlreichen konkreten Unterpunkten) formulierte (hochgradig technologische) Verfah-
rensvorschläge, wie praktisch zu handeln sei, um die berufliche Praxis für
ein im gegebenen Fall jeweils bestimmtes soziales, der „Normalisierung"
dienendes Handeln festzulegen (vgl. ebd.: 57-294).

Schon diese wenigen Beispiele deuten auch die Schwierigkeit an, *eine* Theorie der Sozialen Arbeit zu formulieren, die allgemeine Akzeptanz erlangen
könnte. Zu unterschiedlich sind die Perspektiven auf einen scheinbar kaum
definitionsfähigen Gegenstand. Dies wird auch daran liegen, dass Soziale Arbeit z. T. noch bis in die 1990er Jahre hinein nur als eine Art „Verlängerung"
theoretischer Impulse der Referenzdisziplinen begriffen wurde (die sich in
diesem Verständnis auch als Bezugswissenschaften verstanden, also Disziplinen, auf die sich Soziale Arbeit bezieht oder zu beziehen habe). In diesem
Sinne wurde Soziale Arbeit auch als Sozialpädagogik (mithin auch als eine
Unterdisziplin der Erziehungswissenschaft) verhandelt. Gegenstandsbestimmung, Sprache und Perspektivenbestimmung wiesen einen deutlichen
Bezug zu Erziehungswissenschaft oder Soziologie (und seit den 1980er Jahren auch zur Psychologie) auf. Darin mag auch ein zentraler Grund liegen,
warum insbesondere berufserfahrene (und damit ältere) Soziale eher reser-
viert auf „Theoriediskurse" reagieren und diese scheinbare „Theoriefeind-
lichkeit" im Wege der beruflichen Sozialisierung auch an jüngere Soziale
weitergeben, sozusagen „tradieren" (jedenfalls ist in der Praxisberatung nur
selten davon zu hören, dass junge Soziale ausdrücklich zur Theoriearbeit er-
muntert werden). Für nicht gerade wenige Soziale scheint zu gelten, dass es
wichtiger ist, *den Fall* zu bewältigen, als über eine Theorie zu verfügen, warum es überhaupt *zum Fall* gekommen ist und was zu tun wäre, dass sich
solche Fälle nicht erst ergeben.

## 13.2 Zwei Theoriefundamente: Lebensweltorientierung und Menschenrechtsmandat

Eine Anregung zu einer fundierten Theorie der Sozialen Arbeit besteht darin, die Impulse zur Lebensweltorientierung (vgl. insg. Thiersch 1992, Thiersch/ Grunwald/Köngeter 2002 und die Beiträge in Grunwald/Thiersch 2004a) mit den Überlegungen zum menschenrechtlichen Mandat zusammenzuführen.

Zusammengefasst bedeutet *Lebensweltorientierung*, dass

- die „Realisierung der Gerechtigkeit" der Auftrag (das „Prinzip") der Sozialen Arbeit ist und daher ihre „spezifische Aufgabe" darin besteht, die Lebensbewältigung der Subjekte „als Herstellung von Teilhabechancen" bei der Bewältigung von Kommunikations- und Interaktionsproblemen zu unterstützen (vgl. Thiersch 1992: 13, zit. ebd.);
- Alltag – wie gezeigt (LE 7.1, 8.2) – die Lebenserfahrung aller Menschen in „ihrer je eigenen, subjektiven Lebenswelt" (Thiersch 2012: 185) darstellt, so sie sich als Subjekte mit eigenen Erfahrungen und Aufgaben und in einem sozialen Umfeld wahrnehmen;
- Soziale Arbeit den Alltag der Subjekte zum Ausgangspunkt ihres sozialen Handelns macht und sich auf die Bewältigungs- und Verarbeitungsformen von Schwierigkeiten in der Lebenswelt bezieht (vgl. Thiersch 1992: 202);
- Soziale Arbeit den „Erfahrungsraum, die Bühne des Alltäglichen", die „Gemengelage von Ressourcen und Problemen im sozialen Feld" sieht und dabei „an Chancen an(knüpft), die in den Ressourcen des sozialen Felds angelegt sind", indem sie „in den gegebenen Verhältnissen Optionen" sucht (Thiersch/Grunwald/Köngeter 2002: 164). Relevant ist, dass die „letztendliche Entscheidungskompetenz" des Subjekts und „dessen Autonomie der Lebenspraxis" nie außer Acht gelassen wird (Galuske 2001: 141ff.).

Hierfür sind verschiedene Handlungsprinzipien (bzw. -maximen) bedeutsam:

- *Alltagsnähe*: Soziale Arbeit soll im Erfahrungsraum der Subjekte unmittelbar präsent sein, d. h. Lebensweltorientierung „ist ein primärer Zugang zu Lebensschwierigkeiten"; sie ist als „Reorganisation gegebener Lebensverhältnisse" (und der hier gegebenen Anlässe) zu verstehen, damit ein gelingender Alltag möglich wird;
- *Dezentralisierung und Regionalisierung*: Es geht „um die Erreichbarkeit der Angebote vor Ort und die Verlagerung von Zuständigkeiten an die Basis", d. h. subjektnah in deren Lebenswelt;

- *Partizipation*: Es müssen vielfältige Beteiligungs- und Mitbestimmungs-möglichkeiten verwirklicht werden; dafür sind Ressourcen und Artiku-lationsmöglichkeiten zu organisieren;
- *Integration und Normalisierung*: Auf die Unterscheidung zwischen Per-sonen mit besonderen Belastungen und anderen Personen solle verzich-tet werden, Soziale Arbeit ist als Normalangebot für alle Menschen zu verstehen;
- *Prävention*: Begleitende, unterstützende und ambulante Maßnahmen sollen ausgebaut und stationäre Hilfen dagegen abgebaut werden;
- *Koordination, Abstimmung, Planung*: Daraus folgt eine Anpassung der Methoden, mit denen Soziale Arbeit die Subjekte in deren Lebensbewäl-tigung unterstützt: Lebensweltliche Soziale Arbeit kann nicht aus „Stan-dardlösungen" bestehen, Hilfen sind alltagsgerecht und dem Einzelfall angemessen „maßzuschneidern" (wofür sich auch der Begriff „passge-nau" durchgesetzt hat);
- *Einmischung*: Es geht primär darum, konkreten Menschen gerecht zu werden, d. h. sie in den „Problemen, die Menschen in sich und mit sich selbst haben, also in ihren Entwicklungs-, Lern- und Bewältigungsaufga-ben" zu sehen und zu verstehen, um daraus Schlussfolgerungen für das soziale Handeln zu ziehen. Im zweiten Schritt aber geht es darum, die soziale Gerechtigkeit behindernden und in Frage stellenden Entwicklun-gen zu benennen und zu skandalisieren; dies und damit die *Politisierung der Sozialen Arbeit* ist ein „notwendiges Geschäft der Sozialen Arbeit" (vgl. Thiersch 1992: 17, Thiersch/Grunwald/Köngeter 2002: 163, 166, 172 ff., zit. jew. ebd.).

Allerdings wird eine „reine" Lebensweltorientierung allein nicht ausreichen, Subjekten im Alltag Unterstützung bei der Lebensbewältigung zu geben, wenn sie bloß als Etikett für eine beliebige Praxis daherkommt und unter diesem Label lediglich verdeckte Vorstellungen der Sozialen über eine ange-messene Lebensführung vermittelt werden, die den Subjekten – im Verweis auf die berufliche Erfahrung und den behaupteten Status als „Expert/inn/en des Sozialen" – manipulativ nahegelegt werden und so das Primat des Sub-jekts, für sich selbst zu entscheiden, unterlaufen wird.

Hier kommt das Mandat der Sozialen Arbeit „ins Spiel", zur Verwirkli-chung der Menschenrechte aktiv beizutragen und ein durch Subjekt- und Ressourcenorientierung gekennzeichnetes und Empowerment verpflichte-tes berufliches Selbstverständnis zu entwickeln. Dazu bedarf es einer theore-tisch begründeten Leitlinie – einer beruflichen Moral.

Unter *Moral* bzw. Ethos wird allgemein die Gesamtheit der längerfristi-gen, reflektiert und bewusst übernommenen Grundhaltungen und Normen (sog. „Sollenssätze") verstanden, die Menschen und Gemeinschaften in ihrem praktisch-sittlichen Verhalten steuern. Die berufliche *Ethik* entwickelt in diesem Sinne rational begründete und verbindliche Grundsätze guten sozialen Handelns, die praktisch (und dabei unterstützt z. B. von Handlungsprinzipien) umgesetzt werden *sollen*. Soziales Handeln wird damit moralisch begründbar, und es kann beurteilt werden, inwieweit die ethischen Ansprüche auch praktisch erfüllt werden, d. h. berufsethisch angemessen gehandelt wird (vgl. Rammstedt 2007: 443, Stimmer 2010: 52f.; zum Verhältnis von Ethik und Sozialer Arbeit vgl. ausf. Eisenmann 2006).

Solche Grundsätze guten (beruflich ausgeübten) sozialen Handels bilden sich im Berufskodex der Sozialen Arbeit ab, wie er von der IFSW formuliert wurde (vgl. IFSW/IASSW 2004). Danach ist ethisches Bewusstsein ein verpflichtender Teil der beruflichen Praxis und hilft dabei, die Beziehung zwischen Fachkräften (Sozialen) und Subjekten zu klären; es bildet neben den in der Lebenswelt und dem Fall eingelagerten Anforderungen und Optionen den Rahmen für das Handeln Sozialer.

Zu diesen ethischen Prinzipien zählt insbesondere, dass Soziale aktiv zur Verwirklichung der Menschenrechte und -würde beizutragen haben, basiert sie doch auf der Achtung vor dem besonderen Wert und der Würde aller Menschen, und aus den Rechten, die sich daraus ergeben. Soziale sollen die körperliche, psychische, emotionale und spirituelle Integrität und das Wohlergehen einer jeden Person wahren und verteidigen" (ebd.; zum Begriff der Menschenrechte vgl. Jansen 2014, Leideritz 2016, zur Menschenwürde vgl. Lob-Hüdepohl 2013).

Eine an Menschenrechten und -würde orientierte Soziale Arbeit gesteht – mit *Silvia Staub-Bernasconi* (2007: 282–286, 374–418) – den Subjekten „das Recht zu, ihren eigenen Lebensweg nach persönlichen Wohlbefindens- und Glücksvorstellungen zu wählen" (ohne andere zu schädigen). Sie hat hierbei die Aufgabe, u. a. „Wissen über strukturelle Barrieren" zusammenzutragen, die gesellschaftliche Teilhabe behindern oder ausschließen (z. B. Einschränkungen, die sich aus armutsbedingten Benachteiligungen ergeben). Sie anerkennt und akzeptiert kulturelle und religiöse Differenzen (sofern dadurch nicht die Menschenrechte verletzt werden, etwa im Fall der religiös motivierten Genitalverstümmelung von Mädchen), und sie trägt zu menschenwürdigen Bedingungen in Familien und Nachbarschaften, in Bildungs- und Arbeitsverhältnissen bei. Sie verhindert einen unwürdigen, die Menschenrechte verletzenden Umgang mit den Subjekten (der bei deren Bevormundung beginnt, eine nach den Vorstellungen Sozialer gewünschte Lebensführung zu praktizieren), befürwortet legitime Kontrolle und Eingriff im Zusammenhang mit Menschenrechtsverletzungen (z. B. Kindesvernachlässigung) und versucht die Ursachen dafür zu ermitteln und gemeinsam mit anderen Professionellen anzugehen (vgl. ebd.: 285). So stellen z. B. die Vertreibung Wohnungsloser aus dem öffentlichen Raum durch Ordnungsbehörden, Polizei und (private) Sicherheitsdienste (durch Platzverweise, aktive Verdrängung u. ä.) oder die Diskriminierung beim Zugang zu öffentlicher Infrastruktur Verhältnisse dar, die Wohnungslose bei der Wahrnehmung ihrer Menschenrechte behindern und einschränken (vgl. BAGW 2014: 18), die die Soziale Arbeit zum Gegenstand öffentlichen Auseinandersetzungen zu machen (und durch geeignete Formen der Darstellung zu skandalisieren) hat.

Soziale haben damit eine Verpflichtung, soziale Gerechtigkeit durch gesellschaftliche Vielfalt zu fördern, für eine gerechte Verteilung der Mittel einzutreten, ungerechte politische Entscheidungen und Praktiken zurückzuweisen und solidarisch zu arbeiten. Für die Arbeit mit Wohnungslosen z. B. bilden die UN-Menschenrechtserklärung und der Katalog der Grundrechte im Grundgesetz, für die Arbeit mit Kindern und Jugendlichen und in der Kinder- und Jugendhilfe daneben auch die UN-Kinderrechtskonvention (LE 9.5) und für das Arbeitsfeld Behindertenhilfe die UN-Behindertenrechtscharta die ethische Grundlage. Soziale Arbeit wird damit zur *Menschenrechtsprofession* (vgl. weiter Eisenmann 2006: 239f.; zur Umsetzung in der Praxis vgl. die Beiträge in Leideritz/Vlecken 2016).

## 13.3 Theorie: Auf dem Weg zu einer Wissenschaft der Sozialen Arbeit?

Kann es nun eine Theorie der Sozialen Arbeit geben, die (mit Lothar Böhnisch) nicht nur hilft, das subjektiv Widerwärtige erklärbar zu machen (und damit Distanz zu ermöglichen), sondern den *Gegenstand*, mit dem es Soziale Arbeit zunächst zu tun hat (*die Anlässe der Subjekte*) und ihre *Unterstützung in der Lebensführung*) als Handlungstheorie praxiskonform zu erklären? Dabei ist zunächst zweierlei kritisch zu sehen:

- Theorien wurden bislang i. d. R. als Theorien *für* die Praxis formuliert; sie waren sozusagen das Privileg nicht in die Praxis selbst eingebundener Fachwissenschaftler/innen, die durch rein fachwissenschaftliche Berufsbiografien geprägt sind (aber nur gelegentlich eigene Praxiserfahrungen aufweisen) und v. a. durch Forschungsvorhaben zur Sozialen Arbeit (und damit: *über sie*) hervorgetreten sind. Handlungsmodelle (LE 10.3) stellen meist akademische Konstrukte dar, was in der Praxis z. T. als Belehrung durch Außenstehende erlebt wird. Zudem hat sich auch die Auffassung durchgesetzt, dass Wissenschaft kein überlegenes Wissen repräsentierendes System ist (das zudem auch keine „Objektivität" zu vermitteln in der Lage ist). Das führt auch dazu, den wissenschaftlichen „Experten" nicht mehr die „unangreifbare Instanz" zu betrachten, der auf der Basis seines Wissens nach objektiv eindeutigen Kriterien urteilt. Durch Angehörige der Referenzdisziplinen eingebrachtes Wissen (und Theorien) verliert damit viel an Überzeugungskraft.

- Aber auch aus der Sozialen Arbeit selbst heraus (und den hier tätigen Sozialen) ist bislang noch wenig zu einer eigenständige Theoriebildung beigetragen worden, die auch für die berufliche Praxis von Bedeutung sein könnte, auch wenn unter dem Etikett „Sozialarbeitswissenschaft" v. a. seit den 1990er Jahren ein solcher Versuch immer wieder einmal unternommen wurde, der seinen Höhepunkt (aber auch seien Abschluss) um die Jahrtausendwende fand (vgl. z. B. Kleve 2003 sowie die Beiträge in Merten 1998 und Mühlum 2004); das war zudem auch keineswegs „neu", gab es solche Überlegungen auch schon früher (vgl. z. B. Lattke 1955, 1966/1998).

Für die Entwicklung einer Theorie der Sozialen Arbeit ist von Bedeutung, dass – wie gezeigt (LE 4.1, 4.2. und 4.3) – Sozialarbeit und Sozialpädagogik in Deutschland zunächst getrennte Wege der Verfachlichung und Verberuflichung verfolgt und unterschiedliche disziplinäre Traditionen entwickelt haben. Im Blick auf die Verhältnisbestimmung von Sozialarbeit und Sozialpädagogik zu Sozialer Arbeit wurden dabei verschiedene Positionen deutlich (vgl. Mühlum 1996: 13ff.): Einerseits wurde betont, dass Sozialarbeit immer noch Ersatz für schwindende familiäre Sicherungsleistungen darstelle, während Sozialpädagogik den Ersatz für schwindende familiäre Erziehungsleistungen umfasse; diese „alte" Differenz wirke weiter fort (sog. *Differenzannahme*). Eine andere Position betonte dagegen, dass zwischen Sozialarbeit und Sozialpädagogik Über- und Unterordnungsverhältnisse herrschten: Sozialarbeit könne auch die Sozialpädagogik einschließen, Sozialpädagogik die Sozialarbeit (sog. *Subordinationsannahme*). Dass Sozialarbeit und Sozialpädagogik hinsichtlich ihrer Theorien, Methoden, Arbeitsfelder, Zielgruppen wechselseitig austauschbar seien, hob eine weitere Position hervor (sog. *Substitutionsannahme*). Sozialarbeit und Sozialpädagogik würden sich (z. B. hinsichtlich ihrer Theorien, Methoden, Arbeitsfelder und Zielgruppen) gar nicht mehr unterscheiden, sie hätten sich sowohl in der theoretischen Reflexion als auch in der professionellen Praxis so weit angenähert, dass empirisch keine Unterschiede mehr wahrzunehmen seien, formulierte eine vierte Position (sog. *Identitätsannahme*). Schließlich wurde betont, dass Sozialarbeit und Sozialpädagogik zwar unterschiedliche historische Wurzeln aufwiesen, sie liefen aber in ihren Theorien, Methoden, Arbeitsfeldern und Zielgruppen aufeinander zu und näherten sich einander an; seit den 1960er Jahren zeigte sich, dass sich die Aufgaben der Fürsorge und Erziehung nicht getrennt bearbeiten ließen (weil sie gemeinsame gesellschaftliche Ursachen aufweisen) und daher ein integriertes theoretisches Verständnis und eine gemeinsame Praxis erforderlich wurde (sog. *Konvergenzannahme*).

In der Diskussion hierüber wurde tendenziell die Konvergenzannahme betont, was angesichts des Anspruchs, Soziale Arbeit sei eine Handlungswissenschaft, durchaus überzeugt. Diese Annahme behauptet nicht nur das Zusammenwachsen verschiedener Traditionsstränge und Arbeitsfelder, sondern auch eine wissenschaftliche Systematisierung (vgl. Pfaffenberger 1995: 23, 25): Sozialarbeit und Sozialpädagogik gingen allmählich in einem Verständnis von Sozialer Arbeit als *Integrationswissenschaft* auf, wie es seit den 1970er Jahren v. a. an (Fach-)Hochschulen angewandter Wissenschaft gelehrt wird.

Dies weitergedacht, ist Soziale Arbeit als *Praxeologie* zu verstehen, die Erkenntnisse und das Wissen der Referenzdisziplinen auf ihren Gegenstand anwendet (als diese Erkenntnisse und das dieses Wissen in ihre Theorie integriert) und dabei *eklektisch* umformt:

- Praxeologie (ein Kompositum aus [gr.] praxis: ein konkretes Tun, und [gr.] logos: vernunftbestimmtes Wissen) kann als vernünftige und konkrete Praxis verstanden werden, als ein leistungsfähiges Handeln „unter dem Gesichtspunkt der Adäquatheit der Mittel zur Erreichung eines bestimmten Zwecks und der Handlungsalternativen". Ihr geht es um die „Erforschung, Erklärung und Entwicklung von Handlungsplänen, Handlungsleitlinien, Handlungsmethoden und Techniken für die professionelle Praxis in Sozialer Arbeit" (Birgmeier/Mührel 2011: 125f.).
- Eklektik ([gr.]: ausgewählt, d. h. aus bereits Vorhandenem auswählend) wird als Vorgehensweise verstanden, aus Elementen verschiedener Erklärungen bzw. Theorien eine eigene Erklärungseinheit neu und kreativ zu entwickeln. Soziale Arbeit zeichnet sich durch eine *reflektierte Eklektik* aus, die die Erkenntnisse v. a. der Soziologie, der Erziehungswissenschaft und der Psychologie systematisch auf ihren Gegenstand *im Einzelfall* bezieht, z. B. indem Erklärungen, Theorien und Systeme der Referenzdisziplinen in das Fallverstehen integriert werden. Daraus entstehen Lösungen, die jeweils einzigartig sind, d. h. ein *Unikat* darstellen (vgl. Stimmer 2006: 225, Grunwald/Thiersch 2004b: 32).

Eine Wissenschaft der Sozialen Arbeit muss als eklektische Praxeologie folglich eine (Handlungs-)Theorie formulieren, die (im Gegensatz zu Referenzwissenschaften) für eine unter alltäglichem Handlungsdruck stehende

Berufspraxis relevantes Wissen mit dem Ziel hervorbringt, „*Handlungskompetenz* zu erzeugen und *wirksame Problemlösungsstrategien* abzuleiten", d. h. „ein spezifisches *Professionswissen* für ‚*Professionelle*'" zu schaffen, das im Einzelfall (im Unikat) „wirksame exemplarische *Lösungsansätze*" zur Anwendung bringt (vgl. Birgmeier/Mührel 2011: 105–109, zit. ebd. S. 108f.).

Darin kann der Beginn der Formulierung eines kritischen Selbstverständnisses von der Arbeit an Anlässen und der Unterstützung in der Lebensführung gesehen werden, womit eine Theorie der Sozialen Arbeit im Sinne einer integrationswissenschaftlichen Disziplin und Profession etwas Neues und keine bloße Übernahme der durch die Referenzdisziplinen geprägten (Handlungs-)Theorien darstellt. Insoweit greifen die Vorstellungen von einer *Wissenschaft der Sozialen Arbeit*, wie sie heute zu formulieren sind, auch die abweisenden Regungen der beruflichen Praxis auf, die sich durch die Theorieangebote anderer Disziplinen fremdbestimmt („kolonialisiert") fühlten (vielleicht sind die Überlegungen zur Sozialarbeitswissenschaft auch deshalb unvollendet geblieben, weil das, was dabei entstehen konnte, nur *eine Theorie über die und für die Praxis* zu werden drohte, die die Praxis beschreibt und Schlussfolgerungen nahelegt, nicht aber aus ihr selbst hervorgeht).

Eine Wissenschaft der Sozialen Arbeit wird im Zentrum Strategien und wissenschaftliche Zugänge zu entwickeln haben, die *vor allem* dazu dienen, die berufliche Praxis zu qualifizieren, wie sie – aus dem Blickwinkel *der Praxis selbst* – Subjekte im Hinblick auf eine gelingende Lebensführung unterstützen kann, wobei die Lebensweltangemessenheit (Lebensweltorientierung) und das Menschenrechtsmandat den Horizont für wissenschaftliche Erkenntnis bestimmen; d. h.:

- Lebensführung meint – wie gezeigt (LE 7.1) – das Alltagsleben und damit auch die gezielte Planung der eigenen beruflichen und familialen Biografie und stellt sich als Abfolge von Tätigkeiten dar, die jeden Tag und immer wieder zu erledigen sind. In der Lebensführung bilden sich auch die gesellschaftlichen Erwartungen ab, denen das Subjekt zu entsprechen hat, wenn es mit seinem individuellen Lebensentwurf nicht scheitern will. Lebensführung ist damit als Handeln zu verstehen, mit dem der einzelne Mensch sein Leben auf der Grundlage individueller Wertmuster und Präferenzen organisiert und so ein sinnvolles Ganzes schafft. Dieses Ganze korrespondiert mit der Ausgestaltung von *Lebensstilen*, mit denen ein Mensch seine Unverwechselbarkeit betont. Der Lebensstil wird zum Ausdruck davon, (i. d. R. unbewusst) den herrschenden gesellschaftlichen Erwartungen zu entsprechen, also unverwechselbar (individuell) und sichtbar zu sein, *klarzukommen*.

- Die Menschenrechte fokussieren sich im Moment der Teilhabe als der voraussetzungsarmen Möglichkeit, die Lebenswelt mitzugestalten.

Ein solches Programm der Wissenschaft der Sozialen Arbeit ist damit dem in der IFSW-Definition bestimmten Ziel der *„Förderung des sozialen Wandels, der sozialen Entwicklung und des sozialen Zusammenhalts"* und der *„Stärkung und Befreiung der Menschen"* verpflichtet und stützt sich dabei *„auf Theorien zur Sozialen Arbeit, auf Sozialwissenschaften, Geisteswissenschaften und indigenem Wissen"* (also den Kenntnissen aus der Praxis Sozialer Arbeit nicht nur der westlichen Länder), *„um existenzielle Herausforderungen zu bewältigen und das Wohlergehen zu verbessern"*.

Die Wissenschaft der Sozialen Arbeit stellt die Lebensführung der Subjekte und die sich hieraus ergebenden Anliegen und Notlagen (Anlässe) in den Mittelpunkt, macht sie und die Bewältigungsversuche sowie das darauf bezogene und beruflich ausgeübte soziale Handeln zu ihrem Gegenstand. Zur zentralen Fragestellung wird dabei, inwieweit die Soziale Arbeit in ihren vielfältigen Handlungsfeldern und -formen und ihrem methodischen Vorgehen lebensführungsangemessen ist und dabei die Teilhabe der Subjekte aktiv fördert: Offene und immer wieder neu zu stellende Fragen der Theoriebildung bleiben dabei in Bezug auf die Lebensführung und Entstehung von Anlässen (z. B.: Wie kommt es zum Beratungsbedarf, wie kommt es zu Notlagen?), die Lebenswelt und die Bearbeitung der Anlässe (z. B.: Welche Relevanz besitzt die Lebenswelt für die Bewältigung konkreter Anliegen und Notlagen?) oder in Bezug auf Teilhabe als Menschenrecht (z. B.: welche Teilhabechancen und -barrieren sind in Anliegen und Notlagen eingeschlossen?). Dabei ist es die Aufgabe einer Wissenschaft der Sozialen Arbeit, relevante Wissensbestände der Referenzdisziplinen für die Profession nutzbar zu machen, also eine Art „Übersetzungsarbeit" zwischen den Referenzdisziplinen und der Profession Soziale Arbeit zu leisten. Diese „Übersetzung" dient auch dazu, dieses Wissen auf eigene Forschungsvorhaben anzuwenden, die aus der beruflichen Praxis entwickelt werden, um Schwierigkeiten der beruflichen Praxis bewältigen zu helfen (was als Praxisforschung bezeichnet wird).

Dazu können z. B. Ansätze einer *kleinen Empirie* zählen, d. h. auf Fälle bezogene und in den beruflichen Alltag eingeschlossene Forschungsprojekte von Praktiker*innen, die durch den Einsatz ausgewählter qualitativer Instrumente (z. B. auf einen Leitfaden gestützte Interviews, Dokumenten- bzw. Fallanalysen) gekennzeichnet sind, wie sie im Studium vermittelt und in der akademischen Abschlussprüfung (Bachelorarbeit/-thesis) exemplarisch zur Anwendung gebracht werden. So könnte z. B. die Vertreibung Wohnungsloser aus dem öffentlichen Raum durch Ordnungsbehörden, Polizei und (private) Sicherheitsdienste und ihre Diskriminierung beim Zugang zu öffentlicher Infrastruktur Anlass sein, in Projekten der Praxisforschung zu analysieren, wie durch Verfahren des Community Organizing die Interessen der Wohnungslosen besser zur Geltung gebracht werden.

## 13.4 Anregungen zur Weiterarbeit

1. Fassen Sie die Darstellung dieser Lerneinheit (am besten nach einem Austausch in Ihrer Bezugsgruppe) wieder in einer Kernaussage zusammen!

2. Die Tafeln versorgen regelmäßig mehr als 1,5 Millionen Deutsche mit Lebensmitteln (1993 wurde die erste Tafel in Berlin gegründet, 2016 waren es mehr als 900 mit mehr als 2.100 Tafel-Läden und Ausgabestellen). Der Bundesverband Deutsche Tafel e. V. (www.tafel.de) beschreibt die „Tafel-Idee" wie folgt:
   „In Deutschland leben über elf Millionen Menschen in Einkommensarmut oder sind unmittelbar von ihr bedroht: Dazu zählen Arbeitslose (darunter viele Alleinerziehende), Geringverdiener und Rentner. Viele von ihnen kommen trotz Sparsamkeit nur schwer über die Runden. Wenn das Geld knapp ist, sparen die meisten bei der Ernährung. Insbesondere frisches Obst und Gemüse, Milch und Fleisch werden zu Luxusgütern, die sich die Betroffenen nur selten leisten können – zu Lasten ihrer Gesundheit."

   Zugleich fielen in Supermärkten, Hotels und Restaurants, auf Veranstaltungen, Wochenmärkten, im Einzel- und Lebensmittelgroßhandel täglich große Mengen von Lebensmitteln an: Die Tafeln „sammeln ‚überschüssige' Lebensmittel, die sonst vernichtet würden, und verteilen sie an sozial und wirtschaftlich benachteiligte Menschen – kostenlos oder zu einem symbolischen Betrag" (Flyer „Die Tafeln – Essen, wo es hingehört", ca. 2010). Damit unterstützen sie regelmäßig bis zu 1,5 Mio. Menschen, davon jeweils ein Viertel Kinder und Jugendliche und Rentner/innen, sowie zur Hälfte Erwachsene, v.a. ALG-II- bzw. Sozialgeld-Empfänger und Migrant*innen).
   Dazu gibt es kritische Beiträge (vgl. z. B. Woratschka 2008, Selke 2009, 2013a, 2013c). Auf die Frage, „1,5 Millionen Deutsche könnten sich nicht satt essen, wenn es keine ehrenamtlichen Helfer gäbe, die Lebensmittel an Bedürftige verteilen", was „sollten die ohne die Tafel machen?" antwortete Stefan Selke:
   „Ich habe bei den Recherchen für mein neues Buch tatsächlich Menschen getroffen, die gesagt haben: ‚Ich habe drei Tage lang gehungert, aber

dann habe ich mich überwunden und bin zur Tafel gegangen.' Solche Fälle gibt es. Aber die Frage, die Sie damit verknüpfen, halte ich für problematisch: Wie sollten die Leute ohne die Tafel überleben? Die Frage müsste doch lauten: Was wäre, wenn wir eine Politik hätten, die Armut vorbeugt oder bekämpft? Armut und Hunger sind das Problem einer verpassten Politik." Das Engagement der Tafeln finde im staatlichen Bereich statt, die materielle Daseinsfürsorge sei Aufgabe des Sozialstaates: „Zu den Grundrechten der Bürger gehört auch die Teilnahme am kulturellen Leben. Und die bloße Existenz der Tafeln zeigt, dass diese Teilhabe nicht gewährleistet ist." Wer zur Tafel gehen müsse, so Selke, bekomme „einen Spiegel vorgehalten. Er muss sich der Frage stellen: Wo bin ich gelandet? Was habe ich falsch gemacht? Das ist das Problematische. Zu wissen, dass einem der Besuch der Tafel als persönliches Versagen angelastet wird. Dabei leben wir alle auf dünnem Eis. Das kann jedem passieren. Durch Krankheit, den Tod eines Partners" (Selke 2013b).

Ihre Aufgaben:
- Recherchieren Sie bitte zunächst in ihrer Bezugsgruppe, was Sie zur Arbeit der Tafeln noch wissen müssen, um deren Tätigkeit niveauvoll beurteilen zu können!
- Diskutieren Sie, ob es den von Selke angedeuteten Konflikt auch im Sinne einer Menschenrechtsprofession gibt! Ziehen Sie dazu bitte auch den Gastbeitrag von *Cornelius Scheier* (LE 9) heran!
- Was müsste eine Wissenschaft der Sozialen Arbeit an Erkenntnissen liefern, den von Selke angesprochenen Konflikt zu bearbeiten?

## 13.5 Literaturempfehlung

Zwei Bände stellen Theorien der Sozialen Arbeit vor:
- *Helmut Lambers: Theorien der Sozialen Arbeit. Ein Kompendium und Vergleich*, 3. Aufl. Opladen, Farmington Hills und Toronto: Verlag Barbara Budrich (utb), 2016, und
- *Bernd Birgmeier und Eric Mührel, E: Wissenschaftliche Grundlagen der Sozialen Arbeit*, Schwalbach/Ts.: Wochenschau-Verlag, 2011.
- *Christian Spatschek* diskutiert kurz und knapp in zwölf Thesen, wie Soziale Arbeit als Menschenrechtsprofession zu begründen und praktisch umzusetzen wäre (*Soziale Arbeit als Menschenrechtsprofession; in: SE 5-6/2008: 6-9*), während
- *Dagmar Oberlies* auch auf die Probleme der Umsetzung zu sprechen kommt (*Soziale Arbeit als Menschenrechtsprofession; in: SE 2/2015: 6-9*).

# 14  Was ist professionelle Soziale Arbeit?

Gegenstand der Lerneinheit: *Hans Thiersch* (1998: 267f.) vertritt die Auffassung, dass unter den gegebenen gesellschaftlichen Bedingungen „*Gewicht und Bedeutung des Pädagogen als Person*" wachsen; denn: „Unterstützen, Beraten und Erziehen realisiert sich in oft strapazierenden, langwierigen und mühsamen Verhandlungen". Verweist diese Einschätzung auf die Anforderungen an Soziale, wie sie professionell zu arbeiten haben?

## 14.1 Professionalität

*Professionelle Soziale Arbeit* bedeutet – daran sei abschließend noch einmal erinnert (LE 2.1) – Sachkompetenz (z. B. arbeitsfeldspezifisches Fachwissen, Organisationswissen), Methodenkompetenz (in Bezug auf Einzelfallarbeit, Soziale Gruppenarbeit und Gemeinwesenarbeit), Sozialkompetenz (z. B. anlassangemessen kommunizieren zu können) und Selbstkompetenz (z. B. im Umgang mit beruflichen Belastungen und emotionaler Anspannung). Es handelt sich um Kompetenzen, die sich in drei Dimensionen abbilden, die den Kern der Professionalität Sozialer beschreiben:

- *Wissen* bedeutet die reflektierte Kenntnis wissenschaftlich begründeten Fachwissens der Sozialen Arbeit, d. h. in Bezug auf die eigenen (theoretischen) Grundlagen (LE 3), die Arbeitsfelder (LE 11), die Integration der Wissensbestände aus den Referenzdisziplinen (LE 1) und ihre eigenen Handlungsformen, Methoden und Verfahren (LE 10);
- *Können* meint den anlassgerechten Einsatz von Wissen und Kenntnissen im Prozess der Gestaltung des Arbeitsbündnisses (LE 10.1) und einer tragfähigen Beziehung zu den Subjekten (LE 3.1.4);
- von *Haltung* ist die Rede, wenn von der inneren Einstellung einer Person gesprochen wird, die sich im Handeln zeigt, das durch eigene Werte und Normen begründet (und motiviert) wird.

Im Einzelnen heißt das:

## 14.1.1 Wissen und Können

Soziales Handeln fußt auf *wissensgestütztem* Handeln: (Fach-)Wissen ist das, was Soziale zu einem zielorientierten und effektiven Handeln in einem Fachgebiet befähigt. Dabei sollten Soziale über folgende Wissensbestände verfügen können, um die Vielfalt der beruflichen Aufgabenstellungen strukturieren, organisieren und auf die fachlichen Aufgabenstellungen anwenden zu können:

- Die Erkenntnis, dass Objektivität (Wahrheit) unmöglich ist, dass alle Wahrnehmungen und Urteile jeweils (subjektive) Konstruktionen darstellen: Damit ist alles, was ein Subjekt meint, wahrzunehmen, zunächst einmal als wirklich, d. h. subjektiv „wahr" zu akzeptieren ist. Soziale Arbeit bewegt sich damit immer auf dem „unsicheren Gelände" subjektiver „Wahrheiten" (LE 1).

- Historisch gesehen ist Soziale Arbeit Ergebnis eines Prozesses des sich entwickelnden Umgangs mit Armut und Erziehung; dies erklärt ihre zunächst gegebene Trennung in Sozialarbeit und Sozialpädagogik. Im Konzept der Sozialen Arbeit wird diese Trennung aufgehoben (LE 4).

- Soziale Arbeit begründet ein kommunikations- und beziehungsgestütztes Arbeitsbündnis, das v. a. durch Subjekt- und Ressourcenorientierung geprägt wird (LE 3). In dieses Arbeitsbündnis fließt ein, dass Menschen ihr Leben unter den Bedingungen einer hochgradig individualisierten Gesellschaft organisieren (müssen), in der die Schwierigkeiten der Lebensführung den einzelnen Subjekten überlassen bleiben (LE 5). Soziale müssen daher einerseits den gesellschaftlichen Rahmen einschätzen, dabei objektive wie subjektive Bedingungen der Lebenswelt der Subjekte verstehen und deren individuelle Handlungsweise vor dem Hintergrund ihrer subjektiv konstruierten „Wirklichkeit" einordnen können, in der sie ihre alltägliche Lebensführung zu bewältigen haben. Soziale müssen das Leben der Subjekte im Ganzen („ganzheitlich") in ihrem jeweiligen System (Familie, Freundschaft, Nachbarschaft, Beruf, Schule u. a.) bewusst wahrnehmen können, d. h. den subjektiven Sinn einer Situation in diesem Leben erfassen (deuten), vorsichtige Annahmen über den Zustand, die Befindlichkeit und die (mehr oder weniger formulierten) Interessen des Subjekts und in der Sprache des Subjekts verständlich machen (kommunizieren) können, wozu das durch Studium und Weiterbildung angesammelte Wissen und die und in der beruflichen Praxis erlangte Erfahrung als Grundlage dienen.

- Die Förderung der Autonomie, der Emanzipation und der Mündigkeit (als Befreiung von bevormundenden Lebensverhältnissen), die Unterstützung von Bildungsprozessen (um Lösungsstrategien für alltägliche

Situationen und Herausforderungen entwickeln zu können), die Förderung des sozialen Zusammenhalts und der Möglichkeiten zur umfassenden Teilhabe sowie die Sicherung von Vielfalt stellen zentrale Ziele der Sozialen Arbeit dar (LE 6). Zugleich geht es aber auch darum, die an Soziale Arbeit herangetragenen Beauftragungen und Mandate (z. B. Prävention, Kontrolle und Aktivierung) einordnen zu können und über Wissen zur Bedeutung von Menschenwürde und Menschenrechten, sozialer Gerechtigkeit und gesellschaftlicher Vielfalt zu verfügen, um in Hilfe- und Unterstützungsprozessen an der Entwicklung von Zielen mitwirken zu können, die subjektgerecht sind (LE 9).

- Die Zielgruppen der Sozialen Arbeit lassen sich im Lebenslauf bestimmen: junge Menschen und ihre Eltern, Menschen im Erwerbsalter und Menschen nach dem Erwerbsalter, wobei sich je spezifische Entwicklungsaufgaben stellen, deren Bewältigung die Soziale Arbeit unterstützt (LE 7). Soziale müssen beurteilen können, welche Entwicklungsaufgaben sich Subjekten in welcher (Lebens-)Situation stellen.

- Soziale Arbeit findet in der Lebenswelt der Subjekte statt, ganz unabhängig davon, ob sie als Arbeit im Einzelfall, mit (sozialen) Gruppen oder im Gemeinwesen ausgestaltet ist (LE 8); dabei ist es hilfreich zu wissen, welcher Träger mit welcher Zielsetzung und welchem Auftrag bzw. Mandat im Gemeinwesen bzw. Sozialraum Soziale Arbeit leistet.

- Es geht darum, methodisch handeln und anlassangemessene Verfahren der Sozialen Arbeit anwenden zu können (LE 10), d. h. über das dafür erforderliche Wissen zu verfügen, welche Schwierigkeiten sich Subjekten z. B. stellen, auf die Hilfeangebote anderer einzugehen, und Kenntnis von den Möglichkeiten und dem methodisch angemessenen Vorgehen zu besitzen, diese Schwierigkeiten in einem ausdifferenzierten System von Arbeitsfeldern zu bewältigen (LE 11).

- Da die Tätigkeit Sozialer durch Fallverdichtung und -komplexität gekennzeichnet sein kann (was bei ihnen zu emotionalem Stress führen kann), ist ein Bewusstsein für professionelle Selbstsorge unverzichtbar. Dazu zählt auch das Wissen, dass Formen eher individueller Be- und Verarbeitung beruflicher Belastungssituationen vorherrschend sind und die Bereitschaft, sich aktiv mit diesen Bedingungen auseinanderzusetzen und für deren Verbesserung (z. B. in einer Gewerkschaft oder einem Berufsverband) einzutreten, noch entwicklungsfähig ist (LE 12).

- Noch offen ist, ob sich ein Verständnis von der Wissenschaft der Soziale Arbeit durchsetzt, als Praxeologie eklektisch Erkenntnisse für eine lebensführungsangemessene und menschenrechtsgemäße Soziale Arbeit zur Verfügung stellen zu sollen (LE 13).

- Die hiermit insgesamt verbundenen Aufgaben machen ein Organisationswissen erforderlich, das hilft, den eigenen Arbeitsplatz gestalten und das „Tagesgeschäft" sinnvoll strukturieren zu können (vgl. Herriger/ Kähler 2001: 9–17, Strohe/Wardelmann 2014: 166), z. B. über Kenntnisse zu verfügen, die helfen, Sachverhalte zusammenzufassen und für die weitere Bearbeitung zugänglich zu machen (Dokumente und Akten anlegen, Darstellungen formulieren, Protokolle abfassen, Entscheidungsvorlagen anfertigen zu können), um Klärungsprozesse transparent zu machen, andere Akteure angemessen einzubinden und Arbeitsergebnisse auch Außenstehenden zugänglich zu machen.

• Leistungen der Sozialen Arbeit werden vor allem von freien Trägern angeboten, die in der Leistungserbringung (noch) einen subsidiären Vorrang (vor kommunalen und gewerblichen Anbietern) haben (LE 12); Soziale benötigen ein Wissen über die Umfeldbedingungen des beruflichen Handelns in und mit Institutionen, z. B. Wissen über die Funktionsweise von Verwaltungen und die Relevanz von bürokratischen Prozessen (etwa in Bezug auf die finanziellen Grundlagen [Budget], Anträge und Mittelverwendung).

Hier äußert sich das spezifische Können Sozialer als *Beziehungskompetenz*. Darunter sind sich wechselseitig beeinflussende Aspekte zu verstehen (vgl. Stimmer 2006: 225): eine Beziehung herzustellen und verständigungsorientiert zu handeln (Sozialkompetenz), verbunden mit Methodenkompetenz (z. B. Verfahren der Gesprächsführung zu beherrschen) und Selbstkompetenz (die emotionale Eingebundenheit beurteilen und entsprechende Schlussfolgerungen für die Beziehungsgestaltung – Nähe und Distanz – entwickeln zu können). Beziehungskompetenz stellt die Fähigkeit dar, eine berufliche Beziehung aktiv aufbauen zu können, die durch wechselseitiges Vertrauen und Gegenseitigkeit gekennzeichnet ist und dabei doch zugleich auch durch eine kritisch-reflektierende Distanz zu den Lebensentwürfen, der Lebensführung und der Alltagsbewältigung der Subjekte geprägt wird. Dabei müssen sie mit dem immer gegebenen Problem umgehen, dass auch sie nur selektiv (und damit u. U. auch emotional verzerrt) wahrnehmen können, z. B. aufgrund einer persönlichen Betroffenheit, die in vergleichbaren Erfahrungen begründet sein mag, oder durch eine kulturelle Differenz, sich den Alltag und die Lebensführung des Subjekts aufgrund mangelnder eigener und vergleichbarer Erfahrungen nicht vorstellen zu können. Das kann einerseits zu vorschnellen „Idealisierungen der Subjekte in Bezug auf Ressourcen" führen oder andererseits zu Vorverurteilungen, dass Subjekte „sowieso" zu etwas nicht in der Lage seien, zur Folge haben (vgl. Hinte 2010: 9f.).

Es handelt sich um die „Phantasie, in gegebenen Schwierigkeiten Alternativen und freie Optionen zu entwickeln", Verhältnisse zu strukturieren,

längerfristige Arbeitskonzepte durchzuhalten und zu planen, zu organisieren und zu „managen" (Thiersch 1992: 215f.). Sie brauchen dazu auch ein
„wünschelrutengängerhaftes Talent", um „Ansatzpunkte für Veränderungen, Korrekturen, Bewegungen finden" und „Chancen sehen und nutzen" zu
können (Thiersch 2002b: 195–198). Diese *Idee vom anderen Leben* (wonach
Menschen ganz eigensinnig ihre Vorstellungen vom eigenen Leben leben
können, sofern nicht die Rechte anderer verletzt werden) professionell zu
akzeptieren, heißt zugleich auch, diesen Eigensinn auf sich selbst als *Selbstsorge* und *Einmischung in die eigenen Verhältnisse* (als Solidarisierung mit
anderen) zu verstehen (vgl. Grunwald/Thiersch 2004b: 23).

Eine Aufgabe Sozialer besteht z. B. auch darin, zwischen Subjekten und
Akteuren in deren Lebenswelt (z. B. kommunalen Behörden) zu vermitteln.
Zu beiden Seiten beziehungskompetent, werden sie so zu Brückeninstanzen
(sog. intermediären Akteuren), indem sie Übersetzungsarbeit leisten und
den Klärungsprozess *dazwischen* organisieren (und gegenseitiges Verstehen
fördern). Beziehungskompetenz schließt ein, balancierte und konstruktive
Arbeitsbeziehungen zu Kooperationspartnern innerhalb und außerhalb der
eigenen Institution (z. B. im Kontakt zu Kolleg*innen der eigenen Institution
bzw. im Netzwerk kooperierender Einrichtungen) herstellen und pflegen zu
können (vgl. Herriger/Kähler 2001: 18–25).

Das Können Sozialer kennzeichnet auch, z. B. institutionelle Vorgaben
(wie die Ziele des eigenen Trägers) und rechtliche Vorgaben (die Bestimmungen des SGB) beziehungskompetent mit dem Respekt vor dem (eigen-
sinnigen) Lebensentwurf der Subjekte, ihren Ressourcen und Kompetenzen,
das eigene Leben zu bewältigen (also „klarzukommen"), zu verbinden. Hie-
rin besteht die K u n s t Sozialer, in einer spezifischen Situation eine (Vermitt-
lungs-)Leistung in Prozessen zu erbringen, die durch das Spannungsverhältnis unterschiedlicher Interessen der Subjekte und deren Umwelt (vom
Familiensystem bis zum lokalen Gemeinwesen), rechtliche Vorgaben und
Rahmungen sowie politischen Erwartungen und Ansprüchen der Sozialen
selbst (mit ihren persönlichen Überzeugungen und fachlichen Vorstellungen) gekennzeichnet sein werden.

### 14.1.2 Haltung

Unter Haltung ist allgemein eine innere, ethisch begründete Einstellung einer Person zu verstehen, die die Grundlage ihres Handelns darstellt und dieses prägt. Für die Soziale Arbeit wird vor dem Hintergrund des hier insgesamt Dargestellten zu sagen sein, dass in der beruflichen Praxis eine
grundlegende Haltung

- der *Anerkennung* (als Solidarität mit den Subjekten und deren Ressourcen),
- der *Achtsamkeit* (für die besonderen Bedingungen der Lebenswelt und des Alltags sowie der Förderung der Teilhabe),
- der Bereitschaft, Menschen *auf Augenhöhe* wertschätzend wahrzunehmen und
- einen an den Menschenrechten ausgerichteten Gestaltungsauftrag wahrnehmen zu wollen (insb. dort, wo deren Verwirklichung und gesellschaftliche Teilhabe behindert, eingeschränkt oder verweigert wird) sowie
- gemäß § 1 Abs. 1 SGB I „zur Verwirklichung sozialer Gerechtigkeit und sozialer Sicherheit" beitragen zu wollen, kennzeichnend ist. Diese Grundlage wird durch drei Aspekte mitbestimmt (und eingeschränkt):
- *(Selbst-)reflexive Kompetenz* meint die Fähigkeit Sozialer, die eigenen Prägungen und das So-Geworden-Sein weder zu verlieren noch zu verleugnen, sondern sie in das berufliche Handeln zu integrieren (vgl. Geißler/Hege 1999: 229ff.), d. h. Verknüpfungslinien zwischen eigener Biographie, der Herkunftskultur und den durch Erziehung und Sozialisation selbst angenommenen Werten, Regeln und Normerwartungen und der eigenen beruflichen Beziehungsarbeit herzustellen, die eigenen Identitätsentwürfe in der Ausgestaltung der beruflichen Rolle zu spiegeln und zugleich Grenzen zu setzen, die es möglich machen, Übertragungen, Verstrickungen und emotionale Kollisionen zu kontrollieren (vgl. Herriger/Kähler 2001: 10). Die Biografie- und Kulturbedingtheit eigener Urteile sollte dazu führen, in der Einschätzung der Anliegen und Notlagen der Subjekte und deren Lebensführung keine falsche „Sicherheit" an den Tag zu legen und vorsichtig vorzugehen, insbesondere, was die Einschätzung der Möglichkeiten von Menschen angeht, zur Bewältigung ihrer Anlässe beizutragen: Die Gefahr der einseitigen Über- oder Unterschätzung dieser Möglichkeiten im Verhältnis von Wunsch (es möge gelingen!) und Sorge (es werde ja doch scheitern) ist immer eingeschlossen und muss stets auf's Neue bewusst gemacht werden.
Soziale müssen also klären, wie ihre Befindlichkeit und Betroffenheit (bis hinein in die aktuelle „Tagesform") in das Arbeitsbündnis eingeht und inwieweit sie die Subjekte nach dem eigenen Persönlichkeitsbild zu beeinflussen versuchen: So etwas kann sich z. B. im Begriff der „Risikofamilie" (vgl. Hensen 2010) äußern, die aufgrund bestimmter Merkmale (einem Wohnort, der stigmatisierend als „sozialer Brennpunkt" verschrien ist, aufgrund der großen Kinderzahl u. ä.) als besonders gefährdet betrachtet wird, mit der Erziehung ihrer Kinder überfordert zu sein (ohne dass es dafür ein Anzeichen zu geben braucht). Hier ist die emo-

tionale Fähigkeit erforderlich, den eigenen „Stereotypen der Klientelisierung" zu widerstehen, z. B. nicht gleich zu vermuten: „wenn ich in diese Familie nur hineinschaue, weiß ich gleich was los ist" (Böhnisch 2008: 315f.); jeder Fall ist als neuer und eigener Fall wahrzunehmen, was erleichtert wird, wenn die Stärken der Subjekte (statt ihrer Schwächen) gesehen werden und sie immer wieder erfahren können, Kompetenzen und Ressourcen zu haben und etwas wert zu sein.

- *Respekt vor dem Eigensinn* der Subjekte: Die gesellschaftliche Individualisierung erzwingt den Eigensinn des Subjekts (d. h. ein Bestehen auf den eigenen Weg und die Berechtigung, die Mittel dafür zu wählen), insbesondere auch deshalb, weil die früher gültigen und althergebrachten Werte und Normen (z. B. der eigenen Familie oder des Herkunftsmilieus) entwertet und verloren gegangen sind und stattdessen ein neuer, ein eigener „Werte- und Normenhimmel" immer wieder neu entwickelt werden muss.

- An der Lebensführung und der Lebenswelt orientierte Soziale Arbeit muss sich deshalb dadurch auszeichnen, dass sie sich den Verhältnissen aussetzt, unter denen Menschen leben, sie diese Verhältnisse und die Eigensinnigkeit der Subjekte verstehen kann und auch dann, wenn dieser Eigensinn ganz im Gegensatz zu den eigenen Werten und Normerwartungen entwickelt ist, Vertrauen stiften und aufrechterhalten kann und in der Lage ist und bleibt, Konflikte zu moderieren und in Schwierigkeiten zu vermitteln.

- *Begrenztheit der eigenen Möglichkeiten und Abhängigkeit von anderen*: Zu akzeptieren ist, dass dies immer vom Wollen der Subjekte (und ihrer Mitarbeit) und auch der Unterstützung durch deren Systeme und Netzwerke (Partner/innen, Familie, soziales Umfeld) abhängig bleibt. Anzunehmen ist auch, dass der Erfolg auch von anderen Akteuren, Institutionen und Instanzen (z. B. Schule, Arbeitsmarkt, ökonomische Lage, etc.) abhängt, die für die Lebenschancen der Subjekte „größere Bedeutung haben als soziale Arbeit selbst" (Müller/BK 2002: 736) und die in den „Fall" einbezogen werden (müssen), z. B. Polizei und Justiz, das Gesundheitswesen oder die Schule. Die eigenen Möglichkeiten, sozial zu handeln, werden zudem von den Systemen, in die Soziale eingebunden sind (das eigene Sozialsystem [z. B. die Belastbarkeit der eigenen Familie] oder die eigenen Organisation [mit ihren eigenen Regeln und Vorgaben]) begrenzt.

## 14.2 Professionelle Qualitäten

Was brauchen Soziale, um die mit den Dimensionen Wissen, Können und Haltung verbundenen Ansprüche zu verwirklichen? Es sind wohl vor allem sechs Qualitäten, um die es dabei geht:

1. *Soziale brauchen ein Gespür für den Alltag und die Lebenswelt.* Ein im Blick auf die Lebensführung angemessener Zugang zu den Subjekten und ihre Eigensinnigkeit muss dazu führen, für deren Lebensverhältnisse ein gleichschwebendes Interesse zu entwickeln (d. h. immer wieder neu das scheinbar sich wiederholend „Bekannte" sehen zu wollen), verstehen und auch aushalten zu können, z. B. dann, wenn die alltägliche Lebensführung der begleiteten Subjekte sich grundsätzlich von den eigenen Vorstellungen, was eine „gute" Lebensführung auszeichnet, unterscheidet oder sie Mittel und Wege wählen, die ungewöhnlich und fremd sind. Dazu müssen Soziale Phantasie entwickeln, dass auch bei gegebenen Schwierigkeiten Alternativen möglich sind (vgl. Thiersch 2002b: 195). Das heißt auch Vertrauen stiften und aufrechterhalten zu können, wenn diese Mittel und Wege bei den PartnerInnen, mit denen die Soziale Arbeit zusammenarbeitet (z. B. Justiz und Polizei), zunächst Befremden, Ablehnung oder Widerstand auslösen.

2. *Soziale müssen empathisch und echt sein und wertschätzen können.* Empathie, Authentizität und Wertschätzung sind insb. im Blick auf die Herstellung eines Arbeitsbündnisses, das Verstehen des gegebenen Falls und die Gesprächsführung mit den Subjekten von herausgehobener Bedeutung. Sie sind immer auch als eine selbstreflexive Prüfung zu verstehen, „was in der Situation und in gegebenen Aufgaben angemessen ist", womit zugleich die Kompetenz gemeint ist, sich selbst zurückzunehmen (vgl. Thiersch 1992: 216). *Empathisch* sind Soziale dann, wenn sie (präzise, einfühlend verstehend) eine Situation und die Gefühle der Subjekte erfassen und mitteilen können, ohne zu vernachlässigen, dass dies immer nur eine gedankliche und emotionale Annäherung sein kann (und sich die Frage, eine Situation oder Gefühle eines Anderes „objektiv" erfassen zu können, überhaupt nicht stellt, sondern es sich immer nur um eine Annäherung daran handeln kann).

   *Echt* (kongruent und authentisch) zu sein heißt, dass Soziale mit ihren Gefühlen, Stärken und Schwächen im Gespräch erkennbar sind und sich nicht hinter einer professionellen Fassade verstecken. Es zählt, dass das, was sie Subjekten gegenüber fühlen, nicht im Widerspruch zu dem steht, was sie zu ihnen sagen; d. h., es wird im Gespräch kein Theaterspiel aufgeführt (das Interesse und Verständnis nur vortäuscht), und es regiert keine „Gesprächstaktik" (es sind keine steuernden „Hintergedanken" im Spiel). Damit wird die Basis für eine tragfähige soziale Beziehung zwischen ihnen geschaffen.

*Wertschätzung* schließlich (als bedingungsfreie, vollständige Akzeptanz und Aufmerksamkeit) bedeutet, dass Soziale die Subjekte in ihrem „So-Sein" akzeptieren und ihnen positiv zugewandt sind und sie schätzen können, z. B. ihre (vielleicht auch scheiternden) Bemühungen, ihren Alltag in den Griff zu bekommen, ihre Anliegen selbst zu lösen oder bei der Bewältigung einer Notlage aktiv mitzuwirken. Dazu gehören das Interesse der Meinung des anderen und die Bereitschaft, sich um die Anliegen und Notlagen des Anderen zu kümmern, auch wenn dies fremd ist. Soziale begegnen Subjekten dann mit bedingungsfreier Wertschätzung, wenn sie ihnen gegenüber vorurteilsfrei und frei von Bewertungen in Bezug auf deren Gedanken, Gefühle und Handlungen sind. Sie verzichten auf die Person betreffenden Urteile. Dazu zählt auch das „Prinzip des Trennens von Person und Verhalten": „Dein Verhalten und sein sozial destruktives Resultat ist zu verurteilen, dich als Person aber lassen wir nicht fallen. Du bist wer und kannst auch anders" (Böhnisch 2008: 316). Subjekte werden so angenommen, wie sie wirklich sind, ohne in ihnen noch etwas anderes zu sehen bzw. etwas zu unterstellen, was nicht „da" ist; es ist also ein Hinnehmen, ohne Bewertung, aber auch ohne Zustimmung. Dies erleichtert es dem Subjekt, Vertrauen zu fassen, sich zu öffnen und anzuvertrauen.

Daraus folgt für das soziale Handeln Sozialer eine Art *kategorischer Imperativ für die Soziale Arbeit*. Der Kategorische Imperativ meint nach *Immanuel Kant* (im Anschluss an ältere philosophische Betrachtungen z. B. im Hinduismus, Buddhismus, Jainismus oder Urchristentum) ganz allgemein und für jedes Handeln: Handle so, dass die Maxime deines Willens zugleich als Prinzip einer allgemeinen Gesetzgebung gelten könnte (Kant, Grundlegung der Metaphysik der Sitten, 1785; eine Maxime beschreibt in diesem Zusammenhang das, was einem Menschen so wichtig ist, um hieran sein Handeln auszurichten, während ein Prinzip eine Grundlage des allgemeinen Handelns darstellt). Daraus folgt als Konsequenz für das handeln Sozialer unmittelbar und unbestreitbar (wieder mit den Worten Kants): Behandle andere so, wie du selbst behandelt werden möchtest (Kant, Kritik der praktischen Vernunft, 1788). Wertschätzung bedeutet also, ein soziales Handeln zu entwickeln und alltäglich zu praktizieren, das im Grunde den Respekt vor dem Anderen entwickelt, den dieser mir selbst ebenso entgegenbringen soll. Mein Handeln kann nicht anders sein, als das Handeln das ich mir gegenüber erwarte; will ich also nicht durch andere beschämt werden oder übermäßig kontrolliert sein, so habe ich als Soziale/r ebenfalls darauf zu achten, Subjekte nicht zu beschämen oder übermäßig zu kontrollieren.

3. *Soziale müssen Nähe und Distanz zu den Subjekten klären.* Nähe und Distanz meint „den Willen zur Unbefangenheit in der Situation in ihren Alltagskonstellationen" (Thiersch 2009a: 139), was etwas beschreibt, das auch als *Takt* bezeichnet wird. Takt ist als Diskretion im Umgang mit dem Eigensinn der Subjekte zu verstehen. Takt zeigt sich z. B. beim Hausbesuch, wenn Soziale fremden Gerüchen und Geräuschen, der ungewohnten Ausstattung einer Wohnung, befremdenden Tischmanieren, ungekannten Zeremonien, Lautstärke, der Dauerberieselung durch Radio oder Fernsehprogramme, Abfall und Unsauberkeit ausgesetzt sind. In solchen Situationen werden ihre Vorstellungen von einem „normalen" Leben konfrontiert mit den Vorstellungen der Subjekte, die ein ganz anderes Verständnis von „Normalität" leben. So wenig es eine Wahrheit oder Objektivität geben kann, so wenig wird es ein Verständnis von „normaler" Lebensführung geben können. Takt ist aber nicht nur als Toleranz gegenüber diesen erkennbaren Formen der Lebensführung, Takt ist auch als die Fertigkeit zu verstehen, sich heraushalten und wegsehen zu können, Schwierigkeiten sich auch einmal sich selbst zu überlassen und den Mut zu haben, nicht sofort einzugreifen, sofern nicht wirklich schwerwiegende Folgen abzusehen sind.

Soziale werden die unterschiedlichen Vorstellungen, die die Lebensführung prägen, anzuerkennen haben und die in dieser Andersartigkeit zugleich immer möglichen Ressourcen wahrnehmen und wertschätzen müssen. Wertschätzung meint dabei keineswegs, alles hinzunehmen oder nachgiebig zu sein; es handelt sich um ein Angebot, sich auf den anderen einzulassen, dessen Sichtweisen zunächst zu respektieren, ohne damit übereinzustimmen oder gutzuheißen, was gesagt wird, aber doch zu versuchen, die Darstellung als eine denkbare anzusehen. Der Respekt vor dem Eigensinn der Subjekte bedeutet auch, sich als Soziale kritisch (aber eben nicht bevormundend) damit auseinanderzusetzen. Verstehen heißt dann, sich hineindenken und den Standpunkt des Subjekts gedanklich nachvollziehen zu können, aber kritische Aspekte auch deutlich zu benennen.

Soziale sind schließlich auch keine Freund*innen der Menschen, mit denen sie arbeiten; als Soziale leben sie in ihrer eigenen, von den Subjekten (durch Biografie, Ausbildung, Alltagskultur, Lebensführung u. v. m.) getrennten Welt (was sie so selbst mitteilen und auch „leben" müssen). Distanz zu entwickeln, das heißt damit auch, diese Trennung als Grundlage der Arbeitsbeziehung immer wieder neu zu betonen und aufrechtzuerhalten (Soziale, die z. B. ihre private Telefonnummer Subjekten mitteilen und schon dadurch – unausgesprochen – suggerieren, jederzeit für die da zu sein, geben diese professionelle Distanz auf).

4. *Soziale müssen sich einmischen wollen.* Wenn Teilhabe ein zentrales Ziel Sozialer Arbeit ist, dann geht es auch darum, als Soziale überall dort, wo Teilhabe be- oder verhindert wird, darüber aufzuklären und dies öffentlich zu skandalisieren (wer und was be- oder verhindert) und zu verhandeln (dass Teilhabechancen eröffnet werden), also *parteilich* zu sein gegen Ungleichheit, ungerechte Verhältnisse, Machtmissbrauch u. ä.

Diese Handlungsmaxime Einmischung als parteiliche (advokatorische) Vertretung der Interessen der Subjekte, die sich aus deren Lebensführung, Alltag und Lebenswelt ergeben, bedeutet zugleich auch, *allparteilich* sein zu können, z. B. im Gespräch mit und bei der Verhandlung von Konflikten unter Subjekten.

Sich einzumischen meint schließlich, in eigener Sache tätig werden, wenn es z. B. um die Gestaltung der Arbeitsbedingungen, die sozialpolitischen Rahmungen, die Aufträge und Mandate und die Abwehr von Inpflichtnahmeversuchen (für Zwecke der Aktivierung und der Prävention) geht. Einmischen heißt also auch, ein Verständnis von einer kritischen Sozialen Arbeit zu entwickeln, die sich von unterschiedlichen gesellschaftlichen Interessen nicht vereinnahmen lässt.

5. *Soziale müssen selbstkritisch sein.* Selbstkritisch zu sein (und damit reflexive Kompetenz zu beweisen) meint, ein Bewusstsein für die eigenen subjektiven Theorien (und deren „Fallen") zu entwickeln und diese mit den theoretischen Rahmungen der Profession in Bezug zu setzen. Neben der Gefahr, Menschen zu beschämen (LE 5.3.4), und der Gefahr des Überbetonens von Kontrollaspekten bei der Wahrnehmung des doppelten Mandats (LE 9.4) sind zwei weitere *Probleme der (professionellen) Arbeitsbeziehung* zu sehen, die ebenso den kategorischen Imperativ der Sozialen Arbeit in Frage stellen können:

- *Expertenmacht*: Soziale sind grundsätzlich gegenüber Subjekten in einer überlegenen Position, da sie über Fachwissen verfügen (das sich z. B. in einer guten Kenntnis gesetzlicher Rahmenbedingungen und Möglichkeiten äußert), mit „vergleichbaren Fällen" argumentieren können (also Vorerfahrungen einbringen können) und dies im Gespräch (durchaus auch manipulativ) zur Geltung bringen können, womit in kaum wahrnehmbarer Form die Eigensinnigkeit der Subjekte „ausgehebelt" wird. Diese Kolonialisierung durch Vorstellungen Sozialer, die ihre eigenen (zudem oft mittelschichtsgeprägten Vorstellungen von einem Leben, wie „man" es als „Klient" oder „Klientin" zu leben hat) auf Subjekte projiziert und aufdrängt, die ganz andere Vorstellungen davon haben, wie sie ein gutes Leben führen wollen, stellt den Subjektstatus besonders deutlich in Frage.

- *Maßnahmeorientierung:* Von Sozialen wird (von Trägern wie Subjekten) erwartet, dass sie anlassangemessene Unterstützung gewährleisten können. Der damit verbundene Anspruch, auch tatsächlich erfolgreich zu sein (also z. B. aus Sicht des Trägers eine kostengünstige und aus Perspektive der Subjekte eine kurzfristige Hilfe zu leisten) kann zur Maßnahmenorientierung führen, d. h. eilig gegebene Ratschläge, schnelle Lösungen für jede Schwierigkeit (z. B. die Weiterverweisung an andere Einrichtungen), die Vorbereitung von Maßnahmen, ohne die Bedürfnisse des Subjekts vorher angemessen abgeklärt zu haben (weil dies in anderen Fällen ja „funktioniert" hat) und Handlungsweisen, um nachzuweisen, dass „etwas getan" wurde. Die Leistung rechnen sich Soziale selbst zu, einen eventuellen Misserfolg dem Subjekt, das die ihm eingeräumten Möglichkeiten ja nicht genutzt habe.

6. *Soziale müssen für sich selbst sorgen.* Schließlich müssen sich Soziale in der Beziehung zu den Subjekten (in der Klärung von Distanz und Nähe) zu sich selbst achtsam verhalten und die vielfältigen (v. a. emotionalen) Verstrickungen mit dem Leben der Subjekte, ihren Anliegen und Notlagen und ihrem Eigensinn in ihrer Lebensführung wahrnehmen. Sie sind nur in wenigen Fällen nicht mit ihrer Biografie beteiligt; in ihrer Helfer/innenpersönlichkeit liegen zahlreiche Hinderungen, die ein Gelingen von Interventionen erschweren und behindern können. Zu fragen wäre z. B., welche Hoffnungen und Wünsche Soziale (z. B. nach Nähe, Anerkennung, Dank, auch Unterwerfung) mit ihrer Hilfe verbinden und durch ihre „Klienten" erfüllt sehen wollen (vgl. Schmidbauer 1992a/b). Ein Aspekt kann dabei sein, dass Soziale (als scheinbar allzuständige, alle Probleme lösende, ständig hilfsbereite Berater/inne/n) einen Weg finden, in der Beziehung zu Beratenen ihre in ihrer Biografie (v. a. in der Kindheit) zu kurz gekommenen emotionalen Bedürfnisse nach Nähe, Bestätigung und Zuwendung (ersatzweise) zu befriedigen. Helfen sei dann „als Suche nach narzisstischer Befriedigung, nach Geltung, Macht, Ansehen, nach emotionaler Nähe bei gleichzeitig erhaltener Kontrollmöglichkeit" (Schmidbauer 1992a: 40) zu deuten. Bereits als Kind kann die Einstellung erworben worden sein, „dass die eigene Schwäche unangenehm und mit einem Gefühl der Wertlosigkeit verknüpft ist. Um diese Mangelerlebnisse auszugleichen, meiden HelferInnen alle sozialen Beziehungen, in denen sie nicht die Gebenden, die Stärkeren oder die Versorgenden sind. Sie suchen Sicherheit und Selbstbestätigung darin, sich in der helfenden

Interaktion aufopfernd um die HilfeempfängerInnen zu kümmern" (Lieber/Maischatz 2012: 118). Emotional zum Problem kann dies werden, wenn diese aufopfernde Hilfe eben nicht anerkannt wird, wenn sich Gefühle mangelnder Anerkennung, schließlich der Zurückweisung oder der Erschöpfung (psychosomatische Reaktionen, Burnout) einstellen.

Solche Selbstsorge bedeutet in Fällen beruflicher Vereinnahmung (LE 12.3.2) ein Bewusstsein dafür zu entwickeln, dass auch Soziale selbst Unterstützung brauchen, den komplexen beruflichen Alltag zu bewältigen (z. B. in Form von Kollegialer Beratung oder Supervision), und berechtigtermaßen (z. B. gegenüber den Vorgesetzten oder dem eigenen Träger) formulieren, dass sie diesen Bedarf haben, um nicht von den Anliegen und Notlagen der Subjekte vermeidbar belastet und „gefangen" zu werden.

Im Ergebnis ist die Professionalität Sozialer dann begründet, wenn sie ihr soziales Handeln auf der Grundlage eines – mit der beruflicher Erfahrung kontinuierlich erweiterten – (Fach-)Wissens und (durch reflektierte Praxis wachsenden) Könnens im Sinne dieser sechs Qualitäten ganzheitlich strukturieren und weiterentwickeln (z. B. aus Erfahrungen und Fehlern Schlussfolgerungen ziehen und lernen) können. Das heißt auch, Soziale Arbeit als einen lebenslangen Prozess des Lernens mit Rückschritten und Konflikten zu begreifen, es als unabweisbar zu sehen, immer wieder (neu) zu lernen und einen verständigungsorientierten Umgang mit anderen Menschen (Subjekte, Kolleg*innen, andere Professionelle) entwickeln zu wollen (vgl. Stimmer 2006: 226).

Wie eingangs erwähnt: *Hans Thiersch* vertritt die Auffassung, dass unter den gegebenen gesellschaftlichen Bedingungen „*Gewicht und Bedeutung des Pädagogen als Person*" wachsen; denn: „Unterstützen, Beraten und Erziehen realisiert sich in oft strapazierenden, langwierigen und mühsamen Verhandlungen" (Thiersch 1998: 267f.). Kurz: *Sie haben sich vorgenommen, einen wirklich spannenden, zweifellos eben auch Ihre ganze Person fordernden Beruf zu ergreifen!*

## 14.3 Anregung zur Weiterarbeit

1. Fassen Sie die Darstellung dieser Lerneinheit (am besten nach einem Austausch in Ihrer Bezugsgruppe) abschließend noch einmal in einer Kernaussage zusammen!
2. In einer Stellungnahme bilanziert eine Soziale:

„Ich arbeite jetzt seit fast 40 Jahren in der behördlichen Jugendhilfe. Mittlerweile hat sich die Arbeit völlig verändert (was u. a. auch im genutzten Vokabular deutlich erkennbar wird): veränderte Familiensysteme: zunehmend jüngere Kinder in Hilfesystemen – weniger vollständige Familiensysteme – zunehmend psychisch belastete bzw. erkrankte Eltern – wenig Einblick in die tatsächliche Kompetenz und den Erfolg der Hilfen und Helfer – mangelnde Prüfung von Effizienz der Hilfen – wenig Phantasie und Kreativität ist möglich – kaum neue Formen von Hilfe – ... Veränderte Tätigkeiten: weg vom direkten Kontakt mit den Menschen – hin zum „Case-Management" – zum Einsetzen von Hilfen – zur Steuerung der Hilfen .... – viel Arbeit am PC (Dokumentation, Datensammlung ...) – immer mehr Verwaltungsaufgaben (Formulare, Verfahrensabläufe ...) – kaum direkte Arbeit mit den Familien – nur zeitweise Begleitung der Familien durch differenzierte Spezialdienste – ... *Fazit*: Heutzutage (ist Soziale Arbeit; Erg. PUW) eher geeignet für Menschen, die im Sozialmanagement tätig sein wollen, weniger für solche, die direkt mit Menschen arbeiten wollen. Ich würde mich heute vermutlich in einem anderen Arbeitsfeld betätigen wollen."

Diskutieren Sie in Ihrer Bezugsgruppe, wie Sie zu dieser Bilanz eines beruflichen Lebens stehen! Wie verhält sich diese Einschätzung zu den professionellen Qualitäten, von denen in der Lerneinheit die Rede ist?

## 14.4 Literaturempfehlung

Einen in Teilen zu der in diesem Lehrbuch gewählten Darstellung erweiternden Blick auf das Verständnis von Professionalität in der Sozialen Arbeit wirft *Andreas Knoll: Professionelle soziale Arbeit. Professionstheorie zur Einführung und Auffrischung*, 3. Aufl. Freiburg/Brsg. 2010; dazu ist beim Rezensionsdienst sozialnet.de auch eine Rezension erschienen: www.socialnet.de/rezensionen/10389.php.

# 15 Literatur

**Abkürzungen für Zeitungen und Zeitschriften**

| | |
|---|---|
| ArchSozArb | Archiv für Wissenschaft und Praxis der sozialen Arbeit |
| BdW | Blätter der Wohlfahrtspflege |
| dj | deutsche Jugend |
| FAZ | Frankfurter Allgemeine Zeitung |
| NDV | Nachrichtendienst des Deutschen Vereins für öffentliche und private Fürsorge |
| np | neue praxis |
| SE | Sozial Extra |
| SozArb | Soziale Arbeit |
| SozMag | Sozialmagazin |
| TuP | Theorie und Praxis der Sozialen Arbeit |
| UJ | unsere Jugend |
| ZfJ | Zentralblatt für Jugendrecht |

Abels, H.: Lebensphase Jugend, Wiesbaden 2008

Abstein, H. J.: Suchthilfe – ein klassisches Handlungsfeld der Sozialarbeit; in: Gastinger, S., und ders. (Hg.), Methoden der Sozialarbeit in unterschiedlichen Arbeitsfelder der Suchthilfe, Freiburg 2012: 7–18

Addams, J.: Zwanzig Jahre sozialer Frauenarbeit in Chicago, München 1913

Adorno, T. W.: Erziehung nach Auschwitz, 13. Aufl. Frankfurt/M. [1966] 1991

Adorno, T. W.: Studien zum autoritären Charakter, Frankfurt/M. 1973

AGJ/Arbeitsgemeinschaft für Kinder- und Jugendhilfe: Deutscher Kinder- und Jugend(-hilfe) MONITOR 2017; URL: www.agj.de/fileadmin/files/arbeitsfelder/Monitor_Dt_Kinder-jugendhilfe_FINAL.pdf (24. Juni 2017)

Albrecht, G.: Soziale Prävention; in: Bielefelder Arbeitsgruppe 8 (Hg.), Soziale Arbeit in Gesellschaft, Wiesbaden 2008: 55–61

Albus, S.: Die Erzieherischen Hilfen; in: Thole, W. (Hg.), 3. Aufl. Wiesbaden 2010: 477–482

Althaus, H.: Vom Wesen nationalsozialistischer Volkswohlfahrt; in: Kuhlmann, C. (Hg.), Geschichte Sozialer Arbeit II, Schwalbach/Ts 2008: 97–117

Aly, G.: Die Belasteten. „Euthanasie" 1939–1945. Eine Gesellschaftsgeschichte, Frankfurt/M. 2013

Amthor, R.-C.: Einführung in die Berufsgeschichte der Sozialen Arbeit, 2. Aufl. Weinheim und München 2016

Anden, H., Gödecker-Geenen, N., und Nau, H.: Soziale Arbeit im Krankenhaus, München 2004

Aner, K., und Karl, U. (Hg.): Handbuch Soziale Arbeit und Alter, Wiesbaden 2009

Anhorn, R., u. a. (Hg.): Kritik der Sozialen Arbeit – kritische Soziale Arbeit. Perspektiven kritischer Sozialer Arbeit, Wiesbaden 2012

Anhorn, R.: Warum sozialer Ausschluss für Theorie und Praxis Sozialer Arbeit zum Thema werden muss; in: Anhorn, R., Bettinger, F., und Stehr, J. (Hg.), Sozialer Ausschluss und Soziale Arbeit, Wiesbaden 2008: 14–28

Antonovsky (1979), A.: Health, stress, and coping, London 1979

Antonovsky (1997), A.: Salutogenese. Zur Entmystifizierung der Gesundheit, Tübingen 1997

Aquin, T. von: Das Almosen; in: Kuhlmann, C. (Hg.), Geschichte Sozialer Arbeit II, Schwalbach/Ts 2008:7–12

Arendt, H.: Eichmann in Jerusalem. Ein Bericht von der Banalität des Bösen, 14. Aufl. München 1986

Ariès, P.: Geschichte der Kindheit, 16. Aufl. München [1960] 2007

Arnold, S.: Erst mal googeln, dann mal schau'n? Wissenschaftliche Recherche im Internet; in: Chirico, R., und Selders, B. (Hg.), Bachelor statt Burnout, Göttingen 2010: 93–100

Asch (1955), S.: Opinions and social pressure; in: Scientific American 5/1955: 31–35

Asch (1956), S.: Studies of independence and conformity: A minority of one against a unanimous majority; in: Psychological Monographs 9/1956: 1–70

Asmus, A, und Pabst, F.: Armut Alleinerziehender; in: DPWV, Menschenwürde ist Menschenrecht, Berlin 2017: 22–29

Auhagen, A. E.: Das Positive mehren. Herausforderungen für die Positive Psychologie; in: dies. (Hg.), Positive Psychologie, Basel 2004: 1–15

Badura, B., u. a.: Sozialkapital: Grundlagen von Gesundheit und Unternehmenserfolg, Berlin und Heidelberg 2013

BAGW/Bundesarbeitsgemeinschaft Wohnungslosenhilfe: Aufruf zu einer Nationalen Strategie zur Überwindung von Wohnungsnot und Armut in Deutschland, Berlin 2014

Baier, F., und Deinet, U. (Hg.): Praxisbuch Schulsozialarbeit. Methoden, Haltungen und Handlungsorientierungen für eine professionelle Praxis, Opladen und Farmington Hills 2011

Bamberger, G. G.: Lösungsorientierte Beratung, Weinheim 2001

Bang (1960), R.: Hilfe zur Selbsthilfe. Für Klient und Sozialarbeiter, München und Basel 1960

Bang (1968), R.: Psychologische und methodische Grundlagen der Einzelfallhilfe (Casework), 4. Aufl. München und Basel 1968

Barabas, F.: Zur Theorie der Sozialarbeit: Sozialisation als gesellschaftliche Praxis; in: ders. u. a. (Hg.), Jahrbuch der Sozialarbeit 1978, Reinbek 1977: 490–535

Bathke, S. A.: Frühe Hilfen; in: Schröer, W., Struck, N., und Wolff, M. (Hg.): Handbuch Kinder- und Jugendhilfe, 2. Aufl. Weinheim und Basel 2016: 752–777

Bauer, J.: Prinzip Menschlichkeit, 5. Auf. München 2011

Bauer, U.: Das Präventionsdilemma: Potenziale schulischer Kompetenzförderung im Spiegel sozialer Polarisierung, Wiesbaden 2005

Baum, D.: Die Stadt in der Sozialen Arbeit – eine andere Begründung der Sozialraumorientierung in der Kinder- und Jugendhilfe; in: Badawia, T., Luckas, H., und Müller, H. (Hg.), Das Soziale gestalten, Wiesbaden 2006: 167–184

Bauman, Z.: Verworfenes Leben. Die Ausgegrenzten der Moderne, Hamburg 2005

BDKJ/Bund der Katholischen Jugend und Misereor (Hg.): Wie ticken Jugendliche? Sinus-Milieustudie U27, Düsseldorf 2008

Beck (1986), U.: Risikogesellschaft. Auf dem Weg in eine andere Moderne, Frankfurt/M. 1986

Beck (2005), U.: Was zur Wahl steht, Frankfurt/M. 2005

Becker-Lenz, R., u. a.: Wissen, Kompetenz, Habitus und Identität als Elemente von Professionalität im Studium Sozialer Arbeit; in Becker-Lenz, R., u. a. (Hg.), Professionalität Sozialer Arbeit und Hochschule, Wiesbaden 2012: 9–31

Becker-Lenz, R., und Müller, S.: Der professionelle Habitus in der Sozialen Arbeit. Grundlagen eines Professionsideals. Frankfurt/M. u. a. 2009

Beckmann, K.: Kinderschutz; in: Friesenhahn, G. J., Braun, D., und Ningel, R. (Hg.), Handlungsräume Sozialer Arbeit, Opladen und Toronto 2014: 270–279

Beher, K., und Fuchs-Rechlin, K.: Wie atypisch und prekär sind die Beschäftigungsverhältnisse in sozialen Berufen? In: SozMag 1–2/2013: 63

Bendel, K.: Inklusion und Integration. Soziale Arbeit zwischen funktionaler Differenzierung und sozialer Ungleichheit; in: Corsten, M., Rosa, H., und Schrader, R. (Hg.), Die Gerechtigkeit der Gesellschaft, Wiesbaden 2005: 127–150

Benz (2013), B., u. a. (Hg.): Politik Sozialer Arbeit. Band 1: Grundlagen, theoretische Perspektiven und Diskurse, Weinheim und Basel 2013

Benz (2014), B., u. a. (Hg.): Politik Sozialer Arbeit. Band 2: Akteure, Handlungsfelder und Methoden, Weinheim und Basel 2014

Berkman, L. F., und Syme, S. L.: Social networks, host resistance, and mortality: a nine-year follow-up study of Alameda Coounty; in: American journal of Epidemiology 2/1979: 186–204

Bertram, H.: Kindliches Wohlbefinden; in: DJI Impulse 3/2015: 4–7

Bettinger (2008), F.: Sozialer Ausschluss und kritisch-reflexive Sozialpädagogik – Konturen einer subjekt- und lebensweltorientierten Kinder- und Jugendarbeit; in: Anhorn, R., Bettinger, F., und Stehr, J. (Hg.), Sozialer Ausschluss und Soziale Arbeit, Wiesbaden 2008: 417–446

Bettinger (2009), F.: Perspektiven kritischer Sozialer Arbeit. Zur Auseinandersetzung der Sozialarbeiter mit ihrer gesellschaftlichen Rolle; in: TuP 4/2009: 301–309

Bettinger (2011), F.: Bezugswissenschaften Sozialer Arbeit – ohne Bezug zur Sozialen Arbeit? In: FORUM sozial 2/2011: 41f

Bettinger (2012), F.: Bedingungen kritischer Sozialer Arbeit; in: Anhorn, R., u. a. (Hg.), Kritik der Sozialen Arbeit – Kritische Soziale Arbeit, Wiesbaden 2012: 163–189

Bieker, R., und Floerecke, P. (Hg.): Träger, Arbeitsfelder und Zielgruppen der Sozialen Arbeit, Stuttgart 2011

Bieker, R.: Trägerstrukturen in der Sozialen Arbeit – ein Überblick; in: ders. und Floerecke, P. (Hg.), Träger, Arbeitsfelder und Zielgruppen der Sozialen Arbeit, Stuttgart 2011: 13–43

Bierhoff, H.-W., und Herner, M. J.: Begriffswörterbuch Sozialpsychologie, Stuttgart 2002

Birgmeier, B., und Mührel, E. (Hg.): Die Sozialarbeitswissenschaft und ihre Theorie(n). Positionen, Kontroversen, Perspektiven, Wiesbaden 2009

Birgmeier, B., und Mührel, E.: Wissenschaftliche Grundlagen der Sozialen Arbeit, Schwalbach/Ts. 2011

Bitzan, M., und Böllert, K.: Prävention; in: Thole, W., Höblich, D., und Ahmed, S. (Hg.), Taschenwörterbuch Soziale Arbeit, Bad Heilbrunn 2012: 222 f.

Blandow, J.: Hilfe zur Erziehung (HzE); in: Deutscher Verein (Hg.), Fachlexikon der sozialen Arbeit, 7. Aufl. Baden-Baden 2011: 428 f.

BMAS (2016a)/Bundesministerium für Arbeit und Sozialordnung (Hg.): Sozialbudget 2015, Berlin 2016

BMAS (2016b)/Bundesministerium für Arbeit und Sozialordnung (Hg.): Teilhabebericht der Bundesregierung über die Lebenslagen von Menschen mit Beeinträchtigung in Deutschland, Berlin 2016

BMFSFJ: „52,4 % Gender Care Gap – Gleichstellung von Frauen und Männern noch nicht erreicht". Pressemitteilung Nr. 19/2017 vom 7. März 2017, Berlin 2017

Bode, I., und Turba, H.: Paradoxe Zeiten. Die Prekarisierung des Arbeitsfelds der öffentlichen Kinder- und Jugendhilfe; in: Sozial Extra 3/2015: 40–43

Bohlen, S.: Soziale Arbeit als Menschenrechtsprofession. Zum professionellen Umgang mit Macht und Ohnmacht, in: Soziale Arbeit 7/2017: 256–262

Böhm, W.: Maria Montessori; in: Tenorth, H.-E. (Hg.), Klassiker der Pädagogik. Band 2, München 2003

Bohn, C.: Zur Bedeutung der Scham im professionellen Kontext sozialer Arbeit; in: TuP 4/2007: 51–53

Böhnisch (2008), L.: Sozialpädagogik der Lebensalter. Eine Einführung, 5. Aufl. Weinheim und München 2008

Böhnisch (2010), L.: Lebensbewältigung. Ein sozialpolitisch inspiriertes Paradigma für die Soziale Arbeit; in: Thole, W. (Hg.); Grundriss Soziale Arbeit, 3. Aufl. Wiesbaden 2010: 219–233

Böhnisch (2016), L.: Lebensbewältigung. Ein Konzept für die Soziale Arbeit, Weinheim und Basel 2016

Böhnisch, L., Schröer, W., und Thiersch, H.: Sozialpädagogisches Denken. Wege zu einer Neubestimmung, Weinheim/München 2005

Böhnisch, L., und Funk, H.: Soziale Arbeit und Geschlecht. Theoretische und praktische Orientierungen, Weinheim und München 2002

Böhnisch, L., und Lösch, H.: . Das Handlungsverständnis des Sozialarbeiters und seine institutionelle Determination (1973); in: Thole, W., Galuske, M., und Gängler, H. (Hg.), KlassikerInnen der Sozialen Arbeit, Neuwied und Kriftel 1998: 367–382

Böhnisch, L., und Schröer, W.: Sozialpolitik und Soziale Arbeit. Eine Einführung, Weinheim und Basel 2012

Böllert, K.: Funktionsbestimmung Sozialer Arbeit; in: Otto, H.-U., und Thiersch, H. (Hg.), Handbuch Soziale Arbeit, 4. Aufl. München und Basel 2011: 436–444

Borrmann, S.: Theoretische Grundlagen der Sozialen Arbeit. Ein Lehrbuch, Weinheim und Basel 2016

Bosshard, M., Ebert, U., und Lazarus, H.: Soziale Arbeit in der Psychiatrie. Lehrbuch, 5. Aufl. Bonn 2013

Bourdieu, P.: Ökonomisches Kapital, kulturelles Kapital, soziales Kapital; in Kreckel, R. (Hg.), Soziale Ungleichheiten, Göttingen 1983: 183–198

Brandhorst, P.: Arm, weil süchtig? Oder süchtig, weil arm? In: SozMag 10/2007: 47–49

Bronfenbrenner, U.: Ökologische Sozialisationsforschung, Stuttgart 1976

Brumlik, M.: Advokatorische Ethik, Bielefeld 1992

Buchkremer (1996), H.: Hilfe; in: ders. und Mielenz, I. (Hg.), Wörterbuch Soziale Arbeit, 4. Aufl. Weinheim und Basel 1996: 281–285

Buchkremer (2009), H.: Handbuch Sozialpädagogik. Ein Leitfaden in der sozialen Arbeit, 3. Aufl. Darmstadt 2009

Bude, H., und Willisch, A. (Hg.): Das Problem der Exklusion. Ausgegrenzte, Entbehrliche, Überflüssige, Hamburg 2006

Bührmann, T.: Partizipation in der Jugendsozialarbeit: Auftrag, Prinzip oder Vision? In: dreizehn. Zeitschrift für Jugendsozialarbeit, Nr.14, November 2015: 20–24

Bullinger, H., und Nowak, J.: Soziale Netzwerkarbeit, Freiburg/Brsg. 1998

Busse, S., und Ehlert, G. (Hg.): Soziale Arbeit und Region. Lebenslagen, Institutionen, Professionalität, Berlin 2009

Butterwegge (2012), C.: Jugendarmut in einem reichen Land; in: dj 7–8/2012: 321–328

Butterwegge (2015a), C.: Sozialstaatsentwicklung, Armut und Soziale Arbeit. Prekarisierung als Herausforderung für die Profession; in SE 2/2015: 38–41

Butterwegge (2015b), C.: Armut – sozialpolitischer Kampfbegriff oder ideologisches Minenfeld? Verdrängungsmechanismen, Beschönigungsversuche, Entsorgungstechniken; in: Schneider, U. (Hg.), Kampf um die Armut, Frankfurt/M. 2015: 51–83

Buttner, P., und Katzenmayer, K. (2006). Soziale Arbeit „und so weiter"; in: BdW 2/2006: 47–49

Calmbach (2012), M., u. a.: Wie ticken Jugendliche? Lebenswelten von Jugendlichen im Alter von 14 bis 17 Jahren in Deutschland, Düsseldorf 2012

Calmbach (2016), M., u. a.: Wie ticken Jugendliche 2016? Lebenswelten von Jugendlichen im Alter von 14 bis 17 Jahren, Berlin 2016

Caplan, G.: Principles of Preventive Psychiatry, New York 1964

Chassé, K. A., und von Wensierski, H.-J. (Hg.): Praxisfelder der Sozialen Arbeit. Eine Einführung, 4. Aufl. Weinheim und München 2008

Chirico, R., und Selders, B.: Prüfungsvorbereitung mit System; in: dies. (Hg.), Bachelor statt Burnout, Göttingen 2010: 101–107

Cloos, P., u. a.: Die Pädagogik der Kinder- und Jugendarbeit, 2. Aufl. Wiesbaden 2009

Czollek, L. C., Perko, G., und Weinbach, H.: Lehrbuch Gender und Queer. Grundlagen, Methoden und Praxisfelder,Weinheim und München 2009

Dahme, H.-J., Schütter, S., und Wohlfahrt, N.: Lehrbuch Kommunale Sozialverwaltung und Soziale Dienste. Grundlagen, aktuelle Praxis und Entwicklungsperspektiven, Weinheim und München 2008

Dahme, H.-J., und Wohlfahrt, N.: Die Kontrolle der Überflüssigen; in: Widersprüche 113/Sept. 2009b: 45–62

Dahme, H-J., und Wohlfahrt (2003), N.: Aktivierungspolitik und der Umbau des Sozialstaats. Gesellschaftliche Modernisierung durch angebotsorientierte Sozialpolitik; in: Dahme, H.-J., u. a. (Hg.), Soziale Arbeit für den aktivierenden Staat, Opladen 2003: 75–100

Daiminger, C., Hammerschmidt, P., und Sagebiel, J.: Gesundheit und Soziale Arbeit. Neu-Ulm 2015

Daiminger, C.: Salutogenese als Analyseinstrument und Handlungsorientierung für die gesundheitsbezogene Soziale Arbeit; in: Daiminger, C., Hammerschmidt, P., und Sagebiel, J. (Hg.), Gesundheit und Soziale Arbeit, 2015: 55–74

Daub, U.: Emanzipation: in: Deutscher Verein (Hg.), Fachlexikon der Sozialen Arbeit, 3. Aufl. Frankfurt/M. 1993: 275

Debiel, S., u. a. (Hg.): Soziale Arbeit in ländlichen Räumen, Wiesbaden 2012

Deinet, U., und Sturzenhecker, B.: Handbuch Offene Kinder- und Jugendarbeit, 4., Aufl. Wiesbaden 2013

Deller, U., und Brake, R.: Soziale Arbeit. Grundlagen für Theorie und Praxis, Opladen und Toronto 2014

destatis (2015)/Statistisches Bundesamt: Höhere Armutsgefährdung von gering Qualifizierten als 2005. Pressemitteilung des /Statistischen Bundesamtes vom 27. Aug. 2015 – Nr. 311/15, Wiesbaden 2015

destatis (2016)/Statistisches Bundesamt: Mikrozensus Bevölkerung und Erwerbstätigkeit. Beruf, Ausbildung und Arbeitsbedingungen der Erwerbstätigen in Deutschland (Fachserie 1 Reihe 4.1.2), Wiesbaden 2016

destatis (2017)/Statistisches Bundesamt: Einwohnerzahl auf Rekordstand – Meldung in tagesschau.de vom 27. Jan. 2017; URL: www.tagesschau.de/inland/einwohnerzahl-deutschland-105.html#a-b15360f6-94e9-4b17-9b3b-c8fee4851cfe (27.1.2017)

Dewe, B., und Otto, H.-U.: Wissenschaftstheorie; in: Otto, H.-U., und Thiersch, H. [Hg.], Handbuch Sozialarbeit – Sozialpädagogik, 2. Aufl. Neuwied und Kriftel 2001: 1966–1979

Die Welt (15. Juni 2016): Studie sieht zunehmende Radikalisierung in Deutschland; in: Die Welt vom 15. Juni 2016; URL: www.welt.de/newsticker/news1/article15624 9612/Studie-sieht-zunehmende-Radikalisierung-in-Deutschland.html (20.6. 2016)

Die Welt (3. Okt. 2017): In Deutschland wird es enger – aber nicht überall; in: Die Welt online vom 3. Okt. 2017; URL: www.welt.de/politik/deutschland/article169267617/In-Deutschland-wird-es-enger-aber-nicht-ueberall.html (3.10.2017)

Die Zeit (1. Aug. 2017): Jeder Fünfte in Deutschland hat einen Migrationshintergrund; in: Zeit online vom 1. Aug. 2017; URL: www.zeit.de/gesellschaft/zeitgeschehen/2017-08/statistisches-bundesamt-migrationshintergrund-einwohner-deutschland (1.8.2017)

DKHW/Deutsches Kinderhilfswerk (Hg.): Kinderreport Deutschland 2015. Rechte von Kindern in Deutschland, Berlin 2015

Dörner, D., u. a. (Hg.): Lohhausen. Vom Umgang mit Unbestimmtheit und Komplexität, Bern 1983

Dörner, D.: On the Difficulties People have in Dealing with Complexity; in: Simulation & Games 11/1980: 87–106

DPWV (2011)/Deutscher Paritätischer Wohlfahrtsverband Gesamtverband (Hg.): Ombudschaften als Normalfall der Partizipation; in: Forum Erziehungshilfen 5/2011: 310–313

DPWV (2017a)/Deutscher Paritätischer Wohlfahrtsverband Gesamtverband: Menschenwürde ist Menschenrecht. Bericht zur Armutsentwicklung in Deutschland 2017, Berlin 2017

DPWV (2017b)/Deutscher Paritätischer Wohlfahrtsverband Gesamtverband: Pressemitteilung zum Armutsbericht 2017, Berlin, 2. März 2017

DPWV (2017c)/Deutscher Paritätischer Wohlfahrtsverband Gesamtverband: Menschenwürde ist Menschenrecht. Pressematerialien zum Armutsbericht 2017, Berlin 2017

DPWV (2017d)/Deutscher Paritätischer Wohlfahrtsverband Gesamtverband (Hg.): Abschied vom Aufstieg!? Paritätisches Jahresgutachten, Berlin 2017

Dryen, T., Lauterbach, W., und Grundmann M. (Hg.): Vermögen in Deutschland: Heterogenität und Verantwortung, Wiesbaden 2011

Duncker, K.: Zur Psychologie des produktiven Denkens, Berlin 1974

DV/Deutscher Verein für öffentliche und private Fürsorge: Unterstützung am Übergang Schule – Beruf. Empfehlungen des Deutschen Vereins für eine gelingende Zusammenarbeit an den Schnittstellen der Rechtskreise SGB II, SGB III und SGB VIII, Berlin 2015

DZA/Deutsches Zentrum für Altersfragen (Hg.): Deutscher Alterssurvey 2014. Zentrale Befunde, Berlin 2016

Eckert, D.: Armutsbericht zeichnet schlimmstes Bild seit 25 Jahren; in: Die Welt/N24 vom 2. März 2017; URL: www.welt.de/wirtschaft/article162517428/Armutsbericht-zeichnet-schlimmstes-Bild-seit-25-Jahren.html (2. März 2017)

Ehlert, G.: Profession, Geschlecht und Soziale Arbeit; in: Mechthild Bereswill und Gerd Stecklina (Hg.): Geschlechterperspektiven für die Soziale Arbeit, Weinheim und München 2010: 45–60

Eisenmann, P.: Werte und Normen in der Sozialen Arbeit, Stuttgart 2006

Engel, G.: Studie zur Kinderarmut – Arm bleibt arm; in: tagesschau vom 12. Sept. 2016; URL: www.tagesschau.de/inland/kinderarmut-deutschland-101.html (19.9. 2017)

Engelke, E., Borrmann, S., und Spatscheck, C.: Theorien der Sozialen Arbeit. Eine Einführung, 5. Aufl. Freiburg/Brsg. 2009

Engelke, E.: Theorien der Sozialen Arbeit. Eine Einführung, Freiburg/Brsg. 1998

Engels, D., Engel, H., und Schmitz, A.: Teilhabebericht der Bundesregierung über die Lebenslagen von Menschen mit Beeinträchtigungen 2016, Köln und Berlin 2016

Engels, D.: Lebenslagen und soziale Exklusion; in: Sozialer Fortschritt 5/2006: 109–117

Erikson (1970), E. H.: Jugend und Krise, Stuttgart 1970

Erikson (1973), E. H.: Identität und Lebenszyklus, Frankfurt/M. 1973

Erikson (1988), E. H.: Der vollständige Lebenszyklus, Frankfurt/Main 1988

Faas, S., und Zipperle, M.: Sozialer Wandel: Herausforderungen für die kulturelle Bildung und soziale Arbeit, Wiesbaden 2014

Faller, G. (Hg.): Lehrbuch betriebliche Gesundheitsförderung, Göttingen 2016

FAZ (11. Dez. 2016): Niedriglohn Jeder Fünfte verdient unter zehn Euro pro Stunde; in: FAZ online vom 11. Dez. 2016; URL: www.faz.net/aktuell/wirtschaft/arm-und-reich/ niedriglohn-jeder-fuenfte-verdient-unter-zehn-euro-pro-stunde-14569188.html (28.2.2017)

FAZ (12. Dez. 2016): Wie viele Arbeitnehmer sind noch in Gewerkschaften? In: FAZ online vom 12. Dez. 2017; URL: www.faz.net/aktuell/wirtschaft/wirtschaft-in-zahlen/ grafik-des-tages-wie-viele-arbeitnehmer-sind-noch-in-gewerkschaften-14570894. html (12. Dez. 2016)

Fehren, O.: Sozialraumorientierung sozialer Dienste; in: Evers, A., Heinze, R. G., und Olk, T. (Hg.), Handbuch Soziale Dienste, Wiesbaden 2011: 442–457

Felder, M.: Inklusion; in: Friesenhahn, G. J., Braun, D., und Ningel, R. (Hg.), Handlungsräume Sozialer Arbeit, Opladen und Toronto 2014: 126–134

Feldhaus, N., u. a.: Lebensführungsprobleme und Soziale Arbeit; in: np 2/2009: 191–200

Fieseler, G.: Garantenpflicht – Konsequenzen für sozialpädagogisches Handeln unter Berücksichtigung berufsrechtlicher und berufsethischer Gesichtspunkt: in: ZfJ 5/2004: 172–180

Flösser, G.: Soziale Dienste – Ein Überblick; in: Bielefelder Arbeitsgruppe 8 (Hg.), Soziale Arbeit in Gesellschaft, Wiesbaden 2008: 243–251

Focus (24. Dez. 2016): Regierungsdaten zeigen: Jeder zweite Beschäftigte muss mit Armutsrente rechnen; in: Focus-money vom 24. Dez. 2016; URL: www.focus.de/finanzen/altersvorsorge/rente/grundsicherung-jeder-zweite-beschaeftigte-muss-mit-armutsrente-rechnen_id_6401121.html (28.2.2017)

Franzkowiak (2003), P.: Zum Verhältnis von Sozialer Arbeit und Gesundheitsförderung; in: Prävention 1/2003: 25–28

Franzkowiak (2009), P.: Soziale Gesundheitsarbeit und Gesundheitsförderung; in: Prävention, 3/2009: 66–69

Franzkowiak (2011), P.: Gesundheitsförderung; in: Bieker, R., und Floerecke, P. (Hg.), Träger, Arbeitsfelder und Zielgruppen der Sozialen Arbeit, Stuttgart 2011: 259–272

Franzkowiak (2014), P.: Gesundheit; in: Friesenhahn, G. J., Braun, D., und Ningel, R. (Hg.), Handlungsräume Sozialer Arbeit, Opladen und Toronto 2014: 116–125

Franzkowiak, P., und Homfeldt, H. G.: Partizipation in der Sozialen Arbeit; in: Rosenbrock, R., und Hartung, S. (Hg.), Handbuch Partizipation und Gesundheit, Bern 2012: 79–90

Frederiksen, N.: The Real Test Bias: Influences of Testing on Teaching and Learning; in: American Psychologist 39 (1984): 193–202

Frensch, P. A., und Funke, J. (Hg.): Complex problem solving: The European perspective, Hillsdale 1995

Frey Steffen, T.: Gender, Leipzig 2006

Friedländer, W. A., und Pfaffenberger, H. (Hg.): Grundbegriffe und Methoden der Sozialarbeit, 2. Aufl. Neuwied und Berlin 1969

Friedrich, S.: Entwicklung einer ressourcenorientierten Haltung; in: Möbius, T., und Friedrich, S. (Hg.), Ressourcenorientiert arbeiten, Wiesbaden 2010: 39–49

Fröhlich-Gildhoff, K., und Rännau-Bäse, M.: Resilienz, München und Basel 2009

Fromm, E.: Die Furcht vor der Freiheit, München [1941] 1993

Fromm, E.: Zur Struktur der autoritären Persönlichkeit. Vortrag im Rahmen der RIAS-Funk-Universität, Berlin 1957

Früchtel, F., Budde, W., und Cyprian, G.: Sozialer Raum und Soziale Arbeit. Fieldbook: Methoden und Techniken, Wiesbaden 2007

Früchtel, F., und Budde, W.: Sozialraum; in: Deutscher Verein (Hg.), Fachlexikon der sozialen Arbeit, 7. Aufl. Baden-Baden 2011: 844 ff.

Fuchs, P., u. a. (Hg.): „Das Vergessen der Vernichtung ist Teil der Vernichtung selbst". Lebensgeschichten von Opfern der nationalsozialistischen „Euthanasie", Göttingen 2007

Fuchs-Heinritz (2007a), W.: Lebenslange Sozialisation; in: ders. u. a. (Hg.): Lexikon zur Soziologie, 4. Aufl. Wiesbaden 2007: 605 ff.

Fuchs-Heinritz (2007b), W. Kultur; in: ders. u. a. (Hg.): Lexikon zur Soziologie, 4. Aufl. Wiesbaden 2007: 374

Fuchs-Rechlin, K.: Soziale Berufe. Von der Wachstums- zur Zukunftsbranche? In: SE 3–4/2012: 32–35

Funke, J.: Complex problem solving; in Seel, N. M. (Hg.), Encyclopedia of the sciences of learning, Heidelberg 2012: 682–685

Galuske, M., und Müller, C. W.: Handlungsformen in der Sozialen Arbeit. Geschichte und Entwicklung; in: Thole, W. (Hg.), Grundriss Soziale Arbeit, 3. Aufl. Wiesbaden: 587–610

Galuske, M., und Rietzke, T.: Aktivierung und Ausgrenzung – Aktivierender Sozialstaat, Hartz-Reformen und die Folgen für Soziale Arbeit und Jugendberufshilfe; in: Anhorn, R, Bettinger, F, und Stehr, J (Hg.), Sozialer Ausschluss und Soziale Arbeit, 2. Aufl. Wiesbaden 2008: 399–416

Galuske, M.: Methoden der Sozialen Arbeit, 3. Aufl. Weinheim und München 2001

Gastinger, S., und Abstein, H. J. (Hg.): Methoden der Sozialarbeit in unterschiedlichen Arbeitsfelder der Suchthilfe, Freiburg 2012

Gastinger, S., und Stark, M. (Hg.): Schuldnerberatung. Eine ganzheitliche Aufgabe für methodische Sozialarbeit; Freiburg/Brsg. 2012

Gathen, M. von zur, und Liebert, J.: Den Blick schärfen – Armut von Jugendlichen und jungen Erwachsenen; in: DPWV, Menschenwürde ist Menschenrecht, Berlin 2017: 30–38

Geißler, K. A., und Hege, M.: Konzepte sozialpädagogischen Handelns. Ein Leitfaden für soziale Berufe, 10. Aufl. Weinheim und Basel 2001

Geißler, R.: Die Sozialstruktur Deutschlands. Zur gesellschaftlichen Entwicklung mit einer Bilanz zur Vereinigung, 4. Aufl. Wiesbaden 2006

Germain, C. B., und Gitterman, A.: Praktsche Sozialarbeit. Das „Life Model" der Sozialen Arbeit – Fortschritte in Theorie und Praxis, 3. Aufl. Stuttgart 1999

Gerull, S.: Armut und Ausgrenzung im Kontext Sozialer Arbeit, Weinheim und Basel 2011

Getzels, J. W.: The problem of the problem. New directions for methodology of social and behavioral science: Question framing and response consistency 11/1982: 37–49

Giesecke (1997), H.: Die pädagogische Beziehung, Weinheim und München 1997

Giesecke (2012), H.: Sozialarbeit – ein Berufsfeld mit Zukunft? In: SE 3–4/2012: 29–31

Gillich (2008), S. (Hg.): Bei Ausgrenzung Streetwork. Handlungsmöglichkeiten und Wirkungen, Gelnhausen 2008

Gillich (2011), S.: Soziale Arbeit auf der Straße/Mobile Jugendarbeit; in: Bieker, R., und Floerecke, P. (Hg.), Träger, Arbeitsfelder und Zielgruppen der Sozialen Arbeit, Stuttgart 2011: 70–80

Gillich, S., und Nagel, S. (Hg.): Von der Armenhilfe zur Wohnungslosenhilfe – und zurück? Gründau-Rothenberg 2010

Gissel-Palkovich, G: Allgemeiner Sozialer Dienst (ASD); in: Bieker, R., und Floerecke, P. (Hg.), Träger, Arbeitsfelder und Zielgruppen der Sozialen Arbeit, Stuttgart 2011: 95–107

Göbel, H.: Marktschreier der Armut; in: FAZ vom 2, März 2017

Goldberg, B., und Schorn, A.: Kindeswohlgefährdung. Wahrnehmen – Bewerten – Intervenieren, Opladen und Farmington Hills 2011

Götz, S., und Koschnitzke, L.: Wer einmal abrutscht, ist verloren; in: Zeit online vom 1. Sept. 2017; URL: www.zeit.de/wirtschaft/2017-08/arbeitslosigkeit-arbeitsmarkt-qualifikation-langzeitarbeitslose/komplettansicht (1. Sept. 2017)

Groos, T., und Jehles, N.: Der Einfluss von Armut auf die Entwicklung von Kindern, Gütersloh 2015

Grumbach, D.: Das Unrechtssystem der Heimerziehung – Fürsorgerziehung in der alten Bundesrepublik von 1949 bis 1975; in: np 6/2010: 558–566

Grundmann, M., und Kunze, I.: Systematische Sozialraumforschung: Urie Bronfenbrenners Ökologie der menschlichen Entwicklung und die Modellierung mikrosozialer Raumgestaltung; in: Kessl, F., und Reutlinger, C. (Hg.), Schlüsselwerke der Sozialraumforschung, Wiesbaden 2008: 172–188

Grunwald, K., und Thiersch (2004a), H. (Hg.): Praxis Lebensweltorientierter Sozialer Arbeit. Handlungszugänge und Methoden in unterschiedlichen Arbeitsfeldern, Weinheim und München 2004

Grunwald, K., und Thiersch (2004b), H.: Das Konzept Lebensweltorientierte Soziale Arbeit – einleitende Bemerkungen; in: dies. (Hg.), Praxis Lebensweltorientierter Sozialer Arbeit, Weinheim und München 2004: 13–39

Hamburger, F.: Kulturkonflikt und seine pädagogische Kompensation, in: Dittrich, E., Radtke, F.-O. (Hg.), Ethnizität: Wissenschaft und Minderheiten, Opladen 1990: 311–325

Hanses, A.: Sozialdienste in Krankenhäusern; in: Becker-Lenz, R., u. a. (Hg.), Professionelles Handeln in der Sozialen Arbeit, Wiesbaden 2011: 64–79

Hansjürgens, R.: Soziale Arbeit in der Suchthilfe; in: SozArb 9/2016: 333–339

Harmsen, T.: Professionelle Identität im Bachelorstudium Soziale Arbeit. Konstruktionsprinzipien, Aneignungsformen und hochschuldidaktische Herausforderungen, Wiesbaden 2013

Hartmann (2007a), H.: Autorität – funktionale Autorität – professionelle Autorität; in: Fuchs-Heinritz, W., u. a. (Hg.), Lexikon zur Soziologie, 4. Aufl. Wiesbaden 2007: 73f

Hartmann (2007b), H.: Macht; in: Fuchs-Heinritz, W., u. a. (Hg.), Lexikon zur Soziologie, 4. Aufl. Wiesbaden 2007: 405

Havighurst, R. J.: Human development and education, New York 1953

HBS (2015a)/Hans-Böckler-Stiftung: Ungleichheit – Deutschland liegt vorn; in: Böckler-Impuls 5/2015: 6

HBS (2015b)/Hans-Böckler-Stiftung: Weiblich, westlich, atypisch; in: Böckler-Impuls 6/2015: 4

HBS (2017a)/Hans-Böckler-Stiftung: Wie sind die Vermögen verteilt? In: Böckler-Impuls 4/2017: 5

HBS (2017b)/Hans Böckler-Stiftung: Neuer Höchststand; in: Böckler-Impuls 9/2017: 3

HBS (2017c)/Hans-Böckler-Stiftung: Kinderarmut weiter gestiegen; in: Böckler-Info 10/2017: 3

HBSC-Studienverbund: Studie Health Behaviour in School-aged Children – Faktenblätter „Lebenszufriedenheit von Kindern und Jugendlichen!", „Subjektive Gesundheit von Kindern und Jugendlichen", „Psychosomatische Beschwerdelast von Kindern und Jugendlichen", Halle/S. 2015

Heckmann, F.: Integration von Migranten: Einwanderung und neue Nationenbildung, Wiesbaden 2015

Heckmann, W.: Sucht; in: Kreft, D., und Mielenz, I. (Hg.), Wörterbuch Soziale Arbeit, 7. Aufl. Weinheim und Basel 2013: 944–947

Heese, C., und Thaler, T.: Einschätzungen Studierender der Sozialen Arbeit zu sozialen Problemen und Arbeitsfeldern; in: TuP 4/2014: 267–276

Hege, M.: Engagierter Dialog. Ein Beitrag zur sozialen Einzelhilfe, München und Basel 1974

Heiner, M.: Beziehungen und Beziehungsgestaltung; in: diess. (Hg.), Wissensbausteine (Handlungskompetenzen in der Sozialen Arbeit), München 2010: 32–36

Heinz, W. R.: Arbeit, Beruf und Lebenslauf, Weinheim 1995

Heite, C.: Gender, Gendertheorien; in: Thole, W., Höblich, D., und Ahmed, S. (Hg.), Taschenwörterbuch Soziale Arbeit, Bad Heilbrunn 2012: 94 ff.

Heitmann, H., und Korn, J.: Verantwortung übernehmen – Abschied von Hass und Gewalt: ein Programm zur Jugend- und Bildungsarbeit mit rechtsextrem gefährdeten Gewalttätern im Strafvollzug; in: Gillich, S. (Hg.), Bei Ausgrenzung Streetwork, Gelnhausen 2008: 48–67

Helming, E.: Kontrollstrategien der Kinder- und Jugendhilfe am Beispiel der Entwicklung von Frühwarnsystemen und Frühen Hilfen; in: Michel-Schwartze, B. (Hg.)., „Modernisierungen" methodischen Handelns in der Sozialen Arbeit, Wiesbaden 2010: 173–204

Helsper, W.: Sozialisation; in: Krüger, H.-H., und Helsper, W. (Hg.), Einführung in Grundbegriffe und Grundfragen der Erziehungswissenschaft, 9. Aufl. Opladen und Farmington Hills 2010: 79–89

Hensen, G.: Risikofamilien. Wie Probleme fachlichen Handels einzelnen Familien als Eigenschaft zugeschrieben werden; in: SE 3–4/2010: 16–19

Hentig, H. von: Bildung. Ein Essay, München 1996: 40

Herbold, A., Reichstetter, L., und Scholz, A.-L.: Mehr Luft für den Aufstieg; in: Die Zeit 22/2017 vom 21. Mai 2017: 61

Hering (2013a), S. (Hg.): Was ist Soziale Arbeit? Traditionen – Widersprüche – Wirkungen, Opladen, Berlin und Toronto 2013

Hering (2013b), S.: Soziale Arbeit als Frauenberuf; in: dies. (Hg.), Was ist Soziale Arbeit? Opladen, Berlin und Toronto 2013: 53–67

Hering, S., und Münchmeier, R.: Geschichte der Sozialen Arbeit. Eine Einführung, 2. Aufl. Weinheim und München 2014

Herriger (2000), N.: Empowerment; in: Stimmer, F. (Hg.), Lexikon der Sozialpädagogik und der Sozialarbeit, 4. Aufl. München 2000: 174–181

Herriger (2010), N.: Empowerment in der Sozialen Arbeit, 4. Aufl. Stuttgart 2010

Herriger, N., und Kähler (2001), H. D.: Kompetenzprofile in der sozialen Arbeit; in: ArchSozArb 32/2001:3–28

Herriger, N., und Kähler (2009), H. D.: Erfolg in der Sozialen Arbeit. Gelingendes berufliches Handeln in der sozialen Praxis. Ein Forschungsbericht; in: socialnet Materialien vom 1. März 2009: www.socialnet.de/materialien/62.php (31. Oktober 2014)

Herrmann, F.: Konfliktkompetenz in der Sozialen Arbeit. Neun Bausteine für die Praxis, München 2013

Herwig-Lempp (2007), J.: Ressourcen im Umfeld: Die VIP-Karte; in: Michel-Schwartze, B. (Hg.), Methodenbuch Soziale Arbeit. Basiswissen für die Praxis, Wiesbaden 2007: 207–226

Herwig-Lempp (2009), J.: Theorien sind Werkzeuge; in: Birgmeier, B., und Mührel, E. (Hg.), Die Sozialarbeitswissenschaft und ihre Theorie(n), Wiesbaden 2009: 185–197

Hilmer, R., u. a.: Einstellung und soziale Lebenslage. Eine Spurensuche nach Gründen für rechtspopulistische Orientierung, auch unter Gewerkschaftsmitgliedern (Working Paper Forschungsförderung der Hans-Böckler-Stiftung Nr. 44), Düsseldorf 2017

Hinte (2010), W.: Wie verhalte ich mich „richtig"? „Fachlichkeit" in der Sozialen Arbeit (Repr. aus Sozial Extra 10/2001); in: SE 9-10/2010: 8–12

Hinte (2011), W.: Von der Stadtteilarbeit zum Stadtteilmanagement; in: Hinte, W., Lüttringhaus, M., und Oelschlägel, D., Grundlagen und Standards der Gemeinwesenarbeit, Münster 2001: 83–89

Hinte, W., und Kreft, D.: Sozialraumorientierung; in: Kreft, D., und Mielenz, I. (Hg.), Wörterbuch Soziale Arbeit, 7. Aufl. Weinheim und Basel 2013: 879–883

Hinte, W., und Treeß, H.: Sozialraumorientierung in der Jugendhilfe. Theoretische Grundlagen, Handlungsprinzipien und Praxisbeispiele einer kooperativ-integrativen Pädagogik, 2. Aufl. Weinheim und München 2011

Hinz, A.: Inklusion; in: Antor, G., und Bleidick, U. (Hg.), Handlexikon der Behindertenpädagogik, Stuttgart 2006: 97–99

Hitler, A.: Mein Kampf, München [1925] 1939

Hofmann, H.: UN-Kinderrechtskonvention und Beteiligungsrechte; in: Forum Jugendhilfe 4/2014: 16–22

Holland-Letz, M.: Ein besonderer Markt; in: Erziehung und Wissenschaft 6/2017: 34 f.

Hollenstein, E., u. a. (Hg.): Handbuch Schulsozialarbeit. Bd. 1, Weinheim und Basel 2017

Hollinghead, F. C., und Redlich, M. D.: Social Class and Mental Illness. A Community Study, New York 1958

Homfeldt, H. G., und Sting, S.: Gesundheit und Krankheit; in Otto, H.-U., und Thiersch, H. (Hg.), Handbuch Soziale Arbeit, 4. Aufl. München und Basel 2011: 567–579

Homfeldt, H. G.: Gesundheit und Soziale Arbeit; in Thole, W., Höblich, D., und Ahmed, S. (Hg.), Taschenwörterbuch Soziale Arbeit, 2. Aufl. Bad Heilbrunn 2015: 112–113

Hörster, R.: Pädagogisches Handeln; in: Krüger, H.-H., und Helsper, W. (Hg.), Einführung in Grundbegriffe und Grundfragen der Erziehungswissenschaft, 9. Aufl. Opladen und Farmington Hills 2010: 35-43

Hradil, S.: Soziale Ungleichheit in Deutschland, 8. Aufl. Wiesbaden 2001: 353-376

Huber, M.: Früher Stress – späte Folgen; in SE 11-12/2011: 20-22

Hungerland, E.: Kinder- und Jugendhilfe. Eine gesundheitliche Belastung für Leitungs- und Fachkräfte? In: Unsere Jugend 10/2016: 402–410

Hurrelmann, K.: Gesundheitssoziologie. Weinheim und München 2010

Huxoll, M., und Kotthaus, J. (Hg.): Macht und Zwang in der Kinder- und Jugendhilfe, Weinheim und Basel 2012

Idel, T.-S.: Self-fulfilling-prohecy; in: Thole, W., Höblich, D., und Ahmed, S. (Hg.), Taschenwörterbuch Soziale Arbeit, Bad Heilbrunn 2012: 240

IFSW/IAASW – International Federation of Social Workers/International Association of Schools of Social Work: Ethik in der Sozialen Arbeit – Darstellung der Prinzipien

(2004); URL: www.avenirsocial.ch/cm_data/EthikprinzSozArbeitIFSW.pdf
(25.12.2016)

IFSW/International Federation of Social Workers: Global Definition of Social Work (2014);
URL: http://ifsw.org/policies/definition-of-social-work/ (27.4.2016)

Jansen, P.-E.: Menschenrechte; in: Friesenhahn, G. J., Braun, D., und Ningel, R. (Hg.), Handlungsräume Sozialer Arbeit, Opladen und Toronto 2014: 27–36

Janßen, C.: Soziale Ungleichheit und Gesundheit – Ansatzpunkte für sozialarbeiterisches
Handeln; in Daiminger, C., Hammerschmidt, P., und Sagebiel, J. (Hg.), Gesundheit und
Soziale Arbeit, Neu-Ulm 2015: 75–92

Jordan, S., und von der Lippe, E.: Teilnahme an verhaltenspräventiven Maßnahmen: Ergebnisse der Studie zur Gesundheit Erwachsener in Deutschland (DEGS1); in: Bundesgesundheitsblatt, 5–6/2013: 878–884

Jungbauer, J., und Büchel, L.: Stressbelastungen bei Fachkräften des Allgemeinen Sozialen
Dienstes. Ergebnisse einer aktuellen Studie; in: FORUM sozial 1/2013: 37–40

Jungblut, H. J.: Drogenhilfe. Eine Einführung, Weinheim und München 2004

Jurczyk, K., und Thiessen, B.: Familie und soziale Dienste; in: Evers, A., Heinze, R. G., und
Olk, T. (Hg.), Handbuch Soziale Dienste, Wiesbaden 2011: 333–352

Kälble, K.: Gesundheitsbezüge in der Sozialen Arbeit und Soziale Arbeit im Gesundheitswesen – interdiszipilnäre Konstellationen und Probleme; in Daiminger, C., Hammerschmidt, P., und Sagebiel, J. (Hg.), Gesundheit und Soziale Arbeit, Neu-Ulm 2015: 93–
112

Kant, I: Beantwortung der Frage: Was ist AUFKLÄRUNG? Königsberg in Preußen, den 30.
September 1784; in: Berlinische Monatsschrift, Dezember 1984, Berlin 1784: 481–494

Karges, R., und Lehner, I. M: Zum Berufsbild in der Sozialen Arbeit. Das berufliche Selbstverständnis und seine Unschärfen; in: SozArb 12/2005: 449–456

Karl, F.: Einführung in die Generationen- und Altenarbeit, Opladen 2009

Karlsen, J. E.: Die sich selbsterfüllende Propheziung; in: Larsen, S. U., und Zimmermann, E.
(Hg.), Theorien und Methoden der Sozialwissenschaften, Wiesbaden 2003: 105–116

Kawachi, I., u. a.: A prospective study of social networks in relation to total mortality and
cardiovascular disease in men in the USA; in: Journal of Epidemiology and Community
Health 50/1996: 245–25

Kern, L.: Hypothese; in: Fuchs-Heinritz, W., u. a. (Hg.), Lexikon zur Soziologie, 4. Aufl.
Wiesbaden 2007: 279

Keupp (2013a), H.: Empowerment; in: Kreft, D., und Mielenz, I. (Hg.), Wörterbuch Soziale
Arbeit, 7. Aufl. Weinheim und Basel 2013: 248–251

Keupp (2013b), H.: Heraus aus der Ohnmachtsfalle. Psychologische Einmischungen, Tübingen 2013

Khella, K.: Theorie und Praxis der Sozialarbeit und Sozialpädagogik. Bd. 1 und 2, Hamburg
1974 und 1978

Klee, E.: „Euthanasie" im NS-Staat. Die „Vernichtung lebensunwerten Lebens", 2. Aufl.
Frankfurt/M. 2010

Kleinert, U.: Soziale Arbeit im Bereich der Justiz; in: np 4/2006: 413–434

Kleinhubbert, G.: Inszenierte Bilder – Falsche Kinderarmut; in: Der Spiegel, Nr. 23/2016 vom
4. Juni 2016; URL: www.spiegel.de/wirtschaft/soziales/kinderarmut-in-deutsch land-
inszenierte-bilder-verzerren-wirklichkeit-a-1096112.html (21.7.2016)

Kleve (2003), H.: Sozialarbeitswissenschaft, Systemtheorie und Postmoderne. Grundlegun-
gen und Anwendungen eines Theorie- und Methodenprogramms. Freiburg/Brsg. 2003

Kleve (2004), H.: Sozialraumorientierung. Systemische Begründung für ein klassisches und innovatives Konzept Sozialer Arbeit, in: Sozialmagazin 3/2004: 12 ff.

Klima (2007a), R.: autoritär, Autoritarismus; in: Fuchs-Heinritz, W., u. a. (Hg.), Lexikon zur Soziologie, 4. Aufl. Wiesbaden 2007: 73

Klima (2007b), R.: Objektivität; in Fuchs-Heinritz, W., u. a. (Hg.) Lexikon zur Soziologie, 4. Aufl. Wiesbaden 2007: 465

Klima (2007c), R.: Sozialisation; in: Fuchs-Heinritz, W., u. a. (Hg.): Lexikon zur Soziologie, 4. Aufl. Wiesbaden 2007: 605 ff.

Klimke, D.: Prekarität; in: Fuchs-Heinritz, W., u. a. (Hg.), Lexikon zur Soziologie. 4. Aufl. Wiesbaden 2007: 506

Klomann (2014), V.: Zum Stand der Profession Soziale Arbeit. Empirische Studie zur Präsenz reflexiver Professionalität in den Sozialen Diensten der Jugendämter im Rheinland. Dissertation. Universität Bielefeld 2014; URL: http://pub.uni-bielefeld.de/publication/2656940.

Klomann (2016), V.: Arbeitszufriedenheit sowie Stress- und Beanspruchungserleben in den Sozialen Diensten der Jugendämter; in: Unsere Jugend 10/2016: 411–419

Klüsche (1992), W.: Professionelle Helfer – Anforderungen und Selbstdeutungen, Aachen 1992

Klüsche (1994), W.: Befähigung zur Konfliktbewältigung – ein identitätsstiftendes Merkmal für SozialarbeiterInnen/SozialpädagogInnen, in: ders. (Hg.): Professionelle Identitäten in der Sozialarbeit/Sozialpädagogik, Aachen 1994: 75–109

Knabe, J., und Schönig, W.: Resilienz Jugendlicher beim Übergang von der Schule in den Beruf; in: dj 7–8/2010: 318–327

Knecht, A., u. a.: Mit Ressourcenansätzen soziale Welten verstehen und Veränderungen aktivieren; in: Köttig, M., u. a. (Hg.), Soziale Wirklichkeiten in der Sozialen Arbeit, Opladen, Berlin und Toronto 2014: 107–117

Kniephoff-Knebel, A.: Diversity; in: Friesenhahn, G. J., Braun, D., und Ningel, R. (Hg.), Handlungsräume Sozialer Arbeit, Opladen und Toronto 2014: 106–115

Kolb, D.: Experimental Learning. Experience as the Source of Learning and Development, Englewood Cliffs 1984

Kowitz, D.: Arme sterben früher. Neue Studien belegen endgültig: Reichtum garantiert Gesundheit und ein längeres Leben; in: Die Zeit 29/2012 vom 12. Juli 2012: 25

Kraemer, K.: Sinn, praktischer; in: Fuchs-Heinritz, W., u. a. (Hg.), Lexikon zur Soziologie, 4. Aufl. Wiesbaden 2007: 594

Kreft, D.: Handlungskompetenz; in: Kreft, D., und Mielenz, I. (Hg.), Wörterbuch Soziale Arbeit, 7. Aufl. Weinheim und Basel 2013: 423–427

Kreimeyer, K.: Soziale Teilhabe in Deutschland; in: SozArb 2/2017: 42–48

Kroll, L. E., und Lampert, C.: Sozialkapital und Gesundheit in Deutschland; in: Das Gesundheitswesen 3/2007: 120–127

Kron, F. W.: Grundwissen Pädagogik, 4. Aufl. München 1994

Kruse, E.: Die Akademisierung der Profession Sozialer Arbeit; in: Hering, S. (Hg.), Was ist Soziale Arbeit? Opladen, Berlin und Toronto 2013:149–163

Kruse, V., und Barrelmeyer, U.: Max Weber. Eine Einführung, Konstanz und München 2012

Kuhlmann, C.: Soziale Arbeit im nationalsozialistischen Herrschaftssystem; in: Thole, W. (Hg.), 3. Aufl. Wiesbaden 2010: 87–107

Küster, E.-U., und Thole, W.: Wertschätzung; in: Kreft, D., und Mielenz, I. (Hg.), Wörterbuch Soziale Arbeit, 7. Aufl. Weinheim und Basel 2013: 1011f

Kwasniewski, N.: Acht Superreiche besitzen angeblich so viel wie die halbe Menschheit; in: Spiegel online vom 16. Jan 2017; URL: www.spiegel.de/wirtschaft/soziales/oxfam-8-mil-liardaere-sind-reicher-als-3-6-milliarden-menschen-a-1129932.html (28.1.2017)

Lambers, H.: Theorien der Sozialen Arbeit. Ein Kompendium und Vergleich, 3. Aufl.Opla-den, Farmington Hills und Toronto 2016

Lampert (2013), T., u. a.: Soziale Ungleichheit und Gesundheit: Stand und Perspektiven der sozialepidemiologischen Forschung in Deutschland; in: Bundesgesundheitsblatt 2/2016: 153–164

Lampert (2016), T., u. a.: Sozioökonomischer Status und Gesundheit: Ergebnisse der Studie zur Gesundheit Erwachsener in Deutschland (DEGS1); in: Bundesgesundheitsblatt, 5–6/2013: 814–821

Lampert, T., und Kroll, L. E.: Armut und Gesundheit; in: GBE kompakt 5/2010

Lampert, T., und Kuntz, B.: Gesund aufwachsen – Welche Bedeutung kommt dem sozialen Status zu? KiGGS Study Group (hg. Robert Koch-Institut), Berlin 2015

Lampert, T., und Rosenbrock, R.: Armut und Gesundheit; in: DPWV, Menschenwürde ist Menschenrecht, Berlin 2017: 98–108

Lattke (1955), H.: Soziale Arbeit und Erziehung. Ihre Ziel, Methoden und psychologischen Grundlagen, Freiburg 1955

Lattke (1998), H.: Sozialarbeit als Wissenschaft (1966); in: Thole, W., Galuske, M., und Gäng-ler, H. (Hg.), KlassikerInnen der Sozialen Arbeit, Neuwied und Kriftel 1998: 249–259

Lauter, R.: „Chancenspiegel Schule": Leistungsfähig, aber ungerecht; ZEIT-online vom 1. März 2017; URL: www.zeit.de/gesellschaft/schule/2017-02/chancenspiegel-schule-bil-dungspolitik-fortschritte-bertelsmann-stiftung (2. März 2017)

Lautmann, R.: Konstruktivismus; in: Fuchs-Heinritz, W., u. a. (Hg.), Lexikon zur Soziologie, 4. Aufl. Wiesbaden 2007: 357f

Lazarus, R. S., und Folkman, S.: Stress, appraisal and coping, New York 1974

Leideritz, M., und Vlecken, S. (Hg.): Professionelles Handeln in der Sozialen Arbeit – Schwerpunkt Menschenrechte. Eine Lese- und Lehrbuch, Opladen, Berlin und Toronto 2016

Leideritz, M.: Menschenrechte als Begründungsbasis für die Profession Sozialer Arbeit; in: dies. und Vlecken, S. (Hg.): Professionelles Handeln in der Sozialen Arbeit – Schwerpunkt Menschenrechte, Opladen, Berlin und Toronto 2016: 32–65

Lenz, A.: Resilienz – physische Widerstandkräfte der Kinder psychisch kranker Eltern fördern; in: SozMag 7–8/2015: 76–84

Lewin, K.: Die Feldtheorie in den Sozialwissenschaften, Bern 1963

Liebel, M.: Kindeswohl und Wohlbefinden der Kinder, zur deutschen Debatte um Kinder-gerechtigkeit; in: dj 06/2012: 269–277

Lieber, K., und Maischatz, K.: Helfersyndrom; in: Thole, W., Höblich, D., und Ahmed, S. (Hg.), Taschenwörterbuch Soziale Arbeit, Bad Heilbrunn 2012: 118

Lilli, W.: Vorurteil; in: Fuchs-Heinritz, W., u. a. (Hg.), Lexikon zur Soziologie, 4. Aufl. Wiesbaden 2007: 714

Lindemann, H.: Systemisch beobachten – lösungsorientiert handeln, Münster 2008

Linke, S.: „Da gehe ich nicht mehr hin"; in: Gern, W., und Segbers, F. (Hg.), Als Kunde Be-zeichnet, als Bettler behandelt, Hamburg 2009: 35–41

Lob-Hüdepohl, A.: „Menschenwürdig leben fördern" – zu normativen Grundlagen einer Po-litik Sozialer Arbeit; in: Benz, B., u. a. (Hg.), Politik Sozialer Arbeit. Band 1, Weinheim und Basel 2013: 85–102

Löcherbach, P., und Puhl, R.: Einladung zur Sozialen Arbeit. Studium, Beruf und Alltag einer jungen Disziplin, Baden-Baden 2016

Lösel, F., und Bender, D.: Von generellen Schutzfaktoren zu spezifischen protektiven Prozessen: Konzeptuelle Grundlagen und Ergebnisse der Resilienzforschung; in: Opp, G., und Fingerle, M. (Hg.), Was Kinder stärkt. Erziehung zwischen Risiko und Resilienz, München 2007: 57–78

Lüdtke (2007a), H.: Akteur; in: Fuchs-Heinritz, W. (Hg.): Lexikon zur Soziologie, Wiesbaden 2007: 25 und 261

Lüdtke (2007b), H.: Handlung/sinnhaftes Handeln; in: Fuchs-Heinritz, W. (Hg.): Lexikon zur Soziologie, Wiesbaden 2007: 261

Lüdtke (2007c), H.: Wissenschaft, reine – angewandte; in: Fuchs-Heinritz, W., u. a. (Hg.), Lexikon der Soziologie, 4. Aufl. Wiesbaden 2007: 733

Lutz, R., und Simon, T.: Lehrbuch der Wohnungslosenhilfe. Eine Einführung in Praxis, Positionen und Perspektiven, 2. Aufl. Weinheim und Basel 2012

Lutz, R.: Jugendarmut: Ursachen und Folgen; in: SozMag 02/2011: 10–22

Marmot, M., und Wilkinson, R. G. (Hg.): Soziale Determinanten von Gesundheit: die Fakten. Zweite Ausgabe (hg. WHO-Regionalbüro Europa), Kopenhagen 2004

Marschke, B., und Brinkmann, H. U. (Hg.): Handbuch Migrationsarbeit, 2. Aufl. Wiesbaden 2014

Maus, F.: Soziale Arbeit braucht Solidarität; in: FORUM Sozial 3/2010: 30–32

May, M.: Aktuelle Theoriediskurse Sozialer Arbeit. Eine Einführung, 2. Aufl. Wiesbaden 2009

May, Y.: Wissenschaftliches Arbeiten. Eine Anleitung zu Techniken und Schriftform, Stuttgart 2010

Maywald, J.: Das Kind als Träger eigener Rechte; in: Forum Jugendhilfe 4/2014: 11–15

Mecheril, P., und Plößer, M.: Diversity und Soziale Arbeit; in: Otto, H.-U., und Thiersch, H. (Hg.), Handbuch Soziale Arbeit, München 2011: 278–287

Mecheril, P.: Einführung in die Migrationspädagogik, Weinheim und Basel 2004

Meinhold, M.: Ein Rahmenmodell zum methodischen Handeln; in: Heiner, M., u. a.: Methodisches Handeln in der Sozialen Arbeit, Freiburg/Brsg. 1998: 220–253

Mergner, U.:. Seien wir SAGE. Wie kann die gesellschaftliche Anerkennung der Disziplinen und Professionen im Bereich der „sozialen Dienstleistungen" erhöht werden? In: Bayrische Sozialnachrichten 4/2011: 3–9

Merten (1998), R. (Hg.): Sozialarbeit – Sozialpädagogik Soziale Arbeit. Begriffsbestimmungen in einem unübersichtlichen Feld, Freiburg/Brsg. 1998

Merten (2002), R. : Sozialraumorientierung, Weinheim und München 2002

Merten (2008), R.: Professionalisierung; in: Kreft, D., und Mielenz. I. (Hg.), Wörterbuch Soziale Arbeit, 6. Aufl. Weinheim und München 2008: 669–673

Merten (2013), R.: Sozialarbeitswissenschaft; in: Kreft, D., und Mielenz, I. (Hg.), Wörterbuch Soziale Arbeit, 7. Aufl. Weinheim und Basel 2013: 763–765

Merton (1948), R. K.: The Self-Fulfilling Prophecy; in: The Antioch Review 2/1948: 193–210

Merton (1957), R. K.: Social theory and social structure, New York 1957

Milgram, S.: Behavioral Study of Obedience; in: Journal of Abnormal and Social Psychology 1963: 371–378

Mitscherlich, A. und M.: Die Unfähigkeit zu trauern, Stuttgart 1967

Möbius, T.: Ressourcenorientierung in der Sozialen Arbeit; in: ders. und Friedrich, S. (Hg.), Ressourcenorientiert arbeiten, Wiesbaden 2010: 13–30

Mogel, H.: Geborgenheit; in: Auhagen, A. E. (Hg.), Positive Psychologie, Basel 2004: 52–66

Mollenhauer (1968), K.: Einführung in die Sozialpädagogik, 4. Aufl. Weinheim und Berlin 1968

Mollenhauer (1973), K.: Erziehung und Emanzipation, 6. Aufl. München 1973

Mollenhauer (1974), K.: Theorien zum Erziehungsprozeß, 2. Aufl. München 1974

Mollenhauer (1982), K.: Ist das Verhältnis zwischen den Generationen gestört? Pädagogische Anmerkungen zu gegenwärtigen Jugendproblemen; in: dj 1/1982: 27–37

Mühlum (1996), A.: Sozialarbeit und Sozialpädagogik. Ein Vergleich, 2. Aufl. Frankfurt/M. 1996

Mühlum (2001), A.: Sozialarbeit + Gesundheitsarbeit = Klinische Sozialarbeit?; in: Gesundheitswesen, 63/2001: 130–133

Mühlum (2004), A.: Sozialarbeitswissenschaft Wissenschaft der Sozialen Arbeit; in: ders. (Hg.), Sozialarbeitswissenschaft, Freiburg/Brsg. 2004: 9–26

Mührel, E.: Eigenverantwortung — Anmerkungen zur Ambivalenz einer neuen Kultur des Sozialen, in: np 6/2005: 676–681

Müller, B. K. (2002): Professionalisierung; in: Thole, W. (Hg.), Grundriss Soziale Arbeit, Opladen 2002: 725–744

Müller, B. K. (2012): Profession, Professionalisierung; in: Thole, W., Höblich, D., und Ahmed, S. [Hg.], Taschenwörterbuch Soziale Arbeit, Bad Heilbrunn 2012: 223ff

Müller, C. W. (2010): Warum Ungleichheit krank macht. Britische Epidemiologen zerstören neoliberale Legenden; in: TuP 6/2010: 416–419

Müller, C. W. (2013a): Wie Helfen zum Beruf wurde. Eine Methodengeschichte der Sozialen Arbeit, 5. Aufl. Weinheim und Basel 2009, 6. Aufl. Weinheim und Basel 2013

Müller, C. W. (2013b): Gruppenarbeit, soziale; in: Kreft, D., und Mielenz, I. (Hg.), Wörterbuch Soziale Arbeit, 7. Aufl. Weinheim und Basel 2013: 419–420

Mutzeck, W.: Kooperative Beratung, 5. Aufl. Weinheim und Basel 2005

Nachtwey, O.: „Doch es reicht nicht"; in: Mitbestimmung 10/2016: 16–21

Nakamura, B., u. a. Ausweg Straße!? Arbeitsbuch zum Thema Wohnungslosigkeit, Münster 2013

Natorp, P.: Sozialpädagogik. Theorie der Willenserziehung auf der Grundlage der Gemeinschaft (1899), 6. Aufl. Stuttgart 1925

Neckel, S.: Status und Scham. Zur symbolischen Reproduktion sozialer Ungleichheit, Frankfurt/M. und New York 1991

Nestmann (1988), F.: Die alltäglichen Helfer: Theorien sozialer Unterstützung und eine Untersuchung alltäglicher Helfer aus vier Dienstleistungsberufen, Berlin 1988

Nestmann (1991), F.: Soziale Netzwerke und Soziale Unterstützung; in: Dewe, B., und Wohlfahrt, N. (Hg.), Netzwerkförderung und soziale Arbeit, Bielefeld 1991: 31–61

Nestmann (2004), F.: Ressourcenarbeit; in: Grunwald, K., und Thiersch, H (Hg.), Praxis Lebensweltorientierter Sozialer Arbeit, Weinheim und München 2004: 69–85

Newell, A., und Simon, H. A.: Human problem solving, Englewood Cliffs 1972

Niehoff, U.: Inklusion; in: Deutscher Verein für öffentliche und Private Fürsorge (Hg.), Fachlexikon der sozialen Arbeit, 7. Aufl. Baden-Baden 2011: 447 f.

Niemeyer, C.: Hans Thiersch: Der andere Enkel geisteswissenschaftlicher Sozialpädagogik; in: ders., Klassiker der Sozialpädagogik, 2. erw. Aufl. Weinheim und München 2005, S. 255–288

Nier, H.: Mehr Menschen mit Migrationshintergrund; in: statista.de vom 1. Aug. 2017; URL: https://de.statista.com/infografik/10501/deutsche-bevoelkerung-nach-migrationsstatus/ (1. Aug. 2017)

Nikles, B. W.: Institutionen und Organisationen der Sozialen Arbeit. Eine Einführung, München und Basel 2008

Noack, M.: Kompendium Sozialraumorientierung. Geschichte, theoretische Grundlagen, Methoden und kritische Positionen, Weinheim und Basel 2015

Noack, W.: Pierre Bourdieu in seiner Bedeutung für die Soziale Arbeit; in: TuP 4/2007: 54–60

Nohl, H.: Pädagogische Aufsätze, 2. Aufl. Bad Langensalza 1929

Nolda, S.: Einführung in die Theorie der Erwachsenenbildung, Darmstadt 2008: 85f

Northoff, R.: Methodisches Arbeiten und therapeutisches Intervenieren. Eine Einführung in die Bewältigung sozialer Aufgabenstellungen, Weinheim und Basel 2012

Nothofer, S., und Venohr, S.: Demografischer Wandel: Im Land der Alten; in: Die Zeit online vom 3. Nov. 2016; Link: www.zeit.de/gesellschaft/2016-11/demografischer-wandel-deutschland-landkreise-bevoelkerung-durchschnittsalter (5. Nov. 2016)

Nowak, J.: Soziale Netzwerke; in: Kreft, D., und Mielenz, I. (Hg.), Wörterbuch Soziale Arbeit, 7. Aufl. Weinheim und Basel 2013: 629–632

Nussbaum, M.: Gerechtigkeit oder das gute Leben, Frankfurt/M. 1999

NZFH/Nationales Zentrum Frühe Hilfen (Wissenschaftlicher Beirat): Begriffsbestimmung „Frühe Hilfen" (2009); URL: www.fruehehilfen.de/wissen/fruehe-hilfen-grundlagen/begriffsbestimmung/ (15.11.2010)

Obrecht, W.: Soziale Systeme, Individuen, soziale Probleme und Soziale Arbeit; in; Mühlum, A. (Hg.), Sozialarbeitswissenschaft, Freiburg/Brsg. 2004: 270–294

Oelerich, G., und Schaarschuch, A.: AdressatIn der Sozialen Arbeit; in: Thole, W., Höblich, D., und Ahmed, S. (Hg.), Taschenwörterbuch Soziale Arbeit, Bad Heilbrunn 2012: 11f

Oelschlägel (2001), D.: Zur Aktivierung bürgerschaftlichen Engagements im Rahmen von Kommunalpolitik und Kommunalverwaltung; in: Hinte, W., Lüttringhaus, M., und Oelschlägel, D., Grundlagen und Standards der Gemeinwesenarbeit, Münster 2001: 181–197

Oelschlägel (2004), D.: Bildung als Antwort auf die soziale Frage – Aspekte des Bildungsbegriffs in der Gemeinwesenarbeit, in: Hinte, W., Lüttringhaus, M., und Oelschlägel, D. (Hg.), Grundlagen und Standards der Gemeinwesenarbeit, Münster 2004: 140–151

Oelschlägel (2013), D.: Emanzipation; in: Kreft, D., und Mielenz, I. (Hg.), Wörterbuch Soziale Arbeit, Weinheim und Basel 2013: 239–241

Ortmann, K., und Waller, H. (Hg.): Gesundheitsbezogene Sozialarbeit. Eine Erkundung der Praxisfelder, Hohengehren 2005

Otto, H.-U., Scherr, A.; und Ziegler, H.: Wieviel und welche Normativität benötigt die Soziale Arbeit? In: np 2/2010: 137–163

Otto, H.-U., und Sünker (1989a), H. (Hg.): Soziale Arbeit und Faschismus, Frankfurt/M. 1989

Otto, H.-U., und Sünker (1989b), H.: Nationalsozialismus, Volksgemeinschaftsideologie und soziale Arbeit; in: diess. (Hg.): Soziale Arbeit und Faschismus, Frankfurt/M. 1989: 7–35

Paris, R.: Autorität; in: Farzin, S., und Jordan, S.: Lexikon Soziologie und Sozialtheorie, Stuttgart 2008: 33–35

Pauls, H.: Generalistische und Klinische (Fach-)Sozialarbeit. Klinische Sozialarbeit; in: Zeitschrift für psychosoziale Praxis und Forschung 1/2012: 4–6

Pauls, H.: Klinische Sozialarbeit. Grundlagen und Methoden Psychosozialer Behandlung, 2. Aufl. Weinheim und München 2011

Petry (2013); U.: Die Last der Arbeit im ASD, Weinheim und München 2013

Petry (2015a), U.: Die Last der Arbeit im ASD. Die persönliche Haltung und die Quelle der erlebten Wertschätzung prägen das Belastungserleben mit; in: Sozial Extra 3/2015: 44–46

Petry (2015b), U.: Ein Beitrag zur Diskussion um das berufliche Selbstverständnis im Kommunalen Sozialen Dienst; in: Jugendamt 1/2015: 11–13

Petzold, T. D.: Praxisbuch Salutogenese. Warum Gesundheit ansteckend ist, München 2010

Peuckert, R.: Schicht, soziale; in: Kopp, J., und Schäfers, B. (Hg.): Grundbegriffe der Soziologie, 10. Auf. Wiesbaden 2010: 249–253

Pfaffenberger, H.: Gibt es eine Sozialarbeitswissenschaft? Welches ist ihr Stand? (Vortrag, 13. Mai 1995); in: Birgmeier, B., und Mührel, E. (Hg.), Die Sozialarbeitswissenschaft und ihre Theorie(n), Wiesbaden 2009: 17–26

Plaßmeyer, F.: Jugendhilfe nach Kassenlage. Kostendisparitäten in der stationären Erziehungshilfe – Nordrhein-Westfalen und Thüringen im Vergleich, Münster und New York 2017

Pólya, G.: How to Solve It, Princeton 1945

Popper, K.: Alles Leben ist Problemlösen, München 1996

Posern, T., und Segbers, F.: Zum Menschenbild von Hartz IV; in: Gern, W., und Segbers, F. (Hg.), Als Kunde Bezeichnet, als Bettler behandelt, Hamburg 2009: 118–128

Pötter, N.: Der Zankapfel „Schulsozialarbeit"; in: TuP 5/2014: 334–343

Poulsen, I.: „Schwierige Problemfälle lassen mich auch nach 10 Jahren nicht kalt." Was macht Stress in der Jugendhilfe? In: Unsere Jugend 10/2016: 438–446

Prengel, A., und Zschipke, K.: „Du bist dumm und Faul". Beschämungen in pädagogischen Interaktionen und was dagegen zu tun ist; in: SE 3/2014: 47–49

pro familia/Mielenz, I.: Schwangerenberatung; in: Kreft, D., und Mielenz, I. (Hg.), Wörterbuch Soziale Arbeit, 7. Aufl. Weinheim und Basel 2013: 733–736

Proksch, R.: Schuldner- und Insolvenzberatung; in: Kreft, D., und Mielenz, I. (Hg.), Wörterbuch Soziale Arbeit, 7. Aufl. Weinheim und Basel 2013: 728–733

Quenzel, G., und Hurrelmann, K.: Entwicklungsaufgaben im Jugendalter; in: SozMag 9–10/2014: 6–13

Rademacker, H.: Schulsozialarbeit in Deutschland; in: Baier, F., und Deinet, U. (Hg.), Praxisbuch Schulsozialarbeit, Opladen und Farmington Hills 2011: 17–43

Raithel, J., Dollinger, B., und Hörmann, G.: Einführung Pädagogik, 2. Aufl. Wiesbaden 2007

Rammstedt, O.: Moral; in: Fuchs-Heinritz, W., u. a. (Hg.), Lexikon zur Soziologie, 4. Aufl. Wiesbaden 2007: 443f

Rauschenbach, T.: Soziale Berufe; in: Kreft, D., und Mielenz, I. (Hg.), Wörterbuch Soziale Arbeit, 7. Aufl. Weinheim und Basel 2013: 813–818

Rawls, J.: Eine Theorie der Gerechtigkeit, Frankfurt/M. 1975

rbb-online (11. Dez. 2016): Niedriglohn-Daten der Bundesregierung – Arbeiten für weniger als einen Zehner in der Stunde; in: rbb-online vom 11. Dez. 2016; URL: www.rbb-online.de/wirtschaft/beitrag/2016/12/niedriglohnquote-in-berlin-und-brandenburg.html (28.2.2017)

Reich, W.: Massenpsychologie des Faschismus, Köln [1933] 1971

Reidel, A.-I.: Sozialrechte; in: Friesenhahn, G. J., Braun, D., und Ningel, R. (Hg.), Handlungsräume Sozialer Arbeit, Opladen und Toronto 2014: 251–260

Reimann, B. W.: Autonomie, personale/soziale; in: Fuchs-Heinritz, W., u. a. (Hg.), Lexikon zur Soziologie, 4. Aufl. Wiesbaden 2007: 72

Reinhold, G.: Objektivität; in: ders. (Hg.), Soziologie-Lexikon, 3. Aufl. München und Wien 1997: 668

Reinsch, M.: Ungleicher Start ins Leben; in: Frankfurter Rundschau (online) vom 20. März 2017; Link: http://m.fr.de/politik/studie-ungleicher-start-ins-leben-a-1243523 (26. März 2017)

Reuter, T.: Von der Politik vergessen; in ZEIT online vom 24. Sept. 2017; URL: www.zeit.de/politik/deutschland/2017-09/bundestagswahl-obdachlose-armut-wahlbeteiligung-demokratie (24. Sept. 2017)

Richmond, M. E.: Social Diagnosis, New York 1917

Richmond, M. E.: What is social case work? New York 1925

Richter, C.: Schlüsselqualifikationen, München 1995

RKI/Robert-Koch-Institut: Gesundheit in Deutschland, Berlin 2015

Rock (2016), J.: Ungleichheit: Ausmaß, Ursachen und Konsequenzen. Paritätisches Jahresgutachten 2016, Berlin 2016

Rock (2017a), J.: Störfaktor Armut. Ausgrenzung und Ungleichheit im „neuen Sozialstaat", Hamburg 2017

Rock (2017b), J.: Armut im Alter; in: DPWV, Menschenwürde ist Menschenrecht, Berlin 2017: 45–51

Rohwer-Kahlmann, H.: Soziale Gerechtigkeit; in: Deutscher Verein für Öffentliche und Private Fürsorge e.V. (Hg.), Fachlexikon der sozialen Arbeit, 6. Aufl. Baden-Baden 2007: 852 f.

Rosenke, W.: Die Lebenssituation von Menschen in Wohnungslosigkeit und Wohnungsnot; in: DPWV, Menschenwürde ist Menschenrecht, Berlin 2017: 85–97

Rössner, L.: Theorie der Sozialarbeit. Ein Entwurf, München und Basel 1973

Rottenrott, L.: „Ich will als Mensch entlassen werden"; in: Damals 7/2013: 45 f.

Runge, M.: Arbeit mit kleineren Gruppen in der Gemeinwesenarbeit; in: Stövesand, S., Stoik, C. und Troxler, U. (Hg.), Handbuch Gemeinwesenarbeit, Opladen, Berlin und Toronto 2013: 398–404

Sachße, C.: Mütterlichkeit als Beruf. Sozialarbeit, Sozialreform und Frauenbewegung 1871–1929, Weinheim 2003

Salomon (1901), A.: Die Frau in der Sozialen Hilfstätigkeit; in: Lange, H., und Bäumer, G. (Hg.), Handbuch der Frauenbewegung, Bd. 1, Berlin 1901: 1–122

Salomon (1908), A.: Zur Theorie des Helfens; in: Kuhlmann, C. (Hg.), Geschichte Sozialer Arbeit II, Schwalbach/Ts 2008: 80–96

Salomon (1913), A.: Zwanzig Jahre Soziale Hilfsarbeit, Karlsruhe 1913

Salomon (1927), A.: Die Ausbildung zum sozialen Beruf, Berlin 1927

Salomon (1928), A.: Grundlegung für das Gesamtgebiet der Wohlfahrtspflege, in: Thole, W., Galuske, M., und Gängler, H. (Hg.): KlassikerInnen der Sozialen Arbeit. Sozialpädagogische Texte aus zwei Jahrhunderten – ein Lesebuch, Neuwied und Kriftel 1998: 131–145

Schäuble, B., und Rätz, R.: Zur Arbeitssituation im Allgemeinen Sozialen Dienst. Bedingungen, Reflexionen und Reaktionen; in: SE 3/2015: 37–39

Schäuble, B., und Wagner, L. (Hg.): Partizipative Hilfeplanung, Weinheim und Basel 2017

Schelsky, H.: Auf der Suche nach Wirklichkeit, Düsseldorf 1965

Scherpner (1962), H.: Theorie der Fürsorge, Göttingen 1962

Scherpner (1966), H.: Geschichte der Jugendfürsorge, Göttingen 1966

Scherr, A.: Was meint Diskriminierung? Warum es nicht genügt, sich mit Vorteilen auseinanderzusetzen; in: SE 11–12/2011: 34–38

Schilling, J., Klus, S.: Soziale Arbeit. Geschichte – Theorie – Profession, 6. Aufl. München 2015

Schilling, M.: Anhaltender Kostenanstieg in der Kinder- und Jugendhilfe; in: KomDat 1/2017: 1–4

Schlag, B.: Lern- und Leistungsmotivation, 2. Aufl. Wiesbaden 2004

Schmid, U., Ragni, M., Gonzalez, C., und Funke, J. (2011): The challenge of complexity for cognitive systems; in: Cognitive Systems Research 12/2011: 211–218

Schmidbauer (1992a), W.: Hilflose Helfer. Über die seelische Problematik der helfenden Berufe, Reinbek 1992 (18. Aufl. Reinbek 2011)

Schmidbauer (1992b), W.: Helfen als Beruf. Die Ware Nächstenliebe, Hamburg 1992

Schmidt, F.: Strukturen pädagogischer Wahrnehmung; in: SozMag 11–12/2013: 6–13

Schmidt-Denter, U.: Soziale Beziehungen im Lebenslauf, 4. Aufl. Weinheim und Basel 2005

Schneider (2014), U.: Mehr Mensch! Gegen die Ökonomisierung des Sozialen, Frankfurt/M. 2014

Schneider (2015), U.: Armut kann man nicht skandalisieren, Armut ist ein Skandal. Vom Kampf um die Deutungshoheit über den Armutsbegriff; in: ders. (Hg.), Kampf um die Armut, Frankfurt/M. 2015: 12–50

Schneider, U., Stilling, G., und Woltering, C.: Die Kluft zwischen Arm und Reich in Deutschland wird größer – Deutschland zerklüftet armutspolitisch zunehmend; in: NDV 6/2015: 329–331

Schnurr, S.: Partizipation; in Otto, H.-U., und Thiersch, H. (Hg.), Handbuch Soziale Arbeit, 4. Aufl. München und Basel 2011: 1069–1087

Schone, R.: Hilfe und Kontrolle; in: Schröer, W., Struck, N., und Wolff, M. (Hg.): Handbuch Kinder- und Jugendhilfe, 2. Aufl. Weinheim und Basel 2016: 1108–1124

Schoneville, H., Kruse, E., und Thole, W.: Soziale Arbeit studieren; in: SE 9–10/2010: 32–37

Schönig (2006), W.: Aktivierungspolitik. Eine sozialpolitische Strategie und ihre Ambivalenz für soziale Dienste und praxisorientierte Forschung; in: Dollinger, B., und Raithel, J. (Hg.), Aktivierende Sozialpädagogik, Wiesbaden 2006: 23–39

Schönig (2011), W.: Sozialraumorientierte Soziale Arbeit; in: Bieker, R., und Floerecke, P. (Hg.), Träger, Arbeitsfelder und Zielgruppen der Sozialen Arbeit, Stuttgart 2011: 405–418

Schrapper (1993), C.: Hans Muthesius (1885–1977). Ein deutscher Fürsorgejurist und Sozialpolitiker zwischen Kaiserreich und Bundesrepublik, Münster 1993

Schrapper (2013), C.: Allgemeiner Sozialdienst; in: Kreft, D., und Mielenz, I. (Hg.), Wörterbuch Soziale Arbeit, 7. Aufl. Weinheim und Basel 2013 57–62

Schroer, M.: Klassengesellschaft; in: Kneer, G., Nassehi, A., und Schroer, M. (Hg.): Klassische Gesellschaftsbegriffe der Soziologie, München 2001: 139–178

Schruth, P., u. a.: Schuldnerberatung in der Sozialen Arbeit, Weinheim und Basel 2011

Schumacher, T.: Soziale Arbeit als beruflich geleistete Solidarität; in: FORUM Sozial 4/2010: 15–19

Schumm, W.: Soziales Umfeld; in: Deutscher Verein für öffentliche und Private Fürsorge (Hg.), Fachlexikon der sozialen Arbeit, 7. Aufl. Baden-Baden 2011: 813–814

Schwabe (2010a), M.: Begleitende Unterstützung, München und Basel 2010a

Schwabe (2010b), M.: Hilfeplanung; in: Heiner, M. (Hg.), Wissensbausteine (Handlungskompetenzen in der Sozialen Arbeit), München 2010: 61–65

Schweer, M. K. W., und Thies, B.: Vertrauen; in: Auhagen, A. E. (Hg.), Positive Psychologie, Basel 2004: 125–138

Schwendtke, A. (Hg.): Wörterbuch der Sozialarbeit und Sozialpädagogik, Heidelberg 1977

Schweppe, C.: Soziale Altenarbeit; in: Thole, W. (Hg.), 3. Aufl. Wiesbaden 2010: 505–521

Schwingel, M.: Pierre Bourdieu zur Einführung, 6. Aufl. Hamburg 2009

Seils, E., und Höhne, J.: Armut und Einwanderung. Armutsrisiken nach Migrationsstatus und Alter – Eine Kurzauswertung aktueller Daten auf Basis des Mikrozensus 2016; wsi-Policy Brief 12, August 2017; URL: www.boeckler.de/pdf/p_wsi_pb_12_2017.pdf (31. Aug. 2017)

Seils, E: Kinderarmut in Deutschland, WSI-Verteilungsmonitor Special Feature, Düsseldorf 2016

Seithe (2010a), M.: Schwarzbuch Soziale Arbeit, Wiesbaden 2010

Seithe (2010b), M.: Jeder kämpft für sich allein? Gedanken zur Notwendigkeit der (Wieder) Entdeckung der Solidarität in der Sozialen Arbeit; in: FORUM Sozial 3/2010: 22–25

Seithe (2013), M.: Zur Notwendigkeit der Politisierung der Sozialarbeitenden; in: SozMag 1–2/2013: 24–31

Seithe, M., und Wiesner-Rau, C. (Hg.): „Das kann ich nicht mehr verantworten!" Stimmen zur Lage der Sozialen Arbeit, Neumünster 2013

Selders, B.: Lernen in Gruppen; in: Chirico, R., und dies. (Hg.), Bachelor statt Burnout, Göttingen 2010: 108–111

Selke (2009), S.: „Tafelbewegung": Die neue Armenspeisung; in: Frankfurter Rundschau vom 10. Jan. 2009

Selke (2013a), S.: Schamland. Die Armut mitten unter uns, Berlin 2013

Selke (2013b), S.: Armenspeisung – Schluss mit den Tafeln! (Interview); in: CICERO vom 23. April 2013; URL: www.cicero.de/berliner-republik/armenspeisung-selke-schamland-weg-mit-den-tafeln/54239 (28.5.2013)

Selke (2013c), S.: Vom präventiven zum erschöpften Selbst. Armut, Tafeln und Gesundheit im Zeitalter neuer Armutsökonomie; in: FORUM sozial 1/2013: 28–32

Sen, A.: Ökonomie für den Menschen. Wege zu Gerechtigkeit und Solidarität in der Marktwirtschaft, München 2000

Sennett, R.: Die Kultur des neuen Kapitalismus, Berlin 2005

Shallice, T.. Specific impairments of planning; in: Philosophical Transactions of the Royal Society of London. Series B, Biological Sciences 298/1982: 199–209

Simon, H. A., und Newell, A.: Human problem solving: The state of the theory in 1970; in: American Psychologist 2/1971: 145–159

Simon, T.: Ambulante Arbeit mit wohnungslosen Menschen; in: Bieker, R., und Floerecke, P. (Hg.), Träger, Arbeitsfelder und Zielgruppen der Sozialen Arbeit, Stuttgart 2011: 221–232

Skutta, S.: Grünes Licht für neuen UN–Vertrag zu Kinderrechten! In: Forum Jugendhilfe 1/2012: 38–41

Solga, H., Powell, J., und Berger, P. A. (Hg.): Soziale Ungleichheit. Klassische Texte zur Sozialstrukturanalyse, Frankfurt/M. und New York 2009

Solomon, B.: Black Empowerment. Social Work in Oppressed Communities, New York 1976

sozial.de (2. Aug. 2017): Schulsozialarbeit in sozialen Brennpunkten bekommt in Niedersachsen Verstärkung; in: sozial.de vom 2. Aug. 2017; URL: www.sozial.de/schulsozialarbeit-an-sozialen-brennpunkten-bekommt-in-niedersachsen-verstaerkung.html (2.8.2017)

Spannagel, D., u. a. Aktivierungspolitik und Erwerbsarmut. WSI Report 36, Düsseldorf 2017

Spannagel, D., und Seils, E.: Armut in Deutschland wächst – Reichtum auch. WSI-Verteilungsbericht 2014; in: WSI-Mitteilungen 8/2014: 620–627

Spatscheck, C., und Thiessen, B. (Hg.): Inklusion und Soziale Arbeit: Teilhabe und Vielfalt als gesellschaftliche Gestaltungsfelder, Opladen, Berlin und Toronto 2017

Speck, K.: Schulsozialarbeit. Eine Einführung, 3. Aufl. München und Basel 2014

Spiegel, H. von (2013a), H.: Methodisches Handeln in der Sozialen Arbeit: Grundlagen und Arbeitshilfen für die Praxis, 5. Aufl. Stuttgart 2013

Spiegel, H. von (2013b), H.: Methodisches Handeln in der Sozialen Arbeit; in: Kreft, D., und Mielenz, I. (Hg.), Wörterbuch Soziale Arbeit, 7. Aufl. Weinheim und Basel 2013: 609–614

Spies, A., und Pötter, N.: Soziale Arbeit an Schulen. Einführung in das Handlungsfeld Schulsozialarbeit, Wiesbaden 2011

Sprondel, W. M.: Sinn, subjektiver; in: Fuchs-Heinritz, W., u. a. (Hg.), Lexikon zur Soziologie, 4. Aufl. Wiesbaden 2007: 594f

Srole, L., u. a.: Menthal Health in the Metropolis. The Midtown Manhattan Study, New York 1962

Staub-Bernasconi (1991), S.: Das Selbstverständnis Sozialer Arbeit in Europa: frei von Zukunft – voll von Sorgen? In: Sozialarbeit 2/1991: 2–23

Staub-Bernasconi (1998), S.: Soziale Probleme – Soziale Berufe – Soziale Praxis; in: Heiner, M. (Hg.), Methodisches Handeln in der Sozialen Arbeit, 4. Aufl. Freiburg/Brsg. 1998: 11–137

Staub-Bernasconi (2007), S.: Soziale Arbeit als Handlungswissenschaft. Systemtheoretische Grundlagen und professionelle Praxis, Bern, Stuttgart und Wien 2007

Steckelburg, C.: Niederschwelligkeit als Handlungskonzept Sozialer Arbeit. Theoretisch-konzeptionelle Grundlagen und aktuelle Herausforderungen; in: SozArb 12/2016: 449–455

Steinert, H: Fremdbestimmung; in: Deutscher Verein (Hg.), Fachlexikon der Sozialen Arbeit, 3. Aufl. Frankfurt/M. 1993: 266f

Stimmer (2006), F.: Grundlagen des Methodischen Handelns in der Sozialen Arbeit, 2. Aufl. Stuttgart 2006

Stimmer (2010), F.: Ethik und Moral; in: Heiner, M. (Hg.), Wissensbausteine der Reihe „Handlungskompetenzen in der Sozialen Arbeit", München 2010: 52–55

Stimmer, F., und Weinhardt, M.: Fokussierte Beratung in der Sozialen Arbeit, München und Basel 2010

Stöcker-Zafari, H.: Soziale Arbeit mit Migrantenfamilien; in: Bieker, R., und Floerecke, P. (Hg.), Träger, Arbeitsfelder und Zielgruppen der Sozialen Arbeit, Stuttgart 2011: 233–245

Strohe, J., und Wardelmann, B.: Praxisorientierung; in: Friesenhahn, G. J., Braun, D., und Ningel, R. (Hg.), Handlungsräume Sozialer Arbeit. Ein Lern- und Lesebuch, Opladen und Toronto 2014: 161–170

Strohschneider, T., u. a.: Neues Deutschland – Dossier Reichtum, Berlin 2014

Sturzbecher, D., und Dietrich, P.: Risiko- und Schutzfaktoren in der Entwicklung von Kindern und Jugendlichen; in: Interdisziplinäre Fachzeitschrift der DGgKV 1/2007: 3–30

Stüwe, G., Ermel, N., und Haupt, S.: Lehrbuch Schulsozialarbeit, Weinheim und Basel 2015

Suhr, F.: Gender Pay Gap wird langsam kleiner; in: statista.de vom 14. März 2017; URL: https://de.statista.com/infografik/8490/entwicklung-des-gender-pay-gap-in-deutschland/ (14. März 2017)

tagesschau: Familienreport der Bundesregierung: Fast drei Millionen Kinder armutsgefährdet; in: tagesschau vom 15. Sept. 2017; URL: www.tagesschau.de/inland/familienreport-kinderarmut-101.html (19.9.2017)

Tausch, R.: Sinn in unserem Leben; in: Auhagen, A. E. (Hg.), Positive Psychologie, Basel 2004: 86–102

Tenorth, E.-E., und Tippelt, R. (Hg.): BELTZ Lexikon Pädagogik, Weinheim und Basel 2007

Thiersch (1992), H.: Lebensweltorientierte Soziale Arbeit. Aufgaben der Praxis im sozialen Wandel, Weinheim und München 1992 (4. Aufl. 2002)

Thiersch (1998), H.: Profession und Person. Zur Berufsidentität der SozialpädagogInnen; in: Böhnisch, L., Rudolph, M, und Wolf, B. (Hg.), Jugendarbeit als Lebensort, Weinheim und München 1998: 263–270

Thiersch (2002a), H.: Lebensweltorientierung in der Sozialen Arbeit – als radikalisiertes Programm; in: ders., Positionsbestimmungen der Sozialen Arbeit, Weinheim und München 2002: 29–51

Thiersch (2002b), H.:Profession und Person. Zur Berufsidentität der Sozialpädagog/-innen; in: ders., Positionsbestimmungen der Sozialen Arbeit, Weinheim und München 2002: 191–201

Thiersch (2009a), H.: Nähe und Distanz in der Sozialen Arbeit; in: ders., Schwierige Balance. Über Grenzen, Gefühle und berufsbiografische Erfahrungen, Weinheim und München 2009:121–141

Thiersch (2009b), H.: Scham; in: ders., Schwierige Balance. Über Grenzen, Gefühle und berufsbiografische Erfahrungen, Weinheim 2009: 161–180

Thiersch (2012), H.: Lebensweltorientierte Soziale Arbeit; in: Thole, W., Höblich, D., und Ahmed, S. (Hg.), Taschenwörterbuch Soziale Arbeit, Bad Heilbrunn 2012: 185f

Thiersch, H., Grunwald, K, und Köngeter, S.: Lebensweltorientierte Soziale Arbeit; in: Thole, W. (Hg.), Grundriss Soziale Arbeit, Opladen 2002: 161–178

Thiersch, H., und Treptow, R. (Hg.): Zur Identität der Sozialen Arbeit. Positionen und Differenzen in Theorie und Praxis; in: np/Sonderheft 10/2011

Thole (2002), W.: Soziale Arbeit als Profession und Disziplin. Das sozialpädagogische Projekt in Praxis, Theorie, Forschung und Ausbildung – Versuch einer Standortbestimmung; in: ders. (Hg.), Grundriss Soziale Arbeit, Opladen 2002: 13–59

Thole (2010), W.: Die Soziale Arbeit – Praxis, Theorie, Forschung und Ausbildung; in: ders. (Hg.), Grundriss Soziale Arbeit, 3. Aufl. Wiesbaden 2010: 19–70

Thole, W., Galuske, M., und Gängler, H. (Hg.): KlassikerInnen der Sozialen Arbeit. Sozialpädagogische Texte aus zwei Jahrhunderten – ein Lesebuch, Neuwied und Kriftel 1998: 91–96

Thole, W., Retkowski, A., und Schäuble, B. (Hg.): Sorgende Arrangements. Kinderschutz zwischen Organisation und Familie, Wiesbaden 2012

Thomas, W. I. und Swaine, D.: The Child in America, New York 1928

Thomas, W. I.: The Unadjusted Girl, Boston 1923

Tillmann, K.-J.: Sozialisation; in: Krüger, H.-H., und Grunert, C. (Hg.), Wörterbuch Erziehungswissenschaft, 2. Aufl. Opladen und Farmington Hills 2006: 460–466

Trabert (2010), G.: Medizinische Versorgung wohnungsloser Menschen; in: Gillich, S., und Nagel, S. (Hg.), Von der Armenhilfe zur Wohnungslosenhilfe – und zurück? Gründau-Rothenberg 2010: 102–106

Trabert (2013), G.: Armut und Gesundheit in Deutschland; in: FORUM sozial 1/2013: 10–16

Treibel, A.: Migration; in: Baur, N., u. a. (Hg.), Handbuch Soziologie, Wiesbaden 2008

Ungermann, S.: Die Pädagogik Janusz Korczaks, Güterlsoh 2006

Uno Glossary/United Nations Educational, Scientific and Cultural Organization; URL: www.unesco.org/shs/migration/glossary (1. März 2016)

Urban-Stahl, U., und Jann, N.: Beschwerdeverfahren in Einrichtungen der Kinder- und Jugendhilfe, München 2014

Urban-Stahl, U.: Der Status der Professionellen als Machtquelle in der Hilfeplanung; in: Huxoll, M., und Kotthaus, J. (Hg.), Macht und Zwang in der Kinder- und Jugendhilfe, Weinheim und Basel 2012: 140–152

Vester, M.: Soziale Milieus im Überblick; in: Solga, H., Powell, J., und Berger, P. A. (Hg.), Soziale Ungleichheit, Frankfurt/M. und New York 2009: 313–329

Villa, P.-I.: „Haut und Haar als Visitenkarte"; in: SozMag 1–2/2017: 6–13

Voges, W., u. a.: Methoden und Grundlagen des Lebenslagenkonzeptes, Bremen 2003

Voigt, J.: Verwaltung; in: Friesenhahn, G. J., Braun, D., und Ningel, R. (Hg.), Handlungsräume Sozialer Arbeit. Ein Lern- und Lesebuch, Opladen und Toronto 2014: 232–240

Wagner, B.: Interkulturelle Sozialarbeit. Perspektiven der gemeinwesenorientierten Förderung von Neuzuwandernden; in: SozArb 10/2010: 380–385

Watzlawick, P., Beavin, J. H., und Jackson, D. D.: Menschliche Kommunikation. Formen, Störungen, Paradoxien, 4. Aufl. Bern, Stuttgart und Wien 1974

Welter-Enderlin, R.: Resilienz aus der Sicht von Beratung und Therapie; in: Welter-Enderlin, R., und Hildenbrand, B. (Hg.), Resilienz – Gedeihen trotz widriger Umstände, Heidelberg 2006: 7–19

Wendt (2004), P.-U.: Selbstorganisation Jugendlicher und Selbstorganisationsförderung durch kommunale Jugendarbeit, Diss. Univ. Göttingen 2004

Wendt (2005), P.-U.: Selbstorganisation Jugendlicher und ihre Förderung durch kommunale Jugendarbeit. Zur Rekonstruktion professionellen Handelns, Hamburg 2005

Wendt (2016a), P.-U.: Lehrbuch Methoden der Sozialen Arbeit, 2. Aufl. Weinheim und Basel 2016

Wendt (2016b), P.-U.: „Da gab es im vergangenen Jahr mehrere Situationen, wo ich dachte: Wie weit geht's denn, bis ich umfalle?" Zur Arbeitssituation in der Kinder- und Jugendarbeit – am Beispiel Sachsen-Anhalts; in: Unsere Jugend 10/2016: 420–428

Wendt (2017), P.-U.: „… dass, wenn die Jugendlichen was sagen, dass dann auch Gewicht hat". Teilhabe als Thema der Jugendpolitik; in: Lindner, W., und Pletzer, W. (Hg.), Kommunale Jugendpolitik, Weinheim und Basel 2017: 191–214

Wendt, A. N.: Über den Nutzen eines phänomenologischen Verständnisses vom Problem. Univ. Heidelberg 2014; URL: http://katalog.ub.uni-heidelberg.de/titel/67746465 (30. Jan. 2016)

Wendt, W. R.: Geschichte der Sozialen Arbeit. Von der Aufklärung bis zu den Alternativen und darüber hinaus, 3. Aufl. Stuttgart 1990

Wendt, W. R.: Das ökosoziale Prinzip. Soziale Arbeit, ökologisch verstanden, Freiburg/Brsg. 2010

Wensierski, P.: Schläge im Namen des Herrn. Die verdrängte Geschichte der Heimkinder in der Bundesrepublik, München 2006

Werner, E.: The children of Kauai: a longitudinal study from the prenatal period to age ten, Honolulu 1971

WHO/World Health Organisation Ottawa Charta zur Gesundheitsförderung (1986); URL: www.euro.who.int/_data/assets/pdf_file/0006/129534/Ottawa_Charter_G.pdf?ua=1 (23. März 2016)

Wichern, J. H.: Allgemeines über die Innere Mission; in: Kuhlmann, C. (Hg.), Geschichte Sozialer Arbeit II, Schwalbach/Ts 2008: 42–56

Wienold, H.: Theorie; in: Fuchs-Heinritz, W., u. a. (Hg.), Lexikon zur Soziologie, 4. Aufl. Wiesbaden 2007: 663

Wierlina, L.: Die da oben; in: Die Zeit 31/2017 vom 27. Juli 2017: 19f

Wiesner, R.: Das Wächteramt des Staates und die Garantenstellung der Sozialarbeiterin/des Sozialarbeiters zur Abwehr von Gefahren für das Kindeswohl; in: ZfJ 5/2004; 161–172

Wilkinson (2001), R.: Kranke Gesellschaften. Soziales Gleichgewicht und Gesundheit, Wien 2001

Wilkinson (2010), R.: Gleichheit ist Glück: Warum gerechte Gesellschaften für alle besser sind; in: Die Armutskonferenz (Hg.), Geld.Macht.Glücklich. Dok. 8. Österreichische Armutskonferenz, Wien 2010: 14–19

Wilkinson, R., und Marmot, M.: The solic facts (2003); URL: www.euro.who.int/_data/ assets/pdf_file/0005/98438/e81384.pdf (30. April 2016)

Wilkinson, R., und Pickett, K.: Gleichheit ist Glück. Warum gerechte Gesellschaften für alle besser sind, 3. Aufl. Berlin (und Frankfurt) 2010

Winkler, M.: Klaus Mollenhauer. Ein pädagogisches Portrait, Weinheim und Basel 2002

Wolff, M., Schröer, W., und Rätz, R.: Lehrbuch Kinder- und Jugendhilfe. Grundlagen, Handlungsfelder, Strukturen und Perspektiven, 2. Auf. Weinheim und Basel 2014

Wolff, M., Struck, N., und Schröer, W.: Handbuch Kinder- und Jugendhilfe, 2. Aufl. Weinheim und Basel 2016

Wolff, M.: Lebenswelt, Sozialraum und Region; in: Schröer, W., Struck, N., und Wolff, M. (Hg.), Handbuch Kinder- und Jugendhilfe, Weinheim und München 2002: 1071–1083

Wolff, R.: Antiautoritäre Erziehung; in: Kreft., D., und Mielenz, I. (Hg.), Wörterbuch Soziale Arbeit, 6. Aufl. Weinheim und München 2008: 84f

Woratschka, R.: Caritas – Suppenküchen festigen Armut; in: der Tagespiegel (Berlin) vom 23. Dez. 2008

Wright, M. T.: Partizipation in der Praxis: Die Herausforderung einer kritisch reflektierten Professionalität; in: Rosenbrock, R., und Hartung, S. (Hg.), Handbuch Partizipation und Gesundheit, Bern 2012: 91–101

WSI/Wirtschafts- und Sozialwissenschaftliches Institut (Hg.): Entwicklung der relativen Einkommensarmut (in Prozent) von Kindern und Älteren in Deutschland, 2005–2014; Link www.boeckler.de/wsi_50643.htm (14. Jan. 2016)

Wurtzbacher, J.: Partizipation; in: Deutscher Verein für öffentliche und Private Fürsorge (Hg.), Fachlexikon der sozialen Arbeit, 7. Aufl. Baden-Baden 2011: 634

Zander, M.: Armut tut nicht weh und geht auch wieder vorbei? In: SozMag 3–4/2013: 56–65

ZKS /2015)/Zentralstelle für Klinische Sozialarbeit: Richtlinien zur Anerkennung als Klinischer PraktikerIn/Clinical Practitioner (CP-ZKS), Fachsozialarbeiter/-in für Klinische Sozialarbeit (FS-ZKS)/Clinical Social Worker (CSW-ZKS), Fachsozialarbeiter/ -in für Klinische Sozialarbeit (FS-CM)/Clinical Mentor (CM-ZKS); URL: www.klinische-sozialarbeit.de/zertifizierung/Richtlinien-ZKS.pdf (22.4.2016)